Plató, Descartes, Hume, J. S. Mill, Nietzsche

ATENA

Lectures de filosofia
Batxillerat

A cura d'Antoni Bosch-Veciana,
Eduard Gadea,
Salvador López Arnal,
Antoni Martínez-Riu,
Miguel Martínez Llanas
i Manuel Satué

La Magrana

Primera edició revisada: novembre del 2008

Pérez Galdós, 36 - 08012 Barcelona
Telèfon: 93 217 00 88. Fax: 93 217 11 74
www.rballibres.com / magrana@rba.es

Composició: Víctor Igual, SL
Imprès a Liberdúplex
Vivaldi, 5 - 08110 Montcada i Reixac
Ref. OMAC054
ISBN: 978-84-9867-412-5
Dipòsit legal: B.52.714-2008

«Ningú no pot dir-se filòsof si no sap filosofar. Però no s'aprèn a filosofar si no és per l'exercici i l'ús que fa un mateix de la seva pròpia raó.»

I. KANT

«Dit d'una altra manera —infidel paràfrasi d'un *motto* de Kant—: no hi ha filosofia, però hi ha el filosofar. Aquesta activitat efectiva i valuosa justifica la conservació del terme «filosofia» i dels seus derivats. [...] Perquè no s'ensenya filosofia; s'ensenya —en tot cas— a filosofar.»

M. SACRISTÁN

ÍNDEX

PRESENTACIÓ

Atena és un llibre de textos. Són els textos seleccionats com a material d'on s'extrauen els comentaris de text de les Proves d'Accés a la Universitat (les anomenades PAU) pel que fa a l'assignatura de Filosofia.

El curs d'Història de la Filosofia del Batxillerat s'ha concebut com una història del pensament que inclou un recull ampli i complex de teories, concepcions del món, reflexions sobre el coneixement i la ciència, l'ésser humà i la cultura, l'ètica i la política...

Tanmateix, la prova específica de filosofia s'ha concebut assenyadament com un comentari escrit sobre un text d'un d'aquests cinc filòsofs del pensament occidental: Plató, Descartes, Hume, J. S. Mill i Nietzsche —els quals s'han considerat més representatius de la problemàtica de tres fases històriques: l'antiga, la moderna i la del segle XIX—, i que s'estructura com una redacció guiada per preguntes relacionades amb el text.

La didàctica de la filosofia molt sovint ha considerat que la millor manera d'assimilar les opinions dels pensadors consisteix a posar-se en contacte directe amb els seus escrits, perquè, al cap i a la fi, per més llunyans i esotèrics que puguin semblar, i, per tant, aparentment aliens a la nostra època, segons una primera mirada superficial, són la font d'on brosten moltes de les grans idees que d'una manera o altra mouen el món i, com a clàssics, ens són també contemporanis.

L'objectiu dels preparadors d'aquest volum, com també el de l'Editorial La Magrana, no és simplement facilitar a l'alumne interessat l'accés als textos seleccionats per a les PAU; voldríem també que, mitjançant aquest accés, s'introduís a una lectura més àmplia de les obres dels pensadors a través de la qual comprovaria que els problemes que s'hi plantegen tenen igualment interès des d'un punt de vista contemporani i obren inquietants interrogants sobre qüestions que encara avui dia esperen resposta; a aquesta última tasca s'hi pot afegir qualsevol lector amb inquietuds intel·lectuals.

Els textos de cada autor van precedits d'una breu introducció al pensament general del filòsof en qüestió i a les idees fonamentals dels textos que han estat seleccionats, escrita pels diferents curadors d'aquesta edició.

En l'ANNEX I del final donem indicacions sobre l'estructura de l'examen de Filosofia del Batxillerat en les proves d'accés a les universitats de Catalunya. En l'ANNEX II oferim unes mostres d'exercicis, inspirats en les pautes oficials, que poden ajudar —així ho esperem— a una millor comprensió de l'estructura de l'examen.

Nota dels editors: S'han posat entre claudàtors subtítols afegits per aclarir i distribuir el text.

1. Plató (428/427-348/347 aC)

Plató ha estat un dels filòsofs més importants de tots els temps; a parer de molts, el més important. La potència del seu pensament la podem contemplar en el *contingut* i en la *forma* dialogal que ens ha transmès a través dels seus escrits; contingut i forma que traslluеixen la centralitat de les seves preguntes i la profunditat de les seves respostes. Moltes de la qüestions que Plató es plantejava continuen essent les grans qüestions que encara avui ens plantegen en el nostre present, ja sigui en relació amb la nostra manera de pensar (pel que fa a la filosofia i pel que fa a la ciència, per exemple), ja sigui en relació amb la nostra manera de viure i conviure (pel que fa a la problemàtica ètica i pel que fa al pensament polític, sobretot). La manera de pensar i la manera de viure estan estretament lligades. Per això trobem ambdues temàtiques igualment tractades en Plató, i sovint entrelligades en el seu pensament. Pensar i viure es fecunden mútuament: el pensament engendra maneres de viure i de conviure, i les maneres de viure i de conviure activen el pensament a assajar noves respostes a la quotidianitat humana.

Aquestes pàgines pretenen ser tan sols una *introducció general a la lectura* del *Fedó*, un dels textos platònics més llegits i que aborda d'una manera prou concentrada, si bé en germen, gairebé tot el riquíssim pensament de Plató, sobretot aquell que es refereix al *sentit de la filosofia* per a la vida humana. Per tal de poder llegir i comprendre un text com aquest del *Fedó* ens cal conèixer, encara que sigui de manera breu i sumària, el rerefons que emmarca, en general, l'escriptura i el pensament platònics i, en particular, el del *Fedó*; i ens cal, igualment, adreçar la mirada a l'estructura i al contingut d'aquest diàleg tan ben articulat, així com al pensament, en general, de Plató. Amb vista a això, procedirem de la manera següent: en primer lloc, ens referirem de manera succinta al *context* en què apareix la filosofia de Plató; a continuació, esbossarem el més imprescindible del *pensament* de Plató de cara a emmarcar-ne, també, encara que no únicament, el text del *Fedó*; després, mostrarem allò que per Plató és l'educació del *filòsof* o de la *filòsofa* tal com es diu a la seva obra la *República*; i, finalment, donarem unes claus de lectura del text del *Fedó* que compreguin, en la mesura del possible, el seu sentit, la seva estructura i el fil del seu contingut bàsic. Cal tenir molt present que, en aquesta introducció, limitada per força en l'espai, no ens és possible de tractar tota la rica problemàtica que aborda amb intel·ligència filosòfica i destresa literària el *Fedó* platònic. La lectura reposada i atenta del text, impossible de suplir, en mostrarà de ben segur la riquesa i la força.

El context polític, cultural i biogràfic de la filosofia platònica

Descendent d'aristòcrates atenesos, Plató visqué entre els segles V i IV aC. Quan Plató nasqué (428/427 aC) tot just feia un o dos anys de la mort de Pèricles (que s'esdevingué en l'any 429 aC). Amb la mort de Pèricles, que regnà prop de trenta-tres anys, en el segon any de la guerra del Peloponès (431-404 aC), aquella grandiosa Atenes del segle V aC anà perdent el seu poder econòmic i polític.

El segle V aC —anomenat el segle d'Or de la cultura atenesa i també, sovint, el segle de la il·lustració atenesa— fou el moment més esplendorós d'Atenes. A la Ciutat —la *Ciutat* per excel·lència era, en aquell temps, Atenes— hi havia els millors escultors, arquitectes i pintors de tot Grècia; així mateix hi havia els més excel·lents poetes, dramaturgs, oradors i sofistes (Protàgores, Gòrgies, Cal·licles, etc.).

En aquell segle la política d'Atenes es desenvolupava a través d'un règim polític característic d'ella. Ens referim a la *democràcia atenesa*, una democràcia que permetia als seus ciutadans la participació directa en el debat polític (*democràcia directa*). Atenes fou la primera Ciutat grega que féu experiència de democràcia en tots els àmbits d'actuació política (assemblea, tribunals de justícia, etc.); encara que cal dir que la democràcia atenesa no tenia gran cosa a veure amb la democràcia moderna (democràcia representativa, capacitat de vot actiu i passiu de les dones, etc.), si bé n'és l'origen. La *democràcia atenesa* atorgava una força immensa a la *paraula*. Les decisions polítiques i judicials es prenien després de concedir la *paraula* als ciutadans d'Atenes per tal de debatre directament les qüestions que els afectaven individualment i com a *polis*. En aquest esforç per al convenciment que donava *la paraula* expressada en públic tingueren un paper rellevant *els sofistes*, forasters (*metecs*) residents a Atenes, on desenvolupaven el seu ofici i ensenyaven *l'art de la paraula i del discurs* als ciutadans que demanaven els seus serveis (que es cobraven amb quantitats a voltes ben elevades, depenent del cas). El que calia era convèncer (davant l'assemblea o davant dels tribunals), encara que això es produís amb un ús ben discutible de *la paraula*. Aquest serà un dels punts que mourà el pensament de Plató, com direm més endavant: la seva lluita aferrissada contra el relativisme (i l'escepticisme) que significava el pensament dels sofistes.

Plató fou segurament educat per algun sofista, tal com acostumava a passar amb els joves atenesos que provenien de famílies aristocràtiques. Però, quan tenia més o menys una vintena d'anys (el 408 aC) topà amb Sòcrates, que anava per la seixantena. La descoberta de Sòcrates per part de Plató el féu decidir en la seva *manera de viure*. Sòcrates era un ciutadà que dialogava amb la gent atenesa pels carrers d'aquella esplendorosa *Ciutat* sobre qüestions referides a la *manera excel·lent de ser* humana [*areté*]. La seva manera de dialogar amb la gent l'anomenava *maièutica* perquè com la seva mare, que era llevadora [*maieutês*], ajudava a fer néixer la veritat en els seus interlocutors o comprovava que aquest pretès infantament no era sinó només aire en l'interior. El procés contra Sòcrates i la seva condemna a mort (en el 399 aC) feren comprendre definitivament a Plató que calia repensar el fet polític de ple.

Després de la mort de Sòcrates, Plató, com també altres socràtics, fugí d'Atenes. A Atenes, els seguidors de Sòcrates, aquell processat i condemnat a mort, tenien mala peça al teler. La situació política forçà, doncs, Plató a marxar d'Atenes. Tanmateix, Plató no devia anar a la deriva sinó que segurament planejà molt bé el que volia fer i on volia anar. Els indrets on sabem que va fer estada així ho proven. Sabem que, primerament, Plató es refugià, durant dos o tres anys, a Mègara, prop d'Euclides, un seguidor de Sòcrates, que a Mègara hi tenia una escola on s'aprenia, entre altres ensenyaments, l'erística, això és, l'art de la controvèrsia. Plató hi perfeccionà la seva capacitat argumentativa. Sobretot hi aprengué a desemmascarar les argúcies de l'erística. Després, Plató sojornà a Egipte: primer, a Heliòpolis, una ciutat sacerdotal i mística on s'inicià en l'antiga saviesa dels misteris de l'Antic Egipte; i, després, un cop va haver participat, per poc temps, a la guerra de Corint, se n'anà a Cirene, ciutat d'Egipte, on va estudiar matemàtiques a l'escola de Teodor. Sabem que, molt probablement, abans danar a Siracusa, al sud d'Itàlia (la Magna Grècia), on féu les seves experiències i tingué els seus fracassos polítics, va estar a Crotona (on no és segur que conegués personalment Filolau, però sí, almenys, els seus deixebles) i a Tarent. A Tarent hi féu una amistat molt singular i perdurable: Arquites, un filòsof pitagòric, home d'estat i d'una enorme saviesa, que conformà en part el pensament polític de Plató. Tant Heliòpolis com Cirene eren centres importants del pitagorisme. El coneixement dels pitagòrics (sobretot d'Arquites) li possibilitaren d'aprofundir en el seu pensament matemàtic, musical i astronòmic i, com hem dit, polític. També dels pitagòrics, de ben segur influenciats pel corrent òrfic, en respirà una religiositat profunda, un sentit profundament religiós de l'existència, que ell mateix desenvolupà d'una manera ingent, tal com mostren els textos que han arribat fins a nosaltres i, sobretot, el *Fedó*. Plató, després d'aquesta etapa mediterrània, retornà a Atenes, cap als quaranta anys, i hi romangué la resta de la seva vida, tot i que féu algun viatge a Siracusa. A Atenes fundà una prestigiosa institució: l'*Acadèmia* (387 aC), la qual, amb el temps, esdevindria un centre d'estudi i de formació intel·lectual i política de primer ordre.

Plató repensà profundament l'ésser humà. L'experiència de la seva convivència (*synousia*) amb Sòcrates fins a la mort d'aquest el marcà, de jove, profundament. També la seva convivència amb els pitagòrics durant el seu periple per la Mediterrània, sobretot per la Magna Grècia (sobretot Crotona i Tarent), li deixà una influència ben notable. Sòcrates i el pitagorisme foren unes maneres de pensar i, sobretot, unes maneres de viure que impactaren Plató i el portaren a emprendre una reflexió que li permeté ordenar el seu pensament i la seva actuació amb vista a la Justícia i al Bé. Aquesta resposta personal, ben travada i coherent, ben sistematitzada, és allò que nosaltres anomenem pensament platònic o filosofia platònica o, fins i tot, *platonisme*, encara que aquest terme (i millor en plural: *platonismes*) s'acostumi a dir, també, dels corrents de pensament que segueixen les petjades de Plató. Amb tot plegat no hem de perdre de vista un fet fonamental: Plató, assumint críticament les influències rebudes de Sòcrates i del pitagorisme que ell conegué, arribà a consolidar un pensament propi, d'una potència explicativa descomunal. Plató ha esdevingut el veritable deixeble de Sòcrates precisament perquè no ha seguit el pensament del qui tenia per mestre sinó perquè va arribar a pensar per ell mateix: Sòcrates volia que els seus dialogadors pensessin per ells mateixos i, amb Plató, Sòcrates ha esdevingut un veritable mestre.

El model socràtic de practicar la filosofia en les places i espais públics d'Atenes i en els entorns de les palestres, així com en alguna casa d'algun important ciutadà atenès, dugué Sòcrates a la mort perquè li discutien la seva actitud arrogant i sobretot els seus continguts (no creia en els déus de la *Ciutat* i se n'inventava de nous; i pervertia el jovent). El model pitagòric, que també conegué Plató, feia de la filosofia una manera de viure en comunitat, tancada al món (i als governants), que considerava el coneixement com a quelcom incomunicable, reservat al seguidors de la comunitat pitagòrica. Aquest fet també portà els pitagòrics a la mort, ja que es guanyaren el recel dels ciutadans de Crotona, els quals decidiren incendiar la casa de la comunitat pitagòrica. Tanmateix, Plató optà per un *model de vida filosòfica* que evités els desavantatges dels altres dos i en recollís els avantatges. Per això fundà l'Acadèmia, és a dir, féu de la filosofia un ensenyament obert als entesos en matemàtiques (condició indispensable per a l'ingrés a l'Acadèmia platònica) i reclòs en l'espai que l'edifici protegia de les crítiques exteriors més banals. Essent a l'Acadèmia no deixà de viatjar. Sabem de tres viatges a Sicília per tal de realitzar —amb decepció i risc de la pròpia vida— el seu model filosòfic polític. Un fracàs. Però l'ideal polític de Plató persistia: la *Politeia* (que en llatí es traduí per *Res Publica*, d'aquí la traducció catalana de la *Politeia* de Plató com a *República*).

Als vuitanta anys, després d'un ingent treball filosòfic i polític, morí i fou enterrat en el jardí de la seva Acadèmia.

Plató és un dels primers filòsofs grecs del qual es pot afirmar amb certesa que posseïm tota la seva obra escrita. Això no obstant, hi ha un debat entre els estudiosos per establir quines són les fonts que més ens apropen al coneixement de la filosofia de Plató. I és que el pensament de Plató, segons el mateix Plató (*Fedre 274b-278e*, i *Carta VII 341a-342a*), no està contingut únicament en la seva obra escrita. Més encara, alguns autors afirmen que el pensament filosòfic de Plató no està obertament expressat en la seva obra escrita. Aquesta és certament l'expressió en un espai i temps determinats del pensament de Plató, però el seu pensament es desplega en espais i temps més amplis que la seva obra escrita.

Cal, doncs, posar en relleu la qüestió del valor dels escrits de Plató de cara al coneixement del seu pensament filosòfic, ja que en ella es decideix, a través de les solucions que es proposin, quin és el pal de paller vertebrador de les doctrines filosòfiques platòniques. Així, alguns sostenen com a teoria filosòfica platònica principal la «*teoria de les* idees», altres la «*teoria dels principis*». Els primers es recolzen en una hermenèutica autàrquica dels textos platònics (la *sola scriptura* del subjacent luteranisme schleiermacherià); els segons, en la insuficiència dels escrits de Plató, segons ens ha exposat el mateix Plató i, per tant, posen en relleu la importància cabdal que té, en l'hermenèutica platònica, la consideració dels anomenats «ensenyaments orals» de Plató, recollits per la tradició posterior, tant en l'Acadèmia com fora d'ella.

Pels primers, les «idees» són el punt culminant de la filosofia platònica. Tot en Plató gira al voltant del fet de postular unes *entitats autònomes i reals* que tenen existència pròpia, fora de la ment, i que donen explicació de la totalitat del món canviant que percebem amb els sentits, un món que tan sols ens aproxima a l'autèntica realitat o món de les idees. Les *idees* no són veritat sinó que són realitats. Per això demanen no pas demostració sinó contemplació. D'entre elles, la idea més important és *la idea de Bé*, que és al capdamunt de la jeràrquica cúspide de les idees. El coneixement de les idees, que ens mena lentament a l'autèntic coneixement del que és real, es fa escalonadament a través de la dialèctica que ens ensenya com acostar-nos a les idees i ens porta a relacionar-les entre si fins a arribar a la idea de Bé.

Pels qui posen en relleu la «teoria dels principis», no són les idees el més profund del pensament filosòfic platònic, sinó la consideració de l'existència d'uns «principis», que configuren i ordenen la realitat i el coneixement d'aquesta realitat. El principi suprem és el *Bé-Bellesa*, que és l'*U* (la unitat originària). D'aquest U se'n desplega una dualitat (la díada indefinida) i d'aquí s'arribarà, a través de les idees, a la realitat irreal que ens mostren els sentits.

Uns i altres estan d'acord, malgrat tot, en el gènere literari de l'obra escrita de Plató: el «diàleg». La tradició platònica ens ha transmès d'ell quaranta-dos diàlegs, tretze cartes i un recull de definicions. Avui, però, sabem que no tots aquests escrits que se li atribueixen són de Plató. Els entesos han distingit entre escrits apòcrifs (que no són de Plató), els anomenats escrits suspectes (que no és del tot clar que siguin de Plató) i els escrits autèntics. D'aquests darrers una qüestió encara no definitivament resolta és la de la cronologia. De fet, la major part de l'obra escrita de Plató ho és en forma de «diàleg», on el debat crític és la forma filosòfica per excel·lència d'apropar-se dialècticament al coneixement i la contemplació de la realitat que tot ho fonamenta. Encara que Plató no fos l'inventor del «diàleg» com a forma literària, sí que podem afirmar que fou ell qui va fer possible que el «diàleg» fos el millor vehicle literari per expressar filosòficament l'estructura dialèctica de la realitat, estructura dialèctica que el mateix diàleg platònic literàriament té. Això ens adverteix de la cura amb què cal llegir l'obra platònica, el diàleg platònic, tot ell amarat de dialèctica i, en conseqüència, de no gens fàcil lectura. Ens cal una disposició perspicaç i una atenció especial a l'estètica del diàleg.

Aquesta peculiar disposició que cal tenir a l'hora de llegir un diàleg platònic ha portat els lectors o intèrpets a llegir diversament l'obra platònica, l'anomenat *Corpus platonicum*. És comprensible que cada moment històric hagi subratllat alguns aspectes del pensament platònic: fa prop de 2.400 anys que ha estat escrita l'obra de Plató. Aquesta obra la conservem a través d'una colla de manuscrits. Val la pena saber, de passada, que els dos manuscrits més antics de Plató que conservem són de finals del segle IX o de començament del segle X d.C. Són, per tant, de l'època del renaixement bizantí. Probablement aquests manuscrits són una bona còpia d'uns manuscrits del segle VI dC. Aquests dos manuscrits, els més antics que conservem, són: el *Parisianus 1807* (de la Bibliothèque Nationale de París) i el *Bodleianus 39* (de la Bodleian Library d'Oxford).

Amb tants segles de tradició platònica no resulta gens estrany que hi hagi hagut tan diverses interpretacions de la seva doctrina. Les lectures que de les obres de Plató s'han realitzat al llarg dels segles les podem englobar —com ho fa Giovanni Reale— en tres grans marcs interpretatius o hermenèutics: a) *la interpretació metafísica*; b) *la interpretació misticoteològica o religiosoprofètica*; i c) *la interpretació eticopolítica o educativopolítica*. Aquesta triple interpretació correspon a les lectures que successivament, i amb ordre cronològic, s'han fet de Plató. En l'actualitat, els estudis de Plató se situen fonamentalment en el marc interpretatiu eticopolític o educativopolític.

El pensament platònic en el marc de la seva preocupació política

És ben cert que la gènesi del pensament platònic cal situar-la en el rerefons de les vivències polítiques de l'Atenes del seu temps, tal com ja hem indicat. L'actuació dels polítics del seu temps (els Trenta tirans i la democràcia reinstaurada) no només decep Plató, sinó que també el porta a plantejar-se la recerca d'una solució al greu problema que pateix Atenes: una Ciutat i uns ciutadans a la deriva a causa de la manera injusta de governar dels seus governants i funcionaris. Aquesta preocupació política, que li fa veure a Plató que calen uns bons governants (savis i justos), el motiva en la seva reflexió i el fa anar més a fons i més enllà de la mirada política, aprofundint en la realitat total de l'home i les seves relacions. La mort del seu millor amic i mestre, Sòcrates

(399 aC), quan Plató tenia prop de trenta anys, li obre els ulls del tot. D'ençà d'aleshores, la seva preocupació per la justícia creixerà i es desplegarà.

També cal indicar la influència que segurament rebé de la seva estada entre els pitagòrics del seu present, tant a Crotona com a Tarent (i segurament també de la seva estada anterior a Egipte, on havia sojornat també el mateix Pitàgores i s'havia iniciat en els misteris de l'Antic Egipte). El model de vida proposat pels pitagòrics de concentració en el que és essencial per tal de governar la pròpia vida i la vida de la polis el devien captivar. La importància donada a la manera de viure, compresa aquesta com a vida ordenada, tant en l'àmbit personal com en l'àmbit polític, desplegada dins un ordre que és fonamentalment comunitari, el clarificà encara més en la seva manera de pensar i actuar.

Plató dedicarà la resta de la seva vida a la política: tant a la reflexió política de cara a vetllar per la formació de bons ciutadans i de millors futurs governants (fundació de l'Acadèmia l'any 387 aC) com a dur a la pràctica el seu ideal de règim polític (viatges a Sicília).

L'educació integral (*paideia*) del jovent té un paper destacat en Plató. Només una educació autèntica pot fer tornar els homes savis i justos i, així, exercir després el govern de la Ciutat d'una manera justa i prudent, fent possible el revifament de l'esperit de la Ciutat que, a partir de la condemna a mort i la mort de Sòcrates, ha encetat de ple la seva decadència, tot i que els seus habitants no se n'han adonat. Salvar la Ciutat és salvar l'home i a la inversa, salvar l'home és salvar la Ciutat. I això només passa per una educació rigorosa i profunda, ben diferent de la dels poetes (sobretot Homer) i dels sofistes.

Plató, com Sòcrates i els mateixos pitagòrics del seu present, partia del rebuig a tot tipus de relativisme o escepticisme. Ja ho hem indicat. El plantejament platònic arrenca de la pretensió socràtica de trobar un significat objectiu i universal a les paraules, però va molt més enllà, perquè per ell la universalitat i l'objectivitat dels termes només es dóna autènticament si defensem que tenen una entitat pròpia i independent de les coses: són les idees, les quals se sostenen en uns principis fonamentals i bàsics (el Bé-Bellesa, la díada indefinida...). La «justícia» que cal que imperi en tota Ciutat i en el seu govern és no només real com a paraula o concepte, sinó com a realitat independent, absoluta, eterna i intel·ligible. Cal, doncs, fer un esforç per entendre-la i fer-la real en la vida quotidiana de la Ciutat, tant per als seus governants com per als seus habitants. Cal educar els fills i els (futurs) governants. I l'educació passarà per saber l'ús correcte de les *paraules* i la realitat que elles refereixen. Les paraules tenen a veure amb la veritat i no haurien de ser instruments de persuasió sense res a veure amb la veritat.

I neix inevitablement la pregunta: ¿És possible educar els futurs governants, sobretot si es té en compte el fracàs platònic a Siracusa? Més encara: ¿Permet l'estructura humana d'obtenir el coneixement dels principis i de les idees, si no fem res més que deturar-nos en allò que ens mostren els sentits (el món dels sentits)? Malgrat tots els dubtes possibles, Plató respon afirmativament. Aquí rau un dels punts forts del platonisme: el seu convenciment, argumentat (amb el llenguatge de la raó, *logos*) i dibuixat (amb el llenguatge del símbol, *mythos*), de la capacitat humana per dur una vida plenament humana i humanitzadora, guiada amb els criteris que li aporta el pensament racional (*logos*) i li suggereix el llenguatge poètic (*mite*). Plató està convençut de les possibilitats reals de la naturalesa humana per ser educada en el bé. L'antropologia platònica, que és esbossada amb força detall precisament en el *Fedó*, serà allò que li possibilitarà dissenyar una educació i una política reals, plenament d'acord amb la seva comprensió de la naturalesa humana. L'estructura «psíquica» humana que Plató comprèn que vertebra l'ésser humà li permet veure la validesa d'aquesta capacitat de l'home de construir-se amb el seu esforç ininterromput. L'estructura psíquica de l'home li mostra un enorme potencial per tal de poder fer de cadascú un ésser humà excel·lent, almenys amb un grau d'excel·lència que li permeti viure i conviure a la polis. En efecte, no tot en l'home són desigs, passions, pors, o coratge, ànims i valor. Hi ha, també, en l'home la raó que resol els desigs i les passions amb el coratge i la valentia. Però la raó és immortal (immortalitat de l'ànima). Abans de ser presonera del cos corruptible es trobava contemplant les idees des de la unitat del Bé i de la Bellesa. I és aquest mateix Bé i aquesta mateixa Bellesa que atreuen l'home amorosament devers el món intel·ligible, on el coneixement és autèntic i ple, i ens fan desitjar de retornar a aquella contemplació primigènia que ara, a través del cos i dels sentits, ens resulta impossible d'aconseguir. Ara, per a nosaltres, conèixer és re-conèixer, tornar a conèixer allò que ja havíem conegut. Si a poc a poc podem tornar a conèixer a través de la dialèctica que ens proposa Plató, serà veritat que, si s'eduquen en aquest esforç dialèctic els futurs governants, aquests podran arribar a intel·ligir la justícia, ser justos i fer practicar la mateixa justícia.

El model platònic de Ciutat i de política és un model que com a tal necessàriament resulta utòpic i ideal: es tracta de la república platònica, que segons els erudits estava inspirada en el model espartà. Aquest model es troba desenvolupat precisament tot al llarg de la *República* de Plató, una de les obres més estudiades del nostre filòsof. Amb aquest model Plató projecta l'assentament de la Justícia i el Bé en la Ciutat de tal manera que fessin possible l'anhel de felicitat dels seus ciutadans i, en general, de tota la humanitat. De cara a tot això, Plató va dibuixar un ordre jeràrquic degudament estructurat en tres estaments, com ho havia fet en l'ànima: 1) els governants, coneixedors de l'autèntica Justícia i, en definitiva, de la veritat; 2) els guardians, educats amb severitat, que han de procurar per l'ordre intern de la Ciutat i la seva defensa de l'exterior; i 3) els agricultors i els comerciants, que han de ser moderats i educats, doncs, en la moderació, ocupats com estan en les necessitats vitals de la Ciutat. La bona marxa política de la Ciutat només serà possible si, respectant aquest ordre jeràrquic, cadascú fa el que hagi de fer d'acord amb allò que per naturalesa ha estat destinat a fer. Cadascú ha d'acomplir la seva funció de manera excel·lent (virtuosament). Al cim del govern de la Ciutat hi ha el «filòsof rei» (o els filòsofs reis), aquell que posseeix el saber perquè contempla la unitat del Bé i la Bellesa, els quals es realitzen en la Ciutat a través de la Justícia, de l'harmonia humana.

Així com en l'univers humà de la Ciutat és possible l'assoliment de la harmoniosa Justícia o de la justa Harmonia, no hi ha cap dubte que en l'univers còsmic també hi impera aquesta harmonia, aquest equilibri de la justícia, plasmat matemàticament i originat pel Demiürg, l'artesà del cosmos. El cosmos és, doncs, el resultat d'un pla intel·ligent, com ho hauria de ser l'Estat.

Com podem veure, el pensament polític de Plató abraça tota la realitat, amb ganes de donar resposta a la problemàtica educativa i política del seu temps.

Els filòsofs i les filòsofes, coneixedors del Bé i empesos a organitzar la vida política. El seu itinerari formatiu, segons el llibre VII de la *República* de Plató (i el final del llibre VI)

Plató en el llibre VII de la *República* ens proposa un projecte. Aquest projecte no és altre que el d'una *Ciutat* regida pels *filòsofs* (homes educats i preparats especialment per tal de governar, a desgrat d'ells mateixos), una *Ciutat* que regida per aquests governants, esdevingués el lloc de realització de la justícia perquè en aquest lloc tot és fet amb vista al Bé ja que els filòsofs són aquells que han dedicat la seva vida a estudiar i fer experiència del Bé. Aquesta és la preocupació central de Plató: la idea del Bé i la seva realització a la *Ciutat* (i a tota ciutat).

La idea fonamental de Plató, la idea de Bé, és explicada en molts diàlegs però la trobem també esmentada en el final del llibre VI de la *República*, llibre que se'ns presenta, doncs, com una introducció necessària al llibre VII de la *República*.

El coneixement del Bé, que és la tasca pròpia del filòsof, és una feina que comporta moltes dificultats i exigeix una vida dedicada enterament a ell. Per tal de fer-nos-la accessible Plató, en el final del llibre VI de la *República*, ens en prepara el coneixement. I per això, perquè ens adonem que la idea de Bé és la idea rectora de la vida humana i de la vida de la Ciutat (com anàlogament el Sol ho és en la vida de la naturalesa), ens disposa a veure que no només hi ha coneixement de realitats sensibles (de dades tretes de la informació que ens donen els nostres sentits) sinó que també tenim coneixement de realitats no sensibles sinó intel·ligibles (de realitats que no veiem amb els ulls de la cara sinó amb els ulls de la intel·ligència). Quines són aquestes realitats i quin coneixement en tenim, així com determinar que el coneixement té graus i quin grau és el més elevat del nostre coneixement, ho exposa Plató al final del llibre VI de la *República* en el conegut text en el qual fa una altra analogia, la que explica el coneixement i els seus graus amb un segment subdividit en subsegments desiguals tal com llegireu en el text:

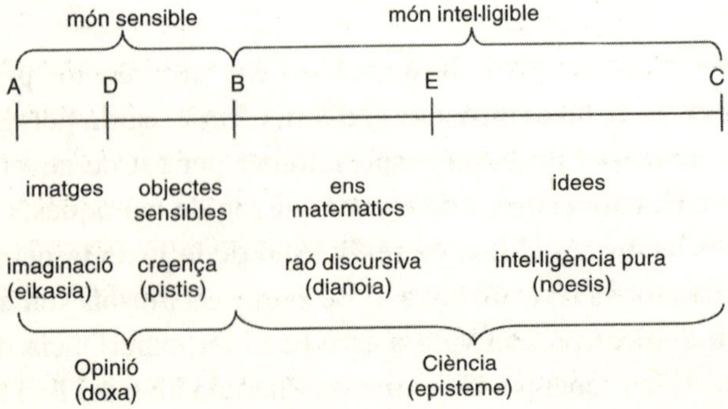

Plató distingeix, doncs, entre l'*opinió* i la *ciència*. I dins de cadascun d'aquests coneixements encara hi estableix una subdivisió. En l'*opinió* distingeix allò que es refereix al coneixement que es dóna a través de les *imatges* i el que fa referència als *objectes sensibles*. En el *coneixement científic* distingeix anàlogament allò que és coneixement dels *objectes matemàtics* i allò que és el coneixement de les *idees*, el coneixement suprem, la ciència més elevada que treballa amb l'autèntica realitat que només pot ser compresa amb la intel·ligència, que és allò que han cultivat els filòsofs, és a dir, aquells qui han anat més enllà de la matemàtica (que treballa amb hipòtesis sobre realitats intel·ligibles) i s'han endinsat en el coneixement veritable de les *idees*, això és, de l'autèntica realitat. No cal dir que Plató no considera ciència aquell tipus de coneixement que està fonamentat en els sentits, és a dir, en l'experiència. L'experiència no té capacitat de desprendre's dels sentits i per això només pot expressar la diversitat i la pluralitat que per definició resulta sempre canviant i, en conseqüència, és incapaç de ser coneixement inalterable del que és permanent i incanviable.

En aquesta analogia de la línia subdividida en segments hi ha una proporcionalitat explícitament feta notar per Plató. Aquesta proporcionalitat es pot expressar així:

$$AD/DB = BE/EC = AB/BC$$

El coneixement té graus i, endemés, com més certesa i veritat més coneixement perquè l'espai segmentari de la ciència és més llarg que l'espai propi dels objectes que pertanyen al món sensible, encara que la nostra manera de percerbre —justament perquè ens guiem pels sentits— ens enganyi. Al filòsof se li exigeix que reflexioni i conegui tots els graus del coneixement així com que aprofundeixi en el coneixement científic i en el coneixement científic suprem, el de les *idees*.

El llibre VII de la *República* de Plató s'obre amb una al·legoria que ha fet fortuna al llarg de la història. Es tracta de *l'al·legoria de la caverna*, que alguns anomenen el *mite de la caverna*. Però diguem abans quins són els grans temes que tracta aquest llibre VII, que, d'altra banda, són temes clau de la filosofia de Plató. Aquests temes són els següents:

El *lloc* que el filòsof ocupa en la *polis*.
Les *ciències* necessàries en la formació del filòsof per tal d'accedir al coneixement del Bé.
El *paper* del filòsof en la *polis*.

El filòsof és aquell que denuncia la demagògia que comporta la vida democràtica atenesa basada en les *opinions* dels seus ciutadans i no pas en coneixements rigorosos (científics) de les problemàtiques tractades. Plató creu que també la vida política s'ha de regir pel coneixement veritable, que és el *Bé*, allò que farà de la Ciutat una ciutat habitable i un espai de desplegament humà individual i col·lectiu. El filòsof, el qui té coneixement autèntic de les problemàtiques, és qui ha d'ocupar un lloc preeminent a la ciutat perquè només ell podrà treure la ciutat dels mals que la sacsegen a causa del seu deixar-se guiar per les opinions que s'imposen amb un domini demagògic i manipulador de la paraula. Cal algú que conegui el Bé i tingui maneres per fer-hi anar els ciutadans. La dialèctica aporta al filòsof el mitjà metodològic per accedir a la veritat, ell i tots els ciutadans, si aquests són conduïts dialècticament amb l'ajut del filòsof cap a la veritat.

Igualment important resulta per a Plató l'*educació* dels ciutadans, la *paideia*. Aquí l'*al·legoria de la caverna* (514a-517b) és un element rellevant per tal de fer-nos comprendre allò que s'esdevé si hom ha estat educat o no ha rebut aquesta educació. El que és decisiu, doncs, en aquest text és comprendre allò que s'esdevé en una ciutat si no hi ha ningú que emprengui el camí d'ascens de la foscor de la cova fins a la llum del dia i la contemplació del Sol directament, ningú que esdevingui esforçadament filòsof i així, apte per governar, és a dir, capaç de conduir el poble cap al Bé.

I al mateix temps, si no es considera la necessita que qui hagi emprès el camí d'ascens emprengui igualment el difícil camí de descens a la cova per tal de convèncer els companys encadenats de quina és l'autèntica realitat: el Sol, el Bé que dóna sentit a tot. Aquesta al·legoria es comprèn bé si hom té la referència del final de llibre VI de la *República* en el fragment referent a l'*analogia de la línia o del segment subdividit* en relació amb el coneixement i els seus diversos graus de profunditat.

No repetirem aquí el text de l'*al·legoria de la caverna* que podeu llegir al final. Tan sols esmentem algunes consideracions que puguin ajudar la seva lectura. El *sentit de l'al·legoria* ens el dóna el mateix Plató (517b-519c), després de referir-nos-la. Per això, seguint la mateixa explicació que ens en fa Plató podem remarcar el que segueix, que cal llegir en paral·lel amb l'*analogia del segment subdividit*:

El *món de la caverna* representa el *món sensible*, el món que s'orienta pels sentits. La font de llum de la caverna és un *foc* que hi ha a l'interior de la cova, foc que representa el Sol que il·lumina el nostre món sensible, el Sol que veiem cada dia. A la caverna hi ha dos nivells de realitat: un nivell més inferior d'ombres i reflexos; i un nivell superior d'objectes que són transportats per uns homes que caminen darrere un mur.

El *món del dia* representa el *món intel·ligible*, el món que es guia només per la intel·ligència i ens permet intel·ligir allò que els sentits ens mostren. Té també la seva font de llum, que és el Sol de l'al·legoria, el qual representa el Bé que ens il·lumina la intel·ligència. També en el món del dia hi ha dos nivells de realitat: un de més inferior, que són les ombres del Sol reflectides a l'aigua que veiem fora de la cova, les quals representen els ens matemàtics; i un nivell més superior de realitat, els objectes del món del dia, que són les idees veritables.

Un esquema, d'acord amb el sentit que ens ha fet arribar Plató de l'*al·legoria de la caverna*, ens pot ajudar. Vegem-ho:

La caverna	El dia
Font de llum:	
El foc	El Sol
Nivells de realitat:	
Objectes transportats	Realitats (éssers vius de la natura)
Ombres dels objectes transportats	Ombres en el terra i reflexos a l'aigua

La caverna està en relació amb el dia el mateix que el món sensible està en relació amb el món intel·ligible així:

Món sensible = Món exterior (el dia)	Món intel·ligible
Font de llum:	
El Sol	El Bé
Nivells de realitat:	
Realitats (éssers vius de la natura)	Idees (realitats veritables)
Ombres en el terra i reflexos a l'aigua	Ombres de les idees (ens matemàtics)

El paral·lelisme amb l'analogia del segment subdividit és clara, i aquí es veu quin és el camí que ha de fer el filòsof per tal d'accedir al Bé, un camí ple de dificultats. I no oblidem la proposta de Plató, que és que aquell qui ha fet l'esforç de sortir de la caverna ha de fer igualment l'esforç (obligat, forçat) de retornar-hi per tal de fer sabedors de la realitat (el Bé) els presoners que hi són encadenats.

El camí d'ascensió de la caverna vers la llum del dia i vers la contemplació del Sol (és a dir, el Bé) és un procés difícil que ha d'emprendre el filòsof, tal com ens diu a continuació Plató. Aquest difícil procés que és l'educació del filòsof, l'alliberament de les cadenes, consisteix en «un viratge de l'ànima de la tenebra vers la llum». I aquest camí, aquesta *educació* (*paideia*) del filòsof, està perfectament pensat per Plató, ja que n'ha dissenyat el *currículum* que ha de seguir. Quines són les *ciències* que Plató sosté que ha d'estudiar i saber profundament el qui vol arribar a ser filòsof? La manera de virar de l'ànima suposa un deixar de ser guiada pels sentits i ser guiada, per contra, per la raó, que inicialment pot trobar-se en el coneixement de la matemàtica. Les *ciències* que Plató posa com a obligatòries per al filòsof són (i, sobretot, per aquest ordre d'aprenentatge):

1a. L'*aritmètica*. Permet reconèixer els éssers en la seva unitat i no deixar-se portar per la multiplicitat que ens donen els sentits. La realitat compresa per la intel·ligència ens és presentada en la seva unitat (una i idèntica). L'aritmètica permet, doncs, conèixer el nombre i el càlcul. Aquesta és una ciència que permet dominar l'art de la guerra ja que sense saber comptar i calcular, difícilment es podrà fer front a l'enemic.

2a. La *geometria*. Possibilita concebre els éssers eterns i immutables (com ara la línia, el cercle, etc.). La geometria treballa en el pla i permet igualment fer la guerra perquè fa possible disposar bé els campaments en l'espai i permet dissenyar les diferents estratègies militars i els desplaçaments de l'exèrcit.

3a. L'*estereometria*. Una ciència no gaire desenvolupada a l'època de Plató que es referia a l'estudi dels cossos en si mateixos i a la consideració, en conseqüència, dels volums dels cossos.

4a. L'*astronomia*. La ciència que ens pemet l'estudi del moviment dels cossos celestes i permet conèixer les lleis dels cels amb l'ajut de la matemàtica.

5a. L'*harmonia*. Una ciència provinent del pitagorisme que estudia les relacions d'harmonia entre els nombres i les tonalitats musicals. Ja Heràclit havia sostingut que «l'harmonia invisible és més gran que l'harmonia visible» (Fr. 54). El descobriment de l'harmonia invisible és una fita del filòsof.

Totes aquestes ciències són una *preparació* (una propedèutica) per a *la dialèctica*, que és el coneixement pròpiament filosòfic: el coneixement de les idees, de les coses en si mateixes. Ací hi ha, en el cim, el coneixement del Bé (que Plató identifica amb la Bellesa). Totes les ciències anteriors (ciències matemàtiques) treballen amb principis o hipòtesis; la dialèctica, en canvi, coneix el Bé sense hipòtesis, sense conjectures. La dialèctica suposa el coneixement de la relació interna que hi ha entre totes les matèries anteriors. El filòsof no només sap cadascuna de les ciències matemàtiques esmentades sinó que en domina la relació: té un coneixement interrelacionat de tota la matemàtica. Aquest coneixement sinòptic disposa al coneixement del Bé per al qual cal procedir amb un mètode rigorós de mostrar les diferències i les identitats.

Només els qui arribin al coneixement del Bé podran governar la Ciutat, si bé Plató és conscient que el qui coneix el Bé restaria per voluntat pròpia i per sempre en el Bé. Però Plató reflexiona sobre el fet que cal obligar el qui ha contemplat el Bé en si mateix a devallar a la caverna per tal de fer que el Bé sigui el que imperi en tots els ciutadans i en la mateixa Ciutat en el seu conjunt.

Plató proposa un mètode de discerniment per tal de seleccionar els qui mereixen ser educats com a filòsofs i, així mateix, ens exposa les diverses etapes de formació dels filòsofs. Resumidament seria aquesta l'exposició platònica:

En primer lloc, proposa que iniciïn els estudis d'aquestes ciències aquells qui tinguin *qualitats físiques* (els més ben formats) i *morals* (els més ferms i els més coratjosos; nobles i greus) i bones *disposicions intel·lectuals* (agudesa, memòria, indestructible, amant de l'esforç). Plató vol dotar de prestigi els filòsofs, que en aquell moment eren tinguts per gent poc esforçada i poc dotada per al coneixement rigorós. Plató insisteix molt en les qualitats dels filòsofs. I afegeix, a les precedents: amor a la feina (però ni tothora dedicat a la feina ni mai no dedicat a la feina, sinó un punt mitjà); amor a la veritat; seny, coratge i magnanimitat.

Plató també fa referència a les edats en què cal anar formant el filòsof:

— *De ben joves.* Iniciació no obligatòria al càlcul, la geometria i tota l'educació prèvia. L'home lliure no ha d'aprendre cap matèria d'aquestes per mitjà de l'esclavatge sinó com un joc per tal de poder saber les qualitats naturals de cadascú. Als infants se'ls farà presenciar la guerra, com als cadells se'ls feia tastar la sang. Després d'un examen se'n seleccionarà un nombre determinat. Després de dos o tres anys de gimnàstica obligatòria se'ls farà una prova de gimnàstica.

— *Als vint anys.* Selecció dels millors i se'ls ensenyaran totes les ciències matemàtiques i, sobretot, a tenir-ne una visió de conjunt (sinopsi) per tal de preparar-se bé per a la dialèctica, una matèria que exigeix saber sintetitzar. La millor prova per tal de saber la capacitat dialèctica és examinar el domini de la capacitat d'interrelació (de síntesi).

— *D'ençà dels trenta anys.* Els més constants en els aprenentatges, en la guerra i en els costums, després de triar-los, se'ls provarà en l'art de la dialèctica, sobretot per tal de veure si ja poden desentendre's dels sentits i són aptes per a la dialèctica. És a dir, si són ben al revés que els sofistes, que usen malament la dialèctica perquè encara donen a les paraules sentits no apropiats.

— *Després de quinze anys (a partir dels quaranta-cinc).* A partir d'haver estat immersos en la dialèctica veritable se'ls tornarà a ocupar, en aquest període de formació, amb qüestions militars i se'ls tornarà a exercitar en la gimnàstica per no deixar d'estar en bona forma, com correspon al bon governant.

— *Als cinquanta anys.* Els qui superin tot el procés de formació i hagin excel·lit en tot, assolint el coneixement i la pràctica del Bé, caldrà obligar-los a governar la Ciutat ja que tindran sempre el Bé com a model i educaran en la mateixa direcció els seus successors. Finalment aniran a la Illa dels Benaurats, això és, seran premiats, després de morir, a viure amb els Benaurats. Rebran tota mena d'honors i sacrificis de la Ciutat, com si fossin divinitats inferiors (si la Pítia, la profetessa de l'oracle, ho determina).

Plató té el convenciment que aquesta Ciutat governada pels filòsofs és possible, encara que de moment no tingui lloc (és una Ciutat utòpica).

Aquesta és la política proposada per Plató, la d'una Ciutat regida per experts en assumptes d'Estat que vetllen pel Bé de la Ciutat.

L'interlocutor de Sòcrates en aquest llibre VII de la *República* és Glaucó, qui finalment diu a Sòcrates: «Són bellíssims els governants que has modelat com si fossis un escultor!». A això Sòcrates [Plató] respon sense dubtar: «I també les governadores, oh Glaucó! No creguis pas que el que he dit es referia més als homes que a les dones, perquè també entre elles n'hi ha moltes de dotades de naturalesa suficient per a això» (540c).

Plató ens ha exposat la seva manera d'entendre la política i ha posat tot el seu esforç a repensar la formació dels governadors i de les governadores que, en aquest moment del seu pensar, era allò indispensable per tal de canviar la vida política dels Estats. Calia formar ciutadans, preparar-los rigorosament per tal de ser els governants que vetllessin pel Bé de la Ciutat.

El «viratge de l'ànima» exigit als filòsofs demana una manera nova de veure la realitat, amb més profunditat. I això només es pot fer si els ulls de la intel·ligència prenen un paper rellevant en la consideració i estudi de tot i especialment, en l'Atenes d'aquell present, en l'enfocament i resolució dels problemes de la *Ciutat*.

El *Fedó* de Plató: Una *defensa de la filosofia*, això és, de la «manera de viure» pròpia dels homes i dones que s'orienten al Bé i hi volen romandre

Abans d'escriure els llibres de la *República*, Plató ja havia pensat i escrit el *Fedó*. En el llibre VII de la *República*, la preocupació de

Plató ha estat demostrar com només aquell qui, després d'un dur aprenentatge, ha assolit una manera de viure plenament d'acord amb el Bé, és a dir, només els filòsofs o les filòsofes, que han fet experiència real del Bé en les seves vides, només aquests i aquestes podrien fer de la polis una ciutat justa, orientada sempre al Bé en totes les seves decisions de govern. Només uns homes i unes dones guiats pel Bé garantirien el Bé de la polis, la realització de la justícia en la polis. En el llibre VII de la *República* Plató ens ha dit tot el procés de formació d'aquests homes i d'aquestes dones que, com el presoner alliberat de la cova, han de retornar al seu interior per tal de treure del seu estat d'esclavatge els seus estadants conformats amb el seu esclavatge: els qui han adquirit una manera de viure orientada al Bé han de dedicar-se a orientar la polis en el Bé. I això, que, cal subratllar-ho, els resulta ingrat de fer, se'ls ha d'obligar a fer-ho, tot i que podrien ser morts pels seus conciutadans a causa de l'esforç ingent que suposa per als seus conciutadans de canviar d'estil de vida. Viure en el Bé i la Justícia —denunciant la manca de Bé i les injustícies— sempre suposa el risc de morir. I els filòsofs i les filòsofes s'anomenen tals perquè han dedicat i dediquen incansablement la seva vida a trobar-se amb la veritat i estar disposats a morir. L'*Apologia de Sòcrates*, l'apologia d'aquell home excepcional que fou Sòcrates, el condemnat a mort per la polis atenesa, escrita abans del llibre VII de la *República*, ho deixa prou clar: l'home no pot trobar-se amb la veritat i no morir. I aquesta és pròpiament la mort més radicalment humana, la del trobament amb la veritat. I, en això, Sòcrates esdevé un autèntic filòsof, és a dir, un home que visqué la vida a la recerca de la veritat, guiat per la raó (i no per altres guies possiblement més seductors però, en canvi, enganyosos i que distreuen de la veritat i, doncs, de l'encontre amb el Bé i la Justícia). Fou aquesta recerca de la veritat, a la qual el provocà d'accedir l'oracle de Delfos, que li féu canviar la manera de veure les coses i la manera de viure. I aquesta és la saviesa que Plató lloa en Sòcrates: la *saviesa humana* que val poc o res al costat de la *saviesa divina* del Déu de Delfos, el Déu Apol·lo, el Déu de la Llum i de la Raó (*Apol* 23a i s.). La vida filosòfica és una vida de modèstia, de coherència i una vida d'autoexigència i de denúncia dels mals i de les injustícies, una vida indestructible davant les adversitats i davant les temptacions que són l'oferiment de poder, fama i d'honors o, senzillament, d'una vida contrària a l'excel·lència: una vida sense un examen diari de com viure de manera més excel·lent és una vida que no val la pena de ser viscuda (*Apol* 38a). Al sentit que tingui la vida humana entesa com a manera de viure filosòfica Plató hi dedica el *Fedó.* I es pot comprendre bé que abans de dir com cal governar una ciutat i com cal preparar els seus governants i les seves governantes, Plató enraonadament vulgui exposar-nos el sentit de la vida humana. I que d'això en faci motiu de tot un text —tot un diàleg del seu *Corpus*— és prou significatiu: la manera de viure pròpia dels filòsofs i de les filòsofes i la seva possibilitat de realització i, també, la seva sustentació racional és el que vol argumentar Plató davant els membres presents i els futurs membres de la seva Acadèmia que just acabava d'obrir o estava molt a punt d'obrir (el 387 aC).

Així doncs, després de tot el que ha dit al llibre VII de la *República*, i a l'*Apologia de Sòcrates*, i a altres textos que ara no cal esmentar, Plató escriu el *Fedó.* I l'escriu, també, després d'haver marxat d'Atenes i després, també, d'haver pogut sojornar a Egipte i a la Magna Grècia, amb els pitagòrics. És a dir, abans d'escriure com ordenar la polis i com formar i escollir-ne els governants i les governantes, Plató s'ha plantejat uns interrogants del tot decisius: qui és l'ésser l'humà i quina és la seva manera de viure més pròpiament humana. La pregunta era del tot pertinent, sobretot després de la seva experiència política a la seva mateixa ciutat d'Atenes. Homes com Sòcrates i com Pitàgores representaven per a Plató maneres de viure rigoroses que calia tenir ben presents per tal de pensar l'home i la seva manera de viure.

La problemàtica que sempre ha preocupat Plató és la problemàtica referent a la relació de l'home amb el Bé, tant al Bé que ha d'assolir cadascú individualment (a través d'una vida ètica adequada al Bé) com al Bé que col·lectivament ha d'assolir la *polis* (a través d'una vida política organitzada en relació amb el Bé). En el *Fedó*, tal com hem dit, Plató es proposa parlar de la «manera de viure» més pròpiament humana: la vida que viu orientada cap al Bé, i ho fa des de l'experiència de la seva vida viscuda en convivència amb Sòcrates, i recollint també allò que dels pitagòrics va integrar en el seu pensament.

Sovint s'ha llegit el *Fedó* com aquell text platònic que té com a propòsit central defensar la *immortalitat de l'ànima*. I això ho fa en un escenari ben adient: a la presó, el dia de l'execució de Sòcrates, quan aquest, rodejat dels seus amics, conversa amb ells mentre espera l'hora del capvespre, quan el servent li portarà la metzina que, un cop beguda, al cap d'una estona, li provocarà la mort, una mort que ens és narrada al final del *Fedó* d'una manera prou detallada i emotiva. Aquesta lectura del *Fedó* no és una lectura desenfocada. Tanmateix, aquesta lectura resulta més aviat una lectura parcial que no dóna raó del *tot* del *Fedó*. Plató en el *Fedó* ens ha deixada escrita la seva comprensió del que és la manera de viure més pròpia de l'home: la manera de viure filosòfica. I, en aquest sentit, el *Fedó* és una *apologia de la vida filosòfica* o, si es vol, una *apologia de la filosofia*. I és a l'interior d'aquesta defensa de la manera de viure pròpia de la filosofia que hi cal considerar la mort i la immortalitat de l'ànima. Tanmateix, el tema del *Fedó* és el de la defensa de la manera de viure pròpia dels homes i les dones que viuen a la manera filosòfica. Com diu el personatge Sòcrates en el mateix *Fedó*: «M'esforçaré a presentar davant vostre una defensa més persuasiva que la que vaig fer davant dels jutges» (*Fedó* 63b). I el que es defensa és la vida dels filòsofs i les filòsofes, és a dir, la d'aquells i la d'aquelles per a qui «viure és aprendre a morir», amb el benentès que, amb aquest aprenentatge de la mort, s'assoleix la plenitud de ser un mateix. Aquesta plenitud es fa real en la separació definitiva de l'ànima respecte del cos, quan l'ànima pot viure separada totalment del cos, a l'Hades, lloc de goig i de plenitud, on l'ànima —que és immortal— podrà sojornar-hi contemplant el Bé i la Bellesa. Hi ha bones raons, sosté Plató, per pensar raonadament en això i tenir-hi una «bona esperança».

En el *Fedó* es defensa la filosofia. Ara bé, la filosofia que s'hi defensa és la filosofia platònica, és a dir, s'hi defensa la filosofia tal com aquesta era entesa per Plató. Aquesta defensa Plató la duu a terme posant en relació (i discutint-los) tant el socratisme com el pitagorisme. El *Fedó* és un diàleg que es produeix fora d'Atenes, a Fliünt, entre un pitagòric (Equècrates) i un socràtic (Fedó), sobre la mort de Sòcrates i sobre la conversa prèvia que Sòcrates mantingué amb els seus amics i seguidors a la presó, en el dia mateix de la seva execució. Plató —ens diu el text del *Fedó*— no hi era («Em penso que Plató estava malalt», *Fedó* 59b). Amb aquesta frase Plató ens dóna entenent de manera prou clara que a ell no el podem comptar entre els seguidors de Sòcrates, almenys en la manera com eren seguidors els qui eren amb ell a la presó. Plató era un seguidor diferent, excepcional, el seguidor veritable que no és als peus del llit de Sòcrates sense entendre Sòcrates sinó que ens està narrant l'escena des del saber veritable sobre la vida i la mort. El *Fedó* és un diàleg de Plató on Plató se'ns mostra un veritable deixeble socràtic, precisament en tant que no sosté el mateix que Sòcrates sinó que corregeix els socràtics que segueixen Sòcrates fins a la seva mort i no han entès gairebé res del que Sòcrates ha dit. Amb el *Fedó* no només mor Sòcrates sinó també el socratisme; i amb el *Fedó* neix el pensament de Plató o, si es vol, el platonisme.

El *Fedó* és una defensa de la filosofia perquè la filosofia és el mitjà adient que condueix l'ésser humà a la seva plena realització, a realitzar el seu propi destí (cf. *Fedó* 115a), que és la felicitat que dóna la visió plena de la realitat, l'assoliment de la veritat de tot, la contemplació del Bé i de la Bellesa, coses que només són possibles si es defensa, al mateix temps, l'existència d'un Món intel·ligible que ens permet entendre i comprendre el Món que percebem amb els nostres sentits, amb el nostre cos. El Món intel·ligible només és accessible per la intel·ligència, en tant que aquesta és moguda pel desig del Bé. El Món intel·ligible ens és accessible per la nostra ànima que, si no està desorientada per tot allò que sigui banal i passatger, tendirà a assolir l'estabilitat que li ofereix el ser autèntic (l'essència) de tot. Ara bé, la vida que vivim en el nostre present, en el qual conviuen la nostra intel·ligència, que anhela la Veritat, el Bé i la Bellesa, i la nostra sensibilitat, que ens porta sovint a fer-nos confondre en allò que ens mostra (amb aparença de veritat plena, de bellesa plena i de bondat plena), aquesta vida present ens aferra massa al Món de la sensibilitat. L'ésser humà ha d'anar conformant-se en la Veritat real i plena, en el Bé real i ple, i en la Bellesa real i plena: només així trobarà el seu autèntic destí de plenitud. D'aquí que, en el món present, li convingui una manera de viure que es vagi entrenant en relació amb tastar i viure en la plenitud. Aquest exercici és el que Plató en el *Fedó* anomena repetidament *purificació*, i és un dels eixos del *Fedó*: el *Fedó* s'inicia amb la purificació atenesa (que es dóna en el viatge de la nau a Delos), exemplificant que la mort de Sòcrates hauria de ser una purificació de la Ciutat i acaba amb la mort de Sòcrates, el qual es banya (purificació del cos) abans de prendre la metzina i pronuncia la seva última frase del tot purificatòria: «devem un gall a Esculapi» (*Fedó* 118a), com de gratitud i mostra de la purificació de la seva ànima. I és ben cert que als amics aplegats al voltant de Sòcrates, segons el text platònic, cal recordar-los i refermar-los en el fet que el jo de cadascú (no pas el cos) persisteix sempre després de la mort de l'home: l'ànima és immortal.

De tota manera, una de les novetats del *Fedó* és el fet de donar a la paraula *mort* un sentit no corrent: no només es pot anomenar *mort* al final corporal (biològic) humà sinó que pròpiament la *mort* és l'abandonament dels lligams que el nostre cos vol establir i sovint estableix amb la nostra ànima, amb el nostre jo. Tot el corrent que s'inicia amb els òrfics i pitagòrics i el mateix Sòcrates és darrere del pensament de Plató quan aquest afirma que *la mort és la separació de l'ànima del cos*, això és, que només hom pot arribar a ser ell mateix o ella mateixa, hom només pot arribar a ser plenament ell o ella, lliures de debò, si dominen tot allò que els lliga al que és banal, si no fan del seu pensament un pensament propi, alliberat dels lligams innecessaris. La vida és un anar morint a tot allò que no li deixa a l'home esdevenir plenament ell mateix. I això és tan costós, segons Plató, que, metafòricament, no n'hi ha prou amb una vida: en calen moltes. Ara bé, si hom s'exercita en aquesta vida present a anar morint, a anar esforçadament sent ell mateix o ella mateixa, és a dir, si hom esdevé filòsof o filòsofa, tot i ser molt costós arribar a ser un mateix o una mateixa, aquest exercici farà que guanyi temps i arribi abans a la seva pròpia plenitud: a la seva pròpia llibertat personal. Plató en el *Fedó* ha fet una reflexió profunda sobre la vida de l'ésser humà, la seva vida de plena llibertat. Esdevenim plenament humans en la mesura que deixant les pors ens alliberem de tot allò que ens empresona i no ens deixa ser nosaltres mateixos i nosaltres mateixes, i no ens deixa pensar per nosaltres mateixos o per nosaltres mateixes. Per això caldrà que, almenys els qui vulguin conduir la polis, siguin homes i dones que s'hagin exercitat en l'anar morint, és a dir, s'hagin exercitat a fer un *viratge de l'ànima* vers la Veritat, el Bé, la Bellesa, la Justícia veritables. D'aquesta manera, la polis, guiada per homes i dones que han fet experiència en ells mateixos i en elles mateixes de la Veritat, el Bé, la Bellesa i la Justícia veritables, podran fer dels seus conciutadans i de la mateixa polis, un lloc on siguin presents amb normalitat la Veritat, el Bé, la Bellesa i la Justícia.

Plató ha tingut molta cura a l'escriure el *Fedó* i n'ha elaborat meticulosament l'estructura. Curiosament, si miréssim totes les introduccions al *Fedó* que han escrit els estudiosos del *Fedó*, ens adonaríem que cadascú hi veu, en el *Fedó*, una estructura diferent. És veritat que les diferències són poques, però a vegades resulten significatives. Amb tot, nosaltres mirarem de donar una estructura que procuri ser molt general i més aviat faciliti la lectura d'un text que ha de ser llegit en la seva totalitat per ser comprès. L'estructura que proposem tan sols pretén ser un ajut a la lectura i, per tant, un cop llegit el text cal abandonar aquest ajut o proposar-ne un altre de més personal per a posteriors lectures.

Estructura del *Fedó*

Pròleg L'encontre a Fliünt entre Fedó i Equècrates. Socratisme, pitagorisme i platonisme.	**57a-60c**
Introducció La poesia de Sòcrates, assaig de purificació. Filosofia i Poesia.	**60c-61c**
I Part. Primer cicle de la demostració	**61c-84b**
1. El problema de la realització humana (el destí de l'ésser humà). La filosofia com a hipòtesi per assolir el destí de plenitud humana.	61c-69c
2. El Món intel·ligible com a finalitat del destí humà de plenitud. Necessitat de la filosofia per assolir el Món intel·ligible. La immortalitat de l'ànima necessària per assolir el destí humà de plenitud. Arguments sobre la immortalitat de l'ànima:	69c-82c
2. 1. Argument de la correlació dels contraris.	69e-72e
2. 2. Argument del coneixement com a reminiscència.	72e-78a
2. 3. Argument de la simplicitat i de la seva afinitat amb les idees.	78a-82c
3. El destí humà com a resposta al problema de la realització humana. La filosofia com a camí cert vers el destí humà de plenitud.	82c-84b

II Part. Segon cicle de la demostració	84c-114c
1. Nova aproximació a la immortalitat de l'ànima. La immortalitat de l'ànima com a condició del destí humà de plenitud. Objeccions.	84c-99d
1. 1. 1. Objecció de Símmies: l'ànima és una harmonia.	84c-86e
1. 1. 2. Objecció de Cebes: l'ànima pot sobreviure a molts cossos i, tanmateix, finalment, morir.	87a-88e
1. 2. 1. Introducció de Sòcrates a les respostes	89a-91c
1. 2. 2. Resposta de Sòcrates a Símmies	91c-95a
1. 2. 3. Resposta de Sòcrates a Cebes	95a-95e
1. 1. 3. Estudi de les causes. Insuficiència explicativa d'Anaxàgores.	95e-99d
2. La segona navegació. El Món intel·ligible. Justificació de la immortalitat.	99d-105b
3. La immortalitat personal necessària de cara a l'assoliment del destí humà de plenitud. El mite de l'Hades. La geografia del mes enllà.	105b-114c
Conclusió: La filosofia i el destí humà de plenitud. La filosofia del tot justificada.	114c-115a
Epíleg. Narració de la mort de Sòcrates com a purificació final.	115a-118a

El *Fedó*, a través d'una estructura acuradíssima, mostra quin és el lloc propi de l'ésser humà: el Món intel·ligible, el món de la Veritat. I a aquest Món hi porta només una vida de preparació, una vida exercitada ascèticament en el domini d'un mateix, una vida concentrada en allò que és essencial. La noció socràtica que es recull en el *Fedó* de «cura de l'ànima» és ampliada per Plató

—i esdevé plenament platònica— quan aquesta cura consisteix a exercitar-se a passar del Món sensible al Món intel·ligible; encara que l'ésser humà no podrà mai, en tant que habitant d'aquest món, passar al Món intel·ligible si no és a través del Món sensible. Plató tractarà aquesta problemàtica en altres textos (per exemple, en el *Fedre*).

El *Fedó* és un text clarament filosòfic que ens exposa precisament el valor extraordinari de la *filosofia* —entesa com a «manera de viure— per tal d'assolir la plenitud de la vida humana, això és, es tracta d'esdevenir plenament un mateix, cosa que només és possible d'assolir, segons Plató, deixant de banda l'home i la dona sensibles que som i fer-nos homes i dones capaços de ser conformats per la nostra intel·ligibilitat més cultivada.

La vida d'excel·lència que Plató sosté que hi ha per als homes i dones de cada present no només l'argumenta i la justifica amb la raó i amb el mite sinó que, al mateix temps, la postula com una gran «esperança» i una «bona esperança». El vocabulari de l'«esperança» és un vocabulari molt sovintejat en el *Fedó*. I és a causa d'aquesta esperança i de l'argumentació de què s'ha servit Plató que el text del *Fedó* és un text excel·lent de presentació del treball que Plató duia a terme a l'interior de la seva Acadèmia d'Atenes. Plató amb el *Fedó* dóna el sentit del seu treball intel·lectual entre els joves de l'Atenes del seu temps: Plató, a l'Acadèmia, porta a la pràctica el desig real de Sòcrates d'educar els joves atenesos (*paideia*), i ho fa després d'haver-se preparat de manera molt meticulosa per a la seva tasca. L'encontre entre Fedó i Equècrates, a Fliünt, simbolitza l'encontre, a l'interior del mateix Plató, de Sòcrates i Pitàgores. Plató ha fet de la seva experiència de trobada amb els altres un motiu de reflexió profunda que l'ha portat a una llibetat de pensament i de construcció de si mateix des d'aquesta llibertat de pensament i d'actuació. Els homes i les dones veritablement lliures, alliberats de tot allò que els constreny a una i mil coses i desigs i pors, són homes i dones que acostumats a morir a mil i una coses, a mil i un desigs, a mil i una pors, no temen pas la mort. Ben al contrari, participen ja del Món etern de la veritable Realitat. A argumentar tot això hi ha dedicat el *Fedó*. I és en el *Fedó* que se'ns mostra un Plató ja platònic i no pas socràtic. Com ha escrit algú, amb l'escriptura del *Fedó*, Plató no ens ha explicat només la mort de Sòcrates sinó la mort del socratisme i, al mateix temps, el naixement del platonisme. D'aquí la importància del *Fedó* i d'aquí, també, la importància de la seva lectura. En ella hi trobarem en germen tot el pensament de Plató, un dels intel·lectuals més potents de tota la nostra rica cultura occidental.

ANTONI BOSCH-VECIANA

Fedó

Equècrates, Fedó

[Diàleg introductori]

Equècrates —Hi eres en persona, Fedó, amb Sòcrates el dia en què va prendre la metzina a la presó, o bé ho has sentit d'oïdes?

Fedó —En persona, Equècrates.

Equècrates —Així, doncs, quines foren les paraules d'aquell home abans de morir? Com va acabar? M'agradaria molt poder-ho sentir, ja que ara gairebé ningú de Fliünt no viatja a Atenes, i fa temps que tampoc no ha vingut aquí cap visitant d'allà que ens pogués donar una referència cabdal del que va passar, fora del fet que va morir per haver begut una metzina. D'altres detalls ningú no ens n'ha sabut dir res.

Fedó —I no heu sentit dir res sobre el judici i la manera com va anar?

Equècrates —Sí, d'això ens en va parlar algú, i ens va estranyar que el judici s'hagués fet bastant abans, i ell sembla que va morir molt després. Què va passar, Fedó?

Fedó —Va passar quelcom sortós per a ell, Equècrates. Casualment el dia abans del judici es va coronar la popa de la nau que els atenesos envien a Delos.

Equècrates —Quina nau és aquesta?

Fedó —Es tracta de la nau en la qual, segons els atenesos, Teseu va passar a Creta portant les famoses «set parelles», i les va salvar tot salvant-se ell mateix. Aleshores, segons diuen, van fer promesa a Apol·lo que, si se salvaven, cada any enviarien una processó a Delos. Aquesta és la que des d'aleshores, per sempre més fins avui, continuen enviant cada any en honor del déu. Ara bé, segons el que mana la tradició, una vegada ha començat la processó, la ciutat es troba en temps de purificació, i no es pot fer cap execució pública fins que la nau no hagi anat a Delos i hagi tornat de nou. A vegades, quan es troben amb vents contraris, això porta bastant de temps. La processó comença en el moment en què el sacerdot d'Apol·lo guarneix amb una corona la popa de la nau. Ara bé, com deia, això va succeir a les vigílies del judici, i gràcies a això Sòcrates va estar molt de temps a la presó entre el seu judici i la mort.

EQUÈCRATES —I com van ser les circumstàncies de la mateixa mort, Fedó? De quines coses vau parlar? Què vau fer? Quins amics l'acompanyaven? O potser els magistrats els prohibiren ser-hi presents, i va haver de morir tot sol sense amics?

FEDÓ —De cap manera, sinó que n'hi havia alguns, i àdhuc bastants.

EQUÈCRATES —Au doncs, disposa't a explicar-nos tot això amb tot el detall que puguis, si no estàs particularment ocupat.

FEDÓ —Al contrari, tinc lleure i vull intentar d'explicar-vos-ho tot. A mi res no em pot plaure més que fer record d'en Sòcrates, tant si en parlo jo com si escolto a qui en parla.

EQUÈCRATES —Doncs mira, Fedó, el mateix ens passa als qui estem disposats a escoltar-te. Així que posa tot l'esforç que puguis a explicar-ho tot amb tot detall.

FEDÓ —Doncs bé: em vaig trobar allí i tenia una sensació estranya: davant la mort d'algú que m'era ben estimat no em venia cap sentiment de compassió. Semblava talment, Equècrates, que aquell home era feliç, tant per la seva actitud com per les seves paraules. Va morir d'una manera tan tranquilla i tan noble que jo vaig tenir la sensació que no se n'anava a l'Hades sense alguna mena d'assistència divina i que, en arribar allà, seria l'home més feliç que mai hi hagi hagut. Això feia que no em vingués cap sentiment de compassió, que és el que semblaria natural en un que es troba en tan penoses circumstàncies. Però tampoc no tenia cap delectació com la que acostumàvem a sentir quan parlàvem de temes filosòfics, ja que aquests foren aleshores els temes de conversa, sinó que senzillament em trobava allí amb una sensació estranya. Era com una desacostumada barreja, feta a la vegada de goig i de pena, davant del pensament que ell havia de morir en uns moments. A tots els qui érem allí ens passava més o menys el mateix: adés rèiem, tot d'una ploràvem, especialment un de la nostra colla, l'Apol·lodor: prou que el deus conèixer, amb la seva manera de ser.

EQUÈCRATES —I tant!

FEDÓ —Doncs ell estava totalment desfet; jo mateix estava tot trasbalsat i també els altres.

EQUÈCRATES —Quins s'escaigué, Fedó, que hi fossin presents?

FEDÓ —Dels del país hi eren l'Apol·lodor aquest, Critòbul amb el seu pare, i a més Hermògenes, Epígenes, Èsquines i Antístenes. També hi havia Ctesip de Peània, Menexen i alguns altres del país. Em penso que Plató estava malalt.

EQUÈCRATES —Hi havia alguns forasters?

FEDÓ —Sí: Símmies, el tebà, Cebes i Fedondes; i de Mègara, Euclides i Terpsió.

EQUÈCRATES —I digues, hi eren Aristip i Cleòmbrot?

FEDÓ —No, certament. Es va dir que eren a Egina.

EQUÈCRATES —I hi havia algú més?

FEDÓ —Em penso que els que hi havia devien ser aquests.

EQUÈCRATES —Què més, doncs? De què es va parlar?

[Comença el relat de Fedó: el filòsof ha de desitjar la mort, però no el suïcidi]

FEDÓ —Intentaré relatar-t'ho tot de bon començament. Des dels dies anteriors, tant els altres com jo havíem pres el costum de visitar en Sòcrates. Ens trobàvem de bon matí en el tribunal on s'havia fet el judici, que era a prop de la presó. Allí ens esperàvem cada cop fins que obrissin la presó, tot xerrant els uns amb els altres. No obrien gaire aviat. Quan obrien, entràvem on era Sòcrates i d'ordinari ens quedàvem amb ell tot el dia. En aquella ocasió ens vam reunir més aviat, ja que el dia abans, en sortir de la presó cap al tard, vam sentir dir que havia tornat la nau de Delos. Per això ens vam donar avís de venir al més aviat possible al lloc acostumat. Arribats allà, el porter que solia respondre quan trucàvem va sortir a trobar-nos i ens va dir que esperéssim i no ens presentéssim fins que ell ens ho indiqués. «Els Onze, digué, estan deslligant Sòcrates i li anuncien que avui ha de morir.» No va passar gaire temps, i va venir a dir-nos que entréssim. Quan vam entrar, vam trobar en Sòcrates tot just deslligat i la Xantipa (ja la coneixes) asseguda al seu costat amb la criatura. La Xantipa, quan ens va veure, va començar a cridar i a dir la mena de coses que solen dir les dones: «Sòcrates, aquests amics parlaran amb tu ara per última vegada, i tu amb ells». Sòcrates féu una ullada a Critó i li digué:

—Critó, que algú se l'emporti cap a casa.

Mentre alguns de la gent de Critó s'emportaven la dona, que seguia cridant i donant-se cops, Sòcrates es va aixecar per seure sobre el llit, flexionà la cama i se la fregava amb la mà. Tot fregant-se-la digué:

—«Quina cosa més estranya, amics, sembla el que la gent anomena plaer! Quina sorprenent relació no comporta amb allò que li sembla contrari, el dolor! És un fet que ambdós no volen estar presents alhora en l'ésser humà; en canvi, si hom empaita l'un i l'atrapa, gairebé sempre acabarà necessàriament atrapant l'altre, com si fossin dues criatures que neixen d'un mateix cap. Em sembla —digué— que si Esop se n'hagués adonat hauria escrit una faula dient que un déu els volia separar quan s'estaven barallant, i com que no ho aconseguí, els va soldar pel cap: així quan a algú se li presenta un d'aquests, poc després li seguirà també l'altre. Una cosa així em sembla que m'està passant a mi: a causa dels lligams se m'havia presentat el dolor a la cama i, pel que sembla, ara m'arriba el plaer que el segueix».

[L'encàrrec al filòsof Evè]

Aleshores va intervenir Cebes dient: «Per Zeus, Sòcrates, que has fet bé de recordar-m'ho. Sobre els poemes que vas fer, posant música a les faules d'Esop i al preludi dedicat a Apol·lo, ja m'han preguntat alguns, com Evè abans-d'ahir, amb quina intenció els has compost, ja que no ho havies fet mai, això. Així, doncs, si t'interessa que doni alguna resposta a Evè quan em torni a preguntar —perquè estic convençut que em preguntarà— digues-me què li he de dir».

—Doncs, digues-li, Cebes, la veritat —replicà—. No ho vaig fer amb la intenció de fer-li la competència a ell i als seus poemes —perquè ja sé que això no seria pas fàcil—, sinó que intentava comprovar el sentit de certs somnis i treure'm un escrúpol en el cas que m'haguessin indicat repetidament que havia de fer aquesta mena de música. El que em passava era això: m'havia visitat moltes vegades durant la meva vida el mateix somni, apareixentse amb figures diverses. Però sempre deia el mateix: «Sòcrates —em feia—, aplica't a fer música». Jo inicialment vaig suposar que m'exhortava i em recomanava de fer el que precisament estava fent. Com els qui animen els corredors, el somni, en dir-me que fes música, em manava fer el que feia, suposant que la filosofia, que era el que jo estava fent, fos la forma més elevada de música. Però ara, com que s'havia fet el judici i la festa del déu havia impedit que morís, em va semblar que, si es repetia el somni de nou manant-me fer aquesta música popular, calia no desobeir-lo, sinó fer-ho. Així doncs, era més segur, abans de partir, complir amb aquest escrúpol i compondre poemes en obediència al somni. És per això que vaig començar component en honor del déu per al qui s'estava celebrant la festa. Després del déu, vaig pensar que, si un poeta havia de ser veritable poeta, havia de compondre faules més que raonaments; ara bé, com que jo no tenia capacitat fabuladora, vaig agafar les faules que tenia a mà i que jo em sabia, les d'Esop, i en vaig fer poemes tal com m'anaven venint. Bé, doncs, Cebes, digues-li això a Evè, amb els meus bons desitjos; i que, si té seny, em segueixi tan aviat com pugui. Pel que sembla, me'n vaig avui, perquè ho manen els atenesos.

Però Símmies replicà:

—Què vol dir, Sòcrates, aquesta recomanació que fas a Evè? És un home amb el qual m'he trobat moltes vegades i, pel que he pogut capir, segurament no tindrà cap mena de voluntat de fer-te cas.

—Doncs què? És que no és un filòsof, Evè?

—A mi m'ho sembla —digué Símmies.

—Aleshores Evè tindrà aquesta voluntat, igual que qualsevol altre que faci honor a aquesta professió. Tot i això, segurament no farà cap violència contra ell mateix, ja que, segons diuen, això no és lícit.

[La il·licitud del suïcidi]

Mentre deia això va posar els peus a terra, es va quedar assegut i continuà la conversa. En Cebes li va preguntar:

—Què vol dir això, Sòcrates, que no és lícit fer-se violència contra un mateix, però que el filòsof ha de voler seguir qui està per morir?

—I doncs, Cebes? És que Símmies i tu no vau aprendre res sobre això de Filolau, quan anàveu amb ell?

—Res de precís.

—Bé, jo també parlo d'aquestes coses només d'oïda. Però no tinc cap recança de comunicar-vos el que pugui haver sentit. I potser fins és d'allò més adient que un que està a punt d'anar-se'n cap allà es dediqui a investigar o a referir mites sobre el viatge a aquell lloc, per veure com pensem que seria. Quina altra cosa es podria fer en el temps que falta fins a la posta del sol?

—Bé, doncs, quina raó tens, Sòcrates, per dir que no és lícit procurar-se la mort un mateix? Perquè, ja que ho acabes de preguntar, jo havia sentit de Filolau, quan el teníem entre nosaltres, així com també d'alguns altres, que no era correcte fer això. Però mai no he sentit que ningú expliqués clarament el perquè d'això.

—Doncs caldrà que tinguis coratge —digué ell— i potser aviat ho sentiràs. Amb tot, tal vegada et semblarà sorprenent que únicament en aquesta qüestió, entre totes les altres, no s'admetin excepcions, sinó que, al contrari del que passa en altres casos, mai no es dóna el cas que, per a alguns homes en determinades circumstàncies, sigui millor morir que seguir vivint. I suposant que fos millor per a algú morir, et semblarà segurament sorprenent que sigui cosa impia procurar-se un mateix aquest bé, sinó que hagi d'esperar que un altre li faci aquesta bona obra.

Cebes, posant-se a riure, digué en el seu dialecte:

—Que Zeus ho entengui!

—És cosa —digué Sòcrates— que podria semblar il·lògica. Però no; segurament té la seva raó. Allò que diuen sobre aquestes coses en els misteris, val a dir, que els homes ens trobem en una mena de presó i que no ens és lícit d'alliberar-nos i fugir-ne, em sembla a mi que és quelcom important i no gens fàcil d'esbrinar. Tanmateix em sembla, almenys a mi, Cebes, que és cosa ben raonada dir que els déus tenen cura de nosaltres i que nosaltres, els humans, som una de les possessions dels déus. No et sembla així?

—A mi sí —féu Cebes.

—Per tant —digué ell—, si un que fos possessió teva es donés mort ell mateix sense que tu li haguessis indicat que volies que morís, tu prou t'enutjaries amb ell i, si el poguessis castigar, prou que ho faries.

—I tant —digué.

—Potser, doncs, per la mateixa raó no és absurd que no es permeti que un es mati ell mateix abans que el déu no li faci arribar alguna situació de necessitat, com la que ara m'esdevé a mi.

[Plantejament de la tesi: després de la mort hi ha una vida millor]

—Això sembla prou raonable —digué Cebes—. Tanmateix allò que deies fa un moment, que els filòsofs fàcilment desitgen morir, em sembla, Sòcrates, quelcom estrany, si és que hem parlat bé dient ara mateix que el déu té cura de nosaltres i que nosaltres som possessió seva. Que els més sensats no s'enutgin quan han de deixar aquest servei en el qual es troben a les ordres dels millors senyors que hi pugui haver, els déus, és cosa que no té sentit. En efecte, ningú no pot pensar que tindrà millor cura d'ell mateix procurant-se la llibertat. Segurament seria un insensat el qui pensés que ha de fugir d'aquest amo, sense reflexionar que el que cal no és fugir del bé, sinó romandre en ell tant com sigui possible. Tal fugida seria irracional. El qui fos sensat desitjaria quedar-se per sempre amb aquell que és millor que ell mateix. Si és així, Sòcrates, resulta més lògic el contrari del que dèiem fa poc, és a dir, és natural que els sensats s'irritin quan han de morir, mentre que són insensats els qui se n'alegren.

Em va semblar que Sòcrates, en sentir això, estava complagut de l'esforç de Cebes; i, girant-se vers nosaltres, digué:

—En Cebes sempre està empaitant arguments i no està pas gens disposat a acceptar fàcilment el que digui un altre.

—Tanmateix, Sòcrates —digué Símmies—, em sembla que ara Cebes sí que diu alguna cosa. Perquè, si es tracta d'homes veritablement savis, com podrien voler fugir d'uns amos millors que ells mateixos, abandonant-los a la lleugera? I a mi em sembla que Cebes parla apuntant vers tu mateix, que amb tanta facilitat et conformes a deixar-nos a nosaltres i a uns bons governants, que això són els déus, segons tu mateix confesses.

—És just el que dieu —digué ell—. I penso que esteu suggerint que cal que jo em defensi d'aquestes acusacions com si fos davant d'un tribunal.

—Exactament —digué Símmies.

—Au, doncs! —va fer ell—. M'esforçaré a presentar davant vostre una defensa més persuasiva que la que vaig fer davant dels jutges. Perquè jo, Símmies i Cebes, si no pensés que m'haig de trobar en primer lloc amb uns altres déus savis i bons, i després amb homes que ja han mort i que són millors que els d'aquí, em comportaria injustament no rebel·lant-me contra la mort. Però sabeu prou que el que jo espero és trobar-me amb homes bons, per bé que això no gosaria afirmar-ho de manera absoluta; però pel que fa a trobar-me amb uns déus que són uns senyors absolutament bons, sabeu bé que si alguna cosa jo mantindria seria precisament això. Aquesta és la raó per la qual no estic gaire contrariat, sinó que tinc bona esperança que després de la mort hi ha alguna cosa que, com s'ha dit des d'antic, ha de ser molt millor per als bons que per als dolents.

—Què, doncs, Sòcrates —va dir Símmies—, penses anar-te'n quedant-te aquesta idea per a tu en el cap, o ens en podries fer participar? Perquè jo almenys penso que es tracta d'un bé comú a tots nosaltres i, a més, si amb els teus arguments acabes convencent-nos, hauràs acomplert la teva pròpia defensa.

—Ho intentaré —digué—. Però primer vejam, aquí hi ha Critó, que sembla que fa estona que vol parlar.

—Sòcrates —digué Critó—, només vull dir-te el que fa estona m'està dient el qui t'ha de donar la metzina: et vol advertir que cal que parlis tan poc com puguis. Diu que els qui parlen s'escalfen més i que això no és gens compatible amb la metzina. Si no, a voltes resulta necessari que als qui es comporten així se'ls hagi de donar a beure dues i tres vegades.

—Deixa'l córrer —digué Sòcrates—. Només cal que prepari el que li pertoca com si hagués de donar-m'ho dues vegades o, si calgués, tres.

—Ja ho sabia que més o menys diries això. Però ell m'està amoïnant des de fa estona.

—Deixa'l —digué ell—. En canvi a vosaltres, els meus jutges, ja és hora que us doni la raó perquè un home que realment hagi dedicat la vida a la filosofia ha de tenir bon ànim quan li toqui morir i ha de tenir la bona esperança que, una vegada mort, ha d'obtenir els màxims béns. Així, doncs, Símmies i Cebes, ara intentaré d'explicar-vos com és possible que això sigui així.

»Segurament la gent no s'adona que tots els qui es dediquen com cal a la filosofia no fan altra cosa que preparar-se a morir i a estar morts. Ara bé, si això és veritat, seria cosa ben estranya que un s'esforcés durant tota la vida només en això i que, arribat el moment [de morir], es rebel·lés contra allò que de tant de temps desitjava i preparava.

Símmies, posant-se a riure, digué:

—Per Zeus!, Sòcrates, que m'has fet riure quan no en tenia gens de ganes. Perquè penso que la gent, si et sent parlar així, creuran que has fet un bon atac contra els qui filosofen i que estàs ben d'acord amb el que diuen d'ells els del meu país, a saber, que els qui filosofen són realment moribunds i que la gent prou veu que això és el que es mereixen.

[Per al filòsof, la mort és l'alliberament dels impediments del cos]

—I dirien veritat, Símmies, més del que realment saben. Perquè efectivament no saben en quin sentit són uns moribunds o en quin sentit mereixen la mort o quina és la mort que mereixen els autèntics filòsofs. Parlem, doncs, entre nosaltres, deixant córrer el que la gent digui. Pensem que la mort és quelcom?

—I tant —respongué Símmies.

—No és precisament la separació de l'ànima i el cos? I estar mort, ¿no és precisament això: que el cos quedi separat ell tot sol, a part de l'ànima, i que l'ànima quedi separada ella sola, a part del cos? Quina altra cosa podria ser la mort fora d'això?

—No; seria això —féu ell.

—Considera, doncs, amic meu, si també penses igual que jo; perquè, al meu entendre, d'això depèn que arribem a comprendre bé el tema que estem tractant. ¿Et sembla a tu que és cosa pròpia d'un filòsof delejar allò que anomenem plaers, com ara el menjar i el beure?

—No gens, Sòcrates —va dir Símmies.

—I els plaers del sexe?

—De cap manera.

—I sobre les altres coses relatives a la cura del cos, penses que un filòsof n'ha de tenir estima? Vull dir, per exemple, adquirir vestits o calçats de qualitat i altres complements per a l'elegància corporal, et sembla a tu que ho apreciarà particularment o que no en farà cap cas, llevat que es trobi en extrema necessitat?

—Em sembla que no en farà cap cas, si és de veritat filòsof —digué.

—Per tant —féu ell—, ¿no et sembla que un tal home no estarà tot ocupat en les coses que pertoquen al cos, sinó que les deixarà de banda tant com pugui i, en canvi, tindrà la seva atenció girada vers l'ànima?

—A mi m'ho sembla.

—Per tant, no és en aquestes coses on en primer lloc es revela qui és filòsof, en tant que, a diferència del que fan els altres homes, intenta que l'ànima es desempallegui tant com pugui de les seves relacions amb el cos?

—Això sembla.

—En canvi, Símmies, a la majoria de la gent els sembla que no val la pena de viure, si un no troba plaer en aquestes coses ni en pot participar. I al contrari, pensen que no tenir cap estima dels plaers dels quals gaudim a través del cos és gairebé com estar mort.

—El que dius és ben veritat.

—I què hem de dir pel que fa a la mateixa adquisició del coneixement? Si un pretén prendre el cos com a col·laborador en aquesta recerca, li serà un obstacle o no? Vull dir aproximadament això: la vista i l'oïda proporcionen als homes quelcom de veritat o bé, com ens mormolegen contínuament fins i tot els poetes, ni sentim ni veiem res que sigui exacte. I, si aquests sentits corporals no aporten res d'exacte ni de segur, molt menys els altres que, segurament, els són inferiors. No et sembla així?

—I força —féu ell.

—Quan, doncs, l'ànima assoleix la veritat? Perquè és clar que quan vol considerar qualsevol cosa conjuntament amb el cos, aleshores és enganyada per ell.

—És cert.

—Per tant, oi que serà en el raonament on arriba, si és que hi arriba, a un coneixement clar de quelcom de la realitat?

—Sí.

—¿I no és veritat que quan millor raona és quan no la destorba res d'això, ni l'oïda, ni la vista, ni cap dolor o plaer, sinó que ella es concentra tant com pot en si mateixa, deixant estar el cos, sense comunicar-se amb ell ni agafar-se d'ell, tendint així vers el que és real?

—És així.

—I no és aleshores quan l'ànima del filòsof més menysprea el cos i fuig d'ell i, en canvi, busca de concentrar-se en ella mateixa?

—Això sembla.

—I què penses sobre això, Símmies? Afirmem que existeix allò que és just en ell mateix, o no?

—És clar que ho afirmem, per Zeus!

—I també allò que és bell i allò que és bo?

—Com no ho hem de fer?

—I has arribat a veure amb els teus ulls alguna d'aquestes coses?

—De cap manera —féu ell.

—Aleshores, les has captat amb algun altre dels sentits corporals? Em refereixo a qualsevol cosa com, per exemple, la magnitud, la salut, la força, en una paraula, a l'essència de totes les coses, allò que cada cosa s'esdevé ser. ¿Per ventura és per mitjà del cos com es pot contemplar el que hi ha de més veritable en les coses, o bé més aviat el que passa és que aquell de nosaltres que adopti una millor i més precisa disposició per a reflexionar sobre les coses que examina, aquest és el qui més s'aproximarà a conèixer cada una d'elles?

—Absolutament així.

—Bé, doncs, això no ho farà de la manera més neta aquell qui s'adreci a cada cosa tant com pugui amb la mateixa ment, sense recolzar-se en la vista quan ha de reflexionar, ni volent fer intervenir cap altre sentit al costat del raonament, sinó que, emprant purament la intel·ligència en ella mateixa, intenta atrapar purament i en elles mateixes cada una de les realitats, deixant de banda tant com pugui els ulls, les oïdes i, per així dir-ho, tot el que pertany al cos, que és un destorb de l'ànima que li impedeix, si se li associa, arribar a la possessió de la veritat i de la saviesa? No serà aquest, Símmies, el qui, si és que mai algú hi ha arribat, arribarà a captar el que realment és?

—El que estàs dient, Sòcrates, és una gran veritat —féu Símmies.

—Doncs bé, d'aquestes consideracions, se'n segueix necessàriament que els autèntics filòsofs han d'arribar a una convicció que expressarien entre ells més o menys així:

«És possible que hi hagi una drecera que ens porti, amb l'ajut de la raó, al terme de la recerca, ja que mentre tenim un cos i la nostra ànima es troba contaminada amb un mal semblant mai no podrem aconseguir adequadament el que desitgem. El que professem desitjar és la veritat. Ara bé, el cos ens proporciona mil preocupacions a causa del seu necessari manteniment. A més, si sobrevé qualsevol malaltia, ens impedeix anar a la captura del que és. Ens omple d'amors i de desitjos, de temors i fantasmes de tota mena i d'un munt de nicieses, de tal manera que, com diu la dita, sota el seu domini no podem mai ni tan sols posar-nos a pensar. Les guerres, les dissensions, les baralles no tenen altra causa que el cos i els seus desitjos. En efecte, és per culpa de la possessió dels diners que s'originen les guerres; i és el cos el que ens obliga a tenir diners, ja que hem de procurar-li el que calgui com a esclaus. Se'n segueix que, a causa de tot això, no tenim lleure per a la filosofia. I el pitjor de tot és que, si algú de nosaltres arriba a deslliurar-se d'ell i es posa a investigar alguna cosa, inesperadament ens ataca, precipitant-se per qualsevol lloc, mentre estem investigant, fent fressa i confusió, de manera que per culpa d'ell ens resulta impossible arribar a veure la veritat. Al contrari, és cosa comprovada que, si hem de conèixer clarament alguna cosa, ens hem de desempallegar d'ell i hem de contemplar amb l'ànima sola la realitat en ella mateixa. Aleshores, pel que sembla, assolirem allò que desitgem i que diem que és l'objecte del nostre amor, la saviesa; segons indica el raonament, això serà quan hàgim mort, no en aquesta vida. En efecte, si amb el cos no és possible conèixer res de manera absoluta, se segueix una de dues coses: o bé no posseirem mai el saber, o bé quan haguem mort. Perquè aleshores l'ànima quedarà sola en ella mateixa, separada del cos; però abans no. I mentre encara vivim, pel que sembla, ens acostarem més al saber en la mesura en què no tinguem relació ni comunió amb el cos, exceptuant el que sigui d'absoluta necessitat, i no ens contaminem de la seva natura, sinó que procurem mantenir-nos-en purs fins que el déu ens alliberi. Així, una vegada purs i deslliurats de la insensatesa del cos, probablement ens trobarem amb els qui són semblantment purs i coneixerem per nosaltres mateixos el que és pur. [La veritat possiblement és aquesta.] Perquè em temo que al qui no és pur no li està permès d'assolir allò que és pur.»

Quelcom així, Símmies, és el que em sembla que necessàriament es dirien els uns als altres, i el que pensarien tots els qui són rectament amants del saber. No t'ho sembla a tu?

—Totalment, Sòcrates.

—Per tant —digué Sòcrates—, si això és veritat, hi ha bona esperança, amic meu, que el qui vagi allà on jo ara vaig aconseguirà millor que en cap altre lloc allò que ha estat l'objecte de molts dels nostres afanys durant la vida passada. Així que el viatge que ara em manen que faci se'm presenta amb bona esperança, com ho seria també per a qualsevol altre home que tingui consciència que ha preparat la seva ment procurant purificar-la.

—Ben cert —digué Símmies.

—I la purificació no consisteix, com ja fa temps que hem dit en el discurs, a apartar l'ànima del cos tant com sigui possible i acostumar-la a recollir-se en ella mateixa de totes les parts del cos i concentrar-se, de manera que visqui tant com pugui, tant en el temps present com en el que vingui, ella tota sola, alliberada del cos com d'unes cadenes?

—Ben cert.

—¿I no és precisament això el que s'anomena mort, l'alliberament i la separació de l'ànima del cos? —Totalment —féu ell.

—¿I aquest alliberament de què parlem no és el que més desitgen sempre i de manera particular els qui practiquen com cal la filosofia, de manera que l'ocupació pròpia dels filòsofs és precisament aquesta, deslligar i separar l'ànima del cos? Oi que és així?

—Així sembla.

—Aleshores, com deia al principi, seria ben ridícul l'home que, després de viure tota la vida esmerçant-se a apropar-se al màxim possible a la mort, es rebel·lés contra ella quan finalment li arriba.

—Realment ridícul.

—És un fet, doncs, Símmies —féu ell— que els qui cultiven la filosofia s'exerciten a morir i que ells són els homes que menys por li tenen, a la mort. Considera-ho a partir del que et diré: essent com són enemics radicals del cos i desitjant de tenir l'ànima tota sola en ella mateixa, si, quan arribés això, tinguessin por i es rebel·lessin, no seria ben incoherent que no anessin de bon grat allà on esperen que, quan hi arribin, han de trobar l'objecte del seu amor de tota la vida (ja que eren enamorats del saber) desempallegant-se de la companyia amb la qual vivien enemistats? Molts en la mort d'éssers humans (minyons, esposes, fills) han volgut seguir-los de grat fins a l'Hades emportats per l'esperança de poder veure allí el que enyoraven i poder conviure amb ells. En canvi, si un està de debò enamorat del saber i està ben agafat de l'esperança que en cap altra part fora de l'Hades no el podrà assolir d'una manera adequada, per ventura es rebel·larà quan hagi de morir i no se n'alegrarà d'anar-hi? Cal que ho creguem així, amic meu, almenys si es tracta d'un filòsof de debò, ja que tindrà la convicció ferma que no podrà aconseguir el saber en la seva puresa en cap altra banda fora d'allí. Si això és així, no seria una gran incoherència, com t'anava dient, que aquest home tingués por de la mort?

—Molt gran, per Zeus —féu ell.

—Per tant, si veus un home que es rebel·la perquè ha de morir, no et serà això una prova suficient que no es tracta d'un amic de la saviesa sinó d'un amic del seu cos? I segurament el mateix personatge serà també o bé amic dels diners o bé amic dels honors, o de les dues coses a la vegada.

—És ben bé com tu dius —va fer ell.

—I el que s'anomena coratge, ¿no penses, Símmies, que és cosa molt adient als qui tenen aquella disposició?

—Totalment, per descomptat —digué.

—I semblantment la sensatesa, àdhuc allò que la gent corrent anomena sensatesa, com el no deixar emportar-se pels desigs, no fent-ne gaire cas i controlant-los, ¿no és cosa adient particularment a aquells qui més menystenen el cos i viuen en la filosofia?

—Necessàriament —va dir.

—Ara bé —féu ell—, si vols reflexionar sobre el coratge i la sensatesa dels altres, et semblaran una cosa ben estranya.

—Com dius, Sòcrates?

—Saps —digué— que la mort la consideren tots aquells altres com un dels mals més grans?

—I molt —digué.

—Doncs, els qui entre aquests suporten coratjosament la mort —si és que la suporten—, no deu ser perquè tenen por de mals encara més grans?

—És així.

—Tots ells, menys els filòsofs, estan espantats i tenen por. I realment resulta estrany que un sigui valent gràcies a una forma de temor i de covardia.

—Absolutament.

—I què s'ha de dir d'ells quan són moderats? No els passa el mateix? Són sensats gràcies a una forma d'intemperància. Hauríem de dir que això no és possible, i tanmateix els passa quelcom semblant a això amb la seva sensatesa de ximple. Tenen por d'haver de renunciar a altres plaers que desitgen, i perquè estan sota el domini d'uns plaers s'abstenen d'uns altres. No obstant això, ells prou que segueixen dient que la intemperància és deixar-se dominar pels plaers; però el que els passa és que, si ells dominen uns plaers és perquè estan dominats per uns altres. Això s'assembla al que justament ara dèiem que, d'alguna manera, són sensats gràcies a la seva intemperància.

—Així ho sembla.

—Però, benaurat Símmies, tractant de virtut, segurament aquest no és un intercanvi correcte, pretenent bescanviar plaers amb plaers, dolors amb dolors i temors amb temors, comparant el més i el menys, com si es tractés de monedes. Segurament l'única moneda vàlida contra la qual es poden bescanviar totes aquestes coses és el coneixement: aquest marca el preu i la paga de tot el que es compra i es ven com a veritable coratge, o sensatesa, o justícia, o, en una paraula, autèntica virtut acompanyada de coneixement, tant si s'hi afegeixen com si se'n separen plaers, dolors i totes les coses d'aquesta mena. Però, si es deixa de banda el coneixement i es baraten unes coses amb les altres, s'acabarà reduint la virtut a la seva ombra, una cosa realment servil, sense res de sa ni d'autèntic. En canvi hi ha veritable autenticitat quan hi ha una mena de purificació de totes aquestes coses; és a dir, que la sensatesa, la justícia, el coratge i el mateix coneixement serien com ritus purificadors.

»Podria succeir que els qui van instituir per a nosaltres els misteris no fossin homes vulgars, sinó que des d'antic ens volien insinuar que el qui arriba a l'Hades sense haver estat iniciat i purificat haurà d'anar a jeure al fanguissar, mentre que el qui arribi allí iniciat i purificat anirà a viure amb els déus. Perquè, com diuen els experts en iniciacions, «són molts els qui porten el tirs, però pocs els posseïts pel déu». En la meva opinió aquests no són altres que els qui cultiven com cal la filosofia. Entre ells jo he desitjat comptar-m'hi fins on he pogut, sense regatejar cap mena d'esforç durant tota la vida. Si ho he desitjat com calia i si ho he aconseguit, això ho sabrem exactament quan arribem allà, segons penso d'aquí a poca estona, si déu ho vol.

»Aquesta, Símmies i Cebes, és la manera com defenso el fet que, en deixar-vos a vosaltres i als amos d'aquí, no m'amoïni ni em rebel·li: és que penso que allà m'he de trobar, no menys que aquí, amb bons amos i companys. [Però la gent no s'ho creu.] Seria un èxit si aquesta defensa fos per a vosaltres més convincent que no pas ho fou per als jutges d'Atenes.

[Arguments en favor de la immortalitat de l'ànima. Primer argument: el cercle dels contraris]

Quan Sòcrates acabà de dir això, Cebes va prendre la paraula:

—Sòcrates, tot això em sembla a mi prou ben dit, però el que es refereix a l'ànima produeix molta desconfiança en la gent. Temen que quan deixa el cos ja no existeixi de cap manera i que en el mateix dia que un home mor, tan bon punt deixa el cos, l'ànima es malmeti i es dissolgui, sortint d'ell com un alè o com un baf que s'esfuma i s'escampa volant, sense que enlloc en quedi res. Si s'afirmés que hi ha un lloc on ella realment es pot trobar recollida en ella mateixa i alliberada dels mals que tu fa poc relataves, hi hauria, Sòcrates, una gran i bona esperança que fos veritat el que tu dius. Però segurament es requereix un no petit argument encoratjador i una actitud de fe per admetre això, a saber, que l'ànima existeix després de la mort d'un home i que pot tenir alguna capacitat i coneixement.

—És veritat, Cebes —va dir Sòcrates—. Què hem de fer, doncs? Vols que ens posem a parlar precisament sobre aquestes coses a veure si és o no probable que siguin així?

—A mi sí que m'agradaria —va dir Cebes— sentir quina és l'opinió que tu tens sobre això.

—Penso —digué Sòcrates— que cap dels qui ara m'escoltessin no diria, ni tan sols algun dels qui escriuen comèdies, que sóc un garlaire i que faig discursos de coses que no vénen al cas. Per tant, si et sembla, ho haurem d'examinar. I ho podríem fer d'aquesta manera: les ànimes dels homes que han mort, són a l'Hades o no? Perquè hi ha una doctrina antiga, que abans recordàvem, que diu que passen d'aquí cap allà i que després tornen cap aquí i reneixen dels morts. Si això és així, és a dir, que els vivents reneixen dels morts, en quin altre lloc es podrien trobar les nostres ànimes sinó allí? En efecte, si deixessin d'existir, no podrien tornar a néixer. Això seria un argument suficient en favor del que diem, si realment resulta clar que no hi ha cap altre origen dels vivents si no a partir dels morts. En canvi, si no fos així, es requeriria algun altre argument.

—És ben bé així —digué Cebes.

—Ara bé —féu ell—, si vols entendre millor la qüestió, no l'hauràs de considerar només amb referència als homes, sinó que hauràs de tenir en compte també tots els animals i plantes i, en suma, tot allò que té naixement. Considerem a veure si tot neix de la mateixa manera, a saber, que totes les coses que tenen un contrari neixen només del seu contrari. Per exemple, el bell, que és d'alguna manera contrari al lleig; el just, que és contrari a l'injust, i mil coses d'aquesta mena. Examinem, doncs, si tot allò que té un contrari necessàriament s'origina a partir del seu contrari. Posem el cas d'una cosa que es fa més gran: Oi que caldrà que es faci més gran a partir d'una cosa prèvia més petita?

—Sí.

—I si es tracta de fer-se més petita, oi que hi haurà primer una cosa més gran, a partir de la qual després sorgirà la més petita?

—D'acord.

—I així, no és del més fort que en sorgeix el més dèbil, i del més lent, el més ràpid?

—Totalment.

—Doncs, au, si una cosa es fa pitjor, no serà a partir d'una de millor, i si es fa més justa, a partir d'una de més injusta?

—No pot ser altrament.

—Tenim, doncs, prou establert això —féu Sòcrates—, que tot s'esdevé així i els contraris neixen dels seus contraris?

—Totalment.

—I ara, què? En aquests [contraris], no hi ha entre els dos termes contraposats de dos en dos com un doble moviment de generació, que va de l'un a l'altre i torna de l'altre al primer? Entremig d'una cosa més gran i una de més petita, no hi ha el creixement i el minvament, gràcies als quals diem que l'una creix i l'altra minva?

—Sí —féu ell.

—I també en el dissoldre's i el combinar-se, en el refredar-se i l'escalfar-se i en tots els processos semblants, fins i tot en els casos en què no emprem cap nom particular que els designi, ¿no és de fet necessari que sempre passi el mateix, val a dir que l'un s'origini de l'altre i que la generació vagi alternativament de l'un a l'altre?

—És ben bé així —digué.

—Bé, doncs, no hi haurà un contrari del viure, com l'estar despert és contrari del dormir?

—Ben cert —digué.

—Quin?

—Estar mort —féu.

—I en aquest cas, ja que es tracta de dos contraris, no es generen l'un de l'altre i no hi ha entre aquests dos termes dos processos de generació?

—No podria ser altrament.

—Bé, doncs —digué Sócrates—, d'aquestes parelles [de contraris] de les quals et parlava, jo te n'explicaré una amb els seus processos generatius, i tu m'explicaràs l'altra. Parlo del dormir i de l'estar despert, i que del dormir en neix l'estar despert i de l'estar despert, el dormir. Els processos generatius de l'un i l'altre són adormir-se i despertar-se. M'explico prou —digué— o no?

—Perfectament.

—Ara parla'm també tu —féu ell— de la mateixa manera sobre la vida i la mort. Admets que estar mort és el contrari de viure?

—Ho admeto.

—I que l'una cosa neix de l'altra?

—Sí.

—Del vivent, doncs, què en neix?

—El mort —digué.

—Au, doncs —féu ell—, i del mort?

—Cal que digui —féu ell— que el vivent.

—Així, doncs, Cebes, és dels morts que neixen les coses vives i els vivents?

—Això sembla.

—Per tant, les nostres ànimes són a l'Hades?

—Segurament.

—Ara bé, dels dos processos de generació que aquí intervenen, no n'hi ha almenys un que el veiem prou clar? Resulta prou clar què és morir, o no?

—Sí que ho és —digué.

—Què farem, doncs? No haurem d'equilibrar aquest procés amb el contrari, per tal de no deixar coixa la natura? Vull dir, no és necessari que al morir li correspongui un procés contrari?

—Totalment.

—I quin és?

—Tornar a la vida.

—Per tant —féu ell—, si hi ha un retorn a la vida, no serà el procés de generació des dels morts cap als vivents precisament això, tornar a viure?

—Ben certament.

—Hem convingut, doncs, en una cosa: els vivents neixen dels morts, igual que els morts neixen dels vivents. I si això és així, ens ha semblat que teníem un indici suficient que les ànimes han d'estar necessàriament en algun lloc, des del qual poden tornar a néixer.

—Penso, Sòcrates —féu ell—, que necessàriament ha de ser així segons el que hem convingut.

—I que no ho hem convingut sense raó, Cebes —féu ell—, em sembla que ho veuràs per això: si no s'admet que les coses es compensen sempre generant-se les unes de les altres, com en una mena de moviment circular, sinó que el procés generatiu es considera rectilini, anant només des d'un terme vers el seu contrari, sense girar-se de nou vers l'origen ni acabar la volta completa, ¿no penses que tot acabaria tenint una forma idèntica i que tot estaria en un mateix estat en el qual ja no es generaria res?

—Com dius?

—No és gens difícil fer-se la idea del que estic dient —féu ell—. Per exemple, si hi hagués el procés d'adormir-se sense la contraposició del procés de despertar-se que s'origina a partir de l'estar adormit, t'adonaràs que tot s'acabaria mostrant que allò d'Endimió no tindria res de particular ni digne de ser notat enlloc, ja que tot es trobaria en el mateix estat que ell, val a dir adormit. I també, si totes les coses es barregen, però mai no se separen, aviat s'esdevindria el que deia Anaxàgores, que «totes les coses fan una magma». Semblantment, amic Cebes, si totes les coses que tenen vida anessin morint, i una vegada mortes romanguessin en aquest estat i no tornessin a la vida, no et sembla que de necessitat absoluta tot acabaria mort i no viuria res? En efecte, si els vivents neixen els uns dels altres, però per altra banda els vivents van morint, com es podria evitar que totes les coses acabessin consumides en la mort?

—No es podria, Sòcrates —digué Cebes—, sinó que em sembla que dius l'absoluta veritat.

—Penso, doncs, Cebes, que res no és més veritat que això i que no anem errats en admetre-ho. Realment és cert que hi ha un retorn a la vida, que els vius neixen dels morts, que les ànimes dels morts existeixen [i que les bones tenen una sort millor i les dolentes, pitjor].

[Argument a partir de la reminiscència de les idees]

—Certament —intervingué Cebes—, si és veritat aquell argument que tu, Sòcrates, tens costum de repetir sovint, a saber, que per a nosaltres aprendre no és altra cosa que recordar. Si és així, necessàriament nosaltres hem d'haver après en un temps anterior allò que ara recordem, cosa que no seria possible si la nostra ànima no hagués estat en algun lloc abans de néixer en aquesta forma humana. De manera que també segons això l'ànima sembla que és quelcom immortal.

—Però, Cebes —féu Símmies prenent la paraula—, quines són les proves d'això? Fes-me'n memòria, que en aquest moment no me'n recordo gaire.

—Es tracta d'un únic argument magnífic —digué Cebes—: quan preguntes a la gent, si es fan bé les preguntes, per ells mateixos ho responen tot tal com és, cosa que no serien capaços de fer si no tinguessin ells mateixos una ciència i una recta apreciació d'allò de què es tracta. I a més, si un els posa davant les figures geomètriques o semblants, es pot mostrar ben clarament que això és així.

—Si això no et convenç, Símmies —digué Sòcrates—, mira si estàs d'acord amb mi considerant-ho d'una altra manera. ¿És que no acabes de creure que d'alguna manera el que anomenem aprendre sigui recordar?

—No és que no acabi de creure això —digué Símmies—, però el que demano és experimentar el que diu l'argument, és a dir, la reminiscència. Amb les coses que Cebes ha intentat dir ja quasi estic a punt de recordar i de quedar convençut. Tanmateix no em faria res escoltar ara de quina manera tu has intentat demostrar-ho.

—Jo —digué ell— ho faig així: Oi que estem d'acord que, si algú recorda quelcom, cal que hagués conegut la cosa ja abans?

—I tant —féu ell.

—I no estem d'acord també que la reminiscència és una forma de coneixement que sobrevé d'una determinada manera? La manera a què em refereixo és aquesta: Quan algú veu, o sent, o percep per algun sentit alguna cosa, i no només coneix allò [que percep] sinó que li ve a la ment alguna altra cosa (que no és allò mateix que coneix, sinó diferent), no diem justament que ha recordat allò que li ha vingut a la ment?

—Què vols dir?

—Posem per cas: conèixer un home és diferent de conèixer una lira.

—No pot ser altrament.

—I no obstant això tu saps que als enamorats, quan veuen una lira, un mantell o qualsevol cosa de les que acostuma usar el seu amor, els passa això: reconeixen la lira i els ve al pensament la imatge del xicot al qui la lira pertany. Això és una reminiscència. Com si un, en veure Símmies, es recorda moltes vegades de Cebes, i així en milers de casos semblants.

—Certament milers, per Zeus —va fer Símmies.

—No és, doncs, això —féu ell— una mena de reminiscència? Especialment quan a un això li passa en coses que, a causa del temps o de la manca d'atenció, ja tenia oblidades.

—És ben bé així.

—I què? És possible que en veure un cavall dibuixat, o una lira dibuixada, un es recordi d'un home, o que en veure un dibuix de Símmies es recordi de Cebes?

—Ben cert.

—I també que en veure un dibuix de Símmies un es recordi del mateix Símmies?

—I tant —digué.

—I de tot això, no en resulta que la reminiscència pot venir ara de coses semblants, ara de coses dissemblants?

—Resulta això.

—Però, quan un recorda a partir de coses semblants, no és inevitable que un es fixi a veure si a l'objecte semblant li falta o no quelcom de similitud amb allò que recorda?

—És inevitable —digué.

—Examina ara —féu ell— si el que passa és el següent: admetem que hi ha allò que és igual, vull dir, no una fusta igual a una altra, ni una pedra igual a una altra, o coses semblants, sinó quelcom distint de totes aquestes coses, la igualtat en si mateixa? Admetem que existeix, o no?

—Admetem-ho, per Zeus —féu Símmies—, bé que és prou sorprenent.

—I sabem què és?

—Ben certament —digué ell.

—I d'on ho sabem, què és? No serà del que dèiem ara, que quan veiem fustes, o pedres, o coses d'aquesta mena que són iguals, ens ve a la ment allò, tot i que és distint d'aquestes coses? O no et sembla que és distint? Considera-ho així: No passa a vegades que fustes o pedres iguals, essent les mateixes, als uns els semblen iguals i als altres no?

—És ben cert.

—Què, doncs? És possible que les coses iguals en elles mateixes se't manifestin com a desiguals, o la igualtat com a desigualtat?

—Mai de la vida, Sòcrates

—Perquè efectivament —digué ell— no és el mateix aquestes coses iguals i la igualtat en ella mateixa.

—De cap manera m'ho semblaria, Sòcrates.

—I tanmateix, no són aquestes coses iguals les que, malgrat que són distintes de la igualtat en ella mateixa, t'han portat al coneixement del que aquesta és i a fer-te'n un concepte?

—Dius la pura veritat —féu ell.

—Tant si aquella és semblant a aquestes coses, com si és dissemblant?

—Ben cert.

—No hi fa cap diferència —digué ell—. Si quan veus una cosa, resulta que el fet de veure-la et porta a pensar en una altra cosa, ja sigui semblant o dissemblant, aleshores necessàriament —digué— això ha estat un procés de recordar.

—Ben cert que sí.

—Doncs, au —digué ell—. No ens passa més o menys el mateix en el cas de les fustes i les altres coses iguals de què fa poc parlàvem? Per ventura ens semblen iguals de la mateixa manera que ho és la igualtat en ella mateixa, o els falta alguna cosa per a ésser tal com és aquesta? O no els falta res?

—I tant que els falta —féu ell.

—Per tant, vejam si estem d'acord: quan un veu una cosa i pensa que allò que està veient vol ser una altra cosa determinada, però que li manca quelcom i no pot ser igual a ella, sinó que li és inferior, no es requereix necessàriament que el qui pensa així hagi conegut abans la realitat a la qual, segons afirma, s'assembla aquella cosa, tot i que li és inferior?

—Necessàriament.

—Què, doncs? No ens ha passat també el mateix a nosaltres en el cas de les coses iguals i la igualtat en ella mateixa?

—Totalment.

—Era necessari, doncs, que prèviament haguéssim conegut la igualtat abans del moment en què, veient unes coses iguals, vam pensar que totes elles tendeixen a ésser com la igualtat, però no acaben d'ésser-ho.

—És així.

—Estem, doncs, també d'acord que d'enlloc no trauríem aquesta igualtat ni podríem pensar-la, si no és a partir del que veiem, o toquem, o de qualsevol altre dels sentits, de tots els quals jo diria el mateix.

—És el mateix, Sòcrates, almenys pel que fa al que el nostre raonament vol mostrar.

—Doncs bé, partint de les sensacions, hem de pensar que tots els objectes sensibles tendeixen vers la igualtat en ella mateixa i tanmateix no hi arriben? O, què hem de dir?

—Això.

—Per tant, abans de començar a veure, a sentir, o a percebre quelcom pels sentits, calia que haguéssim captat el coneixement de la igualtat en ella mateixa, per tal de poder referir-hi els objectes sensibles que són iguals i veure que tot tendeix a ésser com allò, i tanmateix es queda curt.

—Segons el que hem dit, Sòcrates, així ha de ser necessàriament.

—I no és veritat que, acabats de néixer, ja hi veiem, hi sentim i tenim els altres sentits?

—Totalment cert.

—I tanmateix hem dit que abans dels sentits hem d'haver captat el coneixement d'allò que és igual.

—Sí.

—Pel que sembla, doncs, aquest coneixement l'hem adquirit abans de néixer?

—Així sembla.

—Si, doncs, l'hem adquirit abans de néixer, i quan vam néixer ja el teníem, ¿deu ser que abans de néixer i immediatament després de nascuts ja teníem coneixement, no sols de l'igual i del més i del menys, sinó de totes les realitats d'aquesta mena? Perquè el nostre argument present no es refereix més a l'igual que al bell en si mateix, o al bé en si mateix, o al just, al sant i a tot allò que, com dic jo, segellem amb la marca d'«el que és en si mateix», tant quan preguntem fent qüestions com quan contestem donant respostes. Així, doncs, és necessari que hàgim adquirit coneixement de totes aquestes coses abans d'haver nascut.

—És com dius.

—I, si després d'haver adquirit aquest coneixement, no l'oblidéssim cada vegada, així com naixeríem sabent-les també seguiríem sabent-les per la resta de la vida. Perquè el saber consisteix en això: que un adquireixi un coneixement i el retingui sense que se li perdi. O no és veritat, Símmies, que el que anomenem oblit és precisament una pèrdua d'un coneixement?

—És ben cert que sí, Sòcrates —féu ell.

—I si, segons penso, vam adquirir aquell coneixement abans de néixer i en néixer el vam perdre; i més endavant, quan fem ús dels nostres sentits, tornem a recobrar aquells coneixements que ja havíem tingut abans, ¿no serà que el que anomenem aprendre consisteix a recobrar un coneixement que ja teníem? I no és la paraula justa per a expressar això dir que és una reminiscència?

—Així és.

—Efectivament, ens ha semblat que, quan percebem una cosa per la vista, l'oïda o un altre dels sentits, és possible que a partir d'això ens vingui a la ment una altra cosa que teníem oblidada i que li és pròxima, ja sigui per la semblança o pel contrast. Per tant, dic jo, una de dues: o bé ja vam néixer sabent-la i tots l'hem sabut tota la vida, o bé després de néixer, quan diem que un aprèn, no fa més que recordar, de manera que l'aprenentatge seria una reminiscència.

—És ben bé així, Sòcrates.

—Què prefereixes, Símmies? Ja teníem aquell coneixement quan vam néixer, o bé després va venint el record de les coses de les quals abans havíem tingut coneixement?

—De moment, Sòcrates, no sé què escollir.

—Seguim. ¿Pots escollir sobre el que et diré i dir-me quelcom del que et sembla? Si un home té un coneixement, podrà donar raó d'allò que coneix, o no?

—Necessàriament, Sòcrates —va dir ell.

—¿I et sembla que tothom pot donar raó de les coses de les quals fa poc parlàvem?

—Què més voldria jo —digué Símmies—. Però em temo molt que demà a aquestes hores ja no quedarà entre els homes ningú que ho pugui fer dignament.

—¿És que penses, Símmies, que no tothom sap aquestes coses?

—I tant.

—Així, van recordant el que abans havien sabut?

—Ha de ser així.

—I quan han adquirit les nostres ànimes el coneixement d'aquestes coses? Perquè no haurà estat pas a partir del nostre naixement com a homes.

—És clar que no.

—Abans, doncs?

—Sí.

—Per tant, Símmies, les ànimes existien anteriorment a banda dels cossos, abans de prendre forma humana; i tenien coneixement.

—Si no és que adquirim aquests coneixements en el mateix moment de néixer, Sòcrates, ja que queda encara [com a possibilitat] aquest moment.

—Podria ser, amic meu. Però aleshores, en quin altre moment els vam perdre? Fa un moment hem convingut que no els teníem quan vam néixer: ¿deu ser que els vam perdre en el mateix moment en què els vam adquirir? Pots indicar algun altre moment?

—De cap manera, Sòcrates. No m'adonava que no té sentit el que deia.

—Així doncs, Símmies —féu ell—, mira si és aquesta la situació en què ens trobem: Si existeix realment allò de què sempre parlem, el bell, el bé i tota mena d'essència semblant, i és a aquesta essència a què hem de referir tot el que ens ve pels sentits; i si hem descobert que es tracta de quelcom que ja estava d'abans en nosaltres i que amb ella hem de comparar aquelles coses [sensibles], ¿no deu ser necessari que existeixi també la nostra ànima ja des d'abans del naixement, juntament amb aquestes realitats? Si això no és així, no quedaria sense força l'argument que anàvem dient? Però si és així, no hi ha la mateixa necessitat que tant aquestes realitats com les nostres ànimes existeixin abans de néixer, i que si no existeixen les unes tampoc no existiran les altres?

—Estic extraordinàriament convençut, Sòcrates —digué Símmies—, que hi ha la mateixa necessitat i que el nostre argument es mou vers un bon lloc de defensa en afirmar que l'existència de l'ànima abans de néixer és semblant a les essències de les quals parles. Almenys jo he de dir que tinc particularment clar això: que totes aquestes realitats existeixen de la màxima manera possible, a saber, el bell, el bé i totes les realitats de les quals fa poc parlaves. Això em sembla suficientment demostrat, almenys per a mi.

—I pel que fa a Cebes, què? —féu Sòcrates—. Perquè també hem de convèncer Cebes.

Símmies digué:

—Em sembla que ja està prou convençut, tot i que és l'home més resistent del món a desconfiar dels arguments. Tanmateix penso que no troba cap error per assentir al punt següent: que la nostra ànima existia abans que naixéssim. Però que després de morts segueixi existint, això ni a mi mateix, Sòcrates, em sembla provat. Queda en peu el que fa un moment deia Cebes i que és el que tem la gent: que quan un home mor, l'ànima s'esvaeixi i que això sigui la seva fi. Quina dificultat hi ha a admetre que l'ànima certament neix i es constitueix a partir d'alguna altra cosa, existint abans de venir a un cos humà, però que una vegada ha vingut a un cos i ha quedat privada d'ell, s'acaba la seva existència i queda destruïda?

—Ben dit, Símmies —respongué Cebes—. Perquè sembla que hem aconseguit com la meitat de la demostració que calia: hem demostrat que la nostra ànima existia abans que naixéssim, però cal demostrar encara que quan hem mort no existeix pas menys que abans de néixer. Això seria la demostració completa.

—Ja està demostrat, Símmies i Cebes —féu Sòcrates—, només que tingueu voluntat d'ajuntar l'argument present amb el que hem admès abans, que deia que tot vivent neix del que és mort. Perquè, si l'ànima ja existia d'abans, i necessàriament ella mateixa no ha pogut venir a l'existència a partir de cap altra cosa que no sigui el que és mort i està mort, ¿no és necessari que ella mateixa, encara que hagi mort, segueixi existint, si és que realment ella ha de tornar a néixer? El que dèieu, doncs, queda demostrat. Tanmateix, pel que veig, tant Símmies com tu voldríeu seguir burxant en aquest argument, perquè teniu aquella por que tenen els nens, a saber, que quan l'ànima surt del cos en realitat se l'emporta el vent i l'escampa, especialment si s'escau que un no mor en temps de calma, sinó de forta ventada.

Cebes somreia i digué:

—Hauràs d'intentar convèncer-nos, Sòcrates, com si tinguéssim por. O potser no som nosaltres els qui tenim por, sinó que tal volta hi ha dins nostre com un infant al qual fan por aquestes coses. És aquest el que has d'intentar convèncer que no temi la mort com un fantasma.

—Així, doncs —digué Sòcrates—, li haurem de fer encantalls diaris fins que el desencantem.

—I d'on traurem, Sòcrates, un bon encantador d'aquests mals si tu ens deixes?

—Cebes, Grècia és molt gran i és de suposar que en ella hi ha molts homes de valer. I hi ha també molts pobles bàrbars. S'hauran de fer investigacions cercant un encantador com el que volem, sense estalviar-nos ni diners ni esforços. En res no podríeu gastar més oportunament els vostres calés. I caldria també que cerquéssiu entre vosaltres mateixos; i fins podria resultar que no us fos fàcil trobar ningú més capaç que vosaltres de fer això.

[Argument a partir de la simplicitat de l'ànima]

—Això prou que ho farem —digué Cebes—. Però, si et plau, tornem al punt on havíem quedat.

—Naturalment que em plau. Com podria ser altrament?

—Això és ben dit —féu ell.

—Per tant —continuà Sòcrates—, haurem de preguntar-nos quina mena de realitat és la que pot acabar dispersada, i de quina realitat hem de témer que li pugui sobrevenir això, i de quina no. Després haurem d'examinar a quina mena d'aquestes pertany la nostra ànima, i d'això podrem deduir si hem de tenir confiança o temor sobre la seva sort.

—És veritat —digué ell.

—Si una cosa ha estat composta i resulta constituïda com a composta, no és natural que quedi subjecta a disgregació, igual que provenia de la composició? I si trobem una cosa que no és composta, no serà aquesta l'única entre totes que no estarà subjecta a aquest procés?

—Em sembla que deu ser així —digué Cebes.

—Bé, doncs, no són les coses sempre idèntiques a elles mateixes i invariables les que amb més probabilitat podrem considerar no compostes, mentre que les que ara són d'una manera i ara d'una altra, sense mantenir-se mai idèntiques, seran compostes?

—Això és el que em sembla.

—Tornem, doncs, al que dèiem en l'argument anterior. L'essència mateixa, allò que diem que una cosa és en un procés de pregunta i resposta, serà quelcom que roman sempre igual a ella mateixa, o és ara d'una manera, ara d'una altra? L'igual en si, el bell en si, cada cosa en si, allò que és, pot admetre el més mínim canvi? O bé cada una d'aquestes realitats en si, tenint com té una única forma en si mateixa, ha de romandre idèntica a si mateixa i mai no podrà admetre de cap manera qualsevol mena d'alteració?

—Necessàriament ha de ser així, Sòcrates —digué Cebes—: romandran idèntiques.

—I què direm de la multiplicitat de les coses [belles]?; com ara homes, cavalls, vestits i coses semblants, que poden rebre la denominació d'iguals, belles i totes les altres que hem dit? Per ventura romanen idèntiques, o bé, tot al contrari, ni són mai idèntiques a elles mateixes, ni en relació amb les altres coses, sinó que es pot ben dir que no són mai idèntiques en res?

—És com dius —digué Cebes—: mai no romanen idèntiques.

—Ara bé, ¿no és veritat que aquestes coses les pots tocar, veure o percebre pels altres sentits, mentre que les que romanen idèntiques no és possible captar-les amb res més que amb el raonament de la intel·ligència, essent com són realitats invisibles que s'escapen a la mirada?

—El que dius és totalment veritat —féu ell.

—Si vols, doncs —digué—, posem que hi ha dues classes de realitat, la visible i la invisible.

—Posem-ho.

—I que la invisible és sempre idèntica a ella mateixa, i la visible no ho és mai.

—Posem també això.

—Au, doncs —digué ell—, hi ha en nosaltres res més que d'una banda el cos i de l'altra l'ànima?

—Res més.

—A quina d'aquelles dues classes de realitat direm que s'assembla més i és més pròxim el cos?

—És ben clar per a tothom que a la visible.

—I què, l'ànima és visible o no?

—No pas per als humans, Sòcrates —digué ell.

—Però quan nosaltres parlem de visible o invisible ho fem amb referència a la natura humana. O creus que ens referim a una altra?

—No: a la natura humana.

—I què hem de dir de l'ànima? És visible o invisible?

—No és visible.

—Doncs és invisible?

—Sí.

—Per tant, l'ànima és més semblant a l'invisible que el cos; i aquest ho és al visible.

—No pot ser d'altra manera, Sòcrates.

—I no hem dit fa estona que l'ànima, quan utilitza el cos per examinar alguna cosa amb la vista, l'oïda o algun altre dels sentits (ja que examinar una cosa a través del cos vol dir fer-ho amb els sentits), aleshores és arrossegada pel cos vers les coses que mai no són idèntiques a elles mateixes i en contacte amb aquestes coses es troba extraviada, torbada i marejada com si s'hagués embriagat?

—Exacte.

—En canvi, quan ella fa aquest examen tota sola, s'adreça vers allò que és pur, existent per sempre, immortal i idèntic a si mateix; i com que hi té un parentiu s'hi associa sempre que arriba a trobar-se sola i li'n donen la possibilitat, i així s'acaba el seu extraviar-se, ja que en contacte amb aquelles coses roman sempre idèntica a si mateixa en relació amb elles. Ara bé, no és aquesta experiència de l'ànima el que s'anomena pensar?

—El que dius és exacte, Sòcrates, i ben veritat —féu ell.

—Per les coses que hem dit abans i el que ara dèiem, a quina de les dues classes de realitat té l'ànima més semblança o afinitat?

—Penso, Sòcrates, que, seguint aquest camí, fins i tot l'home més negat concedirà que l'ànima en tot i per tot s'assembla més a allò que sempre és idèntic que a allò que no ho és.

—I el cos?

—A l'altra.

—Fixa't ara en això: quan l'ànima i el cos estan junts, la natura estableix que l'un sigui esclau i manat, i que l'altra sigui senyora i mani. Considerant això, quin dels dos penses que és més semblant al que és diví, i quin al que és mortal? Oi que et sembla que el que és diví és el que per naturalesa té capacitat de manar i dirigir, mentre que el mortal ha de servir i ser manat?

—A mi, sí.

—Bé, a quin dels dos s'assembla l'ànima?

—És clar, Sòcrates, que l'ànima s'assembla al diví, i el cos al mortal.

—Examina ara, Cebes —digué—, si la conclusió de tot el que hem dit no és aquesta: l'ànima és allò que és més semblant al diví, a l'immortal, a l'intel·ligible, al que té una forma única i no es disgrega, al que roman estable sempre de la mateixa manera; en canvi, el cos és el més semblant al que és humà, mortal, de formes múltiples, impensable, dissoluble i mai no roman idèntic a ell mateix. ¿Tenim alguna altra raó, amic Cebes, que ens porti a dir que això no és així?

—No en tenim cap.

—Què, doncs? Si les coses són així, no li escau al cos el disgregar-se ràpidament, mentre que a l'ànima li escau no disgregar-se gens, o gairebé gens?

—No podria ser altrament.

—Bé —digué—, tu saps prou que, quan un home mor, a la part visible d'ell que és el cos (allò que s'exposa visiblement i que anomenem cadàver), per bé que és destinat a dissoldre's, a desfer-se i a esvanir-se, no li passa immediatament res d'això, sinó que es conserva en bon estat bastant de temps, i molt més si un mor estant en bona ufana i en clima favorable. I si el cos es desseca i es momifica, com passa en les mòmies d'Egipte, fins es pot conservar per un temps pràcticament indefinit. A més, hi ha algunes parts del cos com ara els ossos, els tendons i coses semblants, que àdhuc quan el cos s'ha corromput romanen, podríem dir, immortals. No és així?

—Sí.

—Per tant, l'ànima, allò invisible que passa a un altre lloc noble, pur i invisible que és l'autèntic Hades, en companyia d'un déu bo i savi (on ben aviat haurà d'anar, si déu ho vol, la meva ànima), aquesta ànima nostra, essent com hem dit i essent-ho per naturalesa, ¿s'esvanirà i es destruirà tan bon punt se separa del cos, com diu la majoria de la gent? Ben lluny d'això, estimats Cebes i Símmies. Més aviat el que passarà serà el següent: si en el moment de la separació és pura i no arrossega amb ella res de corporal, per no haver tingut cap comunió voluntària amb el cos durant la seva vida, sinó que l'ha defugit i ha procurat recollir-se en ella mateixa fent d'això el seu exercici constant... aleshores no haurà fet altra cosa que practicar com cal la filosofia i exercitar-se veritablement a morir sense dificultats. O no és això preparar-se per a morir?

—Totalment.

—Per tant, trobant-se en aquesta condició, se'n va vers allò que li és semblant, val a dir, el que és diví, immortal i savi; i quan arriba allí troba que és feliç, alliberada de l'error, de la insensatesa, dels temors i dels amors cruels i dels altres mals propis dels homes. Ben al contrari, com diuen dels iniciats, passen la resta del seu temps en companyia dels déus. Hem de dir això, Cebes, o no?

—Ben cert, per Zeus —féu Cebes.

—Però, diria jo, si l'ànima es troba contaminada i impura en el moment de ser alliberada del cos, perquè sempre ha estat lligada amb ell, tenint cura d'ell, estimant-lo i deixant-se encantar per ell i pels seus desigs i plaers, de manera que no pot pensar en cap mena de veritat si no és en la del que és corporal, allò que es pot tocar, o mirar, o beure, o menjar, o el que serveix per al plaer sexual, i, en canvi, pel que fa al que és fosc i invisible als ulls però captable intel·lectualment per la filosofia, d'això acostuma a fugir-ne perquè ho odia i li fa por...; si una ànima es troba en aquest estat, penses que podrà anar-se'n lliure ella tota sola i neta?

—De cap manera no podrà.

—Més aviat, penso jo, quedarà agafada pel que és corporal, que se li haurà fet connatural a causa de la conversa i convivència amb el cos, estant com estava sempre amb ell exercitant-se tota en servir-lo.

—Exactament.

—Cal pensar, amic meu, que el cos és necessàriament feixuc, pesat, terrenal i visible. Una ànima lligada a un cos així es fa feixuga i és arrossegada de nou vers el món visible, per temor de l'invisible i de l'Hades, donant voltes, segons diuen, a l'entorn dels monuments i de les tombes, prop de les quals se solen veure les ombres dels fantasmes de les ànimes. Aquesta mena d'ànimes, que han quedat lliures sense estar purificades, participen encara del que és visible, i per això es poden veure presentant aquelles imatges.

—Deu ser així, Sòcrates.

—És així, Cebes. I no són pas les dels homes bons, sinó les dels dolents, les ànimes que es veuen forçades a anar vagant per aquests llocs, pagant la pena del seu mal comportament d'abans. I van vagant fins que, a causa del desig de l'element corporal que les acompanya, tornen a lligar-se a un cos. El més probable és que es lliguen a la mateixa mena de costums que ja havien practicat mentre vivien.

—Què vols dir amb això, Sòcrates?

—Per exemple, que els qui havien practicat la golafreria, la insolència, o l'amor a la beguda sense cap mena de restricció, és probable que entrin en cossos d'ase o d'animals semblants. No et sembla així?

—El que dius és ben probable.

—En canvi, els qui han estimat sobretot la injustícia, la tirania o la rapinya passarien a bèsties com llops, falcons o esparvers. Podem dir que haurien d'anar a un altre lloc?

—Fuig, home —digué Cebes—; aniran on deies.

—Així doncs —féu ell—, no és clar que en els diversos casos cada u passarà a allò que és semblant al que ell practicava?

—És clar —féu—; no podria ser altrament.

—I entre ells —digué— no són els més feliços i els que fan camí cap a un lloc millor els qui han practicat la virtut cívica del poble que anomenen moderació i justícia, nascuda del costum i de la pràctica sense necessitat de filosofia o de raonament?

—Per què són aquests més feliços?

—Perquè és probable que aquests tornin a una espècie sociable i mansa, posa com les abelles, les vespes o les formigues; i àdhuc que tornin al gènere humà i que d'ells en surtin homes moderats.

—És probable.

—En canvi, al llinatge dels déus no és permès que hi arribi ningú que no hagi practicat la filosofia i que no hagi sortit d'aquest món totalment purificat, sinó només el qui hagi estat amant de la saviesa. És per això, amics Símmies i Cebes, que els veritables filòsofs s'aparten de tots els desigs corporals i resisteixen ferms sense entregar-se a ells, i no viuen amb por de perdre el patrimoni o de la pobresa, com fa la gent i els qui empaiten el diner; per altra banda, tampoc no és el temor de la deshonra o de la infàmia d'una vida malvada, com el que afecta els ambiciosos de poder i d'honors, el que els porta a apartar-se d'aquells desigs.

—No els escauria gens, Sòcrates —digué Cebes.

—Certament no, per Zeus. Per tant, Cebes, aquells que es preocupen de les seves ànimes diuen adéu a tots aquests desigs i no viuen de cara a modelar-se un bon cos; ni es comporten per les mateixes pautes que els qui no saben cap on van, estant com estan convençuts que no és bo fer res contrari a la filosofia i a l'alliberament i purificació que d'ella prové, sinó que girant-se vers ella la segueixen com a guia on ella els porti.

—Com és això, Sòcrates?

—Ara t'ho explico —digué—. Els amants de la saviesa saben que, quan la filosofia pren en les seves mans l'ànima, aquesta es troba senzillament presonera i empallegada amb el cos, forçada a mirar les coses a través d'ell com des d'una masmorra, sense poder fer-ho lliurement per ella mateixa, cosa que fa que s'arrossegui en una total ignorància. A més, s'adona que en aquesta presó el més terrible és que un es troba lliurat als desigs i que a través d'ells el mateix presoner es converteix en el qui més col·labora al seu empresonament. Bé, doncs, deia que els amants de la saviesa saben que, quan la filosofia pren en les seves mans una ànima que es troba en aquest estat, li dóna suaument bons consells i procura d'alliberar-la, mostrant-li que el que ella veu amb els ulls està ple d'enganys, com ho està també el que capta per l'oïda o per qualsevol altre dels sentits; així intenta convèncer-la que ha de prescindir d'ells i que no n'ha de fer ús més que en el que sigui necessari, exhortant-la que es reculli i concentri en ella mateixa i no doni crèdit a ningú sinó a ella mateixa i a allò que ella per si mateixa intel·lectualment capta, que és la realitat dels éssers en ells mateixos. Res del que capta per altres mitjans i que es presenta de diferents maneres no ho ha de considerar veritable, ja que això pertany a les coses visibles i sensibles, mentre que el que ella contempla és el que és intel·ligible i invisible. Aleshores, l'ànima del veritable filòsof s'adona que no li convé rebutjar aquest alliberament, i s'aparta tant com pot dels plaers, desigs, afliccions i temors, ja que pensa que si un es deixa afectar fortament pel plaer, pel temor, per l'aflicció o pel desig, no patirà només el mal que un podria pensar que derivaria d'aquestes coses, com ara una malaltia o un malversament a causa dels capricis, sinó que patirà el pitjor i més definitiu de tots els mals i, a més, sense adonar-se'n.

—Quin vols dir, Sòcrates —digué Cebes.

—Que l'ànima de qualsevol home, quan es troba afectada per un gran plaer o un gran dolor, és inevitable que pensi que allò que li causa tals afeccions és el que hi ha de més evident i més veritable, quan en realitat no és així. Això és el que acostuma a passar amb les coses visibles, oi?

—Certament.

—I no és, doncs, en aquest estat quan l'ànima es troba més lligada al cos?

—Com dius?

—Cada plaer i cada dolor clava l'ànima al cos com amb un clau, la rebla i la fa corpòria, induint-la a pensar que la veritat és allò que el cos li dicta. I pel fet de tenir les mateixes opinions que el cos i de trobar delit en les mateixes coses que ell, penso jo que necessàriament l'ànima acaba tenint el seu mateix tarannà i la mateixa manera de fer, de manera que ja no podrà mai passar a l'Hades en estat de puresa, sinó que sempre hi anirà infectada de corporeïtat. En conseqüència, de seguida anirà a caure de nou en un altre cos, en el qual arrelarà com si l'haguessin sembrada, això farà que no pugui participar de la comunió amb el que és diví, pur i uniforme.

—És ben veritat el que dius, Sòcrates —respongué Cebes.

—Aquesta és doncs la raó, Cebes, per la qual els autèntics amants de la saviesa són moderats i valents, no la que la majoria pensa. O et sembla que sí?

—Jo, de cap manera!

—És clar que no. El raonament de l'ànima d'un que practiqui la saviesa serà el següent: no pensarà que la filosofia li hagi de servir per a alliberar la seva ànima i que, un cop alliberada, la podrà entregar de nou als plaers i als dolors, de manera que la torni a encadenar altra vegada, amb un treball sense fi a la manera del de Penèlope, que feia anar el teler en l'un i l'altre sentit. Al contrari, quan aconsegueix asserenar les passions, procura seguir com a guia el pensament, sense apartar-se mai d'ell en la contemplació de la veritat, del diví i del que no és objecte d'opinió; i alimentada amb ell pensa que li cal viure així mentre tingui vida, i que quan mori arribarà a allò que li està emparentat i li és semblant, deslliurada dels mals humans. És amb aquest aliment i amb aquesta manera de viure com pot superar, Símmies i Cebes, tota mena de por que en separar-se del cos l'escampin els vents i quedi dispersada, de manera que en arrencar a volar ja no es trobés enlloc.

[Objecció de Símmies: l'ànima com a harmonia dels components del cos]

Quan Sòcrates hagué dit això, es va fer un gran silenci. Es podia veure que tant ell mateix com la majoria de nosaltres estàvem suspesos en el que s'acabava de dir. Cebes i Símmies es van posar a mormolar entre ells per uns moments. Sòcrates, en veure-ho, els preguntà:

—Què? Us sembla que n'hi ha prou amb el que hem dit? Perquè, si un vol tractar aquests temes amb tota satisfacció, no paren de presentar-se gran nombre de sospites i objeccions. Així, doncs, si és que passeu a una altra consideració, no hi tinc res a dir. Però si teniu dificultats sobre el que dèiem, no tingueu cap recança de parlar i d'explicar-vos, si és que us sembla que es podria dir quelcom millor; i fins podeu demanar la meva intervenció, si penseu que amb mi podreu sortir-ne millor.

Símmies va respondre:

—Sòcrates, deixa que et digui la veritat. Ja fa estona que cadascun de nosaltres veia dificultats i empenyia l'altre a preguntar, ja que tenim ganes de sentir-te; però no voldríem amoïnar-te ni causar-te pena en aquestes tristes circumstàncies.

Ell, en sentir això, va fer un dolç somriure i digué:

—I ara, Símmies! A fe que difícilment podria jo convèncer els altres que la meva sort present no em sembla cap desgràcia, si ni tan sols puc arribar a convèncer-vos a vosaltres, sinó que encara teniu por que em posi de més mal humor del que mai he tingut en la vida. Segons sembla, pel que fa a l'art endevinatòria, em creieu inferior als cignes, els quals, quan veuen que estan a punt de morir, canten molt més i més bellament del que cantaven abans, mostrant el seu acontentament d'anar cap al déu al qual serveixen. Els homes, en canvi, amb la por que tenen de morir, parlen falsament dels cignes i diuen que aquests, quan canten per darrera vegada, ho fan amb laments de pena per la seva mort, sense adonar-se que no hi ha cap ocell que canti quan té fam, o té fred, o pateix qualsevol pena, ni el mateix rossinyol, ni l'oreneta, ni el cucut, per més que hi hagi qui diu que canten de la pena que tenen. En la meva opinió, ni aquests ni els cignes no canten quan tenen pena, sinó perquè, servidors com són d'Apol·lo, són endevinaires i, sabent per endavant les coses bones que hi ha a l'Hades, es posen a cantar per la joia que tenen aquell dia, que és per a ells el millor de la seva vida. Jo també em considero company de servei dels cignes, estant consagrat al mateix déu, i no em considero pitjor que ells en l'art d'endevinar que prové del meu senyor, ni m'entristeixo més que ells en el moment de desempallegar-me d'aquesta vida. Per tant, si això és així, el que cal és que em digueu i em pregunteu el que vulgueu mentre els Onze d'Atenes ho permetin.

—M'agrada el que dius —replicà Símmies—. Jo exposaré, doncs, les meves dificultats, i aquest dirà el que no troba acceptable en el que s'ha dit. A mi em sembla, segurament com a tu mateix, Sòcrates, que conèixer amb certesa aquestes coses en la vida present o és impossible o és molt difícil. Tanmateix, deixar de contrastar des de tots els punts de vista el que s'ha dit sobre elles o deixar-les córrer abans que un es vegi obligat a desistir per haver-les examinat per tots cantons, seria mostra de molta fluixedat. En aquestes qüestions s'ha d'arribar a una d'aquestes coses: o bé aprendre [d'altres] com són, o bé investigar-ho [un mateix]; o, si això resulta impossible, adoptar entre els raonaments humans el que es presenta com a millor i menys susceptible de refutació, confiant-se a ell com a una mena de rai per a navegar pels perills de la vida. Això si no és que un pugui fer la travessia en un vehicle més segur i menys perillós, com seria alguna forma de revelació divina. Per tant, jo ara no tinc cap vergonya de fer-te preguntes, ja que tu mateix m'ho demanes, ni vull que després m'hagi de fer el retret de no haver dit ara el que pensava. Doncs bé, Sòcrates, examinant per mi mateix o juntament amb Cebes el que s'ha dit, trobo que no acaba de ser satisfactori.

—Company —respongué Sòcrates— segurament tens raó. Digues, doncs, què és el que no et satisfà.

—Això —féu ell—: que el mateix argument es podria fer referit a l'harmonia i a la lira amb les seves cordes. L'harmonia, en una lira ben afinada, és invisible, incorpòria, absolutament bella i divina; però la lira mateixa i les cordes són cossos de forma corpòria, compostos, terrenals i del gènere del que és mortal. Bé, doncs: si algú trenca la lira, o talla i fa miques les cordes, podria sostenir, basant-se en el teu argument, que l'harmonia necessàriament ha de seguir existint i que no queda destruïda. Diria que de cap manera no es podria admetre que, seguint existint la lira, per bé que se li hagin arrencat les cordes, i seguint existint les cordes, que són de natura mortal, en canvi s'hagi destruït l'harmonia que, essent de la mateixa natura que el que és diví i immortal, i estant emparentada amb aquestes coses, hauria desaparegut abans que el que és mortal. El que diria és que és necessari que l'harmonia existeixi encara per ella mateixa en algun lloc i que la fusta i les cordes es podriran abans que a ella li passi res. En realitat, Sòcrates, jo crec que el que tu mateix penses és que l'ànima l'hem de concebre aproximadament així: el nostre cos està, podríem dir, tensat i cohesionat per la calor i el fred, la sequedat i la humitat, i altres propietats semblants; la combinació i l'harmonia d'aquestes, quan és ben feta i en la mesura correcta, seria la nostra ànima. Ara bé, si resulta que l'ànima és una harmonia, és evident que, quan el nostre cos es relaxa fora de mesura o s'encongeix a causa de les malalties o d'altres mals, serà inevitable que l'ànima quedi immediatament destruïda, tot i que sigui la part més divina, tal com passa amb les altres harmonies de sons o d'objectes artificials; en canvi, les restes dels diversos cossos es mantenen per molt de temps fins que són consumits pel foc o per la podridura. Ja veus, doncs, què és el que haurem de dir sobre aquest argument, si es manté que l'ànima, essent una combinació dels elements del cos, és el primer que queda destruït en el que anomenem la mort.

Sòcrates aleshores ens va clavar la mirada, com solia fer moltes vegades, i digué amb un somriure:

—Realment el que Símmies diu és exacte; i si entre vosaltres hi ha algú amb més capacitat que jo, caldria que li donés una resposta. Perquè entenc que el seu atac a l'argument no és gens menystenible. Tot i això, abans de donar una resposta em sembla que caldria que escoltéssim també quines objeccions presenta Cebes al nostre argument. Això ens donarà temps per anar pensant què hem de respondre. Una vegada els hàgim escoltat, o bé els donarem la raó, si sembla que el que diuen té bon sentit, o si no, serà ja hora de passar a defensar el nostre argument.

[Objecció de Cebes]

—Doncs prenc la paraula —féu Cebes—. A mi em sembla que el raonament roman allà on era i que segueix obert a l'objecció que hem expressat abans. Que la nostra ànima existia abans de venir a aquesta forma humana, no negaré que ho admeto de bon grat i àdhuc diria, si no sembla que em passo, que és cosa plenament demostrada. En canvi, que segueixi existint en algun lloc un cop hem mort, no em sembla que pugui ser. Per altra banda, que l'ànima, com argumentava Símmies, no sigui més resistent i més durable que el cos, no hi estic d'acord, ja que em sembla que des d'aquest punt de vista li és molt superior. El nostre argument podria dir: per què no creus encara, si veus que quan un home mor subsisteix precisament allò que en ell era més feble? No penses que allò que és més durable necessàriament haurà de ser preservat durant el mateix temps? A més, considera una altra cosa i digues-me si no tinc raó. Com Símmies, també jo hauré de servirme d'una imatge. Tinc la sensació que en tot això parlem com si, havent-se mort un vell teixidor, ens vingués algú i ens digués: «Aquest home no ha deixat pas d'existir, sinó que està sa i bo en algun lloc»; i com a prova ens tragués el mantell amb què s'abrigava i que ell mateix havia teixit, al·legant que aquest seguia en bon estat i no s'havia pas destruït. Si algú no el creia, li preguntaria quina de les dues coses era de natura més durable, l'home o el mantell que ell portava i que tenia per al seu ús. Quan li contestessin que l'home era molt més durable, creuria haver demostrat que l'home es conservava ben sa, ja que el menys durable no havia estat destruït. Ara bé, Símmies, jo no crec pas que això sigui així. Fixa't en la meva explicació: qualsevol pot adonar-se que aquest argument és una ximpleria, ja que el nostre teixidor hauria teixit i gastat molts mantells semblants, i hauria mort després de tots ells, exceptuant, diria jo, l'últim. Ara bé, no per això el nostre home s'ha de dir inferior o més feble que aquest mantell. Penso que la mateixa imatge podria aplicar-se a la relació de la nostra ànima amb el cos: si es compara en detall una cosa amb l'altra, penso que es podria dir prou adequadament que l'ànima és més durable i que el cos és més feble i menys durador. En realitat, també es podria dir que cada ànima gasta molts cossos, sobretot si viu molts anys, suposant que el cos sigui com un corrent que passa i es destrueix durant la vida de l'home, mentre que l'ànima va teixint de nou allò que es va gastant. Tanmateix serà necessari que quan es destrueixi l'ànima, aquesta hagi teixit la seva última roba, que serà l'única que li queda abans de morir. I un cop morta l'ànima, el cos mostraria la feblesa de la seva natura, es corrompria ràpidament i desapareixeria.

Resulta, doncs, que no per donar crèdit a aquest argument podem ja confiar que després de la mort la nostra ànima ha d'estar en algun lloc. En efecte, un podria concedir encara més coses que les que tu dius: podria admetre que les nostres ànimes no sols han existit anteriorment al nostre naixement, sinó que no hi ha res que impedeixi que algunes subsisteixin després de la mort; que aquestes podrien existir naixent i morint moltes vegades, atès que l'ànima és tan forta que podria tolerar repetits naixements. Ara bé, si, concedint això, no es manté que l'ànima en els successius naixements i morts no pateix cap dany ni ha d'acabar morint del tot en alguna d'aquestes morts (i ningú no pot dir que sap si es dóna aquesta mort i dissolució del cos que comportaria la destrucció de l'ànima, ja que cap de nosaltres no ho ha pogut experimentar); si la posició és aquesta, el que creu poder mantenir-se confiat davant la mort és que s'abandona a una confiança insensata, llevat que pugui demostrar que l'ànima és quelcom absolutament immortal i indestructible. Si no pot, el qui està a punt de morir necessàriament ha de tenir por que la seva ànima, en desfer-se la present unió amb el cos, sigui totalment destruïda.

—Tots nosaltres, en sentir això, ens trobàvem incòmodes, com més tard ens ho vam confessar. Havíem estat ben convençuts per l'argument precedent, i ara semblava que de nou ens sentíem torbats i ens abocàvem a la desconfiança, no només sobre el que s'acabava de dir, sinó també sobre el que es pogués dir en endavant. Teníem la sensació que nosaltres no érem jutges competents, o bé que la mateixa qüestió no permetia una resposta fiable.

EQUÈCRATES —Pels déus, Fedó, que us en disculpo! A mi mateix, mentre t'anava escoltant em venien ganes de dir-me: Quin raonament ens podrà encara merèixer confiança? El que Sòcrates havia dit bé semblava prou de fiar, i heus ací que acabava en descrèdit total. Tanmateix, l'argument aquest, que la nostra ànima és una harmonia, sempre m'havia captivat meravellosament, i encara segueix fent-ho. Quan ara l'exposàveu em recordava que a mi ja d'abans m'havia semblat així. Ara necessito absolutament com començar de nou alguna altra argumentació que em convenci que l'ànima no mor quan nosaltres morim. Digues-me, doncs, per Zeus, com va abordar Sòcrates aquell raonament? Tal volta també ell, com deies que us passava a vosaltres, semblava estar aclaparat, o no? Va intentar defensar el seu argument sense alterar-se? Va fer una defensa prou bona, o li quedà mancada? Explica'ns tot això amb tot el detall que puguis.

[Resposta de Sòcrates: advertiment de no caure en la misologia]

FEDÓ —Realment, Equècrates, jo havia admirat Sòcrates en moltes ocasions, però mai m'havia impressionat tant com estant vora d'ell en aquella circumstància. Potser no és res d'estrany que tingués una resposta a punt. Però el que a mi més em va admirar fou, en primer lloc, l'amabilitat, la deferència i l'afecte amb què va acollir les raons d'aquells jovencells; després la manera com es va adonar ràpidament de l'efecte que ens havien fet a nosaltres les seves paraules; i finalment l'encert amb què hi va posar remei. Quan ens trobàvem com fugitius després d'una derrota, ens va convocar de nou i ens va animar a seguir examinant tots plegats la qüestió.

EQUÈCRATES —I com va ser?

FEDÓ —Ara t'ho dic. jo em trobava a la seva dreta, assegut en una banqueta a tocar del llit, i ell quedava bastant per damunt meu. Tot acaronant-me el cap i recollint-me els cabells que em queien sobre el coll (perquè, quan es presentava l'ocasió, acostumava a fer-me broma sobre els meus cabells), digué:

—Demà, Fedó, segurament et tallaràs aquests cabells tan bonics.

—Em sembla que sí, Sòcrates —vaig fer jo.

—No pas, si em fas cas a mi.

—Però, per què? —vaig fer jo.

—Avui —digué— hauré de tallar-me jo els meus cabells, i tu els teus, si el nostre raonament se'ns mor i no som capaços de ressuscitar-lo. Perquè jo, si estigués en el teu lloc i se m'escapés l'argument, faria una promesa com els argius de no deixarme créixer els cabells fins que, reprenent la lluita, no obtingués la victòria contra l'argument de Cebes i de Símmies.

—Però —vaig replicar— segons la dita, ni el mateix Hèrcules pot vèncer contra dos.

—Doncs demana la meva ajuda, com si fos el teu Iolau, mentre hi ha encara llum.

—Te la demano, doncs. Però no com si jo fos Hèrcules, sinó com Iolau que demana l'ajut d'Hèrcules.

—Tant se val —féu ell—. El primer que hem de fer és vigilar que no ens agafi una mala disposició.

—Quina? —vaig fer jo.

—Que no ens tornem misòlegs, de manera semblant a com hi ha gent que es tornen misantrops. Perquè a ningú no li pot venir un mal més gran —digué— que aquest d'agafar odi als raonaments. Ara bé, la misologia i la misantropia es produeixen de la mateixa manera: la misantropia s'insinua en nosaltres quan un té una gran confiança en algú sense prou discerniment, pensant que es tracta d'una persona absolutament sincera, honesta i fiable; i poc després descobreix que és malvada i infidel; i així una i altra vegada. Quan a un li ha passat això moltes vegades, i especialment si li passa amb aquells que un considerava més íntims i més amics, havent rebut d'ells molts cops, acaba finalment odiant-los tots i considerant que no hi ha absolutament res de sa en ningú. No t'has adonat que això és el que d'alguna manera passa?

—Ja ho crec —vaig respondre.

—I no és això una cosa vergonyosa —féu ell—, que manifesta que un home així procedeix en el tracte amb les persones amb poc coneixement de les coses humanes? Perquè si procedís amb bon coneixement tindria una concepció adequada de la realitat i jutjaria que tant els bons com els dolents són molt pocs, mentre que els mediocres són la majoria.

—Com dius? —vaig fer jo.

—Que és com el que passa amb les coses molt grans o molt petites. Penses que no és d'allò més estrany trobar un home molt gran, o un de molt petit, o també un gos, o qualsevol altra cosa? I no passa el mateix amb el ràpid i el lent, el lleig i el bell, el blanc i el negre? No has experimentat que són rars i pocs els casos en què aquestes qualitats es troben en grau extrem en l'un i l'altre sentit, mentre que els d'entremig són abundosos i corrents?

—Absolutament —vaig fer jo.

—I no et penses que, si es convoqués un concurs de dolenteria, serien ben pocs els qui es revelessin com a campions?

—Segurament —vaig fer.

—Sí, segurament. Però els arguments i les persones no s'assemblen precisament en això, per bé que jo de moment t'he anat seguint per on tu em portaves, sinó més aviat en una altra cosa. Si un no és experimentat en matèria d'arguments, pot creure que un argument és veritable, i poc després li semblarà que és fals, i unes vegades realment ho és i altres no, i això li passa repetidament una i altra vegada. I ja ho saps, els qui es dediquen als arguments contradictoris acaben creient-se els més savis de tots i els únics que han arribat a establir que ni en les coses ni en els raonaments no hi ha res que sigui sa o ferm, sinó que tot va cap amunt i cap avall, com en un Eurip, sense que res no romangui ni un moment en un mateix punt.

—El que dius és totalment veritat —vaig dir jo.

—Per tant, Fedó, ens trobaríem en una situació lamentable si, havent-hi algun argument veritable, sòlid i fàcil d'entendre, després, pel fet que es trobi al costat d'altres arguments d'aquells que a les mateixes persones de vegades els semblen veritat i de vegades no, un no s'atribuís a si mateix i a la seva pròpia imperícia la responsabilitat, sinó que, espolsant-se la pròpia culpa, acabés simplement ressentit i fastiguejat dels arguments, de manera que per la resta de la seva vida ja només els odiés i proferís insults contra ells, privant-se així de la veritat i del coneixement de la realitat.

—Per Zeus —vaig fer—, seria realment lamentable.

—Abans de tot, doncs —digué ell—, hem d'anar amb compte de no deixar entrar en la nostra ànima la sospita que possiblement no hi hagi res de sa en els raonaments. Al contrari, és molt més probable que som nosaltres els qui no acabem d'estar sans, i hem de reaccionar amb coratge viril fent l'esforç d'estar-ho, tu i els altres, mirant el que us queda de la vostra vida, i jo mirant la mort que em ve. Perquè tinc el perill que en aquest moment jo no em comporti com un amant de la saviesa, sinó com un inculte amant de sortir-se amb la seva. Quan aquesta gent discuteix sobre qualsevol cosa, no es curen de pensar cap on porta el raonament seguint la qüestió que tracten, sinó que el que desitgen és prendre una actitud que sigui acceptada pels presents. Jo, en canvi, en aquest moment em sembla que em distingeixo d'ells precisament en una cosa: el que em preocupa no és si el que jo dic sembla o no veritat als presents —cosa relativament accessòria—, sinó, fins on és possible, si m'ho sembla a mi. Perquè jo, amic estimat, faig un càlcul que bé pots veure com n'és d'interessat: si resulta que és veritat el que dic, és magnífic estar-ne persuadit; però si després de la mort s'acaba tot, almenys no em faig tan pesat als presents amb les meves lamentacions durant tot aquest temps que em queda per morir. Tanmateix, es tracta d'una ignorància que no em durarà gaire, cosa que seria un mal, sinó que ben aviat es resoldrà. Així doncs, Símmies i Cebes, és amb aquesta preparació que em disposo a afrontar l'argument. Ara bé, vosaltres, si em voleu creure, val més que no feu gaire cas de Sòcrates i que en feu molt més de la veritat. Si us sembla que dic quelcom de veritat, accepteu-ho amb mi; si no, discutiu-ho amb tota mena d'arguments. I aneu amb compte, no sigui que jo, emportat pel meu desig, m'enganyi a mi mateix i us enganyi a vosaltres, fent com una abella que se'n fuig deixant clavat l'agulló.

[Resposta a Símmies: l'ànima no pot ser una harmonia]

—Per tant, som-hi —féu ell—. Primer, recordeu-me el que heu dit, si és que veieu que no me'n recordo. Al meu entendre, Símmies és malfiat i té por que l'ànima, tot i que és més divina i més bella que el cos, quedi destruïda abans que ell, ja que està constituïda com a harmonia. Per la seva banda, Cebes em sembla que em concedeix que l'ànima és més durable que el cos, però que no és gens clar per a ningú que l'ànima, després d'haver gastat molts cossos en moltes vides, no quedi finalment destruïda quan abandona el darrer. I això seria precisament la mort o destrucció de l'ànima, mentre que el cos està en permanent procés de destrucció. Són realment aquests punts, Símmies i Cebes, els que ens toca examinar?

Tots dos convingueren que eren realment aquests.

—Els arguments precedents —digué ell—, els rebutgeu tots en bloc, o bé els uns sí i els altres no?

—Els uns sí i els altres no —digueren tots dos.

—Bé. I què diríeu —féu ell— d'aquell argument en el qual afirmàvem que l'aprendre és com un recordar i que, si és així, la nostra ànima haurà d'haver estat necessàriament en algun altre lloc abans de venir a estar lligada en el seu cos?

—Pel que respecta a mi —féu Cebes—, aquest argument em va convèncer extraordinàriament aleshores; i ara mateix em mantinc ferm en ell més que en cap altre.

—Jo també —digué Símmies— em trobo en la mateixa disposició, i em causaria una gran meravella que jo pogués mai arribar a pensar d'altra manera en aquest punt.

Sòcrates respongué:

—Doncs, hoste de Tebes, bé caldrà que pensis d'altra manera, si és que vols mantenir la teva idea que l'harmonia és quelcom compost i que l'ànima és una harmonia constituïda per la tensió entre els elements del cos. Perquè, per més que volguessis dir-ho, no concediràs pas que es pugui constituir una harmonia abans que existeixin els elements amb els quals ella s'ha de compondre. Ho concediràs?

—De cap manera, Sòcrates.

—T'adones, doncs —féu ell—, que això és el que has de dir, quan per una banda afirmes que l'ànima existia abans d'adoptar una figura corpòria d'home, i per altra banda dius que és un compost d'elements que encara no existirien? Realment, l'harmonia no és una comparança adequada per al que tu dius. En efecte, primer hi ha una lira, unes cordes i uns sons inharmònics; i després de totes aquestes coses se'n constitueix una harmonia, i aquesta serà la primera a destruir-se. A veure, doncs, com pot estar d'acord aquest argument amb aquell altre?

—De cap manera —respongué Símmies.

—I realment —féu ell—, si en algun argument és escaient que hi hagi acord, ha de ser en aquest de l'harmonia.

—Hi és escaient —digué Símmies.

—Doncs, en aquest no hi tens pas acord. Però mira quin dels dos arguments prefereixes: que l'aprendre és un recordar, o que l'ànima és una harmonia.

—De bon tros el primer, Sòcrates —digué ell—, ja que l'altre se'm va acudir sense haver-lo argumentat, a partir d'una certa verosimilitud i possibilitat, que és com la majoria de gent forma la seva opinió. Ara bé, jo tinc prou consciència que els arguments bastits amb versemblances són mentiders i que, si un no s'afanya a guardar-se'n, fàcilment enganyen, tant si es tracta de geometria com de qualsevol altra cosa. En canvi, l'argument sobre la reminiscència i sobre el procés d'aprendre es formula sobre una hipòtesi digna de crèdit. En efecte, vam dir que la nostra ànima existia en algun lloc àdhuc abans de venir al cos, de la mateixa manera que existeix aquella essència que anomenem «allò que és»; i estic ben convençut que aquesta l'he admès d'una manera prou satisfactòria i correcta. Per tant, a causa d'això, se segueix necessàriament, al meu entendre, que no podem admetre que sigui dit, ni per mi ni per ningú més, que l'ànima és una harmonia.

—I què em dius d'això, Símmies? Creus que a una harmonia o a qualsevol altra realitat composta li escau de tenir una manera de ser diferent de la dels elements que la componen?

—De cap manera.

—¿Ni tampoc, suposo jo, fer res o patir res fora del que aquells elements puguin fer o patir?

Ell hi estigué d'acord.

—Per tant, a una harmonia no li pertoca guiar els elements que la componen, sinó més aviat seguir-los.

Ell digué que així ho pensava.

—Per tant, una harmonia estarà molt lluny de tenir moviments o sons de natura contrària als de les parts, o d'oposar-se a elles de qualsevol manera.

—Sí, molt lluny —féu ell.

—Què, doncs? Una harmonia no és per la seva naturalesa harmonia precisament en tant que està harmonitzada?

—No entenc res —digué ell.

—¿No és veritat —féu ell— que com més i millor harmonitzada estigui, fins on sigui possible, serà una millor i més plena harmonia, mentre que si està menys i pitjor harmonitzada serà menys i pitjor harmonia?

—Ben cert.

—I això, ¿s'esdevé també en l'ànima, de manera que, encara que sigui en proporció mínima, una ànima pugui ser més ànima que una altra segons que admeti un més i un millor, o un menys i un pitjor, en allò mateix que la fa ser ànima?

De cap de les maneres.

—Au, doncs, per Zeus —digué ell—: d'una ànima es diu que té enteniment o virtut i que és bona; d'una altra que és insensata, o malvada i que és dolenta. No és veritat això que es diu?

—És veritat.

—Doncs bé: els qui diuen que l'ànima és una certa harmonia, què diran que són aquestes realitats que es troben en les ànimes, la virtut i el vici? ¿Són encara una altra mena d'harmonia o de desharmonia? ¿Una ànima, la bona, està ben harmonitzada i, essent ella mateixa harmonia, té encara una altra harmonia; i en canvi, l'altra està desharmonitzada i ja no té en ella cap altra harmonia?

—Realment no sé què dir —respongué Símmies—. Però si un fa aquella suposició és clar que haurà de venir a dir quelcom d'això.

—Però acabem d'admetre que una ànima no és més ànima o menys ànima que una altra, i això vol dir admetre que una harmonia no és més o millor harmonia que una altra, ni tampoc menys o pitjor que una altra. Oi que és així?

—Totalment.

—I dir que l'harmonia no és més o millor vol dir que no està millor o pitjor harmonitzada? És així?

—Ho és.

—Per tant, si una ànima en tant que tal no és més o menys ànima que una altra, ¿tampoc no estarà més o menys harmonitzada?

—És així.

—I si és això el que passa, tampoc una ànima participarà més de la desharmonia que de l'harmonia?

—És clar que no.

—I si li passa això, ¿podrà una ànima participar més que una altra en el vici o en la virtut, considerant que el vici és desharmonia i la virtut, harmonia?

—No més.

—Més aviat, Símmies, si pensem rectament, no hi haurà cap ànima que participi del vici, suposant que ella sigui una harmonia. Perquè és clar que si l'essència d'una harmonia és totalment això, harmonia, mai no podrà participar de la desharmonia.

—Certament no.

—Ni tampoc l'ànima, si és totalment ànima, del vici.

—Després del que hem dit, així ha de ser.

—D'aquest argument, doncs, haurem de concloure que totes les ànimes de tots els vivents han de ser igualment bones, atès que serien per natura igualment això: ànimes.

—Així m'ho sembla, Sòcrates —féu ell.

—I et sembla també —respongué Sòcrates— que això està ben dit i que el raonament haurà d'admetre això, suposant correcta la hipòtesi que l'ànima és una harmonia?

—De cap de les maneres —digué.

—Què, doncs? —digué ell—. De totes les coses que hi ha en l'home, ¿creus que n'hi ha cap que sigui capaç de governar les altres, fora de l'ànima, suposant que sigui assenyada?

—No ho crec.

—¿I ho farà cedint a les passions corporals o bé contrariant-les? Vull dir, per exemple, quan té calor o té set, decantant-se cap al contrari i negant-se a beure; o quan té fam, no menjant; i mil altres casos en els quals veiem com l'ànima fa el contrari del que el cos demana. No és així?

—Totalment així.

—I no hem convingut fa poc que l'ànima, si realment és una harmonia, no hauria de fer mai un so que resulti contrari a les tensions, les relaxacions, les pulsacions o a qualsevol altra cosa a la qual la sotmetin els elements que la componen, sinó que sempre ha de seguir d'acord amb aquelles disposicions, sense pretendre mai guiar-les?

—Certament, ho hem convingut —féu ell.

—I què? No ens sembla ara que més aviat actua d'una manera totalment contrària? Ella guia tots aquells elements dels quals es diu que està composta i decideix en contra de gairebé tots durant tota la vida, dominant-los en tot. De vegades els castiga durament i els fa patir, com en el cas de la gimnàstica i de la medicina; de vegades actua més suaument, o bé amenaça, o amonesta o dialoga amb els desigs, les ires, les pors, com si es tractés d'una altra cosa i fossin diferents d'ella. Segurament això és el que pensava Homer en l'Odissea, quan Ulisses diu:

Havent-se colpejat el pit, reptà el seu cor amb aquestes paraules:
Aguanta fort, cor meu, que coses més dures portes ja aguantades.

¿Et penses que, quan féu aquests versos, pensava que l'ànima era una harmonia susceptible de ser emportada per les passions del cos, o bé més aviat que ella les conduïa i les dominava, ja que és quelcom massa diví per a poder ésser tingut com a harmonia?

—Per Zeus, Sòcrates, penso això.

—Per tant, bon amic, de cap manera no ens està bé dir que l'ànima és una mena d'harmonia, ja que, pel que sembla, això ens portaria al desacord, tant amb el diví poeta Homer, com també amb nosaltres mateixos.

—És així —digué ell.

[Resposta a l'argument de Cebes: l'ànima és naturalment indestructible]

—Bé, doncs —digué Sòcrates—, això de l'Harmonia tebana, pel que sembla, ens ha resultat prou propici i ha acabat prou bé. Però ara, Cebes, què farem amb Cadmos? Com i amb quin raonament ens el farem propici?

—Em sembla —digué Cebes— que tu bé que ho trobaràs. Almenys l'argument d'ara mateix sobre l'harmonia em sembla a mi que l'has conduït d'una manera admirable i fora del que era d'esperar. Quan Símmies anava exposant les seves dificultats, jo pensava que seria una meravella que algú pogués aportar res contra el seu argument, i em va semblar realment ben estrany que, tot seguit, no pogués ni encaixar el primer atac del teu. Així que no em sorprendria gens que li passés el mateix a l'argument de Cadmos.

—Bon amic —digué Sòcrates—, no t'enfilis, que potser ens vindrà un malefici i ens torçarà el raonament abans de néixer. Però d'això la divinitat ja en tindrà cura; el que nosaltres hem de fer és atacar de prop, a la manera homèrica, i comprovar si val el que tu dius. El que demanes es pot resumir així: requereixes que es demostri que l'ànima és indestructible i immortal; i si no, un filòsof que està a punt de morir i té la confiança que després de mort viurà en un altre lloc i molt millor que si hagués viscut una vida distinta, està en realitat mantenint una confiança insensata i estúpida. Si es mostra que l'ànima és quelcom ferm i diví que existia prèviament a la nostra existència humana, això, segons tu dius, no ens porta a afirmar que l'ànima sigui immortal, sinó que de fet és una realitat molt durable, que va existir durant un temps indeterminable en algun lloc on podia conèixer i fer tota mena de coses. Però no per això és immortal, sinó que més aviat el fet de venir a entrar en un cos humà seria per a ella el començament de la seva destrucció, com una mena de malaltia. En realitat, viu aquesta vida amb multitud de penes, i quan l'acaba amb allò que anomenem la mort, quedaria destruïda. Segons tu, pel que fa al que nosaltres hem de témer, és igual que vingui a prendre un cos una o moltes vegades; el que cal témer, si un no és un insensat, és no saber i no poder donar raó de si és immortal. Al meu entendre, Cebes, això és més o menys el que tu dius. De propòsit ho repeteixo moltes vegades a fi que no ens passi res per alt i tu hi puguis afegir o treure el que vulguis.

—De moment —digué Cebes—, no necessito treure-hi o afegir-hi res. Tot això és el que jo mantinc.

Sòcrates, després de quedar callat una bona estona i ponderant alguna cosa dintre seu, digué:

—No és pas una fotesa, Cebes, el que tu busques. De manera que ens caldrà ocupar-nos a fons de la causa de la generació i de la corrupció. Jo, si ho vols, t'explicaré sobre això el que m'ha passat a mi. Després, si alguna cosa de les que et diré et sembla pertinent, podràs utilitzar-la per a persuadir-nos sobre el que tu mantens.

—Naturalment —féu Cebes— sí que ho vull.

—Escolta, doncs, que t'ho explicaré. Jo, Cebes —digué—, quan era jove tenia unes ànsies meravelloses d'aquell saber que anomenen investigació de la natura. Em semblava una cosa esplèndida conèixer les causes de cada una de les coses: per què es produeix cada una, per què es destrueix i què es. Moltes vegades donava voltes amunt i avall en el meu esperit investigant en primer lloc coses com ara aquestes: ¿És que els éssers vivents, com deien alguns, es crien quan el calent i el fred arriben a un cert estat de putrefacció? ¿És de la sang que ens ve el nostre pensament, o bé de l'aire, o del foc? ¿O bé no és res d'això, sinó que és el cervell el qui ens procura les sensacions de la vista, de l'oïda i de l'olfacte, de les quals resultarien la memòria i l'opinió i, com a solatge de la memòria i de l'opinió, en resultaria la ciència? Examinava també com aquestes coses desapareixen, així com les coses que passen en el cel i en la terra, i acabava tenint la sensació que jo era de natural totalment inútil per a una investigació d'aquesta mena.

»Te'n donaré un detall prou indicatiu: en allò que jo abans sabia clarament, almenys segons el meu parer i el dels altres, així que em vaig dedicar a aquesta investigació vaig quedar tan a les fosques que desaprenia àdhuc les coses que abans pensava saber, per exemple, entre moltes altres coses, el perquè de la creixença d'un home. En efecte, jo em creia abans que era clar per a tothom que la causa era l'aliment i la beguda: quan un menjava, s'afegien carns a la carn, i ossos als ossos, i així, de la mateixa manera, s'afegia a tota la resta el que li era connatural; i aleshores, el que era de poc volum es feia més gros i d'un home petit en sortia un de gran. Això és el que jo aleshores pensava. Oi que et sembla raonable?

—Jo diria que sí —féu Cebes.

—Doncs, examina encara això: Jo creia que tenia una opinió adequada quan un home alt posat al costat d'un de petit em semblava que el sobrepassava en un cap: i el mateix d'un cavall en relació amb un altre. I encara, en coses més clares, el deu em semblava que era més que el vuit, ja que afegia el dos a aquest, i dos colzes em semblaven més que un, perquè el sobrepassaven en una meitat.

—I ara —digué Cebes—, què te'n sembla, d'això?

—Per Zeus —féu ell— que em trobo ben lluny de saber que conec la causa d'aquestes coses, ja que ni tan sols em puc convèncer a mi mateix si, quan afegim un u a un altre u, és el primer al qual s'afegeix l'altre el qui es converteix en dos, o és aquest que s'ha afegit, o si són tots dos els que, pel fet de l'addició, es converteixin en dos. Perquè em meravella que, quan cada un estava separat, cada un era u i no eren dos, però quan s'acosten, el fet de trobar-se l'un al costat de l'altre sigui la causa que es converteixin en dos. Igualment, quan un divideix una unitat no em puc convèncer que això, la divisió, sigui la causa que sorgeixin dos, ja que en aquest cas la causa dels dos és el contrari del que dèiem abans. En efecte, abans el dos es produïa quan s'acostaven i s'afegien una cosa a una altra, i ara, quan se separen i es divideixen. Ja no em puc persuadir, si segueixo aquesta manera de procedir, que sàpiga com s'origina l'u ni, en un mot, com s'origina, o es destrueix o existeix qualsevol cosa. M'hauré de muntar jo mateix a l'atzar algun altre mètode i aquell altre l'hauré de deixar del tot.

»Però una vegada vaig sentir algú que llegia, segons deia, un llibre d'Anaxàgores que afirmava que és la ment la que ho ordena tot i és causa de tot. Aquesta causa em va agradar i en certa manera em semblava que estava molt bé que la ment fos la causa de tot; i pensava que si això era així, almenys la ment ordenadora ho ordenaria tot i posaria cada cosa en la condició que més li escau. Aleshores, si un volgués trobar la causa de com està feta cada cosa, o de com es destrueix o com existeix, només caldria cercar quina és la seva millor manera de ser, o de patir, o de fer el que fos. Segons aquest raonament un home no calia que investigués res més que el que per aquella cosa i per tota la resta fos el més convenient i el millor; i necessàriament aquell home vindria a conèixer el que és pitjor, ja que és una mateixa la ciència sobre aquests objectes.

»Content amb aquests raonaments, vaig pensar que havia trobat en Anaxàgores un mestre de la causa dels éssers segons la intel·ligència. Ell em podria dir en primer lloc si la terra és plana o esfèrica i, quan m'ho hagués explicat, m'exposaria fil per randa la causa i la necessitat, indicant què és el millor i per què és millor que ella sigui de tal manera. I si afirmés que la terra es troba en el centre m'explicaria per què és millor que estigui en el centre. Una vegada m'hagués revelat això, estava disposat a no preguntar ja per cap altra mena de causa. I estava igualment disposat pel que fa a les preguntes sobre el sol, o la lluna, o els altres astres, o sobre les velocitats relatives entre ells, les seves fases i la resta que passa en ells, si em deia per què és millor que cada un faci o pateixi allò que pateix. Mai no podia pensar que Anaxàgores, havent afirmat que tot això havia estat ordenat per la ment, ho atribuís a cap altra causa, sinó que havia de mostrar que les coses es troben de la millor manera que es poden trobar. I atès que atribuïa una causa a cada una de les coses i a totes en comú, pensava que m'exposaria el que és millor per a cada una i el que és bo per a totes elles en comú. No hauria abandonat per cap preu aquelles esperances, sinó que vaig agafar els llibres amb un gran interès i els vaig llegir tan ràpidament com vaig poder per tal d'arribar el més prest que pogués al coneixement del que és millor i del que és pitjor.

»Però, amic meu, a mesura que avançava en la lectura, aquella esperança meravellosa s'allunyava de mi, veient com aquell home no feia servir la ment per a res, ni li atribuïa que fos causa de l'ordenament de les coses, sinó que donava com a causes l'aire, l'èter, l'aigua i moltes altres coses igualment fora de lloc. Em va fer tot l'efecte com si vingués algú i digués que Sòcrates fa tot el que fa amb la seva ment i després quan es posés a donar raó de cada una de les seves accions en particular digués, per començar, que la causa que jo ara estigui aquí assegut és que el meu cos està compost d'ossos i de tendons; que els ossos són sòlids i tenen juntures que els separen els uns dels altres, mentre que els tendons es tiben i s'afluixen tot al voltant dels ossos, juntament amb la carn i la pell que ho envolta tot, de manera que, quan els ossos són moguts en les seves conjuntures per la relaxació o la tibantor dels tendons, en resulta que jo puc doblegar ara els meus membres; i aquesta seria la causa que jo estigui assegut aquí amb les cames doblegades. Semblantment, pel que fa a la conversa que tinc amb vosaltres, diria que té causes de la mateixa mena, atribuint-la a la veu, l'aire, l'oïda i mil coses d'aquestes, però no es preocuparia de dir les veritables causes, val a dir, que ja que els atenesos han tingut per bé condemnar-me, és per això que a mi també m'ha semblat millor quedar-me aquí assegut i m'ha semblat més just esperar aquí per sotmetre'm a la pena que indiquin. Perquè, pel gos, em penso que aquests tendons i ossos faria temps que es trobarien a Mègara o a Beòcia emportats per allò que sembla millor, si no fos que jo estic convençut que sotmetre's a la ciutat en qualsevol sentència que dicti és més just i més noble que fugir i desertar.

»Anomenar causes aquesta mena de coses és quelcom ben fora de lloc. Ara bé, si un digués que si aquestes coses no fossin el que són i que sense ossos, tendons i les altres coses que tinc no seria capaç de fer el que em sembla que he de fer, diria la veritat. Però dir que és per això que jo faig el que faig i que això ho faig amb la ment i no perquè he optat el que és millor seria admetre una gran i greu lleugeresa en el parlar. Això implicaria que no seríem capaços de distingir que una cosa és la causa real de quelcom, i una altra allò sense la qual cosa la causa no arribaria mai a ser causa. Això és el que em sembla que fan la majoria de la gent, que a les palpentes, com en la fosca, empren una designació impròpia amb la pretensió de referir-se a la causa. Així resulta que un pretén que la terra es manté estable perquè hi ha un remolí del cel que gira al voltant d'aquesta; i un altre que és com una gran pastera que s'agunta sobre l'aire que li serveix de suport. Però la potència que fa que les coses es trobin de la millor manera possible tal com ara són, això no ho investiguen, ni pensen que tingui un poder diví, ans al contrari, pensen que algun dia descobriran un Atlant més fort, més immortal i més capaç de sostenir-ho tot [que el del mite]. Però que cal que allò que ho lliga i ho sosté tot sigui allò que veritablement és bo, això ho ignoren del tot. En canvi, per la meva part estaria disposat a fer-me deixeble de qualsevol que em digués quina pot ser aquesta causa. Però, atès que em trobo privat d'ella, sense que hagi estat capaç de trobar-la per mi mateix o d'aprendre-la d'altri, ¿vols —digué ell— que t'expliqui, amic Cebes, la segona navegació que he hagut d'emprendre en la recerca d'aquesta causa?

—De totes les maneres, ho vull —digué ell.

—Au, doncs —féu Sòcrates—. Després d'això em va semblar que, havent d'abandonar la investigació de les coses, havia d'anar amb compte perquè no em passés el que els passa als qui contemplen el sol durant un eclipsi mirant-lo de fit a fit. Alguns arriben a destrossar-se els ulls si no procuren contemplar la seva imatge en l'aigua o en un medi semblant. Quelcom d'això és el que jo vaig pensar, i vaig tenir por de quedar-me totalment cec de l'ànima si mirava les coses de fit amb els ulls i intentava captar-les amb els sentits. Vaig creure que em calia refugiar-me en els conceptes, procurant de veure en ells la veritat de les coses. Potser, en cert sentit, això no s'assembla a la comparança que feia, ja que no acabaria de concedir que el qui mira les coses en els conceptes les miri en imatges i no en la realitat. Tanmateix, és per aquí per on vaig començar, i en cada cas parteixo del concepte que em sembla més sòlid, i allò que em sembla consonar amb ell ho considero vertader, tant si es tracta d'una causa com de qualsevol altra cosa; i el que no hi consona, ho considero no vertader. Vull, però, explicar-te més clarament el que et vaig dient, perquè em sembla que per ara no m'ho captes.

—No, per Zeus —digué Cebes—, no gaire.

—I amb tot —féu ell— quan et dic això no et dic res de nou, sinó que és el que no paro de dir sempre, tant en altres ocasions com en la conversa que ara teníem. Em disposo, doncs, a intentar d'explicar-te la mena de causa per la qual m'interesso, tornant altra vegada a tot allò que sempre diem i començant per aquí la meva explicació. Poso com a principi que hi ha el bell en si mateix, i el bo, i el gran i totes les realitats d'aquesta mena. Si em concedeixes això i estàs d'acord que hi ha aquestes realitats, confio que, partint d'elles, et podré trobar i mostrar quina és la causa de la immortalitat de l'ànima.

—Doncs —respongué Cebes— considera-ho concedit i no triguis més a concloure.

—Considera —digué Sòcrates— si pel que fa a les conseqüències del que dèiem, opines igual que jo. Perquè a mi em sembla que, si existeix alguna cosa bella fora del bell en si, no podrà ser bella per cap altra causa si no és pel fet de participar en aquell bell en si. I el mateix dic sobre tots els altres casos. Estàs d'acord sobre aquesta mena de causa?

—Hi estic d'acord.

—Si és així —féu ell—, no entenc ni puc comprendre aquelles altres causes dels savis, sinó que, si algú em diu que qualsevulla cosa és bella perquè té un color ufanós, o per la seva figura, o per qualsevulla raó d'aquestes, les deixo córrer totes, ja que tot plegat només em causa confusió, i em quedo amb la convicció simple, elemental i potser ingènua, que una cosa és bella només per la presència o la comunicació d'aquell bell en si, sigui quina sigui la circumstància i la manera com això es produeixi. Perquè sobre aquest últim particular no estic en disposició de fer-m'hi fort; en canvi, sí en el fet que és per la bellesa que totes les coses belles són belles. Aquesta em sembla que és la resposta més segura que em puc donar a mi mateix i als altres. Crec que mentre m'hi atingui mai no fallaré, sinó que puc respondre amb seguretat a mi mateix i a qualsevol altre que és per la bellesa que les coses belles són belles. I tu no ho creus també així?

—Ho crec.

—I també que és per la grandesa que les coses grans són grans, i les més grans, més; i que per la petitesa les coses més petites són més petites?

—Sí.

—Ni acceptaries que es digués que un home és més gran que un altre pel seu cap, o que el més petit és més petit pel mateix cap, sinó que estaries disposat a defensar que sempre que dius que una cosa és més gran que una altra no ho és per altra causa que per la grandària, i que és per això que és més gran; i que el que és més petit només és més petit per la petitesa, i això, la petitesa, és l'únic que el fa més petit. En efecte, segons jo penso, podries témer que se't presentés algú amb un argument contrari si diguessis que algú és més gran o més petit pel seu cap, ja que, en primer lloc, el més gran seria més gran, i el més petit seria més petit per la mateixa causa; i, en segon lloc, el més gran seria més gran a causa del cap que és petit, cosa que seria ben prodigiosa, val a dir, que algú sigui més gran a causa d'una cosa petita. Oi que tindries por d'això?

—Jo sí —digué Cebes tot rient.

—Per tant —féu ell—, no et faria por dir que deu és més que vuit a causa del dos, i que aquesta és la raó per la qual el deu és més gran, en lloc de dir que és per la quantitat i en raó de la quantitat? I diries que dues colzades són més grans que una colzada per causa d'una meitat, i no per la grandària? Segurament hauries de témer el mateix.

—Absolutament —féu ell.

—Què, doncs? No tindries recança de dir que, quan afegim un u a un altre u, la causa que en resulti un dos és l'addició; o bé que, quan es divideix una cosa, la causa [que en resultin dues] és la divisió? I fins diries amb veu ben alta que no coneixes que pugui néixer cap cosa si no és venint a participar en l'essència d'aquesta, que esdevé com la propietat de cada un que la participa; i en els casos adduïts, no hi trobes cap altra causa que s'esdevingui el dos fora de la participació en la dualitat, i que cal que participi d'aquesta allò que ha de ser dos; i també que participi de la unitat allò que ha de ser u. Pel que fa a aquelles divisions, addicions i tota aquesta mena de subtileses, les enviaries a passeig deixant que les contestin els qui siguin més savis que tu. Però tu, tement, com se sol dir, la teva pròpia ombra i la teva imperícia, t'agafaries a allò que és segur de la nostra hipòtesi i donaries la susdita resposta. Però si algú mantingués aquesta mateixa hipòtesi, el deixaries anar i no li respondries fins que haguessis considerat si les conseqüències que es deriven d'ella concorden o no entre elles. Si et calgués donar raó de la mateixa hipòtesi, la donaries de la mateixa manera, posant com a base una altra hipòtesi —la que et semblés millor en un nivell superior— fins que arribessis a un punt satisfactori; però no et faries un garbuix, com fan els discutidors, parlant a la vegada del principi i de les conseqüències que se'n deriven, si és que vols realment trobar quelcom de la realitat. Aquells, en canvi, tal vegada no donen ni una raó d'això, ni se'n preocupen, ja que tenen la capacitat de quedar-se ben contents d'ells mateixos havent-ho deixat tot confós amb el seu saber. Tu, en canvi, si realment ets dels filòsofs, penso que faries com jo t'he dit.

—El que dius és ben veritat —respongueren alhora Símmies i Cebes.

EQUÈCRATES —Per Zeus, Fedó, tenien prou raó, ja que, al meu parer, Sòcrates va explicar aquestes coses amb una admirable claredat fins i tot per a la intel·ligència més curta.

FEDÓ —Això, exactament, és el que van opinar tots els presents.

EQUÈCRATES —Talment com nosaltres, que no hi érem i que ara ho sentim dir. I després d'això, què van dir?

FEDÓ —Em sembla que després que li van concedir tot allò i van acordar que cada una de les idees era quelcom real i que les altres coses en participen i reben d'elles el nom que tenen, Sòcrates va preguntar:

—Si, doncs, tu mantens això, quan dius que Símmies és més alt que Sòcrates, però que Fedó és més petit, no mantens que en Símmies hi ha ambdues coses, la grandària i la petitesa?

—Jo, sí.

—Per altra banda —féu ell— estàs d'acord que, quan dius que Símmies és més alt que Sòcrates, això no és realment veritat tal com ho expressen les paraules? Perquè Símmies no és més alt naturalment pel fet de ser Símmies, sinó perquè s'escau que té una certa grandària; ni tampoc no és més alt que Sòcrates perquè Sòcrates és Sòcrates, sinó perquè Sòcrates té una petitesa en comparança amb la grandària de l'altre.

—És veritat.

—Ni Fedó és més alt que ell perquè Fedó sigui Fedó, sinó perquè Fedó té grandària en comparança amb la petitesa de Símmies.

—És així.

—D'aquesta manera, doncs, diem que Símmies és a la vegada petit i gran, perquè es troba entremig de l'un i l'altre: a la grandària de l'un hi presenta la seva petitesa i aquell el sobrepassa; i a l'altre li presenta la seva grandària i és ell el qui el sobrepassa.

Aleshores, tot somrient, afegí:

—Em temo que parlo com un llibre; però la realitat és, més o menys, tal com dic.

Cebes hi estigué d'acord.

—Dic això perquè voldria que compartissis la meva opinió. A mi em sembla que no sols la grandària en si no vol ser a la vegada gran i petita, sinó que la grandària que hi ha en nosaltres no admet mai la petitesa, ni vol que sigui sobrepassada, sinó que s'esdevé una de dues coses: o bé fuig i cedeix el seu lloc quan se li presenta el seu contrari, que és la petitesa, o bé queda destruïda per la presència d'aquesta. No vol quedar-se i acollir la petitesa esdevenint diferent del que és, a la manera com jo, que acullo i aguanto la petitesa i essent encara el que sóc, em quedo essent aquest mateix home petit. I també, allò que és gran, no tolera ser petit; i, de la mateixa manera, la petitesa que hi ha en nosaltres no vol mai fer-se o ésser gran; ni tampoc cap dels contraris, essent el que era, no vol esdevenir o ser el seu contrari, sinó que, quan passa això, o bé es retira o queda destruït.

—Això és, exactament —digué Cebes—, el que a mi em sembla.

Un dels presents —no recordo bé qui era— sentint això va dir:

—Pels déus, en els nostres raonaments anteriors, ¿no s'havia convingut el contrari del que ara diem, val a dir, que el més gran s'origina del més petit, i el més petit del més gran, i, senzillament, que els contraris es generen dels contraris? En canvi, ara em sembla que s'està dient que això no es pot mai produir.

I Sòcrates, en sentir això, girà el cap i digué:

—Bé pel teu coratge en recordar-nos això! Però no t'adones de la diferència que hi ha entre el que ara dèiem i el d'abans. Perquè abans dèiem que una cosa contrària neix de la seva contrària; però ara diem que el contrari no pot esdevenir mai en ell mateix el contrari del que és, tant en nosaltres com en la natura. Abans, amic meu, parlàvem de les coses que tenen contraris i les anomenàvem segons els noms d'aquests; però ara parlem d'aquells mateixos contraris que es troben en les coses i dels que aquestes prenen la denominació. Són aquests els que afirmem que mai no voldran generar-se l'un de l'altre.

I, tot dirigint la mirada vers Cebes, afegí:

—Per ventura, Cebes, també a tu et desconcerten les coses que aquest acaba de dir?

—De cap manera —digué Cebes—. Però això no vol dir que no hi hagi moltes coses que em desconcerten.

—¿Almenys estem d'acord —digué ell— en això, que mai un contrari no serà contrari d'ell mateix?

—Totalment —féu ell.

—Fes-me, doncs, el favor de considerar també —digué— si estàs d'acord en això: oi que hi ha una cosa que anomenes escalfor, i una altra fredor?

—Sí.

—I són el mateix que la neu i el foc?

—No, per Zeus.

—Llavors, ¿l'escalfor és quelcom distint del foc, i la fredor, quelcom distint de la neu?

—Sí.

—Bé, doncs: segons penso, et semblarà que, com dèiem abans, la neu no podrà mai rebre l'escalfor i seguir essent el que era, val a dir, neu i escalfor; sinó que quan se li acosti l'escalfor, o li cedirà el lloc o quedarà destruïda.

—Absolutament.

—I el foc, pel seu cantó, quan se li acosti la fredor, o li cedirà el lloc o quedarà destruït, ja que mai no gosaria acollir la fredor i seguir sent el que era, foc i fred.

—És veritat el que dius —féu ell.

—S'esdevé —digué ell— en algunes coses semblants, que no sols la mateixa idea demana el mateix nom per sempre, sinó també alguna altra cosa que no és allò mateix, però que té la seva forma mentre existeix. El que vull dir potser quedarà més clar amb aquest exemple: el senar haurà de tenir sempre el mateix nom amb què ara l'anomenem, no és així?

—Certament.

—I ara faig aquesta pregunta: ¿el senar és l'única realitat [que té aquest nom], o bé hi ha alguna altra realitat que no és exactament el senar i que, tanmateix, li hem de donar sempre aquest nom, a més del seu propi, perquè és de tal naturalesa que mai no es pot separar del senar? Vull dir, per exemple, que això és el que passa amb el nombre tres i amb molts d'altres. Fixa't en el tres: no et sembla que sempre s'ha de designar amb el seu nom propi, i a més amb el de senar, per bé que aquest no és exactament el mateix que el tres? Tanmateix són naturalment senars el tres, el cinc i la meitat de la sèrie numèrica: cada un d'aquests no és exactament el que és el senar, però és senar. I en canvi, el dos, i el quatre i tota l'altra sèrie numèrica no són exactament el que és el parell, però són parells. Hi estàs d'acord, o no?

—Com podria no estar-hi —respongué.

—Para esment, doncs, en el que et vull mostrar. Es tracta d'això: sembla que no són només aquells contraris dels quals parlàvem els que no són compatibles entre ells, sinó que tampoc no ho són aquelles coses que, sense ser contràries entre elles, tenen sempre en elles aquests contraris. Aquestes sembla que no admeten aquella idea que és contrària a la que hi ha en elles, sinó que, així que es presenta, o deixen d'existir o es retiren. ¿O és que no direm que el nombre tres desapareixerà o li passarà el que sigui abans de permetre que, essent tres, es converteixi en parell?

—Absolutament —respongué Cebes.

—I amb tot —féu ell—, el dos no és precisament el contrari del tres.

—És clar que no.

—No són, doncs, només les idees contràries les que no admeten la seva aproximació mútua, sinó que hi ha també altres coses que no admeten l'aproximació de contraris.

—És ben veritat això que dius —féu ell.

—Au doncs —digué Sócrates—, vols que intentem definir, si podem, quina mena de coses són aquestes?

—Ben certament.

—No deu ser, Cebes, tal volta —respongué ell—, allò que, quan ocupa qualsevol cosa, no només la força a admetre la pròpia idea, sinó, a més, la d'alguna cosa que pot ser contrària [a aquella cosa]?

—Què vols dir?

—El que fa poc dèiem. Saps, sens dubte, que quan la idea de tres s'apodera d'una cosa, aquesta necessàriament no solament esdevé tres, sinó també senar.

—Exactament.

—Per tant, hem de dir que a una cosa d'aquesta mena mai no li entrarà la idea contrària a la forma que la constitueix.

—És clar que no.

—La constituïa la idea de senar?

—Sí.

—I la idea contrària és la de parell?

—Sí.

—Per tant, la idea de parell mai no entrarà en el tres?

—No, certament.

—Per tant, el tres no participa en la paritat?

—No hi participa.

—I el tres és, doncs, imparell?

—Sí.

—Vet aquí, doncs, el que deia que havíem de definir: quines són les coses que, sense ser contràries a una altra, no admeten una qualitat contrària. Per exemple, dèiem ara, el tres no és contrari al parell, i tanmateix no l'admet perquè li aportaria allò que sempre li és contrari; i [el mateix passa amb] el dos i el senar, el foc i la fredor, i en molts altres casos. Mira, doncs, si ho pots definir així: no solament un contrari no admet el seu contrari, sinó que allò que aportaria una qualitat contrària a la realitat a la qual es fa present tampoc no admet mai en ell una qualitat contrària a allò que ell aporta. Torna-ho a recordar, ja que no és mala cosa sentir-ho moltes vegades. El cinc no admet [la idea de] parell, ni el deu la de senar, tot i que és el seu doble. I el doble té el seu propi contrari, però no admet la idea de senar. I tampoc l'u i mig, i les altres fraccions, com ara la meitat, o el terç, i totes les de la mateixa mena, no admeten l'enter, si és que em segueixes i estàs d'acord amb mi.

—I tant que hi estic d'acord i que et segueixo —féu ell.

—Au, doncs, respon-me des del principi. Però no responguis només el que pregunto, sinó imita el que jo faig. Ho dic perquè a més de la resposta que hem donat abans, que teníem per segura, ara hi veig una altra cosa segura a partir del que acabem de dir. En efecte, si em preguntessis què s'ha de produir en un cos perquè esdevingui calent, no et donaria aquella resposta segura d'ignorant que diu que ha de ser l'escalfor, sinó que, a partir del que ara hem dit, te'n donaria una de més subtil, a saber, que ha de ser el foc. I si em preguntessis què és el que s'ha de produir en un cos perquè esdevingui malalt, no et diré que ha de ser la malaltia, sinó la febre. I si em diguessis què s'ha de produir en un nombre perquè esdevingui senar, no et diré que la imparitat, sinó la unitat. I així en altres coses. A veure, doncs, si ja has entès bé el que vull dir.

—Perfectament bé —digué ell.

—Respon-me, doncs, què es el que s'ha de donar en un cos perquè sigui vivent?

—L'ànima —digué.

—I això sempre és així?

—No pot ser d'altra manera —respongué.

—Així, doncs, quan l'ànima s'empara de quelcom, sempre ve aportant-hi vida?

—Ve així —respongué.

—I la vida, té un contrari, o no en té?

—En té.

—Quin és?

—La mort.

—Per tant, l'ànima mai no admetrà allò que és contrari al que ella sempre aporta, segons que s'ha convingut a partir del que abans dèiem?

—Certament és així —digué Cebes.

—Au, doncs: allò que no admet la idea d'imparitat, com ho anomenàvem fa poc?

—Imparell.

—I allò que no admet la justícia o la cultura?

—Inculte i injust —respongué.

—Bé. I allò que no admet la mort com ho anomenem?

—Immortal —respongué.

—Ara bé, l'ànima no admet la mort?

—No.

—Per tant, l'ànima és immortal?

—És immortal.

—Bé —féu Sòcrates—, podem dir que això ja queda demostrat? O què en penses?

—Que queda ben demostrat a satisfacció, Sòcrates.

—Què, doncs, Cebes? Si l'imparell hagués de ser necessàriament indestructible, no hauria de ser el tres també indestructible?

—No ho podem negar.

—Per tant, si el no-calent fos necessàriament indestructible, quan un aproximés escalfor a la neu, no es retiraria aquesta intacta i sense fondre's? Perquè no es destruiria, ni tampoc aguantaria allí acollint l'escalfor.

—És cert com ho dius.

—I de manera semblant, penso jo, si el no-fred fos indestructible, quan una cosa freda es llancés contra el foc, aquest mai no s'apagaria ni es destruiria, sinó que es retiraria intacte.

—Necessàriament —féu ell.

—I no haurem de dir el mateix —continuà— pel que fa a l'immortal? Perquè si l'immortal és indestructible, serà impossible que l'ànima quedi destruïda quan la mort ve contra ella. En efecte, segons dèiem, no admetrà la mort ni quedarà morta, de la mateixa manera que dèiem que el tres no serà parell, ni tampoc el senar, ni el foc serà fred, ni tampoc l'escalfor que hi ha en el foc.

»Però, podria dir algú per què és impossible que el senar, que, com hem convingut, no esdevé parell quan el parell l'encalça, quedi destruït i sigui substituït pel parell en el seu lloc? Al qui ens objectés això no li podríem argumentar que el senar no es destrueix, ja que no és indestructible. Perquè si haguéssim admès que ho és, seria fàcil argumentar que, quan l'encalça el parell, el senar i el tres es retiren i desapareixen. I el mateix argumentaríem sobre el foc, l'escalfor i les coses semblants. Oi que és així?

—Absolutament.

—Per tant, ara que tractem de l'immortal, si convenim que aquest també és indestructible, l'ànima seria, a més d'immortal, indestructible. Però si no ho convenim així, es requerirà una altra argumentació.

—Però això no és necessari —digué Cebes— per la següent raó: si l'immortal, que és etern, admet la destrucció, difícilment es trobarà cap altra cosa que no l'admeti.

—Jo pensaria —féu Sòcrates— que almenys pel que fa a la divinitat i a la idea mateixa de la vida, i a qualsevol altra cosa que pugui ser immortal, tots estaran d'acord que mai no han de ser destruïts.

—Tots —féu ell—, per Zeus, entre els homes i, segons penso, encara més entre els déus.

—Per tant, si l'immortal és també incorruptible, l'ànima, que és immortal, podrà ser altra cosa que indestructible?

—Ha de ser necessàriament així.

—Així, doncs, quan la mort sobrevé a l'home, sembla que ha de morir la part mortal que hi ha en ell; però la immortal, deixant el seu lloc a la mort, es retira i se'n va intacta.

—Això sembla.

—Absolutament, doncs, Cebes —féu ell— l'ànima és immortal i indestructible, i realment les nostres ànimes es trobaran en l'Hades.

—Per la meva part, Sòcrates —digué Cebes—, no hi tinc res a afegir, ni em malfio d'aquests raonaments. Però si Símmies o algú altre té res a dir, farà bé de no callar-s'ho. Realment no puc pensar que el qui vulgui parlar o escoltar quelcom sobre aquestes qüestions pugui trobar cap altra ocasió llevat d'aquesta.

—Jo tampoc —respongué Símmies— no tinc cap motiu per desconfiar, almenys del que s'ha dit. Però considerant la magnitud de la qüestió sobre la qual han versat els nostres arguments i la poca estimació que em mereix la debilitat humana, em veig forçat a mantenir en el meu interior una certa malfiança sobre tot el que s'ha dit.

—Símmies —respongué Sócrates—, no sols tens raó en el que dius, sinó que també les nostres primeres hipòtesis, encara que us semblin de fiar, s'hauran d'investigar d'una manera més precisa. I quan les hàgiu repassat de manera suficient, confio que seguireu l'argument fins on sigui possible que un home el segueixi fidelment. I quan us esclati amb plena claredat, ja no haureu de seguir investigant més enllà.

—El que dius és veritat —féu ell.

[El mite de l'Hades. La geografia del més enllà]

—Però, amics, el que és just que considerem és això: si l'ànima és immortal cal que tinguem cura d'ella no sols en el temps que anomenem la nostra vida, sinó en tot temps; i ara sí que sembla ben greu el perill que corre el qui no té aquesta cura. Perquè si la mort fos l'alliberament de tot, seria una sort per als malvats trobar-se que ella els allibera a la vegada del cos i de la maldat pròpia que acompanya la seva ànima. Però ara, ja que l'ànima ens sembla immortal, aquesta no tindrà altra escapatòria ni salvació dels mals llevat d'esdevenir tan bona i tan assenyada com li sigui possible. En efecte, quan l'ànima se'n va a l'Hades, no s'emporta amb ella res més que el seu bon comportament i la seva criança, coses que, segons diuen, poden beneficiar o perjudicar en gran manera el que ha mort quan empren el seu viatge al més enllà.

»El que es diu és això: quan un mor, el *daimon* que a cada u li havia tocat en vida prova de portar-lo a un cert lloc on es reuneixen per ser jutjats els qui han d'anar a l'Hades, guiats per aquell a qui li ha estat encomanat de fer passar els d'aquest món a l'altre. Una vegada que han rebut allí el que els tocava rebre i quan han romàs allí el temps que calia, un altre guia els acompanya aquí, després de molts i llargs períodes de temps. Però no es tracta pas d'un viatge com el que diu Esquil en el seu *Tèlef*, quan afirma que «senzill és el camí que mena a l'Hades»; a mi més aviat em sembla que ni és un camí simple, ni és únic. Si ho fos, no caldrien guies; i si hi hagués un sol camí, ningú no s'esgarriaria d'arribar a la meta. Però en realitat sembla que hi ha molts trencalls i encreuaments; ho dic pel que puc conjecturar a partir dels sacrificis i ritus que es fan aquí.

»L'ànima ben comportada i assenyada segueix [el guia] i no ignora la seva condició present. En canvi la que s'aferra apassionadament al cos perquè, com hem dit abans, durant molt de temps ha viscut agafada a ell i a la regió de les coses visibles, presenta molta resistència i li dol molt, avançant per força i amb dificultat sota la conducció del *daimon* que té assignat. I quan arriba on hi ha les altres ànimes, la que és impura i ha comès quelcom, ja sigui un homicidi criminal o altres semblants maldats germanes d'aquestes i obra d'ànimes germanes, totes la defugen i li giren la cara. Ningú no la vol acompanyar ni guiar, sinó que ha de vagarejar tota sola en gran indigència fins que es compleixen determinats períodes de temps. Quan aquests s'han complert, és portada per necessitat a l'estatge que li escau. En canvi, la que ha viscut purament i moderadament, troba que els déus l'acompanyen i li fan de guia, i passa a habitar el lloc que li escau. Perquè en aquella terra hi ha molts llocs meravellosos, atès que en qualitat i extensió no és pas com es pensen els qui acostumen a parlar d'ella. Així ho crec jo, havent-me assabentat d'algú.

—Com és això que dius, Sócrates? —féu Símmies—; perquè jo també he sentit dir moltes coses sobre aquella terra, però no les que tu creus. M'agradaria sentir-t'ho explicar.

—Realment, Símmies, no crec que calgui l'art de Glauc per fer-te una explicació del que hi ha. Però demostrar que aquesta explicació sigui veritat, em sembla cosa més difícil que l'art de Glauc. Segurament jo no seria capaç de fer-ho i, encara que sabés fer-ho, em sembla, Símmies, que la meva vida no seria prou llarga per a la longitud d'una demostració com aquesta. Però no tinc cap dificultat a explicar el que jo crec sobre la idea d'aquella terra i sobre els llocs que s'hi troben.

—Doncs, amb això en tenim prou —replicà Símmies.

—En primer lloc —digué— estic convençut que, si la terra és esfèrica i es troba en el centre del cel, no li cal ni l'aire ni cap altra mena d'impediment per tal que no caigui, sinó que per a sostenir-se li basta l'homogeneïtat del cel amb ell mateix en totes les seves parts i el pes ben equilibrat de la mateixa terra. Perquè un cos de pes equilibrat situat en el centre d'un medi homogeni, no s'inclinarà ni poc ni molt envers cap direcció, sinó que romandrà sense inclinar-se en la mateixa posició. Vet aquí, doncs, la meva primera convicció.

—I ben correcta —féu Símmies.

—A més —digué Sòcrates—, penso que la terra és molt gran, i que nosaltres, que n'ocupem una petita porció des del Fasis fins als pilars d'Hèracles, vivim al voltant del mar com formigues o granotes al voltant d'un bassal. Però hi ha molts altres homes que habiten en molts altres llocs semblants. En efecte, pertot arreu de la terra hi ha moltes cavitats de diverses formes i diversa grandària, en les quals conflueixen l'aigua, el boirim i l'aire. La mateixa terra pura es troba en un cel pur on hi ha els astres; la majoria dels qui acostumen a parlar d'aquestes coses l'anomenen èter, i allò que conflueix constantment vers les cavitats de la terra és precisament el solatge de l'èter. Nosaltres no ens n'adonem que vivim en aquestes cavitats de la terra, sinó que pensem que vivim a dalt en la superfície, com si un home visqués enmig de la profunditat de l'oceà i es pensés trobar-se sobre la superfície del mar: veient a través de l'aigua el sol i els altres astres, creuria que l'oceà és el cel. Un home així, per la seva torpor i feblesa, mai no seria capaç d'arribar a flor d'aigua ni hauria vist, emergint i girant-se des del mar envers el nostre lloc, com aquest és més pur i més bell que el seu; ni tampoc no ho hauria sentit dir d'algú que ho hagués vist.

»Doncs, exactament això és el que ens passa a nosaltres: habitem en alguna cavitat de la terra i ens pensem que vivim en la seva superfície; i l'aire l'anomenem cel, com si fos el cel en el qual es mouen els astres. Es tracta del mateix cas: per la nostra feblesa i torpor no som capaços de travessar l'aire fins al seu límit extrem. I, tanmateix, si algú fos capaç de pujar fins allà dalt, o si rebés unes ales per volar-hi, aixecant el cap per veure-hi com fan els peixos del mar quan aixequen el cap per veure les coses d'aquí, podria contemplar d'alguna manera les coses d'allà. I si la nostra natura fos capaç de suportar aquesta contemplació, podria adonar-se que aquell és el cel veritable, i la veritable llum i la veritable terra. Perquè aquesta terra, les roques i tota la regió d'aquí, tot està corromput i consumit com les coses del mar rosegades per la salabror. En el mar no s'hi fa res que valgui res i que, per a dir-ho així, sigui ben acabat: hi ha esvorancs i sorrals i, quan hi ha terra, llots i fangars inacabables; res que es pugui considerar de valor en comparació amb les coses belles que hi ha aquí entre nosaltres. Però, les coses d'allà, pel que sembla, són molt millors que les nostres. I com que contar un mite és cosa bella, valdrà la pena que escoltis, Símmies, quines són les coses que es troben sobre la terra just dessota del cel.

—Naturalment, Sòcrates —respongué Símmies—, ens encantarà escoltar aquest mite.

—El que diuen, doncs, amic meu, és, en primer lloc, que aquesta terra, si un la mira des de dalt, es veu com una pilota de dotze peces, virolada amb llenques de colors, dels quals les pintures que empren els pintors d'aquí baix són com imitacions. Allà dalt tota la terra és d'uns colors molt més brillants i més purs que els d'aquí. Hi ha trossos que són de porpra de meravellosa bellesa; d'altres són com d'or; d'altres, blancs, amb una blancor més intensa que la del guix o de la neu; la resta està ornada de manera semblant amb els altres colors, però molt més nombrosos i més bells que els que tenim vistos aquí. En efecte, aquestes cavitats de la terra estan plenes d'aigua i d'aire, cosa que els dóna una peculiar coloració i les fa brillar amb una varietat de diverses tonalitats, produint l'efecte d'una única i contínua policromia.

»En una terra com la que diem, el que s'hi fa (arbres, flors i fruits) serà proporcionat. Per la mateixa raó també les muntanyes i les roques tenen una semblant proporció i finor, amb una lluminositat i coloració d'allò més bell. Partícules d'aquelles roques són les petites pedres que aquí tan valorem: la sardònica, el jaspi, les maragdes i les altres pedres precioses. Allà dalt no hi ha res que no sigui d'aquest gènere, i encara més bell. La raó d'això és que allà les pedres són pures i no estan corroïdes i corrompudes com les d'aquí, a causa de l'estat corrupte i de la salabror dels materials que aquí conflueixen, que fan que les pedres, la terra i tots els animals i les plantes siguin lletjos i malaltissos.

»En canvi, la terra d'allà està engalanada amb totes aquelles coses i, a més, amb or, plata i altres elements semblants que la natura produeix a la vista; i com que tot això es troba copiosament en quantitat i en grandària en qualsevol part d'aquella terra, contemplar-ho esdevé un espectacle que és una joia d'admirar. Allà hi ha multitud de vivents, i entre ells també hi ha homes: els uns habiten l'interior i els altres, al voltant de l'aire, com nosaltres al voltant de la mar; alguns viuen en illes rodejades d'aire i properes al continent. En una paraula: el que són aquí l'aigua i el mar per a les nostres necessitats, això mateix és allà l'aire; i el que és l'aire per a nosaltres, ho és l'èter per als d'allà.

»Les seves estacions són tan temperades que mai no estan malalts, i viuen molt més temps que nosaltres. Pel que fa a la vista, l'oïda, la intel·ligència i totes les altres facultats, ens sobrepassen a nosaltres en la mateixa mesura que l'èter de l'aire sobrepassa en puresa l'aire de l'aigua. Naturalment, tenen boscos sagrats i temples en els quals realment habiten els déus; i per mitjà d'oracles, de profecies, de visions i de coses semblants assoleixen una comunió recíproca amb ells. El sol, la lluna i els astres els veuen com realment són, fruint així de la benaurança que això comporta.

[Els corrents subterranis]

Aquesta és, doncs, la natura de la terra en el seu conjunt i la de les coses que sobre ella hi ha. Conté, tot al voltant, moltes regions que corresponen a les cavitats que s'hi poden trobar. N'hi ha de profundes, que tenen una obertura més estreta que la de la nostra regió. N'hi ha també de menor profunditat que les nostres, i més planes. Totes es comuniquen entre elles per sota terra per moltes vies, unes de més estretes i altres de més amples, amb sortides per les quals passa molta aigua de les unes a les altres, comunicant-se com si fossin cubetes. Hi ha rius de corrent constant i d'incalculable llargària que corren sota terra amb aigua calenta i freda; com també hi ha gran quantitat de foc i grans rius de foc, molts dels quals, com passa a Sicília, arrosseguen fang davant la lava, i després la mateixa lava. Cada regió s'omple d'aquests rius, segons la direcció que el corrent va prenent en cada cas. Tot es mou cap amunt o cap avall com si en el centre de la terra hi hagués un moviment oscil·latori. Es tracta d'una oscil·lació que es produeix naturalment de la següent manera: un dels esvorancs de la terra, que s'escau que és el més gran i que la travessa d'un extrem a l'altre, és aquell del qual parla Homer quan diu: «Molt lluny, allí dessota terra, on hi ha l'abisme més pregon». En un altre lloc el mateix poeta i molts d'altres l'anomenen Tàrtar. En aquest avenc vénen a confluir tots els rius i també tots surten d'allí. Cada un d'ells pren la natura de la terra per la qual passa. La causa que tots els corrents surtin d'allí i tornin cap allí és que les aigües no troben allí ni fons ni base, per la qual cosa fluctuen i borbollen cap amunt i cap avall. També l'aire i el vent que hi ha en aquell lloc fan el mateix, perquè segueixen les aigües, tant quan són empeses cap enllà de la terra com quan ho són cap ençà. És com el que fem en respirar, que contínuament expirem i aspirem el corrent de l'aire: també allí l'aire, en ser emportat cap amunt per les aigües, va endins i enfora, formant terribles i incalculables ventades. Quan l'aigua es retira cap al lloc considerat inferior s'escola a través de la terra cap als corrents que hi ha allí i els omple, com passa amb els canals de reg. Quan, al contrari, les aigües deixen aquell lloc i es llancen cap ençà, tornen a omplir els corrents de la part d'aquí, i quan aquests estan plens, corren pels canals i per la terra, i cada un va pels llocs on troben camí fet fins a formar els mars, els llacs, els rius i les fonts. Des d'allí, s'enfonsen de nou en la terra: alguns corrents recorren moltes regions i molt llunyanes; d'altres, menys i més properes; però tornen a desembocar en el Tàrtar, uns més avall del seu lloc d'origen, d'altres menys; però tots s'escolen cap a un lloc per dessota d'aquell d'on havien sortit. N'hi ha que s'aboquen per la banda contrària de la qual havien sortit; d'altres, per la mateixa banda. I fins n'hi ha que fan un cercle complet, envoltant una o més vegades la terra a manera de serps, enfonsant-se avall tot el que poden i tornant a brollar. I és possible que baixin en l'un i l'altre sentit fins al centre, però no més enllà, ja que a l'un i l'altre corrent se'ls fa costa amunt pujar per la banda contrària.

»Hi ha molts altres corrents grans i de diverses classes. Entre tots ells se'n distingeixen quatre: el més gran, que corre en cercle més allunyat del centre, és el que s'anomena Oceà. En la banda oposada corre en sentit contrari l'Aqueront, que travessa altres regions desertes i finalment arriba per sota terra al llac Aquerúsia, que és on fan cap les ànimes de la majoria dels morts; i després de quedar-s'hi durant un cert temps establert —més llarg per unes i més breu per altres— són enviades a renéixer entre els vivents. El tercer riu desemboca entremig d'aquests dos, i prop de la seva desembocadura es precipita en una extensa regió on crema un gran foc que forma un llac més gran que el nostre mar, tot bullint d'aigua i de fang. Des d'allí, tèrbol i fangós, recorre un cercle que dóna la volta a la terra i arriba per un altre cantó als extrems del llac Aquerúsia, però no es barreja amb les seves aigües, sinó que, recorrent diversos espirals sota terra, es precipita per dessota del Tàrtar. Aquest riu és el que anomenen Piriflegetont, del qual surten fragments de lava que brollen de la terra per on poden. Enfront d'aquest desemboca el quart riu, que d'antuvi ho fa en un lloc horrorós i feréstec que, segons diuen, té un color tot grisós i s'anomena l'Estígia, mentre que el llac que es forma en la desembocadura del riu és l'Estix. Havent desembocat allí, pren d'aquella aigua propietats malastrugues i es submergeix sota terra donant voltes en espiral en sentit contrari al de Piriflegetont, sortint davant d'ell per la banda oposada del llac Aquerúsia. Les seves aigües tampoc no es barregen amb les altres, sinó que recorren un cercle i desemboquen en el Tàrtar, al costat oposat del Piriflegetont. El nom d'aquest riu és, segons diuen els poetes, el Cocit.

»Tal és la natura d'aquests rius. Quan els morts arriben al lloc on els porta el seu *daimon*, primer de tot són jutjats, tant els qui han viscut una vida bona i santa com els qui no. Alguns, si apareix que han viscut una vida mitjana són conduïts a l'Aqueront pujant en unes barques que els estan destinades i en les quals arriben al llac. Allí hi fan estada, i es purifiquen pagant la pena de les seves malifetes, fins a quedar lliures del que haguessin faltat, i també obté cada u el premi que hagin merescut les seves bones accions. N'hi ha d'altres que apareixeran com sense remei, a causa de la magnitud de les seves faltes: són els qui han fet molts i grans sacrilegis, homicidis criminals, transgressions diverses i coses d'aquesta mena. El destí que correspon a aquests els empeny avall cap al Tàrtar d'on mai no sortiran. Els qui en el judici són trobats que han faltat amb faltes certament greus, però no incurables (com els qui han fet sota l'impuls de la còlera alguna violència al pare o a la mare, però se n'han penedit en la resta de la seva vida, o els qui han comès homicidi en altres circumstàncies semblants), aquests necessàriament hauran de caure en el Tàrtar, però una vegada allà, al cap d'un any, una onada els expulsa. Els homicides van cap al Cocit; els qui han maltractat el pare o la mare, van cap al Piriflegetont. I quan, portats [pel corrent] arriben al llac Aquerúsia, allí es posen a cridar i clamar vers els que van matar o els que van maltractar. Amb aquests clams i precs els demanen que els deixin sortir cap al llac i els acullin. Si aquells ho accepten, surten i s'acaben els seus mals. En cas contrari, són emportats de nou cap al Tàrtar, i d'allí de nou cap als rius, repetint sense fi el mateix procés, fins que puguin convèncer aquells als qui van ultratjar. Aquesta és la pena que els fou imposada pels seus jutges.

»En canvi els qui resulta que han viscut una vida particularment santa, són alliberats d'aquestes regions de la terra i com deslliurats d'unes masmorres, i pugen amunt fins a arribar a aquella estada pura on han d'habitar sobre la terra. I entre aquests, els qui s'han purificat a bastament per mitjà de la filosofia, viuen deslliurats del cos per tot el temps a venir, assolint uns habitacles encara més bells que els d'aquells, que no es podrien descriure fàcilment, ni ens bastaria el temps que ara tenim.

[Reflexió sobre el mite narrat]

—Ja veus, Símmies, que per tot això que hem exposat cal que fem tot el que puguem per tal que en aquesta vida tinguem part en la virtut i la saviesa, ja que el premi és bell i l'esperança, magnífica. Ara bé, mantenir amb força que les coses són tal com jo les he narrades no seria propi d'un home de seny; però que, tanmateix, les coses són així o d'una manera semblant pel que fa a les nostres ànimes i al seu sojorn, atès que l'ànima se'ns presenta com a immortal, això sí que penso que ha de ser com dic i que val la pena córrer el risc de creure-ho. Perquè és un bell risc i val la pena deixar-se encisar per una creença com aquesta. És per això precisament que m'he allargat una bona estona en aquest mite. Així, doncs, per tot això cal que l'home que té aquestes creences tingui confiança pel que fa a la seva ànima, especialment tots aquells que durant la seva vida van deixar de banda els plaers i els ornaments corporals, considerant-los cosa aliena, amb la consciència, a més, que tenien efectes contraproduents. Perquè el qui ha posat tot el seu afany en els plaers que deriven de la instrucció i ha tingut cura de la seva ànima, no amb ornaments aliens, sinó amb els que li són propis, com ara la saviesa, la justícia, el coratge, la llibertat i la veritat, aquest espera la sortida a l'Hades sabent que l'haurà de fer quan el destí el cridi. Certament vosaltres, Símmies i Cebes i els altres, us n'anireu més endavant, cadascú en el seu moment. Però a mi el destí em crida ja ara mateix, que diria un heroi de tragèdia; i potser és hora que me'n vagi a banyar-me, ja que em sembla millor que begui la metzina estant ben net, per tal de no donar a les dones la feina de rentar un cadàver.

[Les disposicions per després de la mort]

Després que Sòcrates digués això, prengué la paraula Critó:

—Bé, Sòcrates. Quins encàrrecs ens dónes a aquests i a mi sobre els teus fills o sobre qualsevol altra cosa que poguéssim fer nosaltres per a complir el que més t'agradi?

—El que sempre us estic dient, Critó, res de nou. Tingueu cura de vosaltres mateixos i, si ho feu, fareu el que m'és més agradable, per bé que ara no ho reconeixeu així. Però si no teniu cura de vosaltres mateixos i no voleu viure com seguint les petjades del que ara i en temps anteriors dèiem, per més que ara feu moltes grans promeses, no fareu absolutament res.

—Posarem tot el nostre interès a fer-ho així —digué Critó—. Però com vols que et donem sepultura?

—Com vulgueu —digué—, si és que em podeu atrapar sense que m'escapoleixi de vosaltres.

Es va posar a riure amb placidesa i, fixant la mirada en nosaltres, digué:

—Amics, no acabo de convèncer Critó que jo sóc realment aquest Sòcrates que ara estic conversant i arranjant tot el que anem dient. En canvi, ell creu que sóc aquell cadàver que veurà al cap de poc, i pregunta com farà el meu funeral. Allò que jo des de fa temps us he anat dient moltes vegades, val a dir, que després de beure la metzina ja no estaré amb vosaltres sinó que desapareixeré anant-me'n a alguna forma de felicitat pròpia de benaurats, això em sembla que li ho he estat dient debades, per a consolar-vos a vosaltres i a mi mateix. Vosaltres, doncs —digué—, doneu garanties davant Critó, però que siguin les contràries de les que ell volia presentar davant dels jutges. Ell garantia que jo em quedaria, però vosaltres heu de donar garanties que, quan mori, no em quedaré, sinó que desapareixeré i me n'aniré. Així a Critó li serà més fàcil de suportar quan vegi que cremen o enterren el meu cos, i no es posarà excitat com si jo estigués patint horribles mals, ni dirà en el funeral que exposa Sòcrates [en un túmul], o que el porta al sepulcre, o que l'enterra. Perquè has de saber bé, excel·lent Critó —digué—, que parlar incorrectament no és només faltar contra la llengua, sinó que fa mal a les ànimes. Au, doncs: anima-t'hi, i digues que enterres el meu cos. I l'enterres com més t'agradi, o com creguis que és més d'acord amb el costum.

[Els moments finals de Sòcrates]

Havent dit això, Sòcrates s'aixecà i se n'anà a un lloc per banyar-se. Critó el va seguir i ens manà que esperéssim. Ens vam quedar, doncs, conversant entre nosaltres i reconsiderant el que s'havia dit i, a estones, comentant també la gran desgràcia que ens havia sobrevingut. Pensàvem, senzillament, que era com si perdéssim un pare i que hauríem de viure orfes la resta de la nostra vida. Quan s'hagué banyat i li van portar els seus fills (en tenia dos de petits i un ja gran), van arribar les dones de la família. Després de conversar amb elles davant Critó, fent-los els encàrrecs que va voler, va ordenar que les dones i els nens se n'anessin, i ell va venir cap on érem nosaltres. Era prop de la posta del sol, ja que Sòcrates havia passat molt de temps allà a dintre. Quan va sortir es va asseure, i després ja no hi hagué gaire conversa. I va arribar el servent dels Onze i li va dir, dret davant d'ell:

—Sòcrates, a tu no t'hauré de retreure el que acostumo a retreure als altres, que s'irriten i maleeixen quan els indico que, per ordre dels magistrats, han de beure la metzina. Però tu, al contrari, pel que he pogut comprovar en diverses ocasions durant aquest temps, ets l'home més noble, més plàcid i més virtuós dels que mai hagin vingut a parar aquí. I ara particularment sé bé que no estàs irritat amb mi, sinó amb aquells que saps que en són els responsables. I ara, ja estàs prou assabentat del que t'he vingut a anunciar. Adéu, i tracta de suportar al millor possible el que és inevitable.

Li queien les llàgrimes, i es girà i se'n va anar. Sòcrates aixecà la mirada vers ell i digué:

—Adéu a tu també. Nosaltres farem el que dius.

I dirigint-se a nosaltres:

—Quin home tan fi! —digué—. Tot el temps que he estat aquí venia a veure'm i a vegades em donava conversa. Era un home excel·lent. I avui, amb quina noblesa em plora! Au doncs, Critó, procurem d'obeir-lo. Que portin la metzina, si ja la tenen trinxada. I, si no, que el nostre home la trinxi.

Critó digué:

—Però, Sòcrates, em sembla a mi que encara hi ha sol sobre les muntanyes i no s'ha post del tot. I a més, jo he sentit d'altres que, quan els han presentat la metzina, han trigat molt a beure-la, posant-se a menjar i a beure bé, i àdhuc tenint contactes amb aquells que desitjaven. Per tant, no tinguis pressa, que encara hi ha temps.

Sòcrates replicà:

—És natural, Critó, que la gent que dius facin aquestes coses, ja que pensen que fent-les en treuen algun profit. I també és natural que jo no les faci, ja que penso que no hi guanyo res bevent una mica més tard, sinó que em consideraria ridícul als meus ulls si m'aferrés a la vida i volgués estalviar-la quan ja no en queda res. Au, doncs —digué—. Obeeix i no facis la contrària.

Critó, sentint això, va fer un senyal al servent que hi havia dret al seu costat. El servent sortí i, passat bastant temps, tornà acompanyant l'home que havia de donar la metzina. La portava trinxada en una copa. Així que Sòcrates el veié, digué:

—Bé, excel·lent amic, tu que hi entens d'aquestes coses, què s'ha de fer?

—Res més —digué— que beure i donar una volta passejant fins que les cames se't facin pesants. Després, estirar-te, i això farà el seu efecte.

Aleshores oferí a Sòcrates la copa. Ell la va agafar, Equècrates, ben tranquil sense cap tremolor i sense cap alteració del color o del rostre, sinó que llançant una mirada a aquell home, com solia fer-ho amb els seus ulls de bou, digué:

—Digues: d'aquest potatge, se'n pot fer alguna libació, o no?

—En trinxem, Sòcrates —digué—, la mesura que creiem que cal beure.

—Ho entenc —féu ell—. Però almenys és permès, i àdhuc és necessari, fer una pregària als déus perquè aquest canvi d'estança, d'aquí cap allà, sigui ben feliç. Això és el que jo prego, i que així sigui!

I dient això, contingué la respiració i, tot decidit i serè, begué fins al fons.

Fins aquell moment, la majoria de nosaltres havia aconseguit bastant bé contenir les llàgrimes; però, quan el vam veure bevent i que ja havia begut, ja no ens vam contenir, i per més que jo em feia força a mi mateix, em corrien les llàgrimes a doll. Així que em vaig tapar la cara i em vaig posar a plorar per mi mateix, ja que no era per ell que plorava, sinó per la meva dissort considerant quina mena d'home era el company del qual em veuria privat.

Critó, veient-se incapaç de contenir les llàgrimes, s'aixecà abans que jo mateix. Apol·lodor, que ja des d'abans no havia parat de plorar, finalment trencà en sanglots, amb crits i protestes que commogueren tots els presents, excepte el mateix Sòcrates.

Aquest aleshores digué:

—Em sorprèn, amics, que feu això. Fou especialment per això que jo vaig fer sortir les dones, a fi que no hi hagués res fora de to. Perquè he sentit dir que s'ha de morir amb un silenci religiós. Així que, sigueu forts i guardeu silenci.

En sentir això, nosaltres ens vam sentir avergonyits i vam parar de plorar. Ell caminava donant voltes, i quan digué que les cames se li feien pesants es va ajaure boca amunt, com l'home li ho havia recomanat. El que li havia donat la metzina es posà a palpar-lo, i de tant en tant examinava els peus i les cames; després va prémer fort en un dels seus peus, preguntant-li si hi sentia res. Ell digué que no. Després féu el mateix amb les canelles, i així anava pujant i ens mostrava com s'anava tornant fred i rígid. L'home l'anava palpant, dient-nos que, quan li arribés al cor, se n'aniria.

Quan ja tenia gairebé freda la part del ventre, es va destapar la cara —que la tenia coberta— i digué el que havien de ser les seves últimes paraules:

—Critó, li devem un gall a Esculapi. Heu de pagar el deute, sense oblidar-vos-en.

—Així es farà —digué Critó—. Mira, però, si tens res més a dir.

Aquesta pregunta ja no la va respondre, sinó que, al cap d'una estona, es va estremir. L'home el va destapar: tenia la mirada fixa. En veure-ho, Critó li tancà la boca i els ulls.

—Aquesta, Equècrates, va ser la fi del nostre amic: un home del qual hauríem de dir que fou el més bo de tots els que hem conegut en el seu temps; més encara, el més intel·ligent i el més just.

PLATÓ, *Fedó,* 57a-118a, © traducció i edició a cura de JOSEP VIVES publicada a «Textos Filosòfics», © Edicions 62, Barcelona, p. 49-151.

2. René Descartes (1596-1650)

El més important dels filòsofs francesos de tots els temps, pare de la filosofia moderna i iniciador del racionalisme, va néixer a La Haye en Touraine, que el 1802 es va anomenar La Haye-Descartes, i últimament el 1966 Descartes. El seu pare, Joachim, conseller del rei al Parlament de la Bretanya, pertanyia a la petita burgesia. La seva mare, Jeanne Brochard, va morir d'un part quan el futur filòsof tenia un any, i aquest és educat fins a l'edat de deu anys a casa de la seva àvia. El 1607 ingressa al col·legi dels jesuïtes de La Flèche, una de les escoles més cèlebres d'Europa. De salut fràgil, els jesuïtes li permeten un règim de vida que Descartes mantindrà al llarg dels anys: romandre llargues estones al llit als matins, on llegeix, treballa i medita. De la formació rebuda en aquests primers vint anys de vida, el *Discurs del mètode*, obra que l'autor publica l'any 1637, en destaca l'ensenyament de les matemàtiques, «per la certesa i evidència dels seus raonaments», de les quals lamenta l'exclusiva aplicació a les arts mecàniques, com també en destaca l'ensenyament de la llengua llatina. De la filosofia que hi va aprendre, només en comenta el caràcter d'incertesa. Poc després decideix no dedicar-se sinó a «la ciència que podia trobar en ell mateix o en el gran llibre del món», i inicia un període de viatges entre el 1618 i el 1625, durant el qual recorre Holanda, Baviera, França, Alemanya, Suïssa i Itàlia. Aquests anys suposen no solament la seva participació en la guerra dels Trenta Anys, sinó també la recerca d'un sistema general per resoldre tots els problemes. S'estableix per uns anys a París, on combina dies d'oci i reunions mundanes amb hores d'estudi i reflexió, i on és conegut com a matemàtic excel·lent i perfecte home de món; finalment, el 1629, s'instal·la a Holanda, on viu durant vint anys, dedicat a la pràctica de la filosofia, cercant la tranquil·litat i la llibertat de pensament. Una famosa data, la nit de l'onze de novembre de 1619, a les casernes d'hivern, a Ulm, marca, segons diu ell mateix, el descobriment «dels fonaments d'una ciència meravellosa», i el punt de partença del que anomena el seu «mètode».

A Holanda, canvia sovint de lloc de residència per atendre els diversos encàrrecs acadèmics que rep i per preservar la seva intimitat. *Larvatus prodeo* [«avanço amagant-me»] és un lema que apareix en un dels seus manuscrits i que expressa els temors de Descartes davant de possibles represàlies per les seves idees. La història mostra que, en la lluita per instal·lar el domini de la raó sobre els prejudicis conservadors de l'època, els autors que pertanyen a la revolució científica del pensament modern del segle XVII tenien prou raons per ser discrets. Descartes pren interès per la «nova ciència», la de Galileu Galilei, i es planteja donar a la filosofia i al coneixement, en general, un fonament més sòlid que el que fins aleshores se li havia atorgat. Interromp els seus estudis sobre física (*Tractat del món*), atemorit per la condemna de Galilei, el 1633, feta per la Inquisició, i publica *El discurs del mètode* (1637), resum del seu itinerari mental i exposició del nou mètode per «orientar la raó i trobar la veritat en la ciència». El 1640 moren el seu pare, la seva germana i una filla seva, Francine, de cinc anys («el dolor més gran de la meva vida»). Les *Meditacions metafísiques*, aparegudes el 1641, són una obra seva fonamental i una ampliació del dubte metòdic explicat en el *Discurs del mètode*, i una exposició del nou *mètode* en termes vivencials. Tres anys després, publica *Els principis de la filosofia*, dedicats a la princesa Isabel de Bohèmia, obra que és alhora un resum de tot el seu pensament i l'aplicació dels principis del racionalisme a la ciència física. A instàncies de la mateixa princesa, filla de l'elector Frederic V, publica el tractat de *Les passions de l'ànima*, un estudi de la natura humana que apareix el 1649, i poc després Descartes es dirigeix a Estocolm a ensenyar filosofia a la cort de la reina Cristina de Suècia. Allí mor l'onze de febrer de l'any següent. L'any 1684 es publiquen, pòstumes, les *Regles per a la direcció de l'esperit*.

Amb la mort de Descartes comença el cartesianisme (de *Cartesius*, Descartes en llatí); és a dir, la difusió de les seves idees i la discussió entre els seus seguidors dels problemes que deixaven sense resoldre les teories filosòfiques de Descartes, sobretot la teoria de la unió entre la ment i el cos. Però no hi haurà només seguidors, hi haurà també adversaris: el pastor Voet, de la Universitat d'Utrecht, l'havia acusat d'ateu, l'any 1642; aquesta mateixa Universitat censura, a partir de 1645, totes les obres que parlen de Descartes, a favor o en contra. Malgrat tot, les idees cartesianes, no solament entraran a les universitats europees i es difondran àmpliament, sinó que constituiran un dels sistemes metafísics més influents de la història de la filosofia europea. Tenir «una ment cartesiana», en el futur, serà la descripció que escau a qui té una personalitat dominada pel rigor de la lògica i la claredat d'idees.

El pensament de Descartes va lligat consubstancialment a la problemàtica dels segles XVII i XVIII, punt culminant de la filosofia moderna i època en la qual es despleguen dos corrents principals que trenquen amb la tradició escolàstica medieval: el racionalisme continental i l'empirisme britànic. Característica comuna dels dos corrents és la preocupació pel problema del coneixement, tant natural com científic; la diferència consistia en la manera d'enfocar i de resoldre el problema del seu fonament. El model de coneixement en què s'inspiren racionalistes i empiristes és el que els ofereix la ciència moderna, en el seu doble aspecte de recurs a la matemàtica i a l'experiència. Els racionalistes intenten trobar l'últim fonament de la ciència i de la filosofia en l'especulació metafísica, mentre que els empiristes s'orienten vers una anàlisi del coneixement, la gènesi del qual atribueixen preferentment a l'experiència sensible. La peculiaritat de la seva filosofia l'atribueix Descartes a un inspiració que li suggereixen les matemàtiques («a causa de la certesa i de l'evidència de les seves raons»); elles mostren, en efecte, l'eficàcia de la raó humana, motiu pel qual poden servir com a model per a les altres ciències i per a la mateixa filosofia. Allò que pot la raó humana en les matemàtiques (certesa i evidència), ho pot la raó en qualsevol altre àmbit del coneixement humà; només cal trobar el mètode de fer-ho. Descartes dibuixa les característiques d'aquest mètode, que ell creurà universal, primer a *Regles per a la direcció de l'esperit* (l'obra pòstuma de 1684), on enuncia 12 regles, de probablement 36 de planificades, que desprès, en el *Discurs del mètode* (1637), passen a ser quatre, que cal completar amb el «dubte metòdic», només insinuat en aquesta última obra i desenvolupat més extensament a les *Meditacions metafísiques* (1641). La idea d'un mètode universal va unida a la d'uns principis metafísics, on podrien fonamentar-se totes les ciències.

El resultat a què arriba el mètode cartesià, després de recórrer les seves etapes és mostrar-nos que la raó humana, seguint l'exemple de les matemàtiques, pot arribar a l'evidència de determinades idees, que són fonamentals per construir l'edifici del coneixement i de la ciència; aquesta evidència, però, en el camp de la filosofia, no neix sinó del dubte. Només dubtant de tot, almenys «un cop a la vida» (*Principis de filosofia,* I,1), podem arribar a aconseguir alguna veritat.

Publicat anònimament per primer cop a Leiden (Holanda) l'any 1637, el *Discurs del mètode per dirigir bé la raó i buscar la veritat en les ciències* [*Discours de la méthode pour bien conduire sa raison et chercher la vérité dans les sciences*] era originalment el prefaci de tres tractats científics: la *Diòptrica*, els *Meteors* i la

Geometria. Fins al segle XIX *el Discurs del mètode* no es va publicar de forma independent dels tres tractats que són «assaigs d'aquest mètode».

El *Discurs del mètode* consta d'un breu prefaci i de sis parts. Comença afirmant, potser de manera irònica, que el seny, el sentit comú, «el bon sentit *(bon sens)* és la cosa més ben repartida del món, ja que tothom pensa estar-ne tan ben proveït que fins aquells que són més difícils d'acontentar en qualsevol altra cosa no acostumen a desitjar-ne més del que tenen». Adverteix, però: «No n'hi ha prou de tenir l'esperit bo, sinó que el principal és aplicar-lo bé». L'obra està escrita en forma autobiogràfica, i Descartes aprofita fets de la seva vida per fer-nos saber de quina manera ell ha arribat, segons creu, a fer un bon ús de la seva raó. En aquesta primera part Descartes constata la decepció que li van causar, en general, els seus estudis en el col·legi dels jesuïtes de La Flèche —que havia obert recentment les seves portes—, a excepció dels ensenyaments de les matemàtiques, que admira pel seu rigor i metodologia. De fet, aquesta consideració serà la que determinarà el seu projecte filosòfic, que consisteix, bàsicament, a evitar les especulacions sense sentit, els raonaments sense fonament i encarrilar la raó pels desitjats camins del rigor i d'una bona metodologia. Aquesta primera part del *Discurs del mètode* és, alhora, una autobiografia intel·lectual i una revisió, amb conclusions depriments, de la ciència del seu temps. I amb tot això una resolució ferma: la necessitat d'autoreflexió.

En la segona part del *Discurs del mètode,* probablement escrita en un principi com a introducció a la *Geometria*, poden trobar-se les primeres conseqüències d'aquesta exigència d'autoreflexió. Es tracta de donar a les ciències un fonament ferm, unes bases indiscutibles per a qualsevol ment racional. El seu mètode serà el dubte, però el seu objectiu, la recerca de la veritat, serà molt diferent del dubte escèptic clàssic o pirrònic, L'escepticisme clàssic és una filosofia moral: l'escèptic dubta per no tenir desigs ni frustracions, per romandre sempre en el dubte. Descartes, en canvi, dubta (o, més ben dit, fingeix dubtar) per arribar a una situació contrària a la de l'actitud escèptica: la certesa, la seguretat en l'absència de qualsevol possible error; el fonament segur. El dubte com a mètode en Descartes és un procediment epistemològic per arribar a la certesa. El dubte escèptic clàssic és un procediment ètic per arribar a la felicitat. El dubte metòdic radical porta Descartes al descobriment d'un fonament sòlid del coneixement. Quatre són «les regles principals del mètode que l'autor ha buscat»: 1) Regla de l'*evidència*: «no acceptar mai cap cosa com a vertadera sense conèixer evidentment que ho fos; és a dir, evitar acuradament la precipitació i la prevenció». Per a això, Descartes admetrà com a criteri la claredat i distinció de les idees (idees ben definides i diferenciades de les altres); 2) Regla de l'*anàlisi*: «dividir cadascuna de les dificultats que examinés en tantes parts com fos possible i com calgués per resoldre-la millor»; 3) Regla de la *síntesi*: «conduir per ordre els meus pensaments, començant pels objectes més simples i més fàcils de conèixer per ascendir a poc a poc, gradualment, fins al coneixement dels més complexos», i 4) Regla de l'*enumeració*: «fer arreu recomptes tan complets i revisions tan generals que arribés a estar segur de no ometre res». Descartes no fa més que resumir aquí el que se sol fer en les cadenes de raonaments matemàtics.

El dubte metòdic s'exercirà preferentment sobre els coneixements teòrics; però, com és obvi, no pot suspendre les urgències de la vida pràctica. Per això resulten necessàries unes regles provisionals de moralitat, que Descartes exposa en la tercera part del *Discurs del mètode*: obeir sempre les lleis i costums del país; ésser el més ferm i resolt que es pugui en les accions de cadascú; procurar sempre vèncer-se un mateix abans que la fortuna i canviar abans els nostres desigs que l'ordre del món, al mateix temps que ens acostumem que només els nostres pensaments estiguin enterament en el nostre poder; i, finalment, aplicar les nostres vides al cultiu de la nostra raó i avançar segons el mètode exposat anteriorment.

Per a alguns estudiosos del pensament cartesià, aquesta tercera part, sobre la moral del respecte de les situacions existents, hauria estat redactada per Descartes amb l'objectiu d'obtenir el privilegi per a la impressió i tranquil·litzar els censors. En tot cas, és en aquesta tercera part del *Discurs del mètode* on es troben les idees bàsiques de l'aportació cartesiana en el domini de l'ètica. Una moral que es pot considerar conservadora; la influència estoica en aquesta moral provisional, com també en la moral religiosa cristiana, és evident.

La quarta part és la més important i coneguda del *Discurs del mètode*: la trobada amb la certesa absoluta, amb la primera afirmació indubtablement vertadera. La projecció del dubte sobre la forma en la qual percebem el món, sobre la pròpia existència del món exterior (la impossibilitat de distingir la vigília del somni, plantejada poc abans per Pedro Calderón de la Barca en la seva obra de teatre *La vida es sueño*: «... porque en el mundo, Clotaldo / todos los que viven sueñan») i, fins i tot, sobre les veritats racionals (mitjançant la hipòtesi del «geni maligne» que ens enganyaria sistemàticament) és la que portarà a la primera veritat totalment certa, a la roca ferma sobre la qual es pot aixecar tot l'edifici del coneixement humà: «penso, *ergo* existeixo» [*je pense, doncs je suis*, en francès; *cogito ergo sum*, en llatí], i existeixo en tant que cosa o substància pensant, com a *res cogitans*. La primera veritat segura és també la prova de l'existència de la substància pensant finita.

La veritat del *cogito* té una evidència intrínseca que pot servir de criteri universal de veritat. Amb aquest criteri i amb l'afirmació de la seva existència com a substància pensant, Descartes intentarà provar l'existència de Déu (substància pensant infinita) per així poder refutar la hipòtesi del «geni maligne» i demostrar l'existència del món extern material (substància extensa). Per provar l'existència de Déu, Descartes presenta els dos arguments següents: 1) la idea de perfecció (sense la qual no podria tenir la idea de la meva imperfecció en tant que subjecte que dubta, que s'equivoca) no pot provenir de mi mateix, ésser imperfecte, sinó que ha de provenir necessàriament d'un ésser perfecte (l'efecte no pot ser superior a la causa); per tant, Déu existeix com a ésser perfecte que ha posat en mi la idea de perfecció; 2) la idea de Déu que tinc inclou ja en si mateixa la seva existència, atès que no podria haver-hi perfecció summa si li faltés alguna perfecció i l'existència és una perfecció. Es tracta de la versió cartesiana de l'argument ontològic de sant Anselm de Canterbury (la ment humana creu que Déu existeix perquè el concep necessàriament com «aquella cosa major que la qual res no podem pensar», [*Proslogion*, 2]; pensar una cosa com a «existent» és pensar una qualitat o perfecció *major* d'aquesta cosa).

La prova de l'existència de Déu i de la seva perfecció permeten afirmar a Descartes que Déu no ens enganya i que Déu, perfecte, omnipotent i bondadós, no permetria l'existència d'un geni maligne enganyador. La refutació de la hipòtesi del geni maligne permet fiar-nos críticament del testimoni dels sentits i acceptar l'existència del món exterior (*res extensa* o substància extensa o material). Si no fos així, si el món fos una mera invenció del subjecte, un mer somni, Déu, de qui deriva la nostra existència, seria un ésser enganyador. Però l'engany i la falsedat són imperfeccions, i, per tant, inconsistents amb els atributs de l'ésser suprem i totalment perfecte que és Déu. Déu és, doncs, per Descartes, la garantia que assegura que les idees evidents —clares i distintes—, subjectivament *certes*, poden arribar a ser idees objectivament *vertaderes*.

Les dues últimes parts del *Discurs del mètode* tracten —després d'enunciar l'existència d'un tractat «que algunes consideracions m'impedeixen publicar» (*El món o tractat de la llum*, que no va publicar arran de la condemna de Galilei, el 1633)— d'alguns resultats de les investigacions físiques de Descartes i del treball científic en general. L'Univers està governat per lleis mecàniques que permeten explicar tots els fenòmens materials; exemples paradigmàtics en són, en fisiologia, el mecanicisme amb què explica la circulació de la sang (descoberta el 1628 per W. Harvey [1578-1657]) i, en biologia, la concepció mecanicista dels animals com a *autòmats* o animals màquines, que per perfectes que puguin arribar a ser sempre es distingiran de l'home «perquè mai no podrien usar paraules ni altres signes, component-los com fem nosaltres per declarar als altres els nostres pensaments». Destaca la funció pràctica, de domini de la naturalesa, que el coneixement científic pot tenir.

El *Discurs del mètode* és una de les obres que inauguren la filosofia i la ciència modernes. També és el primer llibre de filosofia escrit en francès. La pretensió de Descartes era escriure no només per a un públic de «doctes», sinó ampliar el cercle filosòfic a tots «aquells que se serveixen únicament de la seva pròpia raó natural». I aquesta és la característica definitòria de l'activitat de filosofar: ser un pensament crític, resultat de servir-se només de raó (i de l'experiència) i no de la fe i el dogma.

Les mateixes idees, els mateixos fins, contenen les *Meditacions metafísiques,* l'obra segurament més important, profunda i fins i tota actual de Descartes. L'obra, apareguda per primera vegada el 1641, es titulava, escrita en llatí, *Meditationes de prima philosophia.* L'any 1647, en vida de Descartes, fou traduïda al francès pel duc de Luynes i, revisada la traducció pel mateix Descartes, apareix amb el títol de *Méditations métaphysiques.* La temàtica és en substància similar a la del *Discurs del mètode*, però en aquesta obra Descartes no volia ser popular —la va escriure en llatí—, sinó que la dirigia als entesos, als qui diu que es proposa tractar «dels principis de la filosofia primera, sense esperar l'aplaudiment o l'abundància de molts lectors; al contrari, no exhortaré a ningú a llegir aquest escrit, sinó només a qui vulgui meditar amb mi, un cop allunyat l'esperit de tots els sentits i de tot prejudici; i sé molt bé que aquests tals són molt pocs». El que de fet fa Descartes en les *Meditacions* és meditar posant en pràctica el seu mètode. «Meditar» és aquí allunyar-se d'allò que percebem immediatament pels sentits i alliberar-nos de prejudicis.

Descartes ho fa: s'encomana, en aquestes meditacions, només al seu pensament i ho posa tot en dubte.

La *Meditació primera* inicia justament la temàtica del dubte. El seu dubte, igual com en el *Mètode,* és radical i metodològic. Vol «destruir totes les seves antigues opinions», i ho intenta sotmetent a examen les arrels o fonaments de les seves creences: els *sentits* que alguna vegada enganyen, les *dades immediates* de la consciència («que em trobo aquí, assegut prop del foc, amb la bata posada»), que podem posar en dubte perquè els folls també en tenen consciència o bé perquè tots les tenim també en somnis; de tota la realitat exterior, en fi, que ens pinten com «quadres i figures» la física, l'astronomia i la medicina. Però també de les matemàtiques, que parlen de la quantitat abstracta, perquè, no hi pot haver potser un «Déu que ho pot tot» o un «geni maligne» —el mateix estirament del dubte que en el *Métode* fins a dimensions hiperbòliques— que el podrien enganyar fins i tot en els pensaments més clars i distints, és a dir, evidents?

En la *Meditació segona,* admet la possibilitat de dubtar «fins que sàpiga de cert que no hi ha res de cert al món». Davant la possibilitat de caure en l'abisme d'un escepticisme sense fi i sense sortida, Descartes, com Arquimedes, a qui cita, cerca un suport sòlid i el troba: el que li ofereix el fet cert de dubtar. «Em vaig adonar que, mentre volia així pensar que tot era fals, calia necessàriament que jo, que ho pensava, fos alguna cosa», diu en el *Mètode.* En la *Meditació,* Descartes només diu: «jo sóc, jo existeixo», perquè ho penso. Si dubto, penso; si penso, existeixo. El dubte entranya una certesa; només aprofundint en el dubte es pot arribar a una certesa. El primer principi de la filosofia que cercava.

La primera veritat del sistema filosòfic de Descartes, del racionalisme, podríem dir, és l'enunciat absolutament cert, que vincula l'existència al pensament (res millor que una idea per entendre la realitat, dirà tot el racionalisme i també tot l'idealisme posterior); proposició que només és certa mentre s'enuncia. D'aquesta *primera certesa* o *primer coneixement* Descartes n'extreu d'altres (totes les altres): sóc, existeixo, però què sóc? Una cosa que pensa. I aquesta és la primera columna del sistema: la presència en el món del pensament: «Sóc, doncs, una cosa vertadera, que veritablement existeix. Però, quina cosa? Ja ho he dit: una cosa que pensa». Heus aquí el fonament; existeix el pensament: sóc una *res cogitans*. I la resta, què és? Allò que jo penso: les coses pensades, extenses o no, finites o no. Establert el fonament, què s'hi pot edificar a sobre? No pot ser altra cosa que més pensaments, altres coneixements obtinguts a través del pensament.

El que sol anomenar-se «criteri de certesa» o de veritat, o també «regla general» és el tema central de la *Meditació tercera* —sorprenentment, en aparença, subtitulada *De Déu; que existeix*—, regla que anuncia tot just començada la meditació: «Ara consideraré amb més circumspecció si hi ha en mi altres coneixements que encara no he percebut. Sé certament que sóc una cosa que pensa. No sabré també, per aquest fet, el que es requereix per tenir la certesa d'alguna cosa?». I la resposta és que aquest criteri o regla general per conèixer no és altra que l'*evidència* que s'ofereix a l'esperit (la ment, l'enteniment): «una percepció clara i distinta d'allò que conec». Aquesta regla general aquí enunciada («puc establir com a regla general que totes les coses que concebem amb molta claredat i distinció són totes vertaderes») passarà a ser en la *Meditació cinquena*, «la regla per la qual m'asseguro la veritat»; és a dir, el criteri de certesa, ja anunciat en el *Discurs del mètode*: «Vaig jutjar que podia prendre com a regla general que les coses que concebem molt clarament i molt distintament són totes vertaderes».

I què hi té a veure Déu amb aquest criteri de veritat? Déu n'és la garantia. Tot allò que és evident també és vertader per a mi, diu Descartes. Però i si m'erro en la percepció de l'evidència? No pot existir un Déu decebedor (o un geni maligne) que, perquè m'ha creat o perquè em castiga amb insidies —segons el cas— és causa que jo m'enganyi quan penso que una cosa és certa? Un

Déu enganyador i malvat alhora: un mal constructor de la naturalesa humana. Per assegurar-se de la veritat de la seva regla sobre l'evidència, per certificar que l'evidència no pot decebre, Descartes creu que ha de demostrar (*a*) que Déu existeix i (*b*) que aquest Déu no és enganyador ni maligne. Cosa que farà en la *Meditació cinquena*, reiterant aquells arguments ja esmentats (afegint-hi «l'argument ontològic»). Que Déu existeix i que és infinitament bo, de moment, en aquesta *Meditació*, només ho sap per l'anàlisi de les seves idees, entre les quals troba la idea innata d'un ésser infinitament perfecte; també creu saber que Déu és veraç i que no el pot enganyar quan creu percebre l'evidència d'una idea clara i distinta.

Tanmateix, amb el criteri d'evidència garantit, no pot pensar Descartes que no està sotmès a equivocar-se: «l'experiència em fa saber que malgrat tot estic subjecte a una infinitat d'errors». L'error és possible, perquè Déu ens ha fet, però no ens ha fet perfectes. I aquest és el tema de la *Meditació quarta*. L'enteniment no es pot equivocar davant d'una idea clara i distinta, però la voluntat, que és l'altre component necessari de l'acte de jutjar, pot triar entre la veritat i la falsedat, com pot triar entre el mal i el bé. La possibilitat de l'error prové, segons Descartes, de la voluntat: la nostra voluntat que no té límits, que no està subjecta a una sola possibilitat, que pot decidir, que és lliure: «D'on neixen, doncs, els meus errors? Només d'aquesta causa: com que la voluntat és bastant més ampla i extensa que l'enteniment i jo no la retinc dins els mateixos límits que l'enteniment, sinó que l'aplico també a coses que no comprenc; essent com és indiferent a elles, es confon molt fàcilment i escull el mal en lloc del bé, o la falsedat en lloc de la veritat. Heus aquí per què m'equivoco».

Però la dignitat humana rau justament en això. No simplement en la possibilitat de conèixer o de saber, que devem a l'enteniment; o de saber amb certesa, que devem al criteri d'evidència (o a qualsevol altre criteri que les escoles filosòfiques s'esforçaran per esbrinar al llarg de la història del pensament). La dignitat humana rau pròpiament en la voluntat humana lliure: «La voluntat, o la llibertat d'arbitri, la sento en mi tan gran que no concebo de cap manera la idea d'una altra més extensa i més gran, de forma que ella, més que cap altra, em fa saber que porto en mi la imatge i la semblança de Déu». La voluntat que, *indiferent* com és a triar entre la veritat i la falsedat, o entre el bé i el mal, pot decidir-se —diu Descartes— a «no emetre cap judici sobre coses la veritat de les quals no coneix clarament» i pot maldar, malgrat tot, per aconseguir, mitjançant l'esforç, «el costum de no equivocar-se».

PERE DE LA FUENTE

Meditacions metafísiques
en les quals es demostra l'existència de Déu i la distinció real entre l'ànima i el cos

Meditació primera
D'aquelles coses que podem posar en dubte

Ja fa un temps que m'he adonat que, des que era jove, havia tingut per vertaderes moltes opinions falses, i que allò que després vaig fonamentar sobre principis tan poc segurs no podia sinó ser dubtós i incert; de manera que em calia provar seriosament, un cop a la vida, de desfer-me de totes les opinions a què fins aleshores havia dona crèdit, i començar de bell nou des dels fonaments, si volia establir algun principi ferm i constant en les ciències. Però com que això em semblava una empresa molt desmesurada, vaig haver d'esperar a arribar a una edat prou madura per no haver d'esperar-ne una altra en què em trobés més disposat a dur a terme el meu propòsit. I això ha fet ajornar tant la meva decisió que ara ja creuria cometre un error si el temps que em resta per actuar el dedico encara a deliberar.

[Plantejament general del dubte]

Ara que el meu esperit és lliure de tota preocupació i que m'he procurat un repòs segur en una solitud tranquil·la, em dedicaré seriosament i amb llibertat a destruir totes les meves antigues opinions. Amb tot, per dur a la pràctica aquesta intenció, no serà necessari demostrar que totes elles són falses, cosa que potser no arribaria mai a aconseguir; sinó que, tenint en compte que la raó ja em persuadeix que no he de donar més crèdit a les coses que no són del tot certes i indubtables que el que no donaria a les que semblen obertament falses, em bastarà per rebutjar-les totes el més petit motiu de dubte que hi trobi. I per això no caldrà que examini cada una en particular, perquè el treball seria inacabable. Sinó que, atès que la ruïna dels fonaments arrossega necessàriament la de l'edifici, criticaré primerament els principis en què es fonamentaven totes les meves antigues opinions.

[Dubtes d'allò que coneixem pels sentits]

Tot allò que he acceptat fins ara com allò més vertader i segur ho he après dels sentits o a través dels sentits: ara bé, alguna vegada m'he adonat que aquests sentits m'enganyaven, i la prudència ens ensenya a no fiar-nos mai del tot d'aquells que ens han enganyat una vegada.

[I si estic dormint?...]

Però, tot i que els sentits de vegades ens enganyen quan es tracta de coses que gairebé no percebem o es troben molt llunyanes, potser n'hi ha d'altres de les quals no podem dubtar raonablement, per bé que les coneixem per mitjà dels sentits: per exemple, que em trobo aquí, assegut a prop del foc, amb la bata posada, amb aquest paper a les mans, i altres coses semblants. I, com podria negar que aquestes mans i aquest cos són meus, si no és fent com fan els insensats, el cervell dels quals es troba tan pertorbat i ofuscat pels negres vapors de la bilis que asseguren constantment que són reis, quan en realitat són molt pobres, que vesteixen d'or i porpra, quan de fet van tot nus, o s'imaginen ser un càntir o estar fets de vidre? En fi; són folls, i jo seria tan extravagant com ells si em deixés dur pel seu exemple.

Tanmateix, em cal considerar que sóc home i, per tant, que tinc costum de dormir i representar-me en somnis les mateixes coses, i de vegades altres menys versemblants que les que aquests insensats imaginen mentre estan desperts. Quants cops m'ha passat que somiava, al vespre, que era aquí, vestit com ara i que em trobava a prop del foc, quan de fet era dintre el llit tot nu? Tinc molt clar ara que no miro aquest paper amb ulls de son, que aquest cap que bellugo no està gens endormiscat, que intencionadament i deliberadament estenc la mà i la sento: allò que s'esdevé en el somni no sembla tan clar ni tan distint com tot això. Però, si ho penso bé, recordo haver estat sovint enganyat, mentre dormia, per il·lusions semblants. I mentre em deturo pensant això, veig amb tanta claredat que no hi ha indicis concloents ni senyals tan certs que em facin distingir netament entre vetlla i somni, que resto estupefacte; l'esbalaïment és tal que gairebé és capaç de persuadir-me que estic dormint.

[Si dormim, també hi ha coses certes...]

Suposem, doncs, que estem adormits i que totes aquestes particularitats d'ara, és a dir, que obrim els ulls, que belluguem el cap, que estenem les mans i altres coses semblants, no són més que falses il·lusions; i pensem que potser ni les nostres mans ni tot el nostre cos són tal com nosaltres els veiem. Així i tot caldrà confessar almenys que les coses que ens representem somiant són com quadres i pintures, que no poden haver estat formades sinó per la semblança d'alguna cosa real i vertadera; i que per tant almenys aquestes coses generals, és a dir, els ulls, el cap, les mans i la resta del cos, no són coses imaginàries, sinó veritables i existents. Perquè els pintors, fins i tot quan s'esforcen amb molt d'artifici a representar sirenes i sàtirs mitjançat formes estranyes i extraordinàries, tampoc poden atribuir-los formes i naturalesa totalment noves, sinó que simplement fan una certa barreja i combinen elements procedents de diferents animals; o bé, si és el cas que la seva imaginació és tan extravagant que són capaços d'inventar alguna cosa tan nova que no hem vist mai res de semblant, i que així la seva obra ens representa una cosa purament fingida i absolutament falsa, també hem de dir aleshores, certament, que els colors, almenys, amb què les pinten han de ser veritables.

Per la mateixa raó, tot i que aquestes coses generals, és a dir, ulls, cap, mans i coses semblants, poden ser imaginàries, cal afirmar que hi ha coses encara més simples i mes universals que són vertaderes i existents; amb la mescla de les quals es formen —ni més ni menys com passa amb la barreja d'alguns colors veritables— totes les imatges de les coses que, vertaderes o reals, fingides o fantàstiques, ocupen els nostres pensaments. D'aquest gènere de coses n'és la naturalesa corporal en general i la seva extensió; així com la figura de les coses extenses, la seva quantitat o magnitud i el seu nombre, i també el lloc on es troben, el temps amb què es mesura la seva duració, i altres coses semblants.

Potser per això no seria una mala conclusió dir que la física, l'astronomia, la medicina i totes les altres ciències que depenen de la consideració de les coses compostes són molt dubtoses i insegures; però que l'aritmètica, la geometria i les altres ciències d'aquest gènere, que no tracten sinó de coses molt simples i molt generals, sense preocupar-se gaire si són a la natura o si no hi són, contenen coses certes i indubtables. Perquè tant si vetllo com si dormo, dos més tres faran sempre cinc, i el quadrat mai no tindrà més de quatre costats; i no sembla pas possible que en veritats tan manifestes hi pugui haver mai cap sospita de falsedat o d'incertesa.

[I si ha un Déu decebedor?]

Tanmateix, fa molt de temps que tinc en el meu esperit una certa opinió segons la qual hi ha un Déu que ho pot tot, pel qual he estat creat i produït tal como sóc. Ara, qui em pot assegurar que aquest Déu no ha fet precisament que no hi hagi ni terra ni cel, ni cap cos extens ni cap figura, ni magnitud ni lloc, i que, així i tot, jo tingui les sensacions d'aquestes coses, i que tot em sembli existir tal com jo ho veig? I a més, com que em penso de vegades que els altres s'enganyen, fins i tot en les coses que creuen saber amb tota certesa, qui sap si aquest Déu no ha volgut que jo m'enganyi sempre que sumo dos més tres o que compto els costats d'un quadrat, o quan faig un judici sobre una cosa més fàcil, suposant que puc imaginar-me'n encara alguna de més fàcil. Podria ser que Déu no ha volgut que jo m'enganyi d'aquesta manera, puix diem que és sobiranament bo. Però si repugnava a la seva bondat haver-me fet de tal manera que jo m'enganyi sempre, sembla també que li havia de ser absolutament contrari permetre que jo m'enganyi alguna vegada, i això, no ho dubto, ho ha permès.

Algú preferiria ara negar l'existència d'un Déu tan poderós abans que creure que totes les altres coses són incertes. Ara per ara no m'hi oposo, i suposaré, a favor seu, que tot el que es diu sobre Déu és una faula. Això no obstant, pensin com pensin com jo he arribat a l'estat i a l'ésser que posseeixo, sia que l'atribueixin a una mena de destí o de fatalitat, o a l'atzar, sia que vulguin que és com és per una successió contínua i una cadena de coses, el cert és que —vist que fallar i equivocar-se és una espècie d'imperfecció—, com menys poderós sigui l'autor a qui ells atribueixen el meu origen, més probable serà que sóc tan imperfecte que puc equivocar-me sempre. Contra això no tinc res a dir, sols que em veig obligat a confessar que, de totes les opinions que en altre temps havia acceptat com a veritables, no n'hi ha ni una que ara no pugui posar en dubte, i no per desconsideració i lleugeresa, sinó per raons molt fortes i detingudament pensades: de manera que és necessari que em deturi i suspengui d'ara endavant el meu judici sobre aquests pensaments, i que no els doni més crèdit del que donaria a coses que em semblen evidentment falses, comptant que desitjo trobar alguna cosa certa i segura en les ciències.

No és suficient fer aquestes observacions; cal que m'esforci a recordar-les; perquè aquelles opinions antigues i ordinàries em vénen sovint a la ment: l'ús constant i familiar que n'he fet els hi dóna el dret a instal·lar-se en el meu esperit a desgrat meu, i fer-se com qui diu mestresses de les meves creences. I no em desacostumaré mai de recolzar-m'hi i de confiar en elles, mentre no les tingui per allò que són realment, és a dir, d'alguna manera dubtoses, com acabo de mostrar, i tanmateix molt probables, fins al punt que tinc més raons per creure-les que per negar-les. És per això que penso que en faria un ús més prudent si, passant-me a la part contrària, esmercés tots els meus esforços a enganyar-me a mi mateix, fingint que tots aquests pensaments són falsos i imaginaris; fins que, un cop ben equilibrats els meus prejudicis per tal que no puguin inclinar la meva opinió més cap a un costat que cap a un altre, el meu judici no estigui d'ara endavant dominat pels mals costums ni desviat del dret camí que el pugui conduir al coneixement de la veritat. Perquè estic segur que, ara, no hi pot haver ni perill ni error en aquest camí, i que avui no haig de donar gaire importància a la meva desconfiança, puix no és moment d'actuar, sinó de meditar i de conèixer.

[El «geni maligne»]

Suposaré doncs que hi ha, no precisament un Déu vertader, font sobirana de la veritat, sinó un cert «geni maligne», tan astut i fal·laç com poderós, que ha emprat tot el seu enginy a enganyar-me. Pensaré que el cel, l'aire, la terra, els colors, les figures, els sons i totes les coses exteriors que veiem no són més que il·lusions i arteries, que ell aprofita per sorprendre la meva credulitat. M'imaginaré a mi mateix sense mans ni ulls ni carn ni sang, ni cap dels meus sentits, com si estigués erròniament convençut que tinc totes aquestes coses. M'aferraré obstinadament a aquest pensament; i si, per aquest mitjà, no m'és possible d'arribar a conèixer cap veritat, almenys tindré la possibilitat de suspendre el meu judici. D'aquesta manera estaré amatent a no rebre entre les meves creences cap falsedat i prepararé tan bé el meu esperit contra totes les astúcies d'aquell gran decebedor, que, poderós i mentider com pugui ser, no podrà mai imposar-me res.

Ara bé, aquest propòsit és costós i laboriós, i certa indolència m'arrossega sense adonar-me'n al transcórrer de la meva vida ordinària. I així com un esclau que gaudeix en somnis d'una llibertat imaginària, quan comença a sospitar que la seva llibertat només és un somni, tem despertar-se i es conjura amb les seves il·lusions agradoses per allargar el seu engany, així tendeixo jo espontàniament i insensiblement a reprendre les meves antigues opinions, i temo despertar d'aquest ensopiment de por que les vetlles laborioses que vindran després de la tranquil·litat del meu repòs, en lloc de dur-me claror de dia i alguna llum amb el coneixement de la veritat, no siguin capaces d'aclarir les tenebres de les dificultats que acabo de debatre aquí.

Meditació segona

De la naturalesa de l'esperit humà;
i que és més fàcil de conèixer que el cos

La Meditació d'ahir em va omplir l'esperit de tants dubtes, que a partir d'ara ja no em serà possible d'oblidar-los. Tanmateix, tampoc veig de quina manera els podré resoldre; i, com si tot d'un cop hagués caigut en aigües molt profundes, em sento tan atordit que no puc ni posar el peu a terra ni nedar per sostenir-me a dalt. Tot i així m'esforçaré i persistiré de nou pel mateix camí per on avançava ahir i m'allunyaré de tot allò que admeti el més petit dubte tal com si sabés que allò mateix és absolutament fals. I continuaré sempre per aquest camí, fins que trobi alguna cosa certa, o almenys, si no puc fer altra cosa, mentre no sàpiga de cert que no hi ha res de cert al món.

Arquimedes, per moure el globus de la Terra del seu lloc i transportar-lo a un altre lloc, no demanava res més que un punt fix i segur. Jo també tindria dret a concebre grans esperances només que tingui la sort de trobar una sola cosa certa i indubtable.

[Punt de partida]

Suposo, doncs, que totes les coses que veig són falses; em persuadeixo que no ha existit mai res de tot allò que em representa la meva memòria, plena de mentides; penso que no tinc sentits; crec que el cos, la figura, l'extensió, el moviment i el lloc no són més que ficcions del meu esperit. Què podré aleshores considerar vertader? Potser només això: que no hi ha res de cert al món.

[Si m'enganya, existeixo]

Però què sé jo si no hi ha alguna altra cosa, diferent de les que acabo de jutjar incertes, de la qual no puc tenir el més mínim dubte? No hi ha potser un Deu, o un altre ser poderós, que posa aquests pensaments en el meu esperit? És una suposició innecessària, ja que podria ser que jo mateix fos capaç de produir-los espontàniament. Aleshores, jo, almenys, no sóc alguna cosa? Però ja he negat que tingués sentits o que tingués cos. Dubto, tanmateix, perquè, què se'n segueix, d'això? Sóc talment depenent del meu cos i dels sentits fins al punt que no podria existir sense ells? Ja m'he convençut que no hi havia res d'això en el món, que no hi havia cel ni terra ni esperits ni cossos. No m'he convençut, per tant, que jo tampoc existia? No, de cap manera;

havia d'existir, indubtablement, suposant que m'havia convençut d'alguna cosa, o sols que hagi pensat alguna cosa. Amb tot hi ha un enganyador, de no sé quina mena, molt poderós i mentider, que empra tota classe d'insídies per tal que jo m'enganyi sempre. Doncs no tinc cap dubte que existeixo, si ell m'enganya; i que m'enganyi tant com vulgui, que no podrà mai fer que jo no sigui res, mentre jo pensi ser alguna cosa. De manera que, després d'haver-hi pensat bé i d'haver examinat a consciència totes les coses, cal concloure finalment i estar fermament segur que aquesta proposició «*Jo sóc, jo existeixo*» és necessàriament vertadera, sempre que la pronuncio o la concebo en el meu esperit.

Però jo no sé encara amb prou claredat allò que sóc, jo que tinc la certesa de ser; de manera que, d'ara endavant, cal que pari compte per no prendre'm imprudentment per una cosa que no sóc i no confondre'm en aquest coneixement que, sostinc, és més cert i més evident que tots els que hagi tingut abans.

Per això consideraré altra vegada què em creia ser abans de topar amb aquests darrers pensaments; i de les mes antigues opinions eliminaré tot allò que pot ser combatut per les raons que acabo d'esmentar, de manera que no quedarà res que no sigui del tot indubtable. Què és el que em creia, abans, que era? Indubtablement, pensava que era un home. Ara bé, què vol dir ser un home? Diria que és ser un animal racional? No, és clar, ja que tot seguit caldria esbrinar què vol dir ser animal i què vol dir ser racional, i així, a partir d'un sola pregunta aniríem a parar, sense adonar-nos-en, a una infinitat d'altres més difícils i confuses, i no voldria malversar el poc temps i el lleure que em queda emprant-los a desembrollar subtilitats d'aquesta mena. Prefereixo deturar-me a considerar aquí els pensaments que sorgien abans espontàniament en el meu esperit i que m'havien estat inspirats només per la meva naturalesa, quan m'aplicava a considerar el meu ésser. Considerava, en primer lloc, que tenia rostre, mans, braços i tota aquesta màquina composta d'ossos i carn, tal com apareix en un cadàver, i a la qual anomenava «cos». Considerava a més, que em nodria, caminava, sentia i pensava, i atribuïa totes aquestes accions a l'ànima; però no m'aturava gens a pensar què era aquesta ànima, o bé, si m'hi aturava, imaginava que era una cosa extremament rara i subtil, com un vent, una flama o un aire suau, que penetrava i insuflava parts meves bastant més bastes. Pel que feia al cos, no dubtava gens de la seva naturalesa, perquè creia conèixer-lo molt distintament i, si hagués volgut explicar-lo segons les nocions que en tenia, l'hauria descrit de la següent manera: per «cos» entenc tot allò que pot estar delimitat per una figura, que pot estar contingut en un lloc determinat i ocupa un espai fent que qualsevol altre cos en quedi exclòs; que pot ser sentit pel tacte, per la vista, per l'oïda, pel gust o per l'olfacte, que pot moure's de moltes maneres, no per si mateix, sinó sempre per quelcom alliè amb el qual contacta i del qual rep l'impuls. Perquè tenir la facultat de moure's, de percebre i de pensar són avantatges que no creia de cap manera que es poguessin atribuir a la naturalesa corporal; al contrari, em sorprenia que facultats com aquestes es trobessin en alguns cossos.

[Primera veritat: primer principi de la filosofia]

Doncs bé, què sóc jo, ara que suposo que hi ha algú extremament poderós i, si goso dir-ho, maliciós i astut, que esmerça totes les seves forces i tota la seva arteria a enganyar-me? Puc estar segur de tenir cap de les coses que acabo d'atribuir a la naturalesa corporal? Em deturo a pensar-hi amb atenció, les passo i repasso totes en el meu esperit i no en trobo cap que pugui dir que em pertanyi. No és necessari que m'aturi a enumerar-les. Passem, doncs, als atributs de l'ànima i vegem si n'hi ha cap que em pertanyi. Els primers fan referència a nodrir-me i caminar; i si és veritat que no tinc cos, també serà veritat que no puc caminar ni alimentar-me. Un altre és sentir, però tampoc és possible sentir sense cos. A més que ja he cregut sentir altres vegades moltes coses mentre dormia, les quals he hagut de reconèixer, en despertar-me, que veritablement no les havia sentides. Un altre és pensar. I aquí sí que trobo que el pensament és un atribut que em pertany: és l'únic que no es pot separar de mi. *Jo sóc, jo existeixo*: cert, però durant quant de temps? Tant de temps com penso, perquè podria ser que, si deixava de pensar, deixaria alhora de ser o existir. Ara no admeto res que no sigui necessàriament vertader: no sóc, doncs, parlant amb propietat, sinó una cosa que pensa, és a dir, un esperit, un enteniment o una raó, que són termes amb un significat que abans desconeixia. Sóc, doncs, una cosa vertadera, que existeix veritablement. Però, quina cosa? Ja ho he dit: una cosa que pensa. I què més? Forçaré la meva imaginació per cercar si no sóc alguna cosa més. No sóc de cap manera aquest amassament de membres que anomenem cos humà; no sóc en absolut un aire suau i penetrant, que s'expandeix arreu del cos; no sóc tampoc un vent, un alè o un vapor ni res que pugui fingir o imaginar, perquè ja he suposat que tot això no era res; i sense abandonar aquesta suposició, mantinc que no deixa de ser cert que sóc alguna cosa.

Pot passar també que aquestes mateixes coses, que suposo que no existeixen de cap manera, perquè em són desconegudes, no siguin en realitat diferents de mi, del jo que sí conec? No ho sé i d'això ara no en discuteixo; només puc jutjar sobre coses que em són conegudes: he reconegut que era, i busco saber què sóc, jo, que he reconegut que existia. Ara bé, és ben cert que aquesta noció de conèixer-me a mi mateix, presa amb aquesta precisió, no depèn gens de coses l'existència de les quals no m'és encara coneguda, ni, en conseqüència, i amb més raó encara, de cap d'aquelles que la imaginació fingeix i inventa. I fins i tot aquests termes de «fingir» i «imaginar» m'adverteixen del meu error, perquè fingiria, en efecte, si *imaginava* ser alguna cosa, com sigui que imaginar no és res més que contemplar la figura o la imatge d'una cosa corporal. Ara bé, jo ja *sé amb certesa* que sóc, i que tot plegat és possible que totes aquelles imatges i en general totes les coses que relaciono amb la naturalesa del cos, no siguin més que somnis o quimeres. A conseqüència d'això, veig clarament que dir: «exercitaré la meva imaginació per conèixer més distintament què sóc jo» és tenir tan poc senderi com dir: «ara estic despert, i percebo alguna cosa de real i veritable, però, com que no la percebo prou clarament, me'n vaig a dormir expressament per tal que els meus somnis em representin això mateix amb més veritat i evidència». I per això sé amb certesa que tot el que pugui comprendre mitjançant la imaginació no pertany a aquest coneixement que tinc de mi mateix, i que cal apartar i allunyar el meu esperit d'aquesta manera de pensar, a fi que ell mateix pugui reconèixer ben distintament la seva pròpia naturalesa.

Què sóc, doncs? Una cosa que pensa. Què és una cosa que pensa? Una cosa que dubta, concep, afirma, nega, vol, no vol, que també imagina i sent. I, certament, no és poc que totes aquestes coses pertanyin a la meva naturalesa. Però, per què no li haurien de pertànyer? No sóc jo aquell que encara dubta gairebé de tot, que tanmateix entén i concep certes coses, que assegura i afirma que només aquestes són vertaderes i que nega tota la resta, que vol i desitja saber-ne més, que no vol que l'enganyin, que imagina moltes coses, de vegades fins i tot sense voler, i que en sent també moltes d'altres com trameses pels òrgans del cos? Quina cosa hi ha de totes aquestes que no sigui tan vertadera com cert és que jo sóc i existeixo, encara que dormís sempre i que aquell que m'ha donat l'ésser emprés totes les seves forces per enganyar-me? N'hi ha cap d'aquests atributs que pugui distingir-se del meu pensament o pugui dir-se que està separat de mi? Perquè és de per si tan evident que sóc jo el qui dubta, el qui entén i el qui desitja, que no cal afegir res més per explicar-ho. També és cert que tinc la capacitat d'imaginar: perquè encara que pot passar (com he suposat abans) que les coses que imagino no siguin vertaderes, no obstant aquesta mateixa possibilitat d'imaginar no deixa d'existir realment en mi i fa part del meu esperit. Finalment, jo sóc el mateix que sent, és a dir, que rep i coneix les coses com si fossin trameses pels òrgans dels sentis, ja que en efecte veig la llum, escolto el soroll, sento la calor. Algú em dirà que aquestes aparences són falses i que jo dormo. Potser sí; tanmateix, com a mínim, és del tot cert que *em sembla* que veig, que sento i que m'escalfo; i això és pròpiament el que en mi s'anomena sentir, i això, parlant amb propietat, no és altra cosa que *pensar.* A partit d'aquí començo a conèixer allò que sóc jo, amb una mica més de claredat i distinció que fins ara.

Tanmateix no puc evitar creure que les coses corporals, les imatges de les quals es formen en el meu pensament i que jo percebo pels sentits, no siguin conegudes més distintament que aquesta part de mi mateix, ignoro quina, que no cau sota la imaginació: tot i que, en efecte, no deixa de ser ben estrany que conegui amb més claredat i més fàcilment coses que trobo dubtoses i allunyades que les coses veritables i certes i que pertanyen a la meva pròpia naturalesa. Però ja veig com va la cosa: al meu esperit li complau d'extraviar-se i encara no és capaç de contenir-se dins els justos límits de la veritat. Afluixem-li, doncs, encara un cop més la brida, perquè, quan més tard la tornem a fixar suaument i amb tota la intenció, podrem governar-lo i conduir-lo més fàcilment.

[L'exemple del tros de cera]

Comencem per la consideració de les coses més comunes i que creiem comprendre més distintament, a saber, els cossos que toquem i veiem. No vull parlar dels cossos en general, perquè aquestes nocions generals són d'ordinari les més confuses, sinó d'un cos en particular. Prenem, per exemple, aquets tros de cera que acaben de treure del rusc: encara no ha perdut la dolçor de la mel que contenia, i reté encara part de l'olor de les flors de les quals havia estat recollit; el seu color, la seva figura, la seva grandària són clarament visibles; és dur, fred, el podem toquejar i, si li donem cops, emetrà algun so. En fi, trobem en ell totes les coses que ens fan conèixer distintament que es tracta d'un cos.

I heus aquí que, mentre parlo, algú l'atansa al foc. El que hi quedava de sabor es desprèn, l'olor s'esvaeix, canvia de color, perd la forma, augmenta la grandària, es fon, s'escalfa, a penes se'l pot tocar i, si el palpem, no emet cap so. Subsisteix la mateixa cera, després d'aquests canvis? Hem de confessar que subsisteix la mateixa, i ningú no ho pot negar. Què és, doncs, el que coneixíem tan distintament d'aquell tros de cera? Evidentment, potser no era res del que jo havia percebut per mitjà dels sentits, atès que totes les coses que incidien en el gust, o en l'olfacte, la vista, el tacte o l'oïda, ara han canviat i, això no obstant, la cera és la mateixa. Potser era el que penso ara, és a dir, que la cera no era ni aquella dolçor de mel, ni aquella olor agradable de les flors, ni aquella blancor, ni aquella figura, ni el so, sinó només un cos que no fa gaire se'm presentava sota aquelles formes i ara se'm presenta sota unes altres. Però, què és, parlant amb precisió, el que imagino quan la conec d'aquesta manera? Considerem-ho atentament i, allunyant totes les coses que no pertanyen en absolut a la cera, vegem què en resta. Certament, no en resta res més que una cosa extensa, flexible i mutable. I, què és això de «flexible i mutable»? No deu ser potser que imagino que aquesta cera, tot i ser rodona, és capaç d'esdevenir quadrada i de passar de la forma quadrada a una de triangular? No, certament, no és això, perquè jo la concebo capaç de rebre una infinitat de canvis semblants, i ni amb la meva imaginació seria capaç de recórrer tota aquesta infinitat de possibilitats i, per tant, aquest concepte que tinc de la cera no l'he obtingut mitjançant la facultat d'imaginar.

I què és ara «l'extensió»? Potser tampoc sabem què és, perquè augmenta quan la cera es fon i encara s'expandeix més quan és totalment fosa, i creix encara més com més intensa és la calor? No concebria clarament i veritablement què és la cera si no penso que és capaç de rebre més variacions en l'extensió que les que mai hagi pogut imaginar. Haig d'admetre que ni tan sols amb la imaginació puc concebre què és aquesta cera, i que només la concep el meu enteniment. I parlo d'aquest tros de cera en particular, perquè pel que fa a la cera en general encara és més evident. Doncs bé, de quina cera parlo que només pot ser concebuda per l'enteniment o l'esperit? Indubtablement, de la mateixa que veig, que toco i que imagino; la mateixa que conec des del començament. I el que cal remarcar és que la seva percepció, o bé l'acció per la qual la percebem, no és de cap manera una visió, un tacte o una imaginació, i no ho ha estat mai, per més que abans ens ho podia semblar, sinó que és només una inspecció de la ment, que pot ser imperfecta i confusa, como ho era abans, o bé clara i distinta, como ho és ara, segons que la meva atenció recaigui més o menys en les coses que observo en ella i que la componen.

[Conèixer és una inspecció de la ment]

No m'hauria de sorprendre gaire quan penso en la feblesa que hi ha en el meu esperit i la inclinació que té a caure, sense adonar-se'n, en l'error. Perquè, per més que, sense parlar, penso en tot això dintre meu, ensopego sempre amb les paraules del llenguatge ordinari i els termes gairebé em confonen. Perquè nosaltres diem que *veiem* la mateixa cera, quan algú ens la presenta, i no que *jutgem* que és la mateixa pel fet que té el mateix color i la mateixa figura. Per la qual cosa voldria gairebé concloure que coneixem la cera per la visió dels ulls, i no per la sola inspecció de la ment, si no fos que de vegades veig des de la finestra homes que passen pel carrer, i, en veure'ls, no puc evitar dir que veig homes —igual com dic que veig la cera—, quan de fet, el que veig des de la finestra només són barrets i capes, que podrien cobrir espectres o bé homes fingits que es mourien mitjançant mecanismes... En canvi jo jutjo que són autèntics homes, i d'aquesta manera comprenc, solament per la facultat de jutjar que posseeix el meu esperit, allò que creia veure amb els ulls.

Qui intenti d'elevar el seu coneixement més enllà del que sol fer la gent ha d'avergonyir-se d'extreure ocasions de dubte de les formes comunes de parlar; jo prefereixo apuntar més amunt i consideraré si coneixia amb més evidència i perfecció allò que era la cera quan la percebia abans —quan creia saber què era mitjançant els sentits externs, o si més no pel sentit comú, tal com se sol anomenar, és a dir, per la facultat imaginativa— que no pas ara, que la percebo amb més claredat, desprès d'haver examinat amb detall què és la cera i de quina manera la podem arribar a conèixer. És clar; és ridícul posar-ho en dubte. Perquè, què hi havia en aquella primera percepció que fos distint i evident i que no pogués ser objecte de la sensibilitat de qualsevol animal? Però quan distingeixo entre la cera i les seves formes exteriors, i quan, com si l'hagués desvestida dels seus guarniments, la considero tota nua, és indubtable —encara que, certament, hi pot haver algun error en el meu judici— que no és possible concebre-la d'aquesta manera sense un esperit humà.

En fi, què diré d'aquest esperit, és a dir, de mi mateix? El fet és que, fins ara, no admeto en mi res més que un esperit. Què diré de mi, repeteixo, que semblo concebre amb tanta claredat i distinció aquest tros de cera? No em conec a mi mateix, no solament amb més veritat i certesa, sinó també amb més claredat i distinció? Car si jutjo que la cera és, o existeix, perquè la veig, se'n segueix amb molta més evidència que jo sóc o que existeixo, pel fet que la veig. Pot passar que allò que jo veig no sigui, efectivament, cera; pot passar també que ni tan sols tingui ulls per veure res, amb tot és impossible que, com que veig o (cosa que ja no sé distingir) *penso* veure, jo que penso no sigui res. Igualment, si jutjo que la cera existeix, vist que la toco, se'n seguirà igualment la mateixa cosa, és a dir, que sóc; o si jo jutjo, cosa de la qual me'n persuadeix la meva imaginació o qualsevol altra causa, sempre conclouré la mateixa afirmació. I el que he dit aquí de la cera es pot aplicar a totes les altres coses externes, que trobo fora de mi.

Ara bé, tenint en compte que la noció o el coneixement de la cera sembla més clar i més distint desprès que l'he descobert no solament per la vista o pel tacte, sinó també per moltes altres causes, amb quanta més evidència, claredat i distinció, no haig de conèixer-me a mi mateix, comptant que totes les raons que serveixen per conèixer i concebre la naturalesa de la cera, o de qualsevol altre cos, proven amb molta més facilitat i evidència la naturalesa del meu esperit? I encara hi ha tantes altres coses en el mateix esperit, que poden contribuir a l'aclariment de la seva naturalesa, que aquelles que depenen del cos —com les que acabo d'esmentar— gairebé no val la pena anomenar-les.

En fi, heus aquí que sense adonar-nos-en hem arribat on volia: que —tenint en compte que es tracta d'una cosa que ara sé, és a dir, que parlant amb propietat només concebem els cossos per la facultat de pensar, que posseïm, i no per la imaginació o els sentits, i que no els coneixem pel fet que nosaltres els veiem, o els toquem, sinó solament perquè els concebem amb el pensament— conec amb evidència que no hi ha res que em sigui més fàcil de conèixer que el meu esperit. Però com que és gairebé impossible desfer-nos fàcilment d'una vella opinió, el més convenient és que em deturi en aquest punt i que, meditant llargament sobre aquestes coses, procuri imprimir profundament en la meva memòria aquest nou coneixement.

Meditació tercera

De Déu; que existeix

Tancaré ara els ulls, em taparé les orelles, deixaré de banda tots els meus sentits, esborraré fins i tot del meu pensament les imatges de les coses corporals, o bé, com que això és gairebé impossible, les consideraré totes vanes i falses; d'aquesta manera, parlant només amb mi mateix i prestant atenció al meu interior, intentaré a poc a poc conèixer-me més i fer-me més familiar a mi mateix. Sóc una cosa que pensa, és a dir, que dubta, que afirma, que nega, que coneix poques coses, que n'ignora moltes, que estima, odia, vol, no vol, que imagina també i que sent. Perquè, així com he remarcat abans, tot i que les coses que sento i imagino no són potser res en absolut fora de mi i en si mateixes, tinc no obstant la certesa que aquestes maneres de pensar, que jo anomeno sentiments i imaginacions, per tal com són només formes de pensar, resideixen i es troben certament en mi. Amb això que acabo de dir, crec haver fet referència a tot el que sé amb certesa, o almenys a tot el que he remarcat fins ara que jo sabia.

[El criteri de certesa]

Ara consideraré més exactament si tal volta no hi ha en mi altres coneixements que encara no he percebut. Sé certament que sóc una cosa que pensa. Però no sé també, per aquest fet, què es requereix per estar segur d'alguna cosa? En aquest primer coneixement, no hi trobo res més que una percepció clara i distinta d'allò que conec, percepció que veritablement no seria suficient per assegurar-me que aquell coneixement és vertader si mai pogués succeir que una cosa que concebo amb tanta claredat i distinció fos falsa. I, per tant, em sembla que ja puc establir, com a regla general, que totes les coses que concebem molt clarament i molt distintament són totes vertaderes.

Tanmateix, abans havia admès moltes coses com a molt certes i molt manifestes, les quals després he hagut de reconèixer com a dubtoses i incertes. Quines eren aquestes coses? Eren la terra, el cel, els astres, i tota la resta que percebia per mediació dels meus sentits. Ara bé, què és el que hi concebia clarament i distintament? En realitat només el fet que les idees o els pensaments d'aquelles coses eren presents al meu esperit. I encara ara no nego tenir aquestes idees. Amb tot, hi havia una altra cosa que jo afirmava i que, a causa del costum que tenia de creure-la, pensava que també percebia molt clarament, tot i que veritablement no la percebia de cap manera, a saber: l'existència de coses fora de mi, de les quals procedien aquelles idees i a les quals s'assemblaven perfectament. I en això precisament m'equivocava; o bé, si ho jutjava correctament, no es devia a un coneixement que jo tingués.

Però quan considerava alguna cosa molt simple i fàcil de l'aritmètica i la geometria, per exemple que dos i tres sumen cinc, i coses semblants, no les concebia jo amb tanta claredat com per tenir també la certesa que eren vertaderes? De fet, si després he cregut que podia dubtar d'aquestes coses, no ha estat per cap altra raó que perquè em venia a l'esperit que potser Déu m'havia donat una naturalesa tal que jo m'errava fins i tot en aquelles coses que em semblaven les més manifestes. Doncs bé, cada vegada que aquesta opinió preconcebuda sobre el poder sobirà d'un Déu es presenta al meu pensament, em veig obligat a confessar que li és fàcil, si vol, fer que jo m'equivoqui fins i tot en coses que crec conèixer amb absoluta evidència. I, d'altra banda, sempre que em dreço cap a les coses que em penso concebre molt clarament, estic tan convençut de la seva veritat que em deixo endur per aquestes paraules: «Que m'enganyi qui pugui, que mai no podrà fer que jo no sigui res, mentre penso ser alguna cosa, o que algun dia pugui ser veritat que jo no he existit mai, comptant que ara és veritat que jo sóc»; o bé que «dos i tres no sumen ni més ni menys que cinc», o coses semblants, que jo veig clarament que no poden ser diferents de com les concebo.

En realitat, com que no tinc cap raó per creure que existeix un Déu enganyador, tot i que encara no he considerat les raons que proven que hi ha un Déu, la raó per dubtar que depèn només d'aquesta suposició és ben dèbil, i com qui diu metafísica. Per eliminar-la del tot, tan aviat com pugui hauré d'examinar si hi ha Déu; i si trobo que existeix, hauré d'examinar també si pot enganyar: puix que sense tenir coneixement d'aquestes dues veritats, no veig com puc estar segur de res. I per tenir ocasió d'examinar aquesta qüestió sense interrompre l'ordre de meditar que m'he proposat, que és passar successivament de les nocions que primer trobo en el meu esperit a les que puc trobar-hi després, cal que m'afanyi a dividir tots els meus pensaments en determinats gèneres i que consideri en quins d'aquests gèneres es troba pròpiament la veritat o l'error.

[Els actes mentals]

Entre els meus pensaments, uns són com les imatges de les coses, i només a aquests els escau el nom d'«idea»: com quan em represento un home, o una quimera, el cel, un àngel o Déu mateix. Altres, a més d'aquests, tenen certes formes determinades: perquè quan vull, temo, afirmo o nego, sí, sempre concebo alguna cosa com a referència del meu pensament, però, afegeixo alguna cosa més a la idea de semblança amb la cosa; i d'aquest gènere de pensaments, els uns s'anomenen «volicions» o afeccions i els altres «judicis».

Ara bé, pel que fa a les idees, si només les considerem en si mateixes, sense cap relació amb res més, no poden ser, pròpiament parlant, falses; com sigui que, tant si m'imagino un cavall o una quimera, no deixa de ser veritat que imagino l'un o l'altra.

Tampoc no cal témer que puguem trobar falsedat en les afeccions o volicions; perquè puc desitjar coses dolentes o bé coses que mai no han existit, i no per això deixa de ser veritat que les desitjo.

De manera que només queden els judicis, en els quals he de vigilar de no equivocar-me. Ara bé, l'error principal i més comú que puc cometre amb ells rau a jutjar que les meves idees són semblants o conformes a coses que existeixen fora de mi, perquè certament, mentre considero les idees només com a determinats modes o maneres del meu pensament, sense voler remetre-les a cap objecte extern, no sembla que puguin donar-me ocasió d'equivocar-me.

[Classes d'idees]

Ara bé, d'aquestes idees les unes em semblen «innates», les altres em semblen «alienes» i com arribades de fora, i altres finalment em semblen «fingides» i inventades per mi mateix. Perquè la facultat que tinc de concebre què és una cosa en general, què és una veritat o què és un pensament crec que prové només de la meva pròpia naturalesa; però si ara sento un soroll, veig el sol o sento la calor, fins ara he cregut que són sensacions que provenen de coses existents fora de mi; finalment, em sembla que les sirenes i els hipogrifs i totes les altres quimeres semblants són ficcions i invents del meu esperit. Potser també em puc persuadir que totes aquestes idees són del gènere que he anomenat alienes, i que vénen de fora, o bé que totes elles han nascut amb mi, o bé que totes les he fingides jo; perquè encara no he descobert clarament el seu veritable origen. El que haig de fer, doncs, en aquesta situació és considerar, pel que toca a les que em sembla que procedeixen d'objectes que es troben fora de mi, quines raons m'obliguen a creure que són semblants a aquests objectes.

La primera de les raons és que em sembla que m'ho ensenya la naturalesa; i la segona, que experimento en mi que aquestes idees no depenen de la meva voluntat, perquè sovint se'm presenten a desgrat meu, com ara que, vulgui o no vulgui, sento la calor, i per això em persuadeixo que aquest sentiment o bé aquesta idea de calor l'ha produïda en mi alguna cosa diferent de mi mateix, és a dir, el foc a la vora del qual em trobo. I no veig res més raonable que jutjar que aquesta cosa externa, més que cap altra, és la que m'envia i imprimeix en mi la seva semblança.

Ara cal que contempli si aquestes raons són suficientment fortes i convincents. Quan dic que em sembla que m'ho ensenya la naturalesa, entenc, per aquesta paraula «naturalesa» només una certa inclinació que em du a creure aquesta cosa, i no pas una llum natural que em faci saber que allò és vertader. Aquestes dues coses són molt diferents, perquè jo no gosaria posar en dubte res del que la llum natural em fa veure com a vertader, tal com, no fa gaire, m'ha fet veure que, com que jo dubtava, podia concloure que jo existia. I, a més, no hi ha en mi cap altra facultat o capacitat, per distingir entre la veritat i la falsedat, que pugui ensenyar-me que el que aquesta llum em mostra com a vertader de fet no ho és, i de la qual em pugui refiar tant com d'ella. Però pel que fa a les inclinacions que també em semblen naturals, sovint he observat, quan ha sigut qüestió de decidir entre les virtuts i els vicis, que m'han portat més aviat al mal que al bé, i per això tampoc tinc motius per seguir-les pel que fa a la veritat o la falsedat.

Quant a l'altra raó, és a dir, que aquestes idees han de venir de fora perquè no depenen de la meva voluntat, no la trobo tampoc gaire convincent. Perquè així com aquelles inclinacions, de les quals ara parlava, es troben en mi malgrat que no sempre van d'acord amb la meva voluntat, així també pot ser que hi hagi en mi alguna facultat o potència pròpia, que podria encara desconèixer, capaç de produir aquestes idees sense l'ajut de res exterior; com, efectivament, sempre m'ha semblat fins ara que, quan dormo, es formen dintre meu sense l'ajut dels objectes que elles representen. I, en fi, encara que puc admetre que són causades per aquests objectes, no se'n segueix necessàriament que s'hi hagin d'assemblar. Al contrari, sovint he observat, mantes vegades, que hi havia una gran diferència entre l'objecte i la seva idea. Com, per exemple, quan trobo en el meu esperit dues idees del Sol totalment diferents: l'una prové dels sentits, i cal posar-la dins el gènere d'aquelles que he dit abans que venien de fora, i segons la qual el Sol em sembla summament petit; l'altra la fonamentem en raons de l'astronomia, és a dir, en determinades nocions innates, o en definitiva formades per mi d'alguna manera o altra, segons la qual el Sol se'm presenta molt més gran que la Terra. Certament, aquestes dues idees que tinc del Sol no poden ser les dues semblants al mateix Sol, i la raó em fa creure que la que prové de forma immediata de la seva aparença és la que se li assembla menys.

Tot això em fa saber suficientment que fins ara no ha estat per un judici cert i premeditat, sinó només per un impuls cec i temerari que jo he arribat a creure que hi havia coses fora de mi, diferents del meu ésser, les quals, per mediació dels òrgans dels meus sentits, o per qualsevol altre mitjà, m'envien les seves idees o imatges en les quals imprimeixen les seves semblances.

[El contingut de les idees]

Encara se'ns presenta una altra via per investigar si, entre els objectes, les idees dels quals tinc en mi, n'hi ha alguns que existeixen fora de mi. És a dir, suposant que prenem aquestes idees només com determinades maneres de pensar, no veig entre elles cap diferència o desigualtat, i totes semblen procedir de mi de la mateixa manera; però si les prenc com a imatges, de les quals unes representen una cosa i altres una altra, és evident que aleshores són molt diferents les unes de les altres. Perquè, efectivament, les que em representen substàncies són sens dubte alguna cosa més i contenen en si mateixes (per dir-ho d'alguna manera) més realitat objectiva, és a dir, participen per representació de més graus d'ésser o de percepció que les que em representen solament modes o accidents. Sobretot, la idea per la qual concebo un Déu sobirà, etern, infinit, immutable, omniscient, omnipotent i creador universal de totes les coses que són fora d'ell; aquesta idea, repeteixo, té en ella més realitat objectiva que aquelles que em representen substàncies finites.

Ara bé, és cosa manifesta per la llum natural que hi ha d'haver almenys tanta realitat en la causa eficient i total com en l'efecte: perquè, d'on rep l'efecte la seva realitat sinó de la causa? I com podria aquesta causa comunicar-la-hi si no la té?

I d'aquí se'n segueix no solament que el no-res no pot produir res, sinó també que allò que és més perfecte, és a dir, que conté en si més realitat, no pot ser una conseqüència, o no pot dependre, d'allò que és menys perfecte. I aquesta veritat no és solament clara i evident en els efectes que té aquella realitat que els filòsofs anomenen actual o formal, sinó també en les idees, en les quals considerem solament la realitat que ells anomenen objectiva: per exemple, la pedra que encara no és, no solament no pot començar a ser ara si no és produïda per alguna cosa que posseeix en si formal o eminentment tot allò que entra en la composició de la pedra, és a dir, que conté en si les mateixes coses o altres més excel·lents que les que hi ha en la pedra; i la calor no pot ser produïda en un subjecte que n'està mancat, mentre no ho sigui per una cosa d'un ordre, grau o gènere almenys tan perfecte com la calor, i així totes les altres coses. Ara bé, i a més a més, la idea de calor o de pedra no la puc trobar en mi si no l'ha posada alguna cosa que conté almenys tanta realitat com concebo en la calor o la pedra. Perquè, per bé que aquesta causa no transmet en la meva idea res de la seva realitat actual o formal, no per això hem d'imaginar-nos que aquella causa ha de ser menys real; perquè cal saber que qualsevol idea, com a obra de l'esperit que és, és de tal naturalesa que no exigeix per si mateixa cap altra realitat formal que la que rep i pren del pensament o de l'esperit, del qual ella és un mode, és a dir, una manera de pensar. Ara bé, que una idea contingui una determinada realitat objectiva i no una altra, això ho deu a alguna causa, en la qual hi ha almenys tanta realitat formal com realitat objectiva té la idea. Perquè si suposem que en la idea hi ha alguna cosa que no es troba en la seva causa, caldrà suposar que allò li prové del no-res; però, per més imperfecta que pugui ser aquesta manera de ser, per la qual una cosa existeix objectivament o per representació en l'enteniment mitjançant la seva idea, no podem dir de cap manera que no és res ni, en conseqüència, que aquesta idea prové del no-res. Tampoc haig de suposar, si considero que la realitat d'aquestes idees només és objectiva, que no és necessari que hi hagi realitat formal en les causes de les meves idees, ni haig de pensar que és suficient que aquesta realitat es trobi objectivament en les seves causes; perquè, així com aquesta manera de ser objectivament pertany a les idees, per la seva pròpia naturalesa, així també la manera de ser formalment pertany a les causes d'aquestes idees (almenys a les primeres i principals) per la seva pròpia naturalesa. I per més que pot ser que una idea doni origen a una altra idea, no hi pot haver una regressió a l'infinit, sinó que cal arribar a una primera idea, la causa de la qual ha de ser un arquetip o un original, en el qual hi ha tota la realitat o perfecció continguda formalment i efectivament, aquella realitat justament que es troba només objectivament o per representació en aquelles idees. De manera que la llum natural em fa conèixer evidentment que les idees són en mi com quadres o imatges, que en realitat poden fàcilment desmillorar la perfecció de les coses de les quals provenen, però que no poden mai contenir res de més gran o de més perfecte.

I com més atentament examino aquestes coses, més clarament i distintament conec que són vertaderes. I, en fi, quina conclusió en trauré, de tot això? La següent: que si la realitat objectiva d'alguna de les meves idees és tanta que conec clarament que no es troba en mi ni formalment ni eminentment, i que, per tant, jo no en puc ser la causa, se'n segueix necessàriament que no estic de cap manera sol en el món, sinó que hi ha també alguna altra cosa que existeix, i que és la causa d'aquesta idea; però, si no trobo en mi aquesta idea, no tindré cap argument que em pugui convèncer de l'existència d'una altra cosa, tret de la meva; perquè els he examinat tots amb molt de compte, aquests arguments, i fins ara no n'he trobat cap altre.

Ara bé, entre aquestes idees, a més de la que em representa a mi mateix, i respecte a la qual no tinc ara cap dificultat, n'hi ha una altra que em representa un Déu, d'altres em representen coses corporals i inanimades, d'altres àngels, d'altres animals, i d'altres en fi em representen homes que se m'assemblen. Amb tot, pel que fa a les idees que em representen altres homes, o animals o àngels, fàcilment concebo que poden estar formades per la barreja i la composició d'altres idees que tinc de coses corporals i de Déu, baldament fora de mi no hi hagués ni altres homes en el món, ni cap animal, ni cap àngel. I, quant a les idees de coses corporals, no reconec en elles res de tan gran ni tan excel·lent que no em sembli que pugui venir de mi mateix; perquè si les considero de més a prop, i si les examino de la mateixa manera que examinava ahir la idea de la cera, trobo que contenen ben poca cosa que pugui concebre clarament i distintament, a saber: la grandària o bé l'extensió segons longitud, amplada i profunditat, la figura formada pels termes i els límits d'aquesta extensió, la situació que els cossos diversament configurats mantenen entre ells, i el moviment o el canvi d'aquesta situació; i hi podem afegir la substància, la duració i el nombre. I quant a les altres coses, com la llum, els colors, els sons, les olors, els sabors, la calor, el fred i les altres qualitats que són objecte del tacte, hem de dir que es troben en el meu pensament amb tanta foscor i confusió, que ignoro fins i tot si són vertaderes o falses o només aparents, és a dir, si les idees que concebo d'aquestes qualitats són efectivament idees de coses reals o bé si no em representen més que éssers quimèrics, que no poden existir. Perquè, si bé abans he remarcat que només en els judicis hi pot haver falsedat autèntica i formal, en les idees hi pot haver una certa falsedat material, a saber, quan representen allò que no és res com si fos alguna cosa. Per exemple, les idees que tinc del fred i la calor són tan poc clares i distintes, que per mediació d'elles no puc discernir si el fred és solament una privació de calor o la calor una privació de fred, o bé si l'un i l'altra són qualitats reals o no; i com que les idees són com imatges, no n'hi pot haver cap que no tingui l'aspecte de ser la representació d'alguna cosa, i, si és veritat que el fred no és més que una privació de calor, la idea que me'l representa com una cosa real i positiva podrà pròpiament anomenar-se falsa; i el mateix es pot dir d'altres idees. No és necessari atribuir a aquestes idees un altre autor que no sigui jo mateix, perquè, si són falses, és a dir, si representen coses que no són, la llum natural em fa reconèixer que provenen del no-res, és a dir, que són en mi només perquè a la meva naturalesa li manca alguna cosa i no és del tot perfecta; i si aquestes idees són vertaderes, com que em fan conèixer tan poca realitat que no sóc capaç de discernir netament entre la cosa representada i el no-ser, no veig cap raó perquè no puguin estar produïdes per mi.

Pel que fa a les idees clares i distintes que tinc de coses corporals, n'hi ha que em sembla que les he pogut aconseguir de la idea que tinc de mi mateix; així la idea de substància, duració, nombre i altres de semblants. Perquè quan penso que una pedra és una substància, o bé una cosa que de per si és apta per existir, i jo també sóc una substància —tot i que em concebo realment com una cosa que pensa i no extensa, i la pedra, en canvi, és cosa extensa i que no pensa—, entre aquests dos conceptes hi ha una notable diferència, però semblen tenir en comú que tots dos representen substàncies. Igualment, quan penso que ara existeixo, i recordo, a més, que abans també existia, i concebo molts pensaments diferents dels quals conec el nombre, aleshores adquireixo en mi les idees de duració i nombre, que després puc transferir a tot el que vull.

Pel que fa a les altres qualitats de què es componen les coses corporals, és a dir, l'extensió, la figura, la situació i el moviment de lloc, és veritat que no es troben formalment en mi, perquè jo només sóc una cosa que pensa; però, com que només són modes de la substància i vénen a ser les vestidures amb què se'ns apareix la substància corporal, i jo sóc també una substància, sembla que aquelles qualitats poden estar contingudes en mi d'una manera eminent.

[La idea de Déu]

Només resta, doncs, la idea de Déu, en la qual cal considerar si hi ha alguna cosa que no pot venir de mi mateix. Amb el nom de

«Déu», entenc una substància infinita, eterna, immutable, independent, omniscient i omnipotent, per la qual jo i totes les altres coses que existeixen (si n'existeix cap) hem estat creats i produïts. Doncs bé, aquestes propietats són tan grans i eminents que, com més atentament les considero menys em persuadeixo que la idea que en tinc pugui provenir només de mi. I, per tant, cal concloure necessàriament, de tot el que he dit abans, que Déu existeix; perquè, tot i que jo posseeixo la idea de substància, pel fet que sóc una substància no podria tenir la idea d'una substància infinita, jo, que sóc un ésser finit, si no l'havia posada en mi alguna substància que fos veritablement infinita.

I no m'haig d'imaginar que no concebo l'infinit mitjançant una veritable idea, sinó només per la negació d'allò que és finit, igual com comprendria el repòs i les tenebres per la negació del moviment i de la llum; al contrari, veig manifestament que hi ha més realitat en la substància infinita que en la substància finita i, per tant, que d'alguna manera tinc primerament en mi la noció d'infinit, que la de finit; és a dir, la noció de Déu que la meva. Perquè, com seria possible que pogués conèixer que dubto i desitjo, és a dir, que em manca alguna cosa i que no sóc perfecte, si no tingués en mi cap idea d'un ésser més perfecte que jo, per comparació amb el qual coneixeria els defectes de la meva naturalesa?

I no podem dir que potser aquesta idea de Déu és materialment falsa i que, per consegüent, podria obtenir-la del no-res, és a dir, que pot estar en mi perquè estic privat d'alguna cosa, com he dit no fa gaire de les idees de calor i de fred, i d'altres coses semblants. Al contrari, essent com és aquesta idea tan clara i distinta i contenint en si mateixa més realitat objectiva que cap altra, no n'hi pot haver cap de per si més vertadera ni que sigui menys sospitosa d'error i falsedat.

La idea, repeteixo, d'un ésser sobiranament perfecte i infinit és absolutament vertadera; perquè, malgrat que poguéssim fingir que un tal ésser no existeix, no m'és possible fingir que la seva idea no em representi res de real, com deia abans de la idea de fred.

Aquesta mateixa idea és també summament clara i distinta, perquè conté enterament tot allò que el meu esperit concep clarament i distintament com a real i vertader i conté en si alguna perfecció.

I això no deixa de ser veritat malgrat que no comprenc l'infinit o bé que hi ha en Déu una infinitat de perfeccions que no puc comprendre ni puc abastar amb el pensament: perquè pertany a la naturalesa de l'infinit que la meva naturalesa, finita i limitada, no el pugui comprendre; i és suficient que me n'adoni bé d'això i que jutgi que totes les coses que conec clarament —i en les quals sé que hi ha alguna perfecció, i potser també una infinitat d'altres que ignoro— són en Déu formalment o eminentment, perquè la idea que en tinc sigui la més vertadera, la més clara i distinta de totes les que hi ha en el meu esperit.

Però potser sóc alguna cosa més que no m'imagino, i totes les perfeccions que atribueixo a la naturalesa de Déu també les tinc jo en potència de manera que de moment no es manifesten i no s'han donat a conèixer a través de les seves accions. Efectivament, m'adono que el meu coneixement creix i es perfecciona a poc a poc, i no veig res que pugui impedir que creixi més i més fins a l'infinit, i, un cop hagi crescut i s'hagi perfeccionat, no veig res que m'impedeixi d'atènyer, per mitjà seu, totes les altres perfeccions de la naturalesa divina; i sembla, en fi, que si tinc la capacitat d'adquirir aquestes perfeccions, també hauria de ser suficient per fer presents al meu coneixement les idees d'aquestes mateixes perfeccions. Tanmateix, si ho penso millor, reconec que això no és possible; perquè, primerament, en cas que fos veritat que el meu coneixement adquirís cada dia nous graus de perfecció i que tingués en la meva naturalesa moltes perfeccions en potència —no manifestades encara en acte—, aquestes qualitats no pertanyen, i ni tan sols s'hi atansen, a la idea que tinc de la divinitat, en la qual no hi ha res en potència, sinó que tot hi és en acte i d'una manera efectiva. I, a més, el fet que el meu coneixement creixi a poc a poc i no per graus no implica indubtablement un argument infal·lible de la seva imperfecció? I afegeixo: tot i que el meu coneixement augmentés cada vegada més, no puc deixar de pensar que no podria arribar a ser infinit en acte, perquè mai no arribaria a tanta perfecció que ja no li fóra possible adquirir un grau més d'augment. En canvi, jo penso en un Déu infinit en acte amb tal grau de perfecció que no és possible afegir-li res més a la sobirana perfecció que posseeix. I, en fi, comprenc molt bé que l'ésser objectiu d'una idea no pot ser produït per un ésser que només existeix en potència, el qual, parlant amb propietat, no és res, sinó que només pot ser-ho per un ésser formal o actual.

I certament no veig res en tot això que acabo de dir que no sigui molt fàcil de conèixer mitjançant la llum natural per tots aquells que vulguin pensar-ho detingudament, però si la meva atenció s'afebleix, puix el meu esperit s'enfosqueix i s'encega amb les imatges de les coses sensibles, també s'oblida fàcilment de la raó per la qual la idea que tinc d'un ésser més perfecte que el meu ha d'haver estat posada necessàriament en mi per un ésser que sigui veritablement més perfecte.

Per això passo a una altra cosa i em proposo considerar si jo, que tinc aquesta idea de Déu, podria existir en el cas que Déu no existís. I em pregunto, de qui hauria rebut l'existència? Potser de mi mateix, dels meus pares o bé d'altres causes menys perfectes que Déu; perquè no podem imaginar res que sigui més perfecte que ell, o ni tan sols que sigui igual.

Ara bé, suposant que jo fos independent de qualsevol altre i jo mateix fos l'autor del meu ésser, no dubtaria de res, no desitjaria res i, en fi, no em mancaria cap perfecció, perquè m'hauria donat a mi mateix totes aquelles de les quals tinc idea, de manera que seria Déu.

I no haig d'imaginar-me que les coses que em manquen són potser més difícils d'adquirir que allò que ja tinc; perquè, al contrari, és ben manifest que és molt més difícil que jo —és a dir, una cosa o una substància que pensa— hagi sortit del no-res, que no pas que arribi a posseir el coneixement de moltes coses que ignoro i que, al cap i a la fi, no són més que accidents d'aquesta substància. Per tant, de ben segur que, si m'hagués donat a mi mateix això més difícil que acabo de dir, és a dir, si jo fos l'autor del meu origen i de la meva existència, no m'hauria privat almenys de les coses que són més fàcils d'adquirir, a saber, de molts coneixements de què està privada la meva naturalesa; tampoc m'hauria privat de cap de les coses que conté la idea que concebo de Déu, perquè no n'hi ha d'altres que em semblin més difícils d'aconseguir (i si n'hi hagués alguna de més difícil me n'adonaria —en el supòsit que m'hagués donat a mi mateix totes les altres coses que posseeixo—, perquè experimentaria en ella un límit al meu poder i no seria capaç d'aconseguir-la).

I baldament pogués suposar que potser sempre he estat com sóc ara, no podria evitar la força d'aquest raonament, i no deixo de reconèixer que és necessari que Déu sigui l'autor de la meva existència. Perquè tot el temps de la meva vida pot dividir-se en innombrables moments, cadascun dels quals no depèn de cap manera dels altres; i així, si abans existia, no se'n segueix que ara hagi d'existir, llevat que, en el moment actual, alguna causa em produeixi i em creï, per dir-ho així, de nou; és a dir, em conservi.

En efecte, és una cosa molt clara i ben evident (per a aquells que considerin amb atenció la naturalesa del temps) que una substància, per conservar-se en tots els moments de la seva existència, requereix la mateixa potència i la mateixa acció que seria necessària per produir-la i crear-la de nou en el cas que no existís. De manera que la llum natural ens fa veure clarament que la conservació i la creació no difereixen més que segons la nostra manera de pensar, i no realment. Ara, doncs, només cal que em pregunti a mi mateix per saber si tinc algun poder o virtut capaç de fer que jo, que ara existeixo, també existeixi en el futur, perquè, atès que no sóc més que una cosa que pensa (tal com fins ara només hem fet qüestió d'aquesta part de mi mateix), sols que tingués aquest poder, l'hauria de conèixer i ser-ne conscient; però no tinc consciència d'aquest poder, i per això conec amb evidència que jo depenc d'algun ésser que és diferent de mi.

Podria ser que aquest ésser, del qual jo depenc, no és aquest que anomeno Déu, i que a mi m'haguessin produït o els meus pares o altres causes menys perfectes que ell? Impossible, no pot ser. Com he dit abans, és una cosa molt evident que hi ha d'haver almenys tanta realitat en la causa com en l'efecte. I, per tant, com que sóc una cosa que pensa i com que hi ha en mi alguna idea de Déu, sigui quina sigui en definitiva la causa que es pot atribuir a la meva naturalesa, cal reconèixer necessàriament que ha de ser també una cosa que pensa i ha de posseir en si mateixa la idea de totes les perfeccions que jo atribueixo a la naturalesa divina. Després podrem cercar encara si aquesta causa rep el seu origen i la seva existència de si mateixa o d'alguna altra cosa. Perquè si la té de si mateixa, se'n segueix, per les raons que he dit fa poc, que aquesta causa ha de ser Déu, perquè si té la virtut de ser i d'existir per si mateixa, ha de tenir també indubtablement la potència de posseir en acte totes les perfecciones de les quals concep les idees, és a dir, les mateixes que jo concebo que pertanyen a Déu. Si tingués la seva existència a partir d'una altra causa que no és ella mateixa, esbrinarem de nou, i per la mateixa raó, d'aquesta segona causa, si existeix per si mateixa o no, fins que passant de l'una a l'altra arribéssim finalment a l'última causa, que trobaríem que és Déu. I és ben clar que en aquest procediment no hi pot haver una regressió a l'infinit, perquè no es tracta tant de la causa que m'ha produït en altre temps com de la que em conserva en el moment actual.

Tampoc podem fingir que potser moltes altres causes han concorregut conjuntament a produir-me i que d'una d'elles he rebut jo la idea d'una de les perfeccions que atribueixo a Déu i, d'una altra, la idea d'alguna altra perfecció, de manera que totes aquestes perfeccions, sí, existeixen veritablement en alguna part de l'Univers, però no juntes ni reunides en una sola que anomenem Déu. Perquè, al contrari, la unitat, la simplicitat o inseparabilitat de totes les coses que són en Déu és una de les principals perfeccions que jo concebo en ell; i, indubtablement, la idea d'aquesta unitat i conjunció de totes les perfeccions de Déu no pot haver estat posada en mi per cap causa que no hagi produït també en mi les idees de totes les altres perfeccions. Perquè no podria haver-me-les fet comprendre com una unitat, totes juntes i inseparables, sense que m'hagués donat també d'alguna manera el coneixement de cada una d'elles.

Pel que fa als pares, dels qui sembla que rebo el meu origen, tot i que sigui veritat el que d'ells pugui creure, no haig de pensar que són ells qui em conserven, ni que m'hagin produït en tant que sóc una cosa que pensa, perquè la seva contribució afecta només modificacions de la matèria, en la qual jo, és a dir, el meu esperit —l'única cosa amb què ara m'identifico— es veu empresonat. I, per tant, en aquest aspecte no hi ha cap dificultat, sinó que és necessari concloure que, pel sol fet que existeixo i que hi ha en mi la idea d'un ésser sobiranament perfecte (és a dir, de Déu), l'existència de Déu es demostra amb tota evidència.

[Origen de la idea de Déu]

Només queda examinar de quina manera he adquirit jo aquesta idea. No l'he rebuda pels sentits, i mai se m'ha fet present de forma inesperada com fan les idees de les coses sensibles, quan aquestes coses s'ofereixen o semblen oferir-se als òrgans exteriors dels meus sentits. Tampoc és ella una mera producció o una ficció del meu esperit, perquè no li puc afegir ni treure res. Per consegüent, no hi ha altra possibilitat que dir que, igual com la idea de mi mateix, aquella idea ha nascut i ha estat produïda en mi des que jo he estat creat.

I, certament, no hem de trobar estrany que Déu, en el moment de crear-me, hagi posat en mi aquesta idea com si fos la marca que l'artesà imprimeix en la seva obra; i tampoc és necessari que aquesta marca sigui diferent de la seva mateixa obra. Pel sol fet que Déu m'ha creat, és molt raonable que d'alguna manera m'hagi produït a la seva imatge i semblança, i jo reconec aquesta semblança (on hi ha continguda la idea de Déu) per la mateixa facultat amb què jo em penso a mi mateix; és a dir, que quan reflexiono sobre mi, no només conec que sóc una cosa imperfecta, incompleta, i dependent d'un altre, i que tendeixo i aspiro incessantment a coses millors i més grans que jo no sóc, sinó que també sé, al mateix temps, que aquell del qual depenc posseeix en si mateix totes aquelles grans coses a què aspiro, les idees de les quals trobo en mi, no indefinidament i només en potència, sinó que les frueix efectivament, en acte i infinitament, perquè és Déu. I tota la força de l'argument que he emprat aquí per provar l'existència de Déu rau en què jo reconec que no seria possible que la meva naturalesa fos tal com és, és a dir, que tingués en mi la idea de Déu, si Déu veritablement no existís. Aquell mateix Déu, repeteixo, la idea del qual trobo en mi, és a dir, que posseeix totes aquelles elevades perfeccions de les quals el nostre esperit pot tenir una idea, malgrat no les comprengui totes; que no està sotmès a cap defecte i que no té res que sigui senyal d'imperfecció.

Per tot això és bastant evident que aquest Déu no pot ser enganyador, perquè la llum natural ens ensenya que l'engany depèn necessàriament d'algun defecte.

Això no obstant, abans d'examinar aquest punt més detingudament, i abans de passar a considerar altres veritats que podem deduir d'aquí, em sembla convenient deturar-me a contemplar aquest Déu infinitament perfecte, sospesar tranquil·lament els seus meravellosos atributs i considerar, admirar i adorar la incomparable bellesa d'aquesta immensa llum; tant com la força del meu esperit, aombrat com n'està, d'aquesta llum, m'ho pugui permetre. Perquè, així com per la fe sabem que la suprema felicitat de l'altra vida no consisteix sinó en la contemplació de la Majestat divina, també per l'experiència sabem ara que una meditació així, certament incomparablement menys perfecta que aquella contemplació, ens pot ajudar a aconseguir l'acontentament més gran que podem sentir en aquesta vida.

Meditació quarta

De la veritat i la falsedat

M'he acostumat tant aquests dies a desprendre el meu esperit dels sentits i he observat amb tanta precisió que són molt poques les coses que coneixem amb certesa de la naturalesa corporal i que, d'altra banda, en coneixem moltes sobre l'esperit humà i més encara sobre Déu, que ara apartaré sense dificultat el meu pensament de la consideració de les coses sensibles o imaginables, per emmenar-lo a considerar aquelles que, separades de tota matèria, són purament intel·ligibles.

Certament, la idea que tinc de l'esperit humà —en tant que és una cosa que pensa, i no extensa en longitud, amplada i profunditat, i que no participa d'allò que pertany al cos— és incomparablement més distinta que la idea de qualsevol cosa corporal. I amb igual claredat i distinció es fa present al meu esperit la idea d'un ésser perfecte i independent, això és, de Déu, quan considero que dubto, és a dir, que sóc una cosa imperfecta i dependent; i pel sol fet que hi ha en mi aquesta idea, o bé que jo sóc o existeixo, jo, que posseeixo aquesta idea, concloc amb tanta evidència l'existència de Déu, i que la meva depèn enterament d'ell en tots els moments de la meva vida, que no crec de cap manera que l'esperit humà pugui conèixer res amb més evidència i certesa. I ja em penso entreveure un camí que ens dreçarà, a partir de la contemplació del veritable Déu (en qui s'inclouen tots els tresors de la ciència i de la saviesa), al coneixement de tota la resta de l'Univers.

En primer lloc, reconec que és impossible que ell m'enganyi, perquè en tot frau i engany hi ha alguna mena d'imperfecció. I malgrat que ser capaç d'enganyar sembla un indici de subtilitat, o de poder, tanmateix voler enganyar és senyal indubtable de feblesa o malícia. Per tant, aquesta voluntat no la podem trobar en Déu.

[L'origen de l'error]

En segon lloc, experimento en mi una certa capacitat de jutjar, la qual indubtablement he rebut de Déu, igual que la resta de coses que posseeixo; i com sigui que no voldrà enganyar-me, és cert que no me l'ha donada inclinada a enganyar-me sempre, si la faig servir com cal. I no tindria dubte sobre aquest punt, si no se'n pogués deduir, sembla, la conseqüència que, per tant, jo no m'he equivocat mai (perquè si tinc de Déu tot el que posseeixo i ell no m'ha donat la possibilitat d'equivocar-me, sembla que no m'haig d'equivocar mai). I veritablement, quan només penso en Déu, no descobreixo en mi cap causa d'error o de falsedat, però després, quan penso també en mi, l'experiència em fa saber que malgrat tot estic subjecte a una infinitat d'errors, dels quals, si en cerco la causa de més de prop, observo que en el meu pensament no hi ha només una idea real i positiva de Déu, o bé d'un ésser sobiranament perfecte, sinó també, per dir-ho així, una certa idea negativa del no-res, és a dir, d'allò que està infinitament lluny de tota perfecció; i que jo sóc com un terme mitjà entre Déu i el no-res, de manera que, posat entre l'ésser sobirà i el no-ésser, no hi ha veritablement res en mi que em pugui conduir a l'error, en tant que sóc producte d'un ésser sobirà. Però com sigui que també participo d'alguna manera del no-res o del no-ésser, és a dir, en tant que no sóc jo l'ésser sobirà, em trobo exposat a una infinitat de defectes, de manera que no m'haig de sorprendre si m'equivoco.

I així sé que l'error, com a tal, no és res de real que depengui de Déu, sinó que només és un defecte; i per tant, que no em fa falta per equivocar-me una determinada capacitat que m'hagi pogut donar Déu amb aquesta finalitat particular, sinó que, si m'equivoco, és perquè la capacitat que Déu m'ha donat per discernir entre el que és vertader i el que és fals en mi no és infinita.

Tanmateix això encara no em satisfà del tot; perquè l'error no és una pura negació, és a dir, no és la simple deficiència o manca d'una perfecció que no m'és deguda, sinó més aviat és una privació d'un coneixement que sembla que hauria de posseir. I si tinc en compte la naturalesa de Déu, no em sembla possible que m'hagi donat cap facultat que sigui imperfecta en el seu gènere, és a dir, una facultat mancada d'alguna perfecció que li seria deguda; perquè, si és veritat que com més expert és l'artesà més perfectes i acabades han de ser les obres que surten de les seves mans, quin ésser ens podríem imaginar que ha estat produït per aquest sobirà Creador de totes les coses, que no hagi de ser perfecte i totalment acabat en totes les seves parts? I, certament, no puc dubtar que Déu m'hauria pogut crear tal que no hagués d'equivocar-me mai; i també és cert que aquest Déu sempre vol el millor: m'és doncs millor equivocar-me que no equivocar-me?

Si ho considero tot amb més d'atenció, la primera cosa que em ve al pensament és que no m'haig de sorprendre si la meva intel·ligència no és capaç de comprendre per què Déu fa el que fa i que, per tant, no tinc cap raó de dubtar de la seva existència, atès que ja veig per experiència moltes altres coses sense entendre per quina raó ni com Déu les ha produïdes. Perquè, sabent ja que la meva naturalesa és extremament feble i limitada, i que la de Déu, en canvi, és immensa, incomprensible i infinita, no em costa gens de creure que hi ha infinitat de coses en el seu poder, les causes de les quals ultrapassen la meva comprensió. I només amb aquesta raó ja en tinc prou per persuadir-me que no té cap sentit aplicar aquelles causes, que tenen a veure amb la finalitat, a les coses físiques o naturals, perquè no crec que pugui, sense temeritat, indagar i intentar descobrir els designis impenetrables de Déu.

I també em ve al pensament que, quan indaguem si les obres de Déu són perfectes, no hem de considerar una sola criatura aïlladament, sinó totes les criatures alhora i en conjunt. Perquè la mateixa cosa que ens podria potser semblar molt imperfecta, si la mirem aïllada, la trobem perfectament conforme a la seva naturalesa quan la miren com a part de tot l'Univers. I si bé, d'ençà que he pres la decisió de dubtar de totes les coses, només he conegut amb certesa la meva existència i la de Déu, tanmateix, com que també he reconegut després el poder infinit de Déu, no puc negar que ha produït moltes altres coses, o almenys que podia produir-les, de manera que jo existeixo i sóc en el món com formant part del conjunt de tots els éssers.

[Dos components de l'error]

I després d'això, mirant-me encara de més a prop i tenint en compte quins són els meus errors (amb els quals ja en tinc prou per saber que sóc imperfecte), trobo que depenen de la concurrència de dues causes, a saber, de la meva facultat de conèixer i de la facultat d'escollir, o bé del meu lliure albir; és a dir, de l'enteniment i de la voluntat. Amb l'enteniment sol no afirmo ni nego res; només concebo les idees de les coses, que puc afirmar o negar. Ara bé, si considerem les coses amb precisió, podem dir que mai no hi ha error en l'enteniment, comptant que prenem el terme «error» en el seu significat propi. I encara que potser hi ha infinitat de coses en el món de les quals no tinc en l'enteniment la més mínima idea, no puc dir per això que està privat d'aquestes idees, com d'una cosa que li és deguda per naturalesa, sinó simplement que no les té. Perquè, efectivament, no hi ha cap raó que pugui provar que Déu hauria d'haver-me donat una facultat de conèixer més gran i més ampla que la que de fet m'ha atorgat, i que, encara que me l'imagino com l'artesà més hàbil i savi, no per això haig de pensar que ell havia de posar en cada una de les seves obres totes les perfeccions que pot posar en algunes. Com tampoc puc plànyer-me que Déu no m'hagi donat un lliure albir o una voluntat que no és prou ampla i perfecta, perquè de fet l'experimento tan il·limitada i extensa que no la veig empresonada dintre cap terme. I crec que, en aquest punt, cal remarcar que, de totes les altres coses que hi ha en mi, no n'hi cap de tan perfecta i extensa que no pugui reconèixer que podria ser-ho encara més. Perquè, per exemple, si considero la meva facultat de pensar, trobo que s'estén a ben poques coses i que és molt limitada, i al capdavall em represento la idea d'una altra facultat molt més gran, fins i tot infinita; i pel sol fet que em puc representar aquesta idea, sé de sobres que pertany a la naturalesa de Déu. Igualment si examino la memòria, o la imaginació, o alguna altra facultat; no en trobo cap que no sigui en mi molt minsa i limitada, i que en Déu no hagi de ser immensa i infinita. Només la voluntat, o la llibertat d'arbitri, la sento en mi tan gran que no concebo de cap manera la idea d'una altra més extensa i més gran, de forma que ella, més que cap altra, em fa saber que porto en mi la imatge i la semblança de Déu. Perquè, encara que en Déu és incomparablement més gran que en mi, sia per raó del coneixement i del poder, que s'hi afegeixen i la fan més poderosa i eficaç, sia per raó de l'objecte, en la mesura que abasta i s'estén infinitament a totes les coses, tanmateix no em sembla ser més gran si la considero formal i precisament en si mateixa. Perquè la voluntat consisteix només a poder fer o no fer una cosa (és a dir, afirmar o negar, acceptar o evitar); o millor, consisteix només —afirmant o negant, acceptant una cosa o evitant allò que ens proposa l'enteniment— a actuar de tal manera que no ens sentim constrets per cap força exterior a nosaltres. Per ser lliure, no és necessari sentir-me indiferent a l'hora d'escollir entre l'un o l'altre dels dos extrems contraris; més aviat el que sol passar és que, com més m'inclino cap a un d'ells —sia perquè conec evidentment que hi retrobo allí el bé i la veritat, sia perquè Déu ho disposa així en l'interior del meu pensament— més lliurement decideixo i l'accepto. I certament, la gràcia divina i el coneixement natural, lluny de restringir la meva llibertat, més aviat l'augmenten i enforteixen. De manera que aquesta indiferència que sento, quan no em veig més empès cap a un costat que cap a l'altre pel pes d'alguna raó, és el grau més baix de la llibertat, i més aviat posa de manifest un defecte en el coneixement que una imperfecció en la voluntat. Perquè, si sempre conegués clarament el que és vertader i el que és bo, mai no caldria esforçar-me a deliberar quin judici i quina decisió hauria d'acordar; seria totalment lliure sense mai ser indiferent.

Per aquestes raons reconec que la facultat de voler, que he rebut de Déu, no és de cap manera per si mateixa la causa dels meus errors, perquè és gran i perfecta en el seu gènere; i tampoc ho és la facultat d'entendre o de pensar: com que no concebo res si no és per mediació d'aquesta facultat que Déu m'ha donat per pensar, sense cap mena de dubte tot allò que concebo, ho concebo com cal, i no és possible que en això m'erri. D'on neixen, doncs, els meus errors? Només d'aquesta causa: com que la voluntat és bastant més ampla i extensa que l'enteniment, jo no la retinc dins els mateixos límits que l'enteniment, sinó que l'aplico també a coses que no comprenc; essent com és indiferent a elles, es confon molt fàcilment i escull el mal en lloc del bé, o la falsedat en lloc de la veritat. Heus aquí per què m'equivoco i peco.

Per exemple, quan examinava aquests dies passats si existia alguna cosa en el món i descobria que pel sol fet que jo examinava aquesta qüestió ja se'n seguia molt evidentment que jo existia, no podia sinó pensar que allò que jo concebia tan clarament era vertader; no perquè m'hi forçava alguna causa exterior, sinó només perquè, de la gran claredat que hi havia en el meu enteniment, se'n seguia una gran inclinació de la meva voluntat; i em vaig veure induït a creure amb tanta més llibertat com menys indiferència sentia. Ara, en canvi, no sé solament que existeixo, en la mesura que sóc una cosa que pensa, sinó que també es presenta al meu esperit una certa idea de la naturalesa corporal: la qual cosa em fa dubtar si aquesta naturalesa que pensa, i que és en mi, o millor, per la qual sóc allò que sóc, és diferent de la naturalesa corporal o bé si totes dues són la mateixa cosa. I dono per entès aquí que no conec encara cap raó que em convenci més d'una cosa que de l'altra. D'on se segueix que sóc totalment indiferent a negar-ho o a afirmar-ho, i fins i tot a abstenir-me d'emetre cap judici.

Aquesta indiferència no s'estén només a les coses que l'enteniment no coneix, sinó també en general a totes aquelles que no concep amb una claredat perfecta en el moment en què la voluntat delibera, perquè per més probables que siguin les conjectures que m'inclinen a jutjar d'alguna cosa, aquest coneixement que tinc, format només per conjectures i no per raons certes i indubtables, és suficient per donar-me l'ocasió de jutjar el contrari. Això és el que he experimentat mantes vegades aquests dies passats quan considerava fals tot el que abans havia tingut per molt vertader, només pel fet que ja he remarcat: que no en podia dubtar d'alguna manera.

[La causa de l'error pròpiament dita]

Ara bé, si m'abstinc d'emetre el meu judici sobre una cosa perquè no la concebo amb prou claredat i distinció, és evident que faig bé i que no m'equivoco; però si em determino a negar-la o a afirmar-la, aleshores no faig un bon ús del meu lliure albir. I si afirmo el que no és veritat, és evident que m'enganyo; ara, també m'enganyo fins i tot quan jutjo que és veritat i encerto per casualitat, també aleshores no deixo de cometre un error i d'emprar malament la meva llibertat; perquè la llum natural ens ensenya que el coneixement de l'enteniment ha de precedir sempre la determinació de la voluntat. És, doncs, en aquest mal ús de la llibertat on rau la privació que constitueix la forma de l'error. La privació, entenc, es troba en l'operació en tant que procedeix de mi, mentre que no es troba en la facultat que jo he rebut de Déu ni tampoc en l'operació en tant que depèn d'ell.

Certament, no tinc cap dret de queixar-me que Déu no m'hagi donat una intel·ligència més capaç o una llum natural més gran que la que de fet m'ha atorgat, perquè és propi d'un enteniment finit no comprendre infinitat de coses, i és propi d'un enteniment creat ser finit. Més aviat tinc motius per agrair-li que, no estant obligat a res, m'hagi donat les poques perfeccions que trobo en mi: lluny sóc de concebre sentiments tan injustos, com seria imaginar que ell m'ha negat o retingut injustament les altres perfeccions que no m'ha donat.

Tampoc no m'ha de saber greu que ell m'hagi donat una voluntat més extensa que l'enteniment, perquè, com que la voluntat consisteix només en un únic element i a més aquest és com indivisible, sembla que la seva naturalesa és tal que no se li pot sostreure res sense destruir-la; i, certament, com més gran es creu ella mateixa, més motiu tinc d'agrair-ho a la bondat d'aquell que me l'ha donada.

I, en fi, tampoc puc queixar-me que Déu concorri amb mi per constituir els actes d'aquesta voluntat, és a dir, els judicis en què m'equivoco, perquè aquests actes són totalment vertaders i absolutament bons en tant que depenen de Déu; i d'alguna manera hi ha més perfecció en la meva naturalesa si sóc capaç de constituir-los que si no pogués fer-ho. Quant a la privació, en la qual consisteix solament la raó formal de l'error i del pecat, no té necessitat de cap concurs de Déu, perquè no es tracta d'una cosa o d'un ésser i, si la relacionem amb Déu com a causa seva, no hem d'anomenar-la privació, sinó solament negació, segons el sentit que l'Escolàstica dóna a aquests termes.

[Imperfectes, tanmateix lliures]

Perquè, efectivament, no és una imperfecció atribuïble a Déu que m'hagi donat la llibertat d'emetre o no el meu judici sobre determinades coses, sobre les quals no ha donat al meu enteniment un coneixement clar i distint; la imperfecció rau indubtablement en mi, que no faig un bon ús d'aquesta llibertat i que emeto temeràriament judicis sobre coses que només conec obscurament i confusa.

Tot i així, veig que hauria estat fàcil per Déu haver-me constituït de tal manera que mai per mai pogués enganyar-me —sense que per aquesta raó hagués de deixar de ser lliure i de disposar d'un coneixement limitat—, a saber: atorgant al meu enteniment una comprensió clara i distinta de totes les coses sobre les quals hagués de deliberar, o bé simplement imprimint tan profundament en la meva memòria la resolució de no jutjar mai sobre una cosa sense haver-la concebut clarament i distintament, que no pogués oblidar-la mai. I certament m'adono, quan penso en mi com un ésser aïllat, com si no hi hagués ningú més en el món, que hauria sigut molt més perfecte del que sóc si Déu m'hagués creat de manera que mai per mai pogués cometre un error. Ara bé, no puc per això negar que, en cert sentit, hi ha més perfecció en tot l'Univers si algunes de les seves parts no estan exemptes de defectes que no si totes són perfectament semblants. I no tinc cap dret de queixar-me, si Déu, que m'ha posat al món, no ha volgut situar-me en la categoria de les coses més nobles i perfectes; més aviat tinc motius d'estar content perquè, si no m'ha donat la virtut de no equivocar-me, pel primer mitjà que acabo d'explicar —que depèn d'un coneixement clar i distint de totes les coses sobre les quals puc deliberar—, almenys ha deixat en les meves mans l'altre mitjà, que és: mantenir-me fermament resolt a no emetre cap judici sobre coses la veritat de les quals no conec clarament. Perquè tot i que m'adono d'aquesta feblesa de la meva naturalesa, que no sóc capaç de fixar contínuament el meu esperit a un mateix pensament, puc malgrat tot, mitjançat una meditació atenta i freqüent, gravar-me'l tan profundament en la memòria que no oblidi mai recordar-lo, sempre que en pugui tenir necessitat, fins a aconseguir així el costum de no equivocar-me. I, com que justament en això consisteix la més gran i principal perfecció de la persona, estimo que, descoberta ja la causa de les falsedats i dels errors, no són poques les coses que he guanyat amb aquesta Meditació.

I certament no hi pot haver altra causa que la que he explicat; perquè sempre que mantinc la meva voluntat dins els límits del meu coneixement, si només jutjo sobre coses clarament i distintament representades en el meu enteniment, no és possible que m'equivoqui: la raó és que tota concepció clara i distinta és indubtablement quelcom real i positiu i, per tant, no pot provenir del no-res, sinó que ha de tenir necessàriament Déu com a autor; Déu, repeteixo, qui, sobiranament perfecte com és, no pot ser causa de cap error, i, en conseqüència, cal concloure que aquell concepte o aquell judici és vertader.

I avui no solament he après el que haig d'evitar per no equivocar-me, sinó també el que haig de fer per arribar al coneixement de la veritat. Perquè certament hi arribaré, si presto suficient atenció a totes les coses que concebo perfectament i si les destrio d'aquelles que no comprenc més que d'una manera confusa i obscura. I això és el que d'ara endavant procuraré dur a la pràctica.

RENÉ DESCARTES, *Méditations touchant la premièrer philosophie,* traducció D'ANTONI MARTÍNEZ-RIU a partir del text establert per FERDINAND ALQUIÉ, a *Descartes. Œuvres philosophiques,* vol. 2, Garnier, París 1967, p. 404-468.

3. David Hume (1711-1776)

David Hume, «el més gran de tots els filòsof britànics», segons A. J. Ayer, i el filòsof escocès que portà l'empirisme insular al seu punt culminant, va néixer a Edimburg el 26 d'abril de 1711, fill menor d'una família emparentada amb una branca dels «comtes de Home o de Hume». La seva educació, juntament amb la dels altres dos germans, és a càrrec de la mare, perquè el pare mor dos anys després de néixer David Hume. Quan encara no tenia dotze anys, ingressa a la Universitat d'Edimburg, d'on surt al cap de tres anys sense cap títol, com solia passar aleshores. Abandona els estudis de dret, i es dedica a la seva passió més aviat literària, tal com diu en un llibret titulat *La meva vida*: «Sentia —diu— una insuperable aversió per tot allò que no tingués relació amb la filosofia i el saber en general». Amb la intenció d'escriure la que creia que havia de ser l'obra de la seva vida (el futur *Tractat de la naturalesa*) als vint-i-tres anys marxa a França on es retira a Reims i a La Flèche (Anjou) per dedicar-se a l'estudi i a la reflexió; l'obra que allà escriu apareixerà publicada anònimament a Londres l'any 1739, en dos volums, amb el títol *Un tractat de la naturalesa humana, que és un intent d'introduir el mètode experimental de raonar en les matèries morals*. Quan de França torna a Londres (1740) publica el tercer volum «Sobre la moral». L'obra en conjunt no va tenir una bona acollida de crítica i públic; d'ella diu el mateix Hume: «Mai l'esforç literari ha estat més infortunat que el meu *Tractat*. Va néixer mort en sortir de la impremta, sense arribar a tenir ni tan sols la sort de provocar la crítica dels fanàtics»; convençut l'autor que era ell el responsable del fracàs inicial de l'obra, va voler aclarir els principals punts de la seva argumentació publicant un resum o compendi de l'ampli tractat que va rebre el nom d'*Extracte o Abstract* (1740). Poc després publica dos volums d'uns primers *Assaigs morals i polítics* (1741-1742), amb els quals comença a refer-se del primer desengany i a guanyar-se la vida com a escriptor. L'èxit d'aquests *Assaigs* li va proporcionar certa fama que el va animar a presentar-se com a candidat a professor d'ètica i filosofia de l'ànima a la Universitat d'Edimburg, càtedra que li és denegada per «escèptic i ateu»; més endavant li serà denegada també per raons semblants la de lògica a la mateixa universitat, i després la de filosofia moral de Glasgow. Com a defensa contra aquella acusació escriu, el 1745, *Carta d'un cavaller a un amic d'Edimburg*, que constitueix un autèntic al·legat a favor de la llibertat de pensament. Seguirà la publicació de *Tres assaigs, morals i polítics* (1748), que són la primera obra que Hume firma amb el seu propi nom, i l'obtenció d'un càrrec de preceptor del marquès d'Annadale —un jove excèntric que poc després seria declarat dement—, alleugerit amb el modest salari de 300 lliures a l'any, que li permetrà dedicar-se a la redacció de les obres pròpiament filosòfiques que li donaran la primera fama entre els filòsofs: *Una investigació sobre l'enteniment humà* (1748) i *Una investigació sobre els principis de la moral* (1751), obres que provenen totes dues d'una reelaboració del Tractat; de la segona dirà que és «la millor sense comparació d'entre tots els meus escrits històrics, filosòfics i literaris». Càrrecs posteriors a les ambaixades de París (on va freqüentar els *philosophes* francesos i on va iniciar una lleial amistat amb J.-J. Rousseau, poc corresposta), Viena i Torí i algun altre nomenament polític i finalment el lloc de conservador de la biblioteca del Col·legi d'Advocats li permetran viure una vida de relativa comoditat dedicada a la filosofia i als llibres: va aprofitar l'oportunitat que li brindava la rica biblioteca del Col·legi d'Advocats per redactar una *Història d'Anglaterra* que va merèixer els elogis de Voltaire, i de la qual va publicar sis volums entre 1754 i 1762. Per aquesta època escriu també els coneguts *Diàlegs sobre religió natural* (obra pòstuma, 1779), l'escrit més important de Hume sobre filosofia de la religió. Ell es va descriure, en una de les seves obres, com un «home cordial, amb domini de mi mateix, d'humor franc, social i jovial, capaç de sentir l'amistat, poc susceptible d'enemistar-me amb ningú i molt moderat en les passions. Ni tan sols l'ànsia de fama literària, la meva passió dominant, ha agrit mai el meu caràcter, malgrat els desenganys que han estat freqüents». Retirat a Edimburg, allí el va sorprendre la mort, produïda per un tumor intestinal, el 25 d'agost de l'any 1776.

Hume és el filòsof empirista per excel·lència, culminació i corona de la sèrie d'empiristes britànics iniciada pels anglesos Hobbes, Bacon i Locke i l'irlandès Berkeley, que s'encara frontalment al racionalisme continental inaugurat a França per René Descartes. Si Descartes creu que el coneixement s'ha de fonamentar en principis absolutament apodíctics coneguts en la intuïció de la pròpia consciència —per això recorrerà a la idea d'un Déu infinitament bo que ha de ser la garantia del criteri de certesa— Hume és el prototipus de filòsof il·lustrat, moderadament escèptic segons confessa ell, que reconeix els límits en què es mou la raó humana i simplement analitza *el fet* de conèixer tal com apareix en l'experiència: es remet, per tant, a l'experiència interna i externa. Racionalisme i empirisme són, tanmateix, dos corrents filosòfics iniciats en l'època moderna que no és necessari considerar absolutament allunyats l'un de l'altre, com ha fet normalment la tradició; cap empirista, tot i afirmar que l'origen del coneixement és l'experiència, pot deixar de recórrer a la raó (a la capacitat, almenys, de recombinar idees), i cap racionalista, tot i sostenir la importància de la raó i del pensament pot negligir l'experiment i l'observació, com feia el mateix Descartes (consultant, per exemple, el «llibre del món»). I, en última instància, empiristes i racionalistes treballen tots amb les idees i des de les idees.

La característica que defineix l'empirisme de Hume és la voluntat que manifesta en el *Tractat* de donar fonament a una ciència empírica de la naturalesa humana, que sigui alhora una síntesi de les ciències que tracten de l'home, les ciències morals, posteriorment anomenades ciències de l'esperit; els principis d'aquesta ciència de la naturalesa humana havien de ser, segons ell, similars als principis de la filosofia natural, o física, descrits amb precisió en aquella època per Newton en els *Principis matemàtics de filosofia natural* (1687). Hume vol ser el «Newton» del món moral, i pretén, per tant, formular seguint el mètode empíric les lleis també universals que determinen la manera de pensar, actuar, sentir i viure dels homes al llarg del temps i en el transcórrer de la cultura humana: en el terreny propi de les que més endavant s'anomenaran «ciències de l'esperit».

El títol de l'*Extracte* que diu *Compendi d'un llibre publicat recentment i intitulat Un tractat de la naturalesa humana, etc., on s'il·lustra i s'explica millor el principal argument d'aquest llibre*, és ja una declaració d'intencions: vol aclarir el contingut que l'autor considera essencial del *Tractat de la naturalesa*, l'obra mal acceptada per crítics i públic en el moment de la seva publicació, i de la qual ell opina que ha estat titllada «d'obscura i de difícil comprensió», a causa, segons creu, de «la seva extensió i no pas pel caràcter abstracte de la seva argumentació»; Hume explicita la intencionalitat del *Tractat* de «fer l'anatomia de la naturalesa humana d'una manera regular» traient d'aquest estudi només «les conclusions que autoritzi l'experiència», amb la pretensió que l'obra resulti «més intel·ligible per a tothom». L'*Extracte*, en efecte, és una obra breu, escrita en un llenguatge entenedor i assequible i dirigida al gran públic, al servei de l'obra major que pretén compendiar. Hume la va publicar l'any 1740 en tornar de França a Londres, després de comprovar que l'obra a què ell donava el caràcter de «novetat» no havia aconseguit l'èxit esperat. El text va caure en l'oblit i no és fins al 1938 quan els economistes J. M. Keynes i P. Sraffa en descobreixen un manuscrit i l'editen amb el títol de *Compendi del Tractat de la naturalesa humana (An abstract of a Treatise of Human Nature)*, i sostenen també —contra opinions divergents— la tesi segons la qual l'autor del resum és el mateix Hume. Tot i ser una obreta de poques pàgines, ens proporciona una bona ocasió de saber quins eren els punts essencials que, segons Hume, calia explicar d'una primera obra que ell considerava no entesa.

El *Compendi* estableix que el tema fonamental del *Tractat de la naturalesa* és «sotmetre a prova la ciència de l'*home* per veure si pot admetre la mateixa precisió que han aconseguit diverses parts de la filosofia natural» (de Newton), amb la convicció que aquesta ciència de la naturalesa humana, perquè gairebé conté totes les altres i totes depenen d'ella, pot ser considerada com un vertader «sistema de les ciències»; entre aquestes ciències humanes enumera la lògica, la moral, la crítica o ciència del gust i la política. «L'autor —diu— ha deixat ben acabat tot el que fa referència a la lògica, mentre que, pel que fa a les altres matèries, només en posa els fonaments allà on parla de les *passions*.»

El mètode experimental que, com diu el títol del *Tractat*, vol introduir Hume en el seu intent de raonar en les matèries morals no és, evidentment el del recurs a la verificació de l'experiment —en matèries humanes no hi ha experiment possible—, sinó el del recurs a l'experiència. L'home és un *ésser natural*, i si l'hem d'estudiar ens hem de remetre a l'*experiència*. L'experiència, en l'empirisme i en Hume, remet a la manera com s'origina el coneixement en la ment humana. Per això creu Hume que, en aquesta qüestió, es manté en la línia que segueixen tots els empiristes anteriors i coetanis: Bacon, Locke, Shaftesbury, Mandeville, Hutchinson i Butler, els quals cita; ho fa, però amb el recurs propi de la seva terminologia epistemològica: Hume divideix les percepcions humanes («qualsevol cosa que pugui presentar-se a la ment») en dues classes: impressions i idees. Les primeres són les percepcions més fortes i vives; les segones les més vagues i dèbils. En el nostre enteniment no hi res que no sigui o una impressió o una idea d'aquests tipus: «no hi ha, doncs, idees innates», perquè cada idea s'ha de contrastar amb la impressió de la qual depèn, i, si no es troba la impressió que la fonamenta, aquesta idea no té prou valor per a l'enteniment. La validesa de les nostres idees, cal cercar-la, doncs, en la confrontació amb l'experiència; aquesta és per Hume l'únic origen del coneixement. Per esbrinar si una idea és o no és vàlida cal veure de quina impressió procedeix, teoria que s'anomena «Principi de la còpia» que pot ser enunciat de la manera següent: *«les impressions sempre precedeixen [les idees] i tota idea amb què es basteix la imaginació fa primer la seva aparició en una corresponent impressió»*. No hi ha doncs idees innates, perquè totes han de procedir d'alguna manera de l'experiència externa. L'única excepció que en fa són les passions, un gènere d'instints naturals que deriva de la constitució original de la ment humana, i els enunciats de la geometria i de l'aritmètica.

Aquesta terminologia i aquest principi de la còpia els aplica Hume a l'anàlisi d'aquelles idees tradicionals, pròpies sobretot del racionalisme, que constitueixen els fonaments de l'edifici de la filosofia i que en la terminologia empirista es consideren sobretot «idees complexes»; ell les sotmet a examen per decidir si són o no valuoses i si són o no aplicables al coneixement de la naturalesa humana: «I quan [l'autor del *Tractat*] sospita que un terme filosòfic no té cap idea annexa (cosa massa freqüent), pregunta sempre: *de quina impressió deriva aquesta idea?* I en cas de no poder-s'hi adduir cap impressió, conclou que el terme és del tot irrellevant. Així és com examina les idees de substància i essència».

Les principals idees complexes sotmeses a crítica que ressenya l'*Extracte* són: la causalitat, les idees relacionades de la inducció i la creença en la uniformitat de la naturalesa; la substància, en els seus aspectes de receptacle de les propietats individuals i de matèria extensa; l'ànima humana com a substrat dels pensaments, emocions i passions, o bé el jo, i la llibertat personal. La crítica a la causalitat, que no és més que una simple creença, que «sorgeix en totes les qüestions de fet només pel costum», no tan sols no permet fonamentar la metafísica tradicional, basada principalment en el principi de causalitat, sinó que deriva a més cap a un escepticisme filosòfic radical: «la filosofia inclosa en aquest llibre és molt escèptica», recorda, i no permet creure en l'existència de res (Déu, la substància, l'ànima) que no sigui una percepció o una inferència de la ment feta per costum a partir de les nostres percepcions. Un escepticisme radical, només apaivagat per la força de la naturalesa: «La filosofia ens convertiria totalment en pirrònics, si la naturalesa no fos massa forta per impedir-nos-ho», afirma l'*Extracte* recordant el *Tractat* quan adverteix que la naturalesa —i la vida quotidiana— desbarata la força dels arguments i els impedeix que tinguin massa influència sobre l'enteniment i quin és l'abast dels límits de la raó humana on fan bé «unes gotes de pirronisme».

A l'anàlisi de la idea de causa hi contribueix el característic exemple de les boles de billar: «Heus aquí una bola de billar parada sobre la taula, i una altra que marxa ràpidament en direcció a ella». La comunicació del moviment de l'una a l'altra es pren com un exemple de relació causal. Hume analitza quin tipus de relació s'hi estableix. Hi ha (*a*) *prioritat* (la primera la bola es mou en direcció a l'altra; hi ha (*b*) *contigüitat* en l'espai i en el temps (les dues boles xoquen); i hi ha una (*c*) *inferència* que fa la ment per la qual infereix que la primera bola, que anomenem «causa», produeix el moviment de la segona, que anomenem «efecte», i que, per tant, existeix una relació causal. Hume sosté que al fet (*a*) i al fet (*b*) li corresponen impressions observables, però que a (*c*), és a dir, a la inferència o relació causal no li correspon cap impressió, segons exigiria el principi de la còpia. Aquesta inferència, sosté Hume, no pot fer-la la raó humana, perquè no es tracta d'un raonament deductiu o lògic; si fos així, no podríem imaginar un moviment diferent del previst en un xoc de boles de billar; en un raonament deductiu el contrari no és possible. Si aquesta inferència no la fem mitjançant la raó (no la faria ni «*Adam*, amb tota la seva ciència»), la fem per l'hàbit o el costum de veure repetides vegades el comportament de dues boles que xoquen entre si: *sempre* que una bola xoca contra una altra bola s'observa moviment. La inferència, la relació causal, es basa en el costum. Ben mirat, no es tracta d'una connexió necessària —el contrari és possible—, sinó d'una *conjunció constant* observable, si hi ha suficients casos, entre la causa i l'efecte (sempre que una bola xoca amb l'altra, aquesta última es posa en moviment).

L'hàbit o el costum («causes semblants, en circumstàncies semblants, produeixen sempre efectes semblants») provoquen la *creença* en la uniformitat de la naturalesa i que el futur serà semblant al passat.

La creença (una idea a la qual *assentim*; no una idea a la qual correspondria una impressió) no és més que una *manera diferent* de pensar una cosa: un *sentiment* «més ferm i més vivaç que els nostres pensaments ordinaris», o que el simple fet de pensar una idea en què no hem posat el nostre assentiment; aquest sentiment, que no deixa de ser també una impressió en la ment, és una connexió en el pensament o en la imaginació, deguda al costum —en el cas de la causalitat—, entre un objecte i allò que sol acompanyar-lo. Aquest sentiment és l'origen de la idea de causalitat; és una construcció de la ment, que relaciona «efectes» semblants amb «causes» semblants.

La part que correspondria al llibre segon del *Tractat* («Sobre les passions») —un nucli d'antrolopogia empirista— és només al·ludida en l'*Extracte* quan parla breument de les passions i del lliure albir. De la voluntat lliure, recorda que l'autor del *Tractat* la «posa sota una llum nova» atès que la interpreta com la voluntat que és «causa» pròpia de les seves accions. Com que la causalitat «en el món de la ment» és del mateix ordre que la causalitat en món material, el lliure albir s'ha d'entendre, també, com «una conjunció constant —no necessària, per tant— entre les accions de la voluntat i les seves motivacions».

La menció final a la teoria de l'«associació de les idees» torna a prendre el cap de fil de la teoria del coneixement: dissolt tot el reguitzell d'idees [complexes] que constitueixen el món conceptual amb què es basteix l'edifici de la filosofia tradicional (racionalista) es manté vigent la capacitat de la ment, per la memòria o la imaginació, d'associar unes idees amb les altres segons tres principis bàsics que les connecten: *semblança, contigüitat* i *causalitat*, una de les aportacions més influents de l'empirisme anglès. Aquests principis, recorda Hume, «són realment *per a nosaltres* el ciment que uneix l'univers, i totes les operacions de la nostra ment han de dependre, en gran mesura, d'ells».

MANUEL SATUÉ

PRIMER TEMA

«RESUM» DEL TRACTAT DE LA NATURALESA HUMANA

COMPENDI D'UN LLIBRE PUBLICAT RECENTMENT I INTITULAT UN TRACTAT DE LA NATURALESA HUMANA, ETC., ON S'IL·LUSTRA I S'EXPLICA MILLOR EL PRINCIPAL ARGUMENT D'AQUEST LLIBRE

PREFACI

Les meves expectatives, en aquesta breu contribució, poden semblar un xic extraordinàries quan declaro que les meves intencions són de fer que una obra més extensa resulti, en abreujar-la, més intel·ligible per a tothom. És cert, tanmateix, que els qui no estan acostumats al raonament abstracte són propensos a perdre el fil de l'argument quan la seva trama assoleix grans proporcions i cada una de les seves parts està reforçada amb tota mena d'argumentacions, salvaguardada contra tot tipus d'objeccions i il·lustrada amb tots els punts de vista que vénen a la ment d'un escriptor en considerar diligentment el seu tema. Aquests lectors aprendran fàcilment una sèrie de raonaments més simple i concisa en què només les principals proposicions estiguin lligades entre elles, aclarides mitjançant uns exemples senzills i demostrades per pocs arguments però, això sí, de gran força probatòria. Atès que les diferents parts es troben més pròximes entre si, poden comparar-se més bé i seguir més fàcilment llur connexió des dels primers principis fins a la darrera conclusió.

L'obra, l'extracte de la qual presento aquí al lector, ha estat titllada d'obscura i de difícil comprensió; penso que és a causa de la seva extensió i no pas pel caràcter abstracte de la seva argumentació. Si hagués posat remei, d'alguna manera, a aquest inconvenient, hauria assolit la finalitat que de bell antuvi m'havia proposat. El llibre, crec, té un caire de singularitat i novetat suficients per cridar l'atenció del públic, especialment si hom s'adona que, com l'autor sembla insinuar —en cas que fos acceptada la seva filosofia—, caldria alterar la major part de la ciència des dels fonaments. Tan atrevides temptatives són sempre avantatjoses en la república de les lletres: perquè alliberen del jou de l'autoritat, acostumen els homes a pensar per ells mateixos, ofereixen als homes de geni suggeriments nous per avançar i, per la seva forta oposició, il·luminen uns punts en què abans ningú no havia ni tan sols sospitat que hi hagués cap dificultat.

Cal que l'autor es resigni, un cert temps, a esperar pacientment abans que el món dels entesos pugui posar-se d'acord amb la seva proposta. El seu infortuni rau en el fet que no pot fer apel·lació al poble, que en totes les matèries que depenen de la raó comuna i de l'eloqüència ha resultat ésser sempre un tribunal infal·lible. Li toca ser jutjat per uns quants, el veredicte dels quals és més susceptible de corrompre's per la parcialitat i el prejudici, especialment perquè ningú que no hagi pensat sovint en aquests temes no pot ésser-ne un jutge adient; aquests pocs són propensos a formar els seus sistemes propis i no estan disposats a abandonar-los. Espero que l'autor m'excusarà de fer de mitjancer en aquest afer, ja que el meu propòsit només és d'augmentar el seu públic, removent algunes dificultats que han impedit aprendre tot el seu significat.

He triat un argument molt simple, i l'he dissenyat curosament del principi a la fi. Aquest és l'únic punt que he procurat desenvolupar. La resta es redueix a indicacions de passatges particulars que m'han semblat curiosos i notables.

***

EXTRACTE D'UN LLIBRE RECENTMENT PUBLICAT, INTITULAT

UN TRACTAT DE LA NATURALESA HUMANA

Aquest llibre sembla haver estat escrit de conformitat amb el mateix pla que moltes altres obres que han aconseguit fama aquests últims anys a Anglaterra. L'esperit filosòfic, que tan gran impuls ha rebut en tot Europa els últims vuitanta anys, ha estat tan elevat en aquest regne com en qualsevol altre. Els nostres escriptors semblen, fins i tot, haver iniciat un nou gènere filosòfic, que promet ser més per a l'entreteniment i el profit del gènere humà que qualsevol altre que el món hagi conegut fins ara. La major part dels filòsofs de l'antiguitat que han tractat sobre la naturalesa humana han mostrat més delicadesa de sentiments, just sentit moral o grandesa d'ànim que no pas profunditat en el raonament i la reflexió. S'han acontentat a representar el sentit comú de la humanitat amb gran vigor i amb els més feliços girs del pensament i de l'expressió, sense resseguir amb fidelitat una cadena de proposicions o reunir les diverses veritats en una ciència regular. Però val la pena, si més no per una vegada, de sotmetre a prova la ciència de l'*home* per veure si pot admetre la mateixa precisió que han aconseguit diverses parts de la filosofia natural. Sembla que ens assisteix tota la raó del món si imaginem que aquesta ciència pot ser enlairada al màxim grau d'exactitud. Si, quan examinem diversos fenòmens, trobem que tots ells es resolen en un principi comú i podem reduir aquest principi a un altre, arribarem a la fi a tan sols alguns principis simples dels quals depèn tota la resta. I encara que mai podrem assolir els principis últims, és una satisfacció poder avançar tan lluny com ens ho permetin les nostres facultats.

Aquest sembla haver estat el propòsit dels filòsofs més contemporanis nostres, i, entre ells, també el del nostre autor. S'ha proposat de fer l'anatomia de la naturalesa humana d'una manera regular, i ens promet que només traurà aquelles conclusions que autoritzi l'experiència. Parla desdenyosament de les hipòtesis, i insinua que aquells compatriotes nostres que les han desterrades de la filosofia moral han fet al món un servei més notable que Bacon,[1] a qui el nostre autor considera el pare de la física experimental. Per aquest motiu parlen de Locke, de Shaftesbury,[2] de Mandeville,[3] Hutcheson[4] i de Butler,[5] els quals —tot i diferir entre ells en molts punts— semblen estar tots d'acord a fonamentar totalment en l'experiència llurs precises disquisicions sobre la naturalesa humana.

A més de la satisfacció d'haver-nos familiaritzat amb allò que ens toca més de prop, es pot afirmar, amb tota seguretat, que gairebé totes les ciències estan incloses en la ciència de la naturalesa humana i depenen d'ella. L'única finalitat de la lògica és explicar els principis i les operacions de la nostra facultat de raonament i la naturalesa de les nostres idees; la moral i la crítica s'ocupen del gust i dels nostres sentiments, mentre que la política considera els homes en tant que s'uneixen en societat, dependents com són els uns dels altres. Aquest tractat de la naturalesa humana sem-

1. Francis Bacon (1561-1626). Critica el saber tradicional (Aristòtil) i proposa un nou mètode: la inducció, base del mètode newtonià.

2. Anthony Ashley Cooper, comte de Shaftesbury (1671-1713); il·lustrat. Ètica i estètica: proposa una moral del sentiment basada en l'instint moral de l'ésser humà (emotivisme).

3. Bernard de Mandeville (1670-1733). Metge i filòsof holandès, viu a Londres. *Faula de les abelles, o bé vicis privats, beneficis públics*. L'acció en profit propi (l'egoisme) produeix el bé comú; només cal llibertat (liberalisme).

4. Francis Hutcheson (1664-1746). Segueix Shaftesbury. Hi ha un sentit moral en l'home que, de manera natural, li permet distingir el bé del mal i cercar el bé comú.

5. Joseph Butler (1692-1752). Noció de «consciència»: instint ordenador i racionalitzador que duu al progrés moral. La racionalitat del cristianisme.

bla, per tant, haver estat concebut pensant en un sistema de les ciències. L'autor ha deixat ben acabat tot el que fa referència a la lògica, mentre que, pel que fa a les altres matèries, només en posa els fonaments allà on parla de les passions.

El cèlebre senyor Leibniz ha observat un defecte en els sistemes comuns de lògica: que s'estenen molt a l'hora d'explicar les operacions de l'enteniment quan construeix les demostracions, però que són massa concisos quan tracten de la probabilitat i d'altres graus d'evidència sobre les quals es basen totalment la vida i l'acció, i que són les nostres guies, fins i tot en la major part de les especulacions filosòfiques. L'autor inclou en aquesta censura l'*Assaig sobre l'enteniment humà*,[6] *La recerca de la veritat*[7] i *L'art de pensar*.[8] L'autor del *Tractat de la naturalesa humana* sembla haver advertit aquest defecte en aquests filòsofs i s'ha esforçat, tant com ha pogut, a reparar-lo. Com sigui que el seu llibre conté un gran nombre d'especulacions molt noves i remarcables, és impossible donar al lector una visió de conjunt; ens limitarem per tant, preferentment, a les seves explicacions sobre els nostres raonaments per causa i efecte. Si aconseguim fer-les intel·ligibles al lector, ens servirà com una mostra de la totalitat de l'obra.

[Terminologia]

El nostre autor comença amb unes quantes definicions. Anomena *percepció* qualsevol cosa que pugui presentar-se a la ment, tant si fem servir els nostres sentits o ens impulsa la passió, com si exercitem el pensament o la reflexió. Divideix les percepcions en

6. John Locke.

7. Nicolas Malebranche.

8. Antoine Arnauld (1612-1694). Filòsof i teòleg francès. Polèmica amb Descartes i Leibniz. Concilia cartesianime i agustinisme. La lògica com a mètode de descobriment. Obres: *L'art de pensar* (la *Lògica* de Port-Royal) i *Sobre les idees veritables i falses*.

dues classes: *impressions* i *idees*. Quan sentim una passió o una emoció de qualsevol classe o tenim les imatges dels objectes externs transmeses pels nostres sentits, la percepció de la ment l'anomena *impressió*, paraula a la qual dóna un sentit nou. Quan reflexionem sobre una passió o un objecte que no és present, anomena aquesta percepció *idea*. Per tant, les *impressions* són les nostres percepcions més vívides i fortes; *idees*, són les impressions més vagues i dèbils. Aquesta distinció és evident; tant com la que hi ha entre sentir i pensar.

La primera proposició que avança és que totes les nostres idees o percepcions dèbils es deriven de les nostres impressions o percepcions fortes, i que no podem pensar mai en res que no hàgim vist fora de nosaltres o hàgim sentit en les nostres ments. Aquesta proposició sembla equivalent a aquella que tant d'esforç li va costar d'establir al senyor Locke: *que no hi ha idees innates*. Però cal observar, i això és una inexactitud d'aquest famós filòsof, que comprèn totes les nostres percepcions sota el terme d'idea; i en aquest sentit és fals que no tinguem idees innates. Perquè és evident que les nostres percepcions més fortes, o impressions són innates, i que les afeccions naturals, l'amor a la virtut, el ressentiment i tota la resta de passions sorgeixen immediatament de la naturalesa. Estic convençut que qualsevol que consideri la qüestió sota aquest punt de vista serà capaç de reconciliar totes les parts. Malebranche es trobaria en un compromís si hagués d'assenyalar un pensament de la ment que no representés una cosa prèviament sentida, ja sigui internament o per mitjà dels sentits externs; i es veuria obligat a admetre que, encara que puguem combinar, barrejar, augmentar i disminuir les nostres idees, totes es deriven d'aquestes fonts. Locke, per la seva banda, reconeixeria fàcilment que totes les nostres passions són un gènere d'instints naturals, no derivats sinó propis de la constitució original de la ment humana.

El nostre autor pensa «que no es podria haver fet cap altre descobriment més feliç per decidir totes les controvèrsies relatives a les idees que el següent: *les impressions sempre les precedeixen i tota idea amb què es basteix la imaginació fa primer la seva aparició en una corresponent impressió.* Aquestes darreres percepcions són tan clares i evidents que no admeten controvèrsia; però moltes de les nostres idees són tan fosques que és gairebé impossible —fins i tot per a la ment que les forma— explicitar-ne exactament la naturalesa i composició». D'acord amb això, quan una idea és ambigua, el nostre autor apel·la sempre a la impressió, que ha de tornar-la clara i precisa. I si sospita que un terme filosòfic no té cap idea annexa (cosa massa freqüent), sempre pregunta: *de quina impressió deriva aquesta idea?* I en cas de no poder-s'hi adduir cap impressió, conclou que el terme és del tot irrellevant. Així és com examina les idees de *substància* i *essència*, i fóra desitjable que aquest mètode rigorós fos més practicat en tots els debats filosòfics.

[Anàlisi de la causalitat]

És evident que tots els raonaments sobre *qüestions de fet* es fonamenten en la relació de causa i efecte, i que no podem mai inferir l'existència d'un objecte a partir d'un altre objecte, llevat que estiguin connectats entre ells, d'una manera mediata o immediata. Per tal, doncs, d'entendre aquests raonaments hem d'estar perfectament familiaritzats amb la idea de causa; amb aquesta finalitat, hem de cercar entorn nostre per trobar alguna cosa que sigui causa d'una altra.

I heus aquí una bola de billar parada sobre la taula, i una altra que marxa ràpidament en direcció a ella. Xoquen, i la bola que anteriorment estava en repòs ara es posa en moviment. Aquest és un exemple tan apropiat de la relació de causa i efecte com qualsevol altre que coneguem, sigui per sensació, sigui per reflexió. Examinem-lo, per tant: és obvi que totes dues boles van entrar en contacte abans que es comuniqués el moviment, i que no hi ha hagut cap interval entre la topada i el moviment. La *contigüitat* en el temps i en l'espai és, per tant, una circumstància exigida per a l'actuació de qualsevol causa. També és evident que el moviment-causa és anterior al moviment-efecte. La *prioritat* en el temps és, per tant, una altra circumstància exigible a tota causa. Però això no ho és tot. Provem amb altres boles del mateix material en una situació similar: hi trobem sempre que l'impuls d'una bola produeix indefectiblement moviment en una altra. Heus aquí, per tant, una *tercera* circumstància: una *conjunció constant* entre la causa i l'efecte. Tot objecte semblant a la causa produeix sempre un objecte similar a l'efecte. Més enllà d'aquestes circumstàncies de contigüitat, prioritat i conjunció constant, no puc descobrir res més en la causa. La primera bola entra en moviment; toca la segona; immediatament la segona es posa en moviment. I quan provo l'experiment amb altres boles iguals o semblants en circumstàncies iguals o semblants, trobo que al moviment i al contacte d'una bola segueix sempre el moviment de l'altra. Per més voltes que dono a la qüestió, i per més que l'examino, jo no hi veig res més.

Aquest és el cas en què tant la causa com l'efecte estan presents als sentits. Vegem ara en què es fonamenta la nostra inferència quan concloem a partir d'una cosa que una altra ha existit o existirà. Suposem que veig una bola que es mou en línia recta cap a una altra: concloc immediatament que toparan i que la segona es posarà en moviment. Aquesta és la inferència de la causa a l'efecte, i d'aquests tipus són tots els raonaments que fem en la nostra vida: en aquest tipus d'inferència es fonamenta tota la nostra creença en la història. I d'ella prové tota la filosofia, amb les úniques excepcions de la geometria i l'aritmètica. Si podem explicar aquesta inferència a partir del xoc de dues boles, serem capaços de retre compte d'aquesta operació de la ment en tots els casos.

Si algú, per exemple *Adam*, hagués estat creat amb tota la plenitud del seu enteniment, però sense gens ni mica d'experiència, mai no hauria pogut inferir el moviment de la segona bola a partir del moviment i de l'impuls de la primera. No és quelcom que la raó pugui veure en la causa el que ens fa inferir l'efecte. Aquesta inferència, si mai fos possible, equivaldria a una demostració, perquè simplement es fonamentaria en una relació d'idees. Però cap inferència de la causa a l'efecte compta com una demostració. I d'això tenim aquesta prova evident: la ment pot *concebre* sempre qualsevol efecte que pugui seguir d'una causa, i també que qualsevol esdeveniment pot seguir-se de qualsevol altre. Perquè tot allò que *concebem* és possible, almenys en un sentit metafísic, però on sigui que tingui lloc una demostració, el contrari és impossible i implica una contradicció. No hi ha, doncs, cap demostració quan es tracta d'una conjunció de causa i efecte. I aquest és un principi admès generalment pels filòsofs.

Així, doncs, hauria estat necessari que *Adam* (suposem que tampoc estava inspirat) hagués tingut *experiència* de l'efecte que seguia a l'impuls d'una d'aquestes boles. Hauria d'haver vist, nombroses vegades, que quan una de les boles topava amb una altra, aquesta segona sempre es movia. Si ho hagués vist prou vegades, sempre que veiés moure's una bola cap a una altra hauria tret indefectiblement la conclusió que la segona sempre es posaria en moviment. El seu enteniment s'anticiparia a la visió i formaria una conclusió d'acord amb la seva experiència passada. D'això es desprèn que tots els raonaments referents a causa i efecte es fonamenten en l'experiència, i que tots els raonaments que provenen de l'experiència es fonamenten en el supòsit que el curs de la naturalesa continuarà sent uniformement el mateix. Concloem que causes semblants, en circumstàncies semblants, produeixen sempre efectes semblants. Però ara potser val la pena de aturar-se a considerar què és allò que ens determina a treure una conseqüència de tanta importància.

És evident que *Adam*, amb tota la seva ciència, mai no hauria estat capaç de *demostrar* que el curs de la natura ha de continuar sent uniformement el mateix i que el futur ha de ser conforme al passat. Allò que és possible no es pot demostrar mai que sigui fals, i és possible que el curs de la natura pugui canviar, ja que podem pensar aquest canvi. Encara aniré més lluny i afirmaré que *Adam* tampoc podia demostrar, ni que fos amb arguments *probables*, que el futur havia de ser conforme al passat. Tots els arguments probables estan muntats precisament sobre aquesta suposició, que hi ha conformitat entre el futur i el passat, i per tant no poden provar-la. Aquesta conformitat és una *qüestió de fet*, i si cal provar-la no admetrem cap prova que no provingui de l'experiència. Però l'experiència del passat no pot ser prova de res que passi en el futur, a menys que ja suposem que hi ha semblança entre passat i futur. Aquesta és, doncs, una qüestió que no admet prova de cap mena i que donem per descomptada sense cap tipus de prova.

Estem determinats només pel costum a suposar que el futur és conforme al passat. Quan veig una bola de billar que es mou en direcció a una altra, la meva ment es veu induïda immediatament per l'hàbit a pensar en l'efecte acostumat i anticipa la meva visió concebent el moviment de la segona bola. No hi ha res en aquests objectes, considerats en abstracte, i abans de tenir en compte l'experiència, que em porti a una conclusió semblant; i, fins i tot després d'haver tingut l'experiència de molts efectes repetits d'aquest tipus, no hi ha cap argument que em determini a suposar que l'efecte serà conforme a l'experiència passada. Les forces mitjançant les quals operen els cossos són totalment desconegudes. Nosaltres en percebem només les qualitats sensibles. I, quina *raó* tenim per pensar que les mateixes forces hagin d'estar sempre unides a les mateixes qualitats sensibles?

Així, doncs, no és la raó la guia de la vida, sinó el costum. Només ell determina la ment, en tots els casos, a suposar que el futur serà conforme al passat. Per més fàcil que pugui semblar aquest pas, la raó no seria capaç de fer-lo ni que ho intentés tota una eternitat.

Aquest és un descobriment molt curiós, però que ens adreça cap a d'altres més curiosos encara. *Quan veig una bola de billar que es mou en direcció a una altra, la meva ment es veu induïda immediatament per l'hàbit a pensar en l'efecte acostumat i anticipa la meva visió concebent el moviment de la segona bola.* Però, això és tot? No faig més que concebre el moviment de la segona bola? Certament que no. *Crec*, també, que es mourà. Què és aleshores aquesta *creença*? I en què difereix de la simple concepció de qualsevol altra cosa? Heus aquí una qüestió nova mai pensada pels filòsofs.

Quan una demostració em convenç d'una proposició, no solament me la fa concebre, sinó que també em fa saber que és impossible concebre el contrari. Allò que és fals per demostració, implica una contradicció; i allò que implica una contradicció no pot ser concebut. Però pel que fa a una qüestió de fet, per més rigorosa que ens pugui semblar la prova que traiem de l'experiència, puc sempre concebre el contrari, tot i que no sempre puc creure-ho. Així, doncs, la creença distingeix entre la concepció que aprovem i la que no.

Per donar compte d'això, només hi ha dues hipòtesis. Podria dir-se que la creença afegeix alguna idea nova a aquelles que podem concebre sense donar-hi el nostre assentiment. Però aquesta hipòtesi és falsa. *Primerament*, perquè aquesta idea no es pot produir. Quan simplement concebem un objecte, el concebem en totes les seves parts. El concebem com si pogués existir, per més que no creguem que existeixi. Que creguem en ell no ens fa descobrir noves qualitats. Podem dibuixar l'objecte sencer en la nostra imaginació, sense creure-hi. Podem situar-lo d'alguna manera davant els nostres ulls, en totes les circumstancies de temps i de lloc. Aquest és el veritable objecte concebut tal com podria existir; i quan creiem en l'objecte o esdeveniment, no hi fem més.

En segon lloc, la ment té la facultat d'unir totes les idees que no són contradictòries; així, doncs, si la creença consistia en una idea que afegíssim al fet de simplement pensar un objecte, l'home podria —pel simple fet d'afegir aquesta idea— creure qualsevol cosa que pogués concebre.

Com que la creença implica una concepció —tot i que és alguna cosa més— i com que no afegeix cap idea nova a la concepció, se'n segueix que és una MANERA diferent de concebre l'objecte, *quelcom* que es pot diferenciar pel sentiment, i que no depèn de la nostra voluntat com en depenen totes les nostres idees. La meva ment discorre per l'hàbit que en té des de l'objecte visible d'una bola que es mou cap a l'altra fins a l'efecte usual del moviment de la segona bola. No solament concep aquest moviment, sinó que, mentre el pensa, *sent* alguna cosa diferent d'un mer somni de la imaginació. La presència d'aquest objecte visible i la conjunció constant d'aquell efecte particular fan que aquesta idea sigui diferent del *sentiment* d'aquelles idees vagues que es troben en la ment sense que s'hi hagin introduït. Aquesta conclusió sembla un xic sorprenent, però hi hem anat arribant seguint una cadena de proposicions que no admeten cap dubte. Per ajudar el lector a recordar-les, les resumiré breument: no podem provar cap qüestió de fet si no és a partir de la seva causa o del seu efecte; no podem dir que una cosa és causa d'una altra si no és per l'experiència; no podem adduir cap raó per aplicar al futur la nostra experiència del passat; però estem del tot determinats pel costum quan concebem que un efecte es deriva de la seva causa habitual; i també creiem que se'n segueix un efecte i alhora el concebem. Aquesta creença no afegeix cap idea nova al fet de pensar-lo, només en varia la manera de concebre'l, atès que imposa una diferència en la manera de sentir-lo. Així, doncs, la creença sorgeix en totes les qüestions de fet només pel costum i és una idea concebuda d'una MANERA peculiar.

El nostre autor procedeix a explicar aquesta manera o sentiment que fa de la creença alguna cosa diferent d'una concepció vaga. Sembla convençut que és impossible de descriure amb paraules aquest sentiment que cadascú sent segurament en el seu interior. De vegades l'anomena una concepció *més forta*, de vegades més *vital*, més *vívida*, més *ferma* o més *intensa*. I certament, qualsevol nom que puguem assignar a aquest sentiment que constitueix la creença, el nostre autor pensa que és evident que exerceix un efecte més vigorós sobre la ment que no pas la ficció i la simple concepció. I ho prova per la influència de l'esmentat sentiment sobre les passions i sobre la imaginació, les quals es mouen només pel que és vertader o per allò que prenen com a tal. La poesia, amb tot el seu artifici, mai no pot causar una passió semblant a la que s'experimenta en la vida real. Mostra una deficiència en la concepció original dels seus objectes, els quals mai no *sent* de la mateixa manera que aquells que regeixen la nostra creença i la nostra opinió.

El nostre autor —que presumeix d'haver provat suficientment que les nostres idees a les quals expressem la nostra conformitat són diferents, quant al sentiment, de les altres, i que aquest sentiment és més ferm i més vivaç que els nostres pensaments ordinaris— s'esforça a continuació a explicar la causa d'aquest sentiment vivaç, mitjançant una analogia amb la resta d'actes de la ment. El seu raonament sembla interessant, però difícilment li podria semblar intel·ligible, o almenys probable, al lector sense l'ajuda d'una llarga digressió, la qual cosa excediria els límits que jo mateix m'he prescrit.

De manera semblant, he deixat de banda molts arguments que l'autor addueix per tal de provar que la creença consisteix merament en un sentiment peculiar. Faré esment només d'un: la nostra experiència passada no és sempre uniforme. De vegades d'una causa en segueix un determinat efecte i de vegades un altre; en aquest cas creiem que es produirà allò que sol ser més habitual. Veig una bola de billar que es mou en direcció a una altra; no puc distingir si es mou girant sobre el seu eix o si fou impulsada per lliscar rasant per sobre la taula. En el primer cas, sé que no pararà després de la topada; en el segon, pot parar. El primer cas és el més comú i, per això, em disposo a comptar amb aquest efecte. Però també concebo l'altre efecte com a possible i com a connectat amb la causa; si una manera de pensar no fos diferent de l'altra quant al sentiment, no hi hauria cap diferència entre elles.

En tot aquest raonament ens hem limitat a la relació causa i efecte, tal com es descobreix en els moviments i operacions de la matèria. Però podem aplicar el mateix raonament a les operacions de la ment. Tant si considerem la influència de la voluntat per moure el nostre cos com per governar la nostra ment, podem afirmar amb tota seguretat que mai no sabrem predir l'efecte que se'n seguirà sense l'experiència, fonamentats només en la consideració de la causa. I àdhuc després d'haver experimentat aquests efectes, és només el costum, no la raó, allò que ens determina a fer-ne la norma dels nostres judicis futurs. Quan la causa és present, la ment —per hàbit— passa de seguida a la concepció i a la creença de l'efecte acostumat. Aquesta creença és quelcom diferent de pensar merament l'efecte; amb tot, no hi afegeix cap idea nova: només provoca que sigui sentida d'una manera diferent i la fa més forta i vívida.

Després d'haver esbrinat aquesta qüestió important sobre la naturalesa de la inferència per causa i efecte, el nostre autor torna enrere i examina de nou la idea d'aquesta relació. Quan considerem el moviment que una bola comunica a l'altra, no hi podem trobar res més que la contigüitat, la prioritat de la causa i la conjunció constant. Però juntament amb aquestes circumstàncies, se suposa comunament que hi ha una conjunció necessària entre la causa i l'efecte, i que la causa posseeix quelcom que anomenem *poder, força* o *energia*. La qüestió és: quina idea annexa recau sobre aquests termes?

Si totes les nostres idees o pensaments es deriven de les nostres impressions, aquest poder s'ha de manifestar o bé davant dels nostres sentits o bé davant del nostre sentiment intern. Però tan escàs és el *poder* que es manifesta als nostres sentits en les operacions de la matèria, que els *cartesians* no han tingut cap escrúpol a afirmar que la matèria està absolutament desproveïda d'energia, i que totes les seves operacions són exercides merament per l'energia de l'Ésser Suprem.[9] Però encara podem preguntar-nos: *quina idea tenim de l'energia o del poder ni que sigui el de l'Ésser Suprem?* Totes les nostres idees sobre una Deïtat (segons aquells que neguen les idees innates) no són res més que una composició d'idees que adquirim quan reflexionem sobre les operacions de les nostres pròpies ments. Ara bé, les nostres ments no ens ofereixen una noció d'energia superior a la que ens proporciona la matèria. Si considerem la nostra voluntat —o la nostra volició— a priori, fent abstracció de l'experiència, mai no serem capaços d'inferir-ne cap efecte. I si recorrem a l'experiència, aquesta només ens mostrarà objectes contigus, successivament i constantment conjunts. En resum, doncs: o bé no tenim en absolut cap idea de força i d'energia —i aquests termes són del tot irrellevants—, o bé no poden significar res més que aquesta determinació del pensament adquirida per hàbit a passar de la causa a l'efecte habitual. Però qui vulgui entendre a fons aquesta qüestió haurà de consultar l'autor. Em dono per satisfet si les persones instruïdes s'adonen que hi ha una certa dificultat en aquesta qüestió, i que qui resolgui la dificultat haurà d'explicar-nos coses molt noves i extraordinàries; tan noves com la dificultat en si mateixa.

[Filosofia escèptica]

De tot el que s'ha dit, el lector en percebrà fàcilment que la filosofia inclosa en aquest llibre és molt escèptica, i tendeix a donar-nos una idea de les imperfeccions i límits reduïts de l'enteniment humà. Gairebé tot raonament es redueix aquí a l'experiència, i la creença que l'acompanya s'explica només com un sentiment peculiar o una concepció vívida produïda pel costum. Però tam-

9. Nicolas Malebranche.

poc no ho és tot, això: quan creiem qualsevol cosa referent a l'*existència* externa, o quan suposem que un objecte existeix després de deixar de percebre'l, aquesta creença no és res més que un sentiment del mateix tipus. El nostre autor insisteix en altres tòpics escèptics, i sempre conclou, resumint, que ens deixem portar per les nostres facultats i emprem la nostra raó només perquè no ho podem evitar. La filosofia ens convertiria totalment en pirrònics, si la naturalesa no fos massa forta per impedir-nos-ho.

[Crítica de la substància]

Acabaré les disquisicions d'aquest autor comentant dues opinions que sembla que li són peculiars, com de fet ho és gairebé tota la resta. Afirma que l'ànima, en la mesura en què podem concebre-la, no és res més que un sistema o una successió de percepcions diferents —com les de calor i fred, amor i odi, pensaments i sensacions—, totes elles reunides, però mancades de simplicitat o identitat perfectes. Descartes defensava que el pensament era l'essència de la ment, no aquest o aquell pensament, sinó el pensament en general. Cosa que sembla del tot inintel·ligible, perquè tot allò que existeix és particular, i particulars han de ser també les nostres percepcions individuals que componen les nostres ments. Dic que *componen* les nostres ments, no que li *pertanyen*. La ment no és una substància a la qual s'afegeixen les percepcions. Aquesta noció és tan inintel·ligible com la noció cartesiana que el pensament, o la percepció en general, és l'essència de la ment. No tenim idea de cap tipus de substància, perquè només tenim idees d'allò que prové d'alguna impressió, i no tenim cap impressió de cap substància, sigui material o espiritual. No coneixem més que qualitats i percepcions particulars. Quant a la idea de cos, un préssec per exemple, és tan sols la idea d'un gust, d'un color, d'una figura, d'unes dimensions, d'una consistència, etc. De la mateixa manera, la nostra idea de ment és només la idea d'unes percepcions particulars, sense noció de res que pugui anomenar-se substància, simple o composta.

[La divisibilitat infinita de l'extensió]

El segon principi que em proposo comentar es refereix a la geometria. Després d'haver negat la infinita divisibilitat de l'extensió, l'autor es veu obligat a refutar els arguments matemàtics que ha adduït a favor seu; i aquests són, certament, els únics de pes. I ho fa tot negant que la geometria sigui una ciència suficientment exacta per admetre conclusions tan subtils com les relatives a la divisibilitat a l'infinit. Els seus arguments es poden explicar de la manera següent: tota la geometria rau en les nocions d'igualtat i desigualtat; i, per tant, segons que posseïm o no un cànon exacte d'aquesta relació, la mateixa ciència posseirà o no una gran exactitud. Ara bé, existeix un cànon exacte de la igualtat si suposem que la quantitat es compon de punts indivisibles. Dues línies són iguals quan el nombre de punts que les componen ho són; i quan cada punt de l'una correspon a un punt de l'altra. Però per més exacte que sigui aquest cànon, és inútil: perquè mai no podrem calcular el nombre de punts d'una línia. A més, es basa en el supòsit de la divisibilitat finita, i per tant mai no podrà proporcionar una conclusió en contra seva. Si rebutgem aquest cànon d'igualtat, no en disposem de cap altre que tingui la més lleu pretensió d'exactitud. En trobo dos que s'usen comunament. Es diu, per exemple, que dues línies que superen una iarda són iguals quan contenen una quantitat inferior —una polzada, per exemple— un nombre igual de vegades. Però aquest raonament és un cercle viciós, perquè hom suposa que la quantitat anomenada polzada és *igual* en ambdues línies. I la qüestió continua essent la mateixa: per quina norma ens guiem quan diem que són iguals? O, amb altres paraules: què volem dir quan afirmem que són iguals? Si en prenem quantitats més petites, continuem preguntant *in infini-*

tum. Per tant, aquest no pot ser un cànon d'igualtat. Quan preguntem què volem dir amb la paraula igualtat, la majoria de filòsofs responen que la paraula no admet definició; i n'hi ha prou a col·locar davant nostre dos cossos iguals, com dos diàmetres d'un cercle, per fer-nos entendre aquest terme. Ara bé, això és prendre *l'aparença general* dels objectes com a cànon d'aquesta proporció i convertir la nostra imaginació i els nostres sentits en jutges inapel·lables. Però un cànon d'aquesta mena no admet cap exactitud i no pot proporcionar mai una conclusió contrària a la nostra imaginació o als nostres sentits. Si aquesta qüestió és justa o no que ho jutgi la gent instruïda. Fóra desitjable que es trobés la manera de reconciliar la filosofia amb el sentit comú, els quals, pel que fa a la qüestió de la divisibilitat infinita, han lliurat entre ells les més cruels batalles.

[Les passions]

Volem ara procedir a retre compte del segon volum d'aquesta obra: tracta de les passions. És més fàcil de comprendre que el primer, però conté opinions que, en conjunt, són igualment noves i extraordinàries. L'autor comença per l'*orgull* i la *humilitat.* Observa que els objectes que exciten aquestes passions són molt nombrosos i aparentment molt diferents els uns dels altres. L'orgull, o pròpia estimació, pot sorgir de les qualitats de la ment: talent, bon sentit, cultura, coratge, integritat; o bé de les qualitats corporals: bellesa, fortalesa, agilitat, elegància, destresa en la dansa, en l'equitació o en l'esgrima; d'avantatges externs: país, família, fills, amistats, riqueses, cases, jardins, cavalls, gossos, indumentària. Tot seguit, l'autor procedeix a buscar aquella circumstància comuna en la qual tots aquests objectes concorden i que és la causa que actuïn sobre les nostres passions. La seva teoria s'estén també, de manera semblant, a l'amor, a l'odi i a la resta d'afeccions. Com que aquestes qüestions, a part de ser curioses, no es podrien entendre sense que en parléssim molta estona, les ometrem.

[El lliure albir]

Potser el lector prendrà més en grat ser informat d'allò que el nostre autor diu sobre el *lliure albir.* Els fonaments de la seva doctrina varen quedar establerts quan vàrem tractar de la causa i l'efecte, tal com els hem explicat abans. «És universalment reconegut que les operacions dels cossos externs són necessàries i que en la comunicació de llur moviment, atracció i cohesió mútues no hi ha la més petita traça d'indiferència o llibertat... Per tant, tot el que, en aquest aspecte, es troba en peu d'igualtat amb la matèria, cal reconèixer-ho com a necessari. Si volem saber si aquest és el mateix cas d'allò que s'esdevé en les accions de la ment, podem examinar la matèria i considerar en què es fonamenta la idea de necessitat en les seves operacions i per què concloem que un cos o una acció és la causa infal·lible d'un altre o altra.

»Ja hem observat que no hi ha ni un sol cas en què podem descobrir la connexió última entre objectes sigui pels nostres sentits sigui mitjançant la raó, i que mai no poden penetrar tant dins l'essència i la constitució dels cossos com per percebre el principi en què es fonamenta la seva mútua influència. Només podem familiaritzar-nos amb la seva unió constant; i és de la unió constant d'on sorgeix la necessitat, quan la ment es determina a passar d'un objecte a un altre que acostuma a acompanyar l'anterior, i inferim l'existència d'un a partir de la de l'altre. Heus ací, doncs, dues particularitats que considerarem essencials per a la *necessitat*, és a dir, la *unió* constant i la *inferència* de la ment, i allí on les descobrim hi reconeixerem una necessitat.» Ara bé, res més evident que la unió constant entre accions particulars i motivacions particulars. La incertesa que genera el fet que no totes les accions estan constantment unides a les seves motivacions no és diferent de la que podem observar diàriament en les accions de la matèria, on per raó de la diversitat i incertesa de les causes l'efecte és sovint variable i incert. Trenta grans d'opi mataran qualsevol home que no hi estigui acostumat; mentre que trenta grams de ruibarbre no sempre el purgaran. De la mateixa manera, la por de morir farà sempre que hom s'allunyi vint passes del seu camí, mentre que no sempre li farà cometre una mala acció.

I com que sovint es dóna una conjunció constant entre les accions de la voluntat i les seves motivacions, la inferència que fem de les unes a les altres és freqüentment tan certa com qualsevol raonament sobre relacions entre objectes: i sempre hi ha una inferència proporcionada a la constància de la conjunció. Sobre això es fonamenta la nostra creença en testimonis, el crèdit que donem a la història, així com tots els graus d'evidència moral i gairebé tota la conducta en la nostra vida.

El nostre autor pretén que aquest raonament posa tota la controvèrsia sota una llum nova, pel fet que ens proporciona una nova definició de la necessitat. I, veritablement, els més apassionats advocats del lliure albir hauran d'admetre aquesta unió i aquesta inferència pel que fa a les accions humanes. Només negaran que això expliqui tota la qüestió de la necessitat. Però aleshores hauran de mostrar que tenim una idea d'alguna cosa diferent en les accions de la matèria; la qual cosa, d'acord amb el raonament que acabem de fer, és impossible.

[L'associació d'idees]

Al llarg de tot el llibre es troben grans pretensions de nous descobriments en filosofia. Però si alguna cosa pot donar dret a l'autor a un nom tan gloriós com el d'*inventor*, és l'ús que fa del principi de l'associació de les idees, que s'escampa arreu de la seva filosofia. La nostra imaginació té una gran autoritat sobre les nostres idees: i no hi ha idees que, diferents com són les unes de les altres, la imaginació no pugui separar, unir i combinar segons totes les variacions possibles. Però, malgrat l'imperi de la imaginació, hi ha un llaç secret o una unió entre determinades idees particulars, que és causa que la ment les uneixi amb més freqüència, fent que una, en aparèixer, faci present l'altra. D'aquí sorgeix allò que anomenem l'*apropos* del discurs: d'aquí la connexió d'un escrit, i d'aquí l'enfilall o cadena de pensaments que hom manté de manera natural, àdhuc en el més vague *somieig*. Aquests principis d'associació es redueixen a tres, és a dir, *semblança:* un quadre ens fa pensar naturalment en l'home que hi és pintat; *contigüitat*: quan es menciona Saint Denis ens ve, naturalment, la idea de París; *causalitat*: quan pensem en un fill acostumem a dirigir la nostra atenció cap al pare. És fàcil concebre les immenses conseqüències que han de tenir aquests principis en la ciència de la naturalesa humana si considerem que, pel que fa a la ment, són els únics vincles que uneixen les diferents parts de l'univers, o ens connecten amb qualsevol persona o objecte que ens sigui exterior. Perquè, com que només per mitjà del pensament pot una cosa operar sobre les nostres passions, i com que aquests principis són els únics vincles dels nostres pensaments, ells són realment *per a nosaltres* el ciment que uneix l'univers, i totes les operacions de la nostra ment han de dependre, en gran mesura, d'ells.

DAVID HUME, *Extracte del tractat de la naturalesa humana*, traducció de MANUEL SATUÉ a partir del text de l'edició de J. M. KEYNES i P. SRAFFA de l'*Abstract of Treatise of Human Nature, 1740: A Pamphlet hitherto unknown by David Hume,* Cambridge University Press, Cambridge 1938.

SEGON TEMA

RAÓ, SENTIMENTS I PRINCIPIS MORALS EN HUME. DEL SENTIMENT D'HUMANITAT

«Si encara dubtem de la presència en la nostra naturalesa d'aquests principis de la humanitat o l'interès pels altres, bastarà que observem com en una infinitat de casos allò que afavoreix els interessos de la societat rep la més viva aprovació, per convèncer-nos de la força del principi benvolent; perquè és impossible que una cosa ens agradi com a mitjà d'un fi, quan el fi ens és totalment indiferent. D'altra banda, si encara dubtem que hi hagi, implantat en la nostra naturalesa, un principi general de blasme i d'aprovació moral, bastarà que comprovem el gran poder que té el sentiment d'humanitat en una infinitat de casos, per concloure'n que és impossible que allò que afavoreix l'interès de la societat no produeixi plaer, que allò que li és perniciós no causi desgrat. Doncs bé, si aquestes reflexions i observacions diferents coincideixen a establir la mateixa conclusió, no li haurem de concedir una evidència incontestable?»

DAVID HUME, *Investigació sobre els principis de la moral,* sec. V

Corre l'any 1751; comença a publicar-se a França *L'Encyclopédie*, dirigida per D'Alembert i Diderot. David Hume, després d'haver iniciat la redacció dels *Diàlegs sobre religió natural* i continuant la discussió sobre els fonaments de la moral humana que ja havia iniciat Thomas Hobbes (1588-1679), entre altres, en el segle XVII, publica *An Enquiry concerning the principles of morals*, la seva *Investigació sobre els principis de la moral*, tres anys després de la seva primera *Investigació sobre l'enteniment humà*. És l'any també en què Hume fracassa de nou en els seus intents d'obtenir una càtedra, aquesta vegada de lògica, a Edimburg (l'any següent li negaran la càtedra de filosofia moral de Glasgow).

Hume publica l'any següent els seus *Political Discourses* i el 1756, 1759 i 1762, les seves *History of Great Britain, containing the History of the Interregnum to the Revolution of 1688, History of England, under the House of Tudor* i *The History of England from the Invasion of Julius Caesar to the Accessions of Henry VII*. L'any 1761, l'Església catòlica, com ja havia fet amb filòsofs i científics com Copèrnic, Bruno o Galileu, inclou les obres de Hume en l'Índex dels llibres prohibits. No és estranya ni és inconsistent l'actitud de la jerarquia eclesiàstica; en una breu pinzellada de la secció primera de les conclusions de la seva reflexió sobre els principis morals escriu Hume:

> El celibat, el dejuni, la penitència, la mortificació, la negació d'un mateix, la humiliació, el silenci, la solitud i tot el reguitzell de virtuts monàstiques, ¿per què els homes de seny les rebutgen totes i arreu, si no és perquè no serveixen per a res, ni milloren la fortuna de ningú, ni fan que ningú sigui més valuós per a la societat ni més divertit als ulls dels amics ni més alegre als propis ulls? Al contrari, observem que fan impossibles tots aquests objectius; *que es beuen l'enteniment i endureixen el cor dels homes*, i que empobreixen la fantasia i agregen el temperament. Justament per això, les podem situar en la columna contrària i catalogar-les de vicis. *Un fanàtic amb el cervell emboirat i aigualit pot ben bé tenir un lloc en el calendari després de mort; però en vida, amb prou feines l'admetrà ningú a la intimitat o en la vida social, llevat d'altres tan delirants i tètrics com ell.*

Ho hem d'admetre: Hume va ésser netament optimista en aquesta darrera consideració. Després de ser nomenat secretari personal de l'ambaixador anglès a França, Lord Hertford; després de la seva complicada relació amb un sempre difícil Jean-Jacques Rousseau i després d'ocupar el càrrec de sotssecretari d'Estat per al departament del Nord, Hume es va establir definitivament a Edimburg l'any 1769. Curiosament, el 1771, Hume va rebre la visita de Benjamin Franklin, amb qui va passar unes quantes setmanes.

El 1775 van començar els símptomes de la seva malaltia. Hume va morir el 25 d'agost de 1776. L'any següent es van publicar *My own life*, la seva breu però molt interessant autobiografia, i *Two Essays*, «Sobre el suïcidi» i «La immortalitat de l'ànima». Finalment, l'any 1779, es va editar pòstumament una de les seves obres més importants, més influents i més vigents: els *Diàlegs sobre la religió natural*, un vertader clàssic de la filosofia de la teologia i de l'argumentació racional. El tarannà filosòfic essencial de Hume queda plasmat en aquestes paraules de la conclusió de l'*Enquiry*:

> Sóc prou conscient que no hi ha res de més poc filosòfic que ser inflexible o dogmàtic sobre qualsevol qüestió; i que un escepticisme *excessiu*, encara que poguéssim mantenir-lo, no seria més destructiu per a cap raonament o investigació ben fonamentats. Estic convençut que els homes més segurs i arrogants, són també els qui generalment s'equivoquen més i afluixen més les regnes de les passions.

La *Investigació sobre els principis de la moral* és una de les grans aportacions de Hume al camp de la teoria ètica. En el breu advertiment que ell mateix va escriure per a aquesta obra, apunta que la major part dels principis i raonaments continguts en el volum ja s'havien publicat en el Tractat, i indica, però, que aquesta obra l'havia projectada quan era molt jove, abans de deixar la universitat, i que en veure que no era del tot reeixida, i sent conscient, a més, d'haver-la fet imprimir massa aviat, l'havia refet procurant corregir algunes negligències i determinades expressions. I diu en l'«Advertiment» amb un amargat to de queixa:

> I, això no obstant, alguns que s'han dignat a replicar la filosofia de l'autor han tingut molta cura a enfilar totes les seves bateries contra aquesta obra juvenil que l'autor no ha reconegut mai, i presumeixen d'haver aconseguit un gran triomf pel fet de superar-la en alguns punts. Una manera de fer, tot s'ha de dir, contrària a totes les regles de la bona fe i el joc net; i també un clar exemple dels artificis que el zel partidista es creu autoritzat a fer servir per moure polèmica. *L'autor expressa el seu desig que d'ara endavant les obres que segueixen es considerin les úniques que contenen les seves opinions i principis filosòfics.*

Hume, doncs, expressa el desig que les seves tesis i posicions filosòfiques siguin estudiades, i si cal criticades, a partir de les *Investigacions* i de les seves obres posteriors; concretament, en aquest àmbit de la filosofia moral, valorant les aportacions contingudes en les *Investigacions sobre els principis de la moral*, obra que convencia plenament Hume i de la qual va escriure en una ocasió: «De totes les meves obres històriques, *filosòfiques* o literàries és *incomparablement* la millor». En cap cas, per tant, es pot considerar aquesta *Investigació* com una recensió filosòficament menor, feta amb l'ànim de satisfer el gust popular i guanyar-se el seu favor, del llibre III del *Tractat*.

La *Investigació* s'inicia amb una crítica al dogmatisme, a la mala fe, a la vanitat intel·lectual i a la discussió inútil: les polèmiques, assenyala Hume, amb persones que s'aferren de manera obstinada als seus principis «són les més empipadores de totes», llevat potser de les que mantenim amb persones de mala fe les quals, realment, no creuen veritablement les opinions que defensen, «però que s'engresquen en la controvèrsia per fer-se notar, per esperit d'oposició o pel desig de presumir d'una agudesa i un enginy superiors als dels altres».

La finalitat de la *Investigació* és fonamentalment descriptiva, no normativa. No tracta Hume de dictar lleis o normes a la humanitat, als diversos pobladors de les comunitats humanes tan diferents. Els seus esforços s'orienten bàsicament a exposar detalladament una argumentació plausible sobre per què les virtuts socials només reben adhesió i una lloança general quan es mostren útils per a l'estabilitat i prosperitat de les comunitats humanes.

Aquest assaig de filosofia moral de Hume se situa en la mateixa tradició de l'escola del sentiment moral d'Anthony Ashley Cooper, comte de Shaftesbury (1671-1713) i de Francis Hutcheson (1694-1746). Segons el primer, la naturalesa humana és un sistema en què les diferents parts, més enllà de les aparents inconsistències i enfrontaments, col·laboren a un fi comú. De forma similar, segons Mandeville, en les seves tesis de la *Faula de les abelles, o vicis privats beneficis públics*, la tendència egoista de cada element és la seva manera de contribuir als fins generals de cada ésser humà. Però, tant a la societat natural com a la naturalesa humana, hi ha també altres impulsos, aquests de caràcter altruista, com l'amor, l'amistat, l'empatia, la fraternitat, la compassió, que no són ni han de ser pensats com a incompatibles amb aquells. Tot al contrari: aquest vessant de la nostra naturalesa fins i tot produeix una satisfacció superior a la de les passions egoistes, atès que aquestes últimes, amb freqüència no menyspreable, acostumen a arruïnar la nostra vida, o a contribuir-hi de forma gens secundària. Aquestes passions socials són, per Shaftesbury i la seva tradició filosòfica, la font natural de la moralitat, i aquesta, ben entesa, no és sinó la reflexió conscient, teòrica, filosòfica, sobre aquelles passions.

També Hume dóna molta importància al paper de les emocions en el naixement de les valoracions morals, encara que no negui la importància de l'enteniment. A diferència del *Tractat*, Hume accentua en aquesta segona *Investigació* el paper de la utilitat i el sentiment en la moral, i considera els motius voluntaris com una resta de la influència de la teologia en l'àmbit ètic, influència que ell està disposat a combatre.

El primer que sorprèn en llegir l'*Enquiry* és que, a diferència d'altres obres de la seva època, el lector no hi troba cap menció de temes freqüents en la reflexió moral d'aquells anys: divinitat, immortalitat de l'ànima, llibertat, etc. Alguns d'aquests temes són qüestions teòriques que ja havien estat tractades a la primera *Investigació* i per tant, a parer seu, no estava justificada la seva presència en una obra de caràcter ètic. S'ha assenyalat, amb bones raons, que l'ètica de Hume és un dels primers intents moderns d'enfocar els principis morals prescindint de la teologia i de la metafísica i, fins i tot, de la mateixa disfressa teològica. Els seus arguments caminen per altres camins, els seus conceptes són uns altres: la raó, el sentiment, el plaer, la societat, el costum, la utilitat, la llei, la humanitat, la naturalesa humana. La seva ètica és una altra ètica.

La filosofia moral que s'expressa en la *Investigació* segueix, lògicament, els principis generals de l'empirisme humeà. Contràriament a tesis de caire estrictament racionalista, defensades per Nicolas Malebranche (1638-1715), per Samuel Clarke (1675-1729) o per William Wollanston (1659-1724), Hume critica la postulació d'una raó moral que dicti les seves regles apriorístiques a l'acció humana. La raó humana, segons ell, només pot subministrar les regles bàsiques per opinar sobre l'adaptació dels mitjans al fi que perseguim, però no jutja mai sobre el valor d'aquest fins, que només el sentiment pot decidir. No es pot demostrar que una cosa és bona o dolenta mitjançant un argument racional estricte, no es pot convèncer ningú que una cosa és correcta o no ho és mitjançant algun tipus d'argument racional estricte, com podríem, al contrari, convèncer algú que la suma dels angles interiors d'un triangle, en la geometria euclidiana, equival a dos rectes. La raó no és la mestra directora de les passions, a les quals pot imposar amb facilitat les seves regles; si hi ha alguna relació entre aquella i aquestes, és que la raó està sotmesa a les passions humanes. De la qual cosa no es pot deduir en cap cas que Hume sostingui que la raó humana no representa cap paper en l'àmbit de les nostres decisions morals.

En conjunt, la *Investigació* mostra clarament l'esforç de Hume per mantenir en els principis morals un equilibri entre els, suposadament, pols oposats de la utilitat i el plaer, la raó i el sentiment, l'egoisme i l'altruisme. Hume estableix a partir de situacions empíriques, com la gratitud o l'interès pels altres, la utilitat com a valor que concedim a les virtuts socials, però, per una altra banda, sosté que aquesta consideració és insuficient i llavors apel·la a un principi més fonamental: sense el suport d'un sentiment natural, la reflexió tota sola no basta; el valor de la utilitat depèn, doncs, del sentiment que ens la fa agradable. Aquest seria un cas de l'equilibri entre raó i sentiment.

Ara bé, els judicis d'aprovació o reprovació són judicis de fet, i per tant, com qualsevol altre qüestió de fet, no són necessaris. Per què llavors la universalitat del judici moral que, per Hume, és una dada indiscutible? Perquè la universalitat resulta de l'aprovació d'un altre home que valori els nostres actes, aprovació que, al seu torn, deriva del plaer; és, doncs, el plaer el que regula la vida de les passions en el sentit de condicionar, de forma empírica, la seva aprovació o la seva desaprovació.

És important remarcar que el fet que Hume fonamenti la moral en el sentiment no el condueix a minar les pretensions de validesa universal de l'ordre moral. No és irracional, no és un impossible lògic, físic o metafísic, contrari a la nostra pròpia naturalesa, pensar que una determinada norma moral pot tenir i ha de tenir un abast universal. Per exemple aquesta norma: no tractis ningú, cap altre ésser humà, com un instrument inanimat per aconseguir les teves finalitats, siguin quines siguin.

La *Investigació* està estructurada en nou seccions, inclosa la conclusió, i quatre apèndixs. El primer porta per títol «Del sentiment moral». Hume comença aquest apartat assenyalant que un cop s'ha acceptat «la hipòtesi precedent», es pot determinar fàcilment la qüestió inicial de la seva investigació, la relativa als principis generals de la moral. Hume recupera un fil deixat en suspens en la secció primera d'aquesta assaig.

En efecte; en la secció que inicia l'*Enquiry* —«Dels principis morals generals»—, Hume es pregunta sobre el fonament general de la moral, si prové de la raó o, al contrari, del sentiment, «si el coneixement que en tenim deriva d'una cadena d'arguments i la inducció, o d'una sensació immediata o un sentir intern més agut», si, com succeeix en els enunciats justificats sobre la veritat i la falsedat, la moral és igual per a qualsevol ésser racional o si, com succeeix en assumptes estètics, no es fonamenta totalment en «la constitució particular de l'espècie humana».

Les seves posicions poden ser presentades de forma breu en les dues tesis següents: 1) El sentiment determina la moral, i 2) la virtut és «tota acció o qualitat mental que ens produeix un sentiment plaent d'aprovació»; el vici és el contrari de la virtut.

Després de presentar i valorar breument els raonaments dels partidaris de reduir les determinacions morals al sentiment, igual que els dels favorables a explicar les distincions morals «amb raonaments metafísics i deduccions a partir dels principis més abstractes de l'enteniment», Hume accepta que els arguments d'una i altra banda són tots molt plausibles i que no podem estar-nos de pensar que «tant els uns com els altres són prou sòlids i satisfactoris, i que tant la raó com el sentiment intervenen gairebé en tota conclusió o determinació moral». I afegeix que, tot i que aquesta qüestió relativa als principis de la moral és important i digna d'investigació, ara per ara no cal aprofundir més en la seva recerca, atès que «si tenim la sort de descobrir en el curs d'aquesta investigació el veritable origen de la moral, clarament veurem aleshores fins a quin punt intervenen el sentiment i la raó en les determinacions d'aquesta naturalesa». Donades ja aquestes condicions, al final de la seva *Investigació*, Hume reflexiona sobre aquest punt en el primer apèndix del seu assaig.

En primer lloc, assenyala que, com que un dels fonaments més importants de la lloança, de la positivitat moral, consisteix en la utilitat d'una determinada qualitat o d'una acció, llavors és «evident que la raó intervé significativament en tota decisió d'aquesta classe». És la raó humana, i només la raó, la que pot preveure les tendències d'accions i qualitats, i indicar-ne «les conseqüències beneficioses a la societat o a la persona que les posseeix», la qual cosa no vol dir que, en aquesta qüestió, no hi hagi grans controvèrsies, perquè «poden sorgir dubtes, intervenir-hi interessos contraris, i de vegades hem de triar a partir de consideracions subtils o entre dues utilitats si fa no fa equivalents». Això, destaca Hume, és especialment observable en temes de justícia, assumpte al qual dedicarà l'apèndix III de l'*Enquiry*: «Noves consideracions relatives a la justícia».

Sigui com sigui, Hume assenyala que encara que la raó, suficientment documentada, pugui preveure les conseqüències de les qualitats o les accions humanes, «no pot produir per ella mateixa l'aprovació o blasme morals». Per què? Perquè, segons ell, la raó ens documenta sobre les diferents tendències de les nostres accions, i la *humanitat*, que és un sentiment, determina la nostra preferència per les que són útils i beneficioses, atès que la utilitat d'una acció no és sinó una tendència a un cert fi i, si aquest fi ens fos indiferent, sentiríem la mateixa indiferència pels mitjans. Cal doncs, segons Hume, un sentiment que es manifesti per ell mateix i que «ens faci preferir les tendències útils a les perjudicials». Aquest sentiment és la simpatia que tots *sentim* per la felicitat dels homes i la indignació que també *sentim* tots envers la seva infelicitat. És allò que Hume anomena *sentiment d'humanitat*.

Presenta Hume a continuació un argument per reducció a l'absurd per defensar la seva tesi. Suposem, assenyala, que sigui falsa la hipòtesi anterior sobre el paper de la raó i el sentiment en les decisions morals; llavors «m'atreviria a afirmar que no se'n trobarà cap [cap hipòtesi millor] mentre continuem suposant que la raó és l'única font de la moral». Una hipòtesi falsa pot semblar veritable si es manté del tot a un nivell de generalitats o presenta termes indefinits, i, precisament, en la seva opinió, la concepció filosòfica que atribueix el discerniment de tota distinció moral a la raó, sense intervenció del sentiment, és del tot impossible que, en un cas particular i concret, esdevingui mínimament intel·ligible. Per provar-ho, Hume examina un exemple: l'ofensa d'ingratitud que «té lloc quan per la nostra banda manifestem obertament a algú una bona voluntat expressa i li prestem bons serveis, i a canvi només en rebem la mala fe o la indiferència, els greuges i les desatencions». Ell intenta provar que, si examinem aquests aspectes detalladament només amb la raó i intentem dir en què consisteix el demèrit o blasme d'aquesta actitud, «mai no ens en sortirem ni arribarem a cap conclusió».

En efecte, la raó humana s'ocupa, segons l'epistemologia de Hume, de qüestions de fet o de relacions d'idees. On és aquesta qüestió de fet que anomenem «ofensa»? Quin és el sentit o facultat amb què la copsem? Quina és la seva essència? Quina és la seva durada? Si es trobés a la ment del poc agraït per força hauria de sentir-la i ser-ne conscient; no és el cas, assegura Hume, aquí no hi ha res «llevat de la passió, de la mala fe o una indiferència absoluta». No podem dir, a més a més, que aquestes accions, en si mateixes i en tota circumstància, siguin ofensives. Només ho són, segons Hume, quan es dirigeixen a una persona que abans ens ha manifestat la seva bona voluntat. Conclusió: l'ofensa no és cap fet individual, «sorgeix d'una combinació de circumstàncies que, en presència d'un espectador, li desperten el sentiment de blasme, a causa de l'estructura i el mecanisme particular de la seva ment».

Així, doncs, l'ofensa no és, no pot ser una qüestió de fet. Hauríem, doncs, d'assegurar-nos que és real mitjançant la sola raó: aquesta la descobrirà en unes determinades relacions morals, igualment com la raó descobreix les veritats de la matemàtica. Però, pregunta Hume, en aquest cas, en aquesta hipòtesi, de quines relacions es parla aquí? D'una banda, bona voluntat i favors;

de l'altra, mala fe i greuges. Quina relació hi ha entre unes coses i les altres? La relació d'oposició. I en què consisteix, llavors, aquesta relació?

Fem un altre supòsit: imaginem que una persona ens fa una ofensa, assenyala Hume, o ens declara la seva mala fe, però nosaltres, en canvi, només sentim per ella indiferència o, fins i tot, i malgrat això i a pesar del seu maltracte, som capaços de fer-li encara favors. Aquí, existeix la mateixa relació d'oposició, però la nostra resposta rebrà segurament les màximes lloances. Així, doncs, conclou Hume, per moltes voltes que hi donem no aconseguirem fer que «la moralitat resideixi en cap relació». Haurem de recórrer a les decisions del sentiment. «Una acció moral, una ofensa com la ingratitud és un objecte complex», insisteix Hume a dir, no és merament una relació mútua entre les seves parts. Si fóssim més concrets en les nostres proposicions trobaríem fàcilment la seva falsedat. Precisament això és el que es volia demostrar.

Ara bé, imaginem, prossegueix Hume, que una persona diu que la moralitat consisteix en una relació, però d'un altre tipus: la relació que hi ha entre la regla de rectitud i les accions, i que les anomenem bones o dolentes segons concordin o no amb aquella regla.

Si fos així, caldria preguntar-nos: quina és, en què consisteix, com es determina aquesta regla de rectitud? Si responem per la raó, que examinaria les relacions morals de les accions, el cercle viciós que hem construït es transparenta clarament: determinem les relacions morals comparant l'acció amb la regla de rectitud i aquesta la determinem ara considerant les relacions morals dels objectes. Com és possible una cosa així? Hume pregunta irònicament: «D'això en dieu raonar?».

Seguint el seu raonament, Hume subratlla una clara diferència entre la forma de pensar analítica en els àmbits de la moral i de la geometria o l'àlgebra. Un matemàtic considera les diferents relacions conegudes i donades entre les parts d'unes figures (triangles o cercles, per exemple), i d'aquí pot inferir alguna relació desconeguda que depèn de les anteriors (que la suma del quadrat dels catets de qualsevol triangle rectangle sigui igual al quadrat de la seva hipotenusa, o que la superfície del cercle és superior al triple del quadrat del seu radi). Hi ha doncs novetats en el raonament analític de les ciències formals; en canvi, «en la deliberació moral, prèviament hem de conèixer els objectes i les seves relacions mútues; i sospesant-ho tot plegat, elegim o aprovem això o allò. No cal demostrar fets nous ni descobrir noves relacions».

I què hem de fer, com hem d'actuar, quan alguna circumstància del cas que valorem ens és poc coneguda o bé la ignorem? Deixant en suspens la decisió que ens ve donada pel sentiment moral. Un cop coneguts tots els aspectes d'una determinada agressió criminal a una dona indefensa i empobrida que es refugia de nit en un caixer bancari, l'enteniment ja no té res a fer, la seva feina està finalitzada. L'aprovació o condemna posterior ja no són treballs del cervell, de la ment analítica, sinó del cor; ja no es tracta de fer una demostració, una indagació o una anàlisi teòrica sinó d'ajudar que s'encengui un sentiment, una sensació de rebuig davant d'un acte criminal i abjecte, tan innoble com l'esmentat.

Resumint, per Hume, en les reflexions intel·lectuals, a partir de dades i relacions conegudes, n'inferim d'altres que són noves i desconegudes; en canvi, «en les decisions morals, tots els aspectes i relacions han de ser coneguts d'antuvi; després la ment, contemplant-ho tot plegat, sent una nova impressió d'afecte o rebuig, d'estima o menyspreu, d'aprovació o blasme».

Per defensar encara més la seva posició sobre les relacions entre l'enteniment i la sensibilitat en assumptes morals, Hume ens dóna l'exemple dels judicis i valoracions estètics. També aquí, pel que fa al gust o a la bellesa externa, les relacions de proporció i d'harmonia són conegudes des de l'inici; a partir d'aquestes, es desperta o no en nosaltres «un sentiment de complaença o desgast d'acord amb la naturalesa de l'objecte i amb la manera com ens el presenten els nostres òrgans». Sense un observador no hi ha res més que una figura, una pintura, una escultura, una música d'aquella o aquesta proporció i harmonia; però la seva bellesa i elegància neixen, segons Hume, «exclusivament dels sentiments» de l'observador. La bellesa de *Las meninas*, de *La flauta màgica* o de «Take this walz» de L. Cohen necessita un observador o un oient que la percep. Euclides es va limitar a demostrar moltes propietats del cercle, però no va dir ni provar res de la seva bellesa, perquè la bellesa no és pròpiament una qualitat de cap «objecte matemàtic», sinó l'efecte que la figura produeix sobre la nostra ment que, sens dubte, per naturalesa, és «susceptible de tenir d'aquests sentiments».

La moral, per una altra banda, és assumpte d'humans, encara que, en principi, no afecti només les relacions dels humans entre ells (Hume no diu en cap cas que sigui admissible tractar de mala manera altres espècies vivents). No és tema d'objectes o éssers inanimats. Un animal que devori per alimentar-se un altre animal té una relació similar a la de Neró amb Agripina, però ningú diria que en el primer cas som davant d'una acció criminal. La moralitat, per tant, no consisteix simplement en determinades relacions; si fos així, si fos una qüestió estrictament relacional, en aquests dos casos seríem davant d'actuacions criminals; i aquest no és el cas, com és obvi.

Quant als fins últims de les accions humanes, Hume sosté que la raó no pot explicar-los. Hem de remetre'ns absolutament, en aquest àmbit, a fiar-nos dels «criteris dels sentiments i emocions dels homes, que són independents de les facultats intel·lectuals». Al final d'una discussió sobre fins sempre trobarem una cosa que és desitjable en si mateixa, sense més explicacions. Per què volem rellegir *L'illa del tresor, El jardí dels senderis que es bifurquen* o *La rosa als llavis*? Perquè ens agrada. I per què ens agrada?, preguntem. Perquè ens fa feliços. I per què ens fa feliços?, continuem preguntant. Perquè ens fa sentir millor. I per què ens fa sentir millor?, prosseguim. Perquè sentim un plaer i un estremiment en llegir-los. I per què considerem bo aquest sentiment? Rematem. Perquè és bo per ell mateix, i no hi ha res més a dir.

De la mateixa manera, també la virtut és un fi, i també és desitjable per si mateixa, sense esperar cap recompensa ni premi posterior, perquè és un sentiment o gust intern capaç de distingir el bé del mal moral, i que s'inclina per l'un i, en canvi, rebutja l'altre.

Quins són, doncs, de forma resumida segons Hume, els papers de la raó i el sentiment? La raó ens dóna informació i capacitat per distingir la veritat i la falsedat, i l'argumentació correcta de la fal·làcia, descobrint com són els objectes que es troben en la naturalesa o com són les accions que realitzem. El sentiment proporciona la sensació del vici i de la virtut (o de la bellesa i la lletjor). La raó no ens impulsa a actuar, en tot cas, mostra el camí que hem de seguir per arribar a la felicitat o per evitar-la; en canvi, el gust, «que proporciona plaer o dolor, i amb això és la causa de la felicitat o la infelicitat, ens indueix a actuar i és el primer ressort o impuls del desig i la volició». La norma de la raó es basa, diu Hume, en la naturalesa de les coses, és eterna, invariable, «fins i tot» —afirma amb una tesi d'alt risc teològic, possible resposta a un argument cartesià— «per a la voluntat de l'Ésser Suprem». La norma del sentiment sorgeix de l'estructura interna, de la naturalesa interior dels éssers animats (observeu que Hume no parla aquí únicament dels éssers humans) i «deriva en últim terme d'aquesta Voluntat Suprema que confereix a cada ésser la seva naturalesa pròpia i estableix les diferents classes i ordres d'existència». No cal dir que aquesta «Voluntat Suprema» no s'ha d'entendre forçosament com la voluntat d'un Ésser suprem diferenciat de la mateixa Natura. Lectures immanents són aquí possibles; l'autor de *Diàlegs sobre la religió natural* no les refuta.

Per Hume, doncs, el crim, la immoralitat, la barbàrie, no són pròpiament fets ni relacions que puguin ser objecte de reflexions intel·lectuals, sinó que neixen d'un sentiment de desaprovació que sentim inevitablement, atesa la nostra naturalesa, en percebre la barbàrie, la traïció o la ignomínia. Quan Èdip va matar Laios, el seu pare, ignorava el parentesc que els unia, i per tant no podia tenir una opinió adient de l'acte que havia comès; per contra, quan Neró va matar Agripina, coneixia la seva relació i les circumstancies del fet. Per què, llavors, el sentiment de venjança, la por, el seu propi interès, es van imposar al seu cor sobre els sentiments del deure i de la humanitat? Perquè, segons Hume, el seu cor es va endurir, la seva naturalesa es va tornar insensible davant del crim, perquè la seva predisposició a la rectitud es va capgirar «a causa de la seva vanitat i perseverança en el crim». Si no sentim indignació i compassió quan ens assabentem de la violència exercida diàriament, amb conseqüències criminals en molts casos, posem per cas, sobre dones d'aquí o d'allà, de Catalunya, d'Espanya, de Romania, de Xile o de Mèxic, no aconseguirem res de substantiu preguntant-nos quina és la nostra definició de crim, quin grau d'intel·ligència tenien els homes agressors o quin argument moral i quin postulat bàsic ens provoca aquesta indignació.

Així, doncs, per Hume, la sensibilitat moral també es pot educar i ha d'ésser educada i practicada, igual com podem educar i eduquem la nostra sensibilitat artística. No fer-ho no és només un error, sinó una pèrdua de plaer, de saber estar, de saber viure la vida que ens toca viure de la millor forma possible. Alterant Sòcrates: el dolent, tal vegada no sigui suficientment intel·ligent, però, a més a més, no s'esforça a tenir cura de la seva pròpia naturalesa, de la seva predisposició a la rectitud. Aquesta concepció certament optimista sobre la nostra essència moral postula una naturalesa que és universal, sense distincions de races, classes, territoris, sexe, religions, orientacions afectives, etc. És, sens dubte, una concepció il·lustrada; com ho era David Hume. La raó només descobreix o intenta descobrir, i no és poc el seu treball, el món tal com és; no hi afegeix res. El sentiment humà, en canvi, per Hume, és una facultat productiva, no enfrontada a la raó, que «embellint o embrutant els objectes naturals amb colors manllevats del sentiment intern, d'alguna manera crea un nou objecte». El sentiment moral és una facultat creadora de l'ésser humà, creadora de valoracions, creadora de justícia, però també de ràbia i indignació enfront de la ignomínia.

SALVADOR LÓPEZ ARNAL

INVESTIGACIÓ SOBRE ELS PRINCIPIS DE LA MORAL

DEL SENTIMENT MORAL
(APÈNDIX I)

[234] Si acceptem la hipòtesi precedent, ara podrem determinar fàcilment la qüestió plantejada al començament [Secc. I], relativa als principis generals de la moral. Tot i que havíem ajornat de decidir res sobre aquesta qüestió per tal de no embolicar-nos en especulacions enrevessades que, tot s'ha de dir, no són les més adients al discurs moral, ara podem reprendre el fil i examinar fins a quin punt participen la *raó* i el *sentiment* en la decisió de lloar o censurar.

[La raó i el sentiment en moral, segons l'empirisme]

Posat que un dels fonaments més importants de la lloança moral consisteixi en la utilitat d'una qualitat a una acció, és evident que la *raó* intervé significativament en tota decisió d'aquesta classe. Només la raó pot preveure les tendències de les qualitats o les accions i assenyalar-ne les conseqüències beneficioses a la societat o a la persona que les posseeix. Molt sovint això comporta grans controvèrsies, és cert: poden sorgir dubtes, intervenir-hi interessos contraris, i de vegades hem de triar a partir de consideracions subtils o entre dues utilitats si fa no fa equivalents. Això és especialment observable en les qüestions relatives a la justícia, i és ben natural que sigui així per l'espècie d'utilitat de què s'ocupa aquesta virtut. Si cada exemple concret de justícia fos útil a la societat, com ho són els de benevolència, la decisió seria molt més fàcil de prendre i difícilment hi podria haver grans controvèrsies. Però les coses es tornen més enrevessades i complicades si tenim en compte que hi ha força exemples concrets de justícia que són perniciosos per les seves conseqüències primeres i immediates, i que una associació resulta avantatjosa només quan tothom observa la regla general i quan diferents persones s'associen o coincideixen en una mateixa conducta equitativa. Les circumstàncies diferents de la vida social, les múltiples conseqüències d'una usança, els interessos en joc molt sovint són dubtosos i matèria de grans debats i recerques. L'objecte de les lleis locals és determinar les qüestions relatives a la justícia; els debats dels experts, les reflexions dels polítics, els precedents de la història i els registres públics responen al mateix propòsit. I sovint s'ha de menester una *raó* o un *judici* molt subtil per treure'n el net enmig dels dubtes tan enrevessats que sorgeixen de la foscor o l'oposició de les diferents utilitats.

[235] Però encara que la raó, ben assessorada i documentada, pugui preveure suficientment les conseqüències útils o pernicioses de les qualitats o les accions, no pot produir per ella mateixa l'aprovació o blasme morals. La utilitat no és més que una tendència a un cert fi; si el fi ens fos totalment indiferent, sentiríem la mateixa indiferència pels mitjans. És necessari, doncs, un *sentiment* que es manifesti per ell mateix i que ens faci preferir les tendències útils a les perjudicials. Aquest sentiment no pot ser altre que la simpatia per la felicitat dels homes i la indignació per la seva infelicitat, ja que aquests són els fins a què tendeixen la virtut i el vici. Per tant, la *raó* ens informa sobre les diferents tendències de les accions, i la *humanitat* determina la nostra preferència per les que són útils i beneficioses.

[236] Aquesta distribució de funcions entre les facultats de l'enteniment i del sentiment en tota decisió moral, pot establir-se clarament partint de la hipòtesi precedent. Tanmateix suposem

que sigui falsa: vol dir que haurem de buscar una altra teoria més satisfactòria. Doncs bé, m'atreviria a afirmar que no se'n trobarà cap mentre continuem suposant que la raó és l'única font de la moral. I per provar-ho, no estarà de més examinar les consideracions següents.

[La raó no és l'única font de la moralitat]

I. Una hipòtesi falsa pot mantenir fàcilment una certa aparença de veritat sempre que es mantingui enterament en les generalitats, utilitzi termes indefinits i presenti comparacions en comptes d'exemples. Això és especialment observable en aquesta filosofia que atribueix el discerniment de tota distinció moral només a la raó sense fer-hi intervenir per a res el sentiment. És impossible que, en un cas particular qualsevol, aquesta hipòtesi pugui arribar a fer-se ni tan sols intel·ligible, per més plausibles que siguin les figures que elabora en les declamacions i discursos de caràcter general. Examinem l'ofensa d'*ingratitud,* per exemple, que té lloc quan per la nostra banda manifestem obertament a algú una bona voluntat expressa i li prestem bons serveis, i a canvi només en rebem la mala fe o la indiferència, els greuges i les desatencions. Estudiem aquests aspectes punt per punt i examinem només amb la raó en què consisteix el demèrit o blasme: mai no ens en sortirem ni arribarem a cap conclusió.

[237] La raó s'ocupa de *qüestions de fet* o de *relacions.* Preguntem doncs, *primer,* on és aquesta qüestió de fet que aquí anomenem *ofensa,* assenyalem-la, determinem la seva durada, descriguem la seva essència o naturalesa, diguem quin és el sentit o facultat amb què la copsem. Si es troba en la ment de l'ingrat, per força ha de sentir-la i ser-ne conscient. Però aquí no hi ha res, llevat de la passió de la mala fe o una indiferència absoluta. I no podem dir que aquestes, sempre, per elles mateixes i en tota circumstància, siguin ofensives. No: només ho són quan es dirigei-

xen a una persona que abans ens ha expressat i manifestat la seva bona voluntat. Conseqüentment, podem inferir que l'ofensa d'ingratitud no és cap *fet* individual, sinó que sorgeix d'una combinació de circumstàncies que, en presència d'un espectador, li desperten el *sentiment* de blasme, a causa de l'estructura i el mecanisme particular de la seva ment.

[238] Direu que aquesta representació és falsa; que l'ofensa no consisteix ben bé en un *fet* particular que puguem assegurar que és real mitjançant la *raó,* sinó en unes determinades *relacions morals* que la raó descobreix, com també descobrim per la raó les veritats de la geometria o l'àlgebra. Però, de quines relacions, pregunto, parlem aquí? En aquest cas, primer de tot hi veig d'una banda la bona voluntat i els favors; i de l'altra, la mala fe i els greuges. Entre l'una i l'altra hi ha una relació d'*oposició.* Consisteix el crim en aquesta relació? Suposem que una persona em declari la seva mala fe o em faci algun greuge; i que jo, a canvi, només senti per ella indiferència i que fins i tot li faci alguns favors. Aquesta és la mateixa relació d'*oposició;* però aquí la meva conducta rep sovint grans lloances. Capgireu i doneu tantes voltes com vulgueu a la qüestió, que no aconseguireu fer que la moralitat resideixi en cap relació. Finalment haureu de recórrer a les decisions del sentiment.

Quan afirmem que dos i tres són iguals a la meitat de deu, entenc perfectament aquesta relació d'igualtat. Entenc que, en acabar de dividir deu en dues parts iguals, si comparo una d'aquestes parts amb la suma de dos i tres, veig que conté tantes unitats com aquest nombre compost. Però quan utilitzeu això per establir una comparació amb les relacions morals, he de confessar-vos que no us entenc gens. Una acció moral, una ofensa com la ingratitud és un objecte complex. Consisteix, però, la moralitat en la relació mútua de les seves parts? Com? De quina manera? Especifiqueu la relació; sigueu més concrets i explícits en les vostres proposicions i trobareu fàcilment la seva falsedat.

[239] No, dieu, la moralitat consisteix en la relació de les accions amb la regla de rectitud; i les anomenem bones o dolentes segons que hi concordin o no. I quina és aquesta regla de rectitud? En què consisteix? Com es determina? Per la raó, dieu, que examina les relacions morals de les accions. Així, determinem les relacions morals comparant l'acció amb la regla; i la regla, la determinem considerant les relacions morals dels objectes. D'això, en dieu raonar?

Tot això és metafísica, clameu. I dit això, ja en teniu prou; no us cal res més per pressuposar la falsedat d'una cosa. I tant, contesto; ben del cert, que hi ha metafísica aquí. Però tota la que hi ha es troba del vostre costat, que aventureu una hipòtesi tan abstrusa que no podreu fer-la entendre, ni justificar-la amb cap exemple il·lustratiu. La nostra hipòtesi és planera. Manté que el sentiment determina la moralitat. Defineix la virtut com a *tota acció o qualitat mental que ens produeix un sentiment plaent d'aprovació;* i el vici, com el contrari d'això. Després, procedim a examinar una senzilla qüestió de fet; a saber, quines accions produeixen aquest efecte. Llavors considerem en quins aspectes aquestes accions concorden, i d'aquí, mirem d'obtenir alguna observació general relativa a aquests sentiments. Si anomeneu tot això metafísica, i hi trobeu res d'abstrús, ja no us resta sinó concloure que el vostre estil de pensar no està fet per a les ciències morals.

[240] II. Quan algú, en qualsevol moment, delibera sobre la pròpia conducta (per exemple, què seria millor en un cas d'emergència, si ajudar un germà o un protector) ha de considerar aquestes relacions per separat, amb les circumstàncies i la condició de cada persona, a fi de determinar quin és el deure o obligació superior. I si vol determinar la proporció entre les línies d'un triangle, ha d'examinar la naturalesa d'aquesta figura i les relacions mútues de les seves parts. Però, no obstant l'aparent semblança dels dos casos, en el fons hi ha una gran diferència entre

ells. Un pensador teòric considera, respecte als triangles o els cercles, les diferents relacions conegudes i donades de les parts d'aquestes figures, i d'aquí infereix alguna relació desconeguda que depèn de les anteriors. Però en la deliberació moral, prèviament hem de conèixer els objectes i les seves relacions mútues; i sospesant-ho tot plegat, elegim o aprovem això o allò. No cal demostrar fets nous ni descobrir noves relacions. Se suposa que ja tenim presents les particularitats del cas abans de resoldre'ns a censurar o aprovar res. Si, això no obstant, encara hi ha alguna circumstància decisiva desconeguda o dubtosa, primer l'hem d'investigar i servir-nos de la facultat intel·lectual per estarne segurs; i mentrestant hem de suspendre la decisió o el sentiment moral. Mentre ignorem si un home va ser o no l'agressor, com hem de determinar si qui l'ha matat és culpable o innocent? Ara, un cop coneguts tots els aspectes i les relacions, l'enteniment ja no té res més a fer, ni cap objecte on aplicar-se. L'aprovació o blasme subsegüents ja no són feina del judici, sinó del cor; i ja no consisteix en una proposició o afirmació teòrica, sinó en un sentiment o sensació. En les disquisicions intel·lectuals, a partir d'aspectes i relacions coneguts, n'inferim d'altres de nous i desconeguts. En les decisions morals, tots els aspectes i relacions han de ser coneguts d'antuvi; després la ment, contemplant-ho tot plegat, sent una nova impressió d'afecte o rebuig, d'estima o menyspreu, d'aprovació o blasme.

[241] Heus aquí la gran diferència que hi ha entre un tort de *fet* i un de *dret;* i també la raó per què aquest és en general punible, i l'altre, no. Quan Èdip va matar Laios, ignorava el parentesc que els unia; en aquestes condicions no podia sinó formar-se de manera innocent i involuntària una opinió errònia sobre l'acció que havia comès. Però quan Neró va matar Agripina, coneixia prou la seva relació amb ella i les circumstàncies del fet; i amb tot, els mòbils de la venjança o la por o l'interès es varen imposar en el seu cor contra els sentiments del deure i la humanitat. Quan expressem la repugnància que ens fa, repugnància a què ell

mateix es va tornar insensible en poc temps, no vol dir que vegem alguna relació que ell no veiés; sinó que, per la nostra predisposició a la rectitud, tenim sentiments contra els quals el seu cor s'havia endurit a causa de la seva vanitat i perseverança en el crim. Les determinacions morals, doncs, consisteixen en aquests sentiments; no pas en el descobriment de cap mena de relacions. Abans de decidir res, hem de conèixer i assegurar-nos de tot allò que es refereixi a l'objecte o l'acció. A partir d'això, ja no ens resta sinó copsar el sentiment de blasme o aprovació que ens farà decidir si l'acció és criminal o virtuosa.

[La moral i l'estètica]

[242] III. Aquesta doctrina és encara més evident si comparem la bellesa moral i la natural, que tan semblants són en alguns aspectes. La bellesa natural depèn de la proporció, relació i posició de les parts; però seria absurd inferir d'això que la percepció de la bellesa consisteix merament en la percepció de relacions, com la de la veritat en els problemes matemàtics, o que solament la poden jutjar l'enteniment i les facultats intel·lectuals. La ment investiga en totes les ciències allò que no coneix a partir del que coneix. Però en tota decisió tocant al gust o la bellesa externa, les relacions són òbvies de bon començament; i a partir d'elles, es desperta en nosaltres un sentiment de complaença o desgrat d'acord amb la naturalesa de l'objecte i amb la manera com ens el presenten els nostres òrgans.

Euclides va explicar completament les qualitats del cercle; però no va dir un sol mot en cap proposició sobre la seva bellesa. La raó és evident. La bellesa no és una qualitat del cercle. No resideix en cap part de la línia tots els punts de la qual equidisten del centre comú. No és sinó l'efecte que produeix la figura sobre la ment, que per la seva estructura o constitució particular és susceptible de tenir aquests sentiments. Debades la buscareu en el cercle, o mirareu de trobar-la amb els sentits o amb el raonament matemàtic en les altres propietats d'aquesta figura.

Observeu com Palladio o Perrault expliquen les parts i proporcions d'una columna. Parlen de la cornisa, del fris, de la base, de l'entaulament, de l'eix i de l'arquitrau, i donen la descripció i la posició de cadascun d'aquests elements. Però si els demanàveu la descripció i posició de la seva bellesa, us dirien que la bellesa no és cap part o element d'una columna, sinó que neix del conjunt tan bon punt aquesta figura composta es manifesta a una ment intel·ligent, susceptible de gaudir de les sensacions més refinades. Sense observador no hi ha res llevat d'una figura de tal o tal dimensió i proporció; la seva bellesa i elegància neixen exclusivament dels sentiments d'aquell.

Encara més: observeu com Ciceró pinta els crims d'un Verres o un Catilina. Com abans, heu de reconèixer que l'aberració moral neix del conjunt, atès que es manifesta a un ésser dotat d'òrgans d'una determinada estructura i forma. L'orador pot, per una banda, pintar la ràbia, la insolència, la barbàrie; i per l'altra, la submissió, el sofriment, la pena, la innocència. Però si no sentiu com creix la indignació o la compassió en el vostre interior a partir d'aquesta combinació de circumstàncies, debades li demanareu en què consisteix el crim o la vilania, contra els quals clama amb tanta vehemència. Ni quan ni en quin subjecte ha començat a existir. Ni què se n'ha fet alguns mesos més tard, quan els pensaments i les actituds dels actors han canviat o desaparegut del tot. No hi ha respostes satisfactòries a cap d'aquestes preguntes, segons la hipòtesi abstracta de la moral. Finalment doncs hem de reconèixer que el crim o la immoralitat no són fets ni relacions particulars que puguin ser objecte de l'enteniment, sinó que neixen del sentiment de desaprovació que, per l'estructura de la naturalesa humana, sentim inevitablement en percebre la barbàrie o la traïció.

[243] IV. Els objectes inanimats poden tenir les mateixes relacions mútues que observem en els agents morals; sinó que els pri-

mers no poden ser objecte d'amor o odi ni, en conseqüència, susceptibles de mèrit o iniquitat. Un arbre jove que ultrapassa i destrueix el seu pare, té la mateixa relació amb ell que Neró quan matava Agripina; si la moralitat consistís simplement en relacions, sens dubte hauria de ser igualment criminal.

[Si preguntem per què...]

[244] V. És evident que la *raó* no pot explicar en cap cas els fins últims de les accions humanes, sinó que els ha de confiar enterament al criteri dels sentiments i emocions dels homes, que són independents de les facultats intel·lectuals. Pregunteu a un home *per què fa exercici;* us dirà que en fa *perquè vol conservar la salut.* Si llavors li pregunteu *per què vol la salut,* tot d'una us contestarà: *perquè la malaltia és dolorosa.* Si encara porteu les preguntes més lluny i voleu saber la raó *per què odia el dolor,* és impossible que us en doni cap. Aquest és el fi últim que no es refereix a cap altre objecte. Potser, a la segona pregunta, *per què vol la salut,* podria respondre que *li és necessària per exercir la professió.* Si ara li pregunteu *per què vol treballar,* contestarà *perquè vol tenir diners.* Si llavors li demaneu *per què;* us dirà que *és l'instrument del plaer.* I més enllà d'això és absurd demanar cap altra raó. És impossible que hi hagi un progrés *in infinitum,* o que sempre hi hagi una cosa que expliqui per què en desitgem una altra. N'hi ha d'haver alguna que sigui desitjable per ella mateixa, i això per virtut del seu acord o coincidència amb el sentiment o emoció de l'home.

[245] Doncs bé, si la virtut és un fi i és desitjable per ella mateixa sense cap altra recompensa o premi, merament per la satisfacció immediata que produeix, per força ha de polsar algun sentiment, una mena de gust o sensació interna, com vulgueu dirne, que distingeixi el bé del mal moral, i que s'inclini per l'un i rebutgi l'altre.

[246] Ara ja podem determinar fàcilment els respectius límits i funcions de la *raó* i el *gust*. La primera ens dóna el coneixement de la veritat i la falsedat; el segon proporciona el sentiment de la bellesa i la lletjor, del vici i la virtut. L'una descobreix els objectes com realment es troben en la naturalesa, sense afegir-los ni llevar-los res; l'altre posseeix una facultat productiva que, embellint o embrutant els objectes naturals amb colors manllevats del sentiment intern, d'alguna manera crea un nou objecte. La raó, freda i indiferent, no ens indueix a actuar i solament dirigeix l'impuls que rep de l'apetit o la inclinació mostrant-nos el camí per arribar a la felicitat o per evitar la infelicitat. I el gust, que proporciona plaer o dolor, i amb això és la causa de la felicitat o la infelicitat, ens indueix a actuar i és el primer ressort o impuls del desig i la volició. La primera, a partir de circumstàncies i relacions conegudes o suposades, ens guia per descobrir allò que està amagat i és desconegut; l'altre, un cop conegudes totes les circumstàncies i relacions, suscita un sentiment nou de blasme o d'aprovació. La norma de la primera es basa en la naturalesa de les coses i és eterna i invariable, fins i tot per a la voluntat de l'Ésser Suprem; la norma de l'altre sorgeix de l'estructura i constitució internes dels éssers animats i deriva en últim terme d'aquesta Voluntat Suprema que confereix a cada ésser la seva naturalesa pròpia i estableix les diferents classes i ordres d'existència.

DAVID HUME, *Investigació sobre els principis de la moral*, © traducció i edició a cura de MIQUEL COSTA, © Edicions 62, Barcelona 1994, p. 180-190.

4. John Stuart Mill (1806-1873)

El pensament de John Stuart Mill, el filòsof més influent del segle XIX a Anglaterra, economista i teòric social i polític, s'inscriu en el marc de la tradició britànica de l'empirisme clàssic (de Hobbes, Locke i Hume) i de l'utilitarisme del segle XIX, iniciat per Jeremy Bentham (1748-1832). L'utilitarisme —nom l'autoria del qual s'atribueix a J. S. Mill— sorgeix dins d'una tradició filosòfica també britànica, atenta sempre a l'aspecte pràctic de la filosofia, però interessada, sobretot des dels primers moments de la Il·lustració, per l'estudi dels fonaments de la filosofia moral i política, i fins i tot per la qüestió de la felicitat personal de l'individu en tant que pot veure's contraposada a la de la comunitat. (És per això que Nietzsche li dedica la seva «sageta» 12, a *Sentències i sagetes*: «L'ésser humà no aspira a la felicitat; només hi aspiren els anglesos»?) Com a sistema ètic, l'utilitarisme proposa principis generals i normes pràctiques per emprendre les actuacions socials i polítiques que més afavoreixen el bé comú, però també, perquè és la filosofia moral en què es recolzen el liberalisme polític i les noves doctrines de l'economia política anomenada clàssica (David Ricardo, Adam Smith), promou igualment les llibertats fonamentals dels individus. L'utilitarisme, en aquest moment del segle XIX a Anglaterra al qual pertany J. S. Mill, forma part substancial de l'ideari de la reforma social i política que un grup d'intel·lectuals, anomenats «filòsofs radicals», volen imprimir en una societat que comença a sentir les conseqüències de la industrialització i el capitalisme.

Molt conegut en els països anglosaxons, John Stuart Mill, ho és menys en la resta de països d'Europa, on de tota manera ha deixat la seva petjada profundament marcada en la història dels escriptors de filosofia política. Educat directament pel seu pare —un filòsof de tradició humeana, amic de Bentham i de Ricardo— va rebre una formació intel·lectualment rigorosa i completa, orientada a fer d'ell un membre destacat del cercle dels radicals, un «profeta de l'utilitarisme» i fins i tot un «reformador del món». Amb tres anys comença a aprendre el grec, amb vuit el llatí i després, adolescent encara, la història, la literatura, les matemàtiques, les ciències econòmiques i la filosofia.

Les seves obres principals són *Sistema de lògica demostrativa i inductiva* (1843) i *Principis d'economia política* (1848), que publica el mateix any en què apareix el *Manifest comunista* de Marx i Engels; tanmateix és més conegut per obres més difoses i llegides com *Sobre la llibertat* (1859) o *L'utilitarisme* (1861, 1863; publicat primer en forma d'articles de revista i després com a volum).

Amb vint anys, immers en una crisi nerviosa que també va ser existencial —ho explica en la seva *Autobiografia* (1873)— s'adona que, malgrat rebre una important formació intel·lectual, ha negligit desenvolupar l'aspecte emotiu de la seva personalitat: «Em vaig veure a mi mateix com encallat a l'inici del meu viatge, amb un vaixell magníficament equipat i un bon timó, però mancat de veles» (*Autobiografia*, cap. 5). Aprendrà el valor per la vida de les emocions i els sentiments —i superarà la crisi— mitjançant la lectura dels «poetes dels llacs», Wordsworth i Coleridge, i l'obra romàntica de Thomas Carlyle (1795-1881). Els biògrafs de J. S. Mill no perden l'ocasió de comentar que, en aquest canvi de perspectiva vital i intel·lectual, compta molt també la coneixença, quan tenia vint-i-cinc anys, de Harriet Taylor, una dona casada amb qui durant vint anys haurà de mantenir només una simple relació d'amistat, fins a casar-s'hi l'abril de 1851; sembla que la mentalitat liberal i la cultura d'aquesta dona va influir notablement en molts dels escrits de J. S. Mill, d'una manera especial en *Sobre la llibertat*, obra que J. S. Mill preferia entre les altres seves, potser per aquest notable ajut de la seva dona, que va morir poc abans que fos publicada; així va néixer l'obra: «Al començament, gener de 1854, havia planejat escriure-la donant-li forma d'un assaig breu. Però va ser pujant les escales del Capitoli, pel gener de 1855, quan va néixer la idea de convertir-lo en un volum. Cap dels meus escrits no ha estat tan curosament compost ni escrupolosament corregit com aquest. Després d'haver-lo escrit dues vegades de dalt a baix, com de costum, el teníem allà, i de tant en tant el trèiem i encara el corregíem, sospesant i criticant cada frase». En la seva nova orientació vital també rebrà la influència dels primers socialistes utòpics francesos i del filòsof positivista August Comte (1798-1857), que l'any 1830 publica el seu *Curs de filosofia positiva*; d'ell obté la idea d'una organització científica de la societat basada en l'anàlisi de l'entramat dels fets o fenòmens socials i d'un desenvolupament històric de la societat «en situació de moviment progressiu» (*Auguste Comte i el positivisme*, 1865), que li obren una perspectiva fonamentada d'una possible millora social. A partir d'aquests pressupòsits, la filosofia de John Stuart Mill segueix les línies marcades per l'utilitarisme inicial, entès però des de la seva pròpia experiència vital, mantenint d'aquesta manera, com diu algun autor, una «fidel infidelitat» a Bentham.

De Bentham accepta l'afirmació inicial segons la qual «la natura ha posat la humanitat sota l'imperi de dos amos sobirans, el *dolor* i el *plaer*. Només ells ens indiquen el que hem de fer i també ells determinen el que no hem de fer». És la concepció fonamental de l'hedonisme ètic, que arrela en les doctrines d'Epicur sobre la felicitat, i que Bentham considera una llei universal innegable. Els homes —afirma Bentham— no tenim altre remei que admetre aquesta llei universal, i el *principi d'utilitat*, el principi bàsic de l'utilitarisme, «reconeix aquesta submissió i la situa com a fonament del sistema que té per objectiu construir l'edifici de la felicitat mitjançant la raó i la llei» (*Els principis de la moral i la legislació*, 1823). El principi d'utilitat, que Bentham troba exposat en Francis Hutcheson, deixeble de Hume i autor d'una *Investigació sobre l'origen de les idees de bellesa i virtut* (1725), proposa, com a criteri de la moral privada o de la política pública, o com a ideal de vida ètica, «la major felicitat del major nombre [de persones]» (*The greatest happiness of the greatest number*): una cosa, una acció o una institució social és bona si correspon a aquest criteri; si proporciona la major felicitat possible, que cal entendre, sempre, com un plaer que cal aconseguir i un mal que cal evitar. Per utilitat, diu Bentham «entenc la propietat d'un objecte per la qual tendeix a produir un benefici, un avantatge, un plaer, un bé, és a dir, la felicitat (perquè tot és el mateix), o (perquè també és el mateix) a evitar que es produeixi un dany, un sofriment, un mal o una desgràcia». Aquest principi requereix per a la seva utilització pràctica un *càlcul aritmètic* dels plaers: el valor del plaer o el (contra)valor del dolor depèn de la seva intensitat (duració, certesa i llunyania en el temps) que cal mesurar d'una manera objectiva, és a dir, quantitativament; com si féssim una mena de balanç racional de guanys i pèrdues, que es tradueix en una *maximització* del plaer i una *minimització* del dolor, en l'individu i en la col·lectivitat. En el capítol 2 de *L'utilitarisme*, Mill proclama la seva dependència de Bentham: «El credo que posa com a fonament de la moral la Utilitat o el Principi de la Major felicitat possible, sosté que tota acció és bona en proporció a la seva tendència a promoure la felicitat, dolenta en proporció a la seva tendència a produir el contrari de la felicitat»; felicitat que entén, també igual que Bentham: «Per felicitat s'entén plaer i absència de dolor; per infelicitat, dolor i privació de plaer». És a dir, utilitarisme com a «teoria de la vida» i hedonisme com a criteri de felicitat. A partir d'aquí, J. S. Mill s'allunya de l'utilitarisme de Bentham i del sensualisme hedonista i sosté que hi ha plaers intrínsecament superiors als plaers sensuals: de l'enteniment, dels sentiments, de la imaginació, i en general els sentiments morals, i introdueix explícitament una «diferència de *qualitat* en els plaers», no merament de quantitat. Hi ha plaers, per tant, de per si més desitjables que altres, perquè uns aporten només una simple *satisfacció* de la persona (*content*), mentre que n'hi ha que aporten *felicitat (happiness)*. Per això «és millor ser una persona insatisfeta que no un gorrí satisfet; millor ser Sòcrates insatisfet que no un ximple insatisfet». L'aspecte quantitatiu el reserva J. S. Mill a l'aspecte d'estendre a tota la comunitat la maximització del plaer i la minimització del dolor. La insistència en l'aspecte comunitari de la Utilitat o de la Felicitat és molt propi de l'utilitarisme de J. S. Mill: «la felicitat que configura el criteri utilitarista del que és una conducta bona no és pas la felicitat del mateix agent, sinó la de tots els afectats per ella». Si és el cas que hi ha disconformitat entre la recerca de la felicitat de l'individu (una de les tesis principals de *Sobre la llibertat*) i el criteri altruista de la felicitat del conjunt social, cal buscar l'equilibri i la concordança, no mitjançant el recurs d'un càlcul (aritmètic) utilitarista, sinó per mitjà de la prudència de saber actuar «com un espectador benvolent i desinteressat» davant l'acció que s'està a punt d'emprendre; la prudència que recorda la regla d'or («Actua com voldries que actuessin amb tu, i estima el teu veí com a tu mateix»). J. S. Mill confia que la força de l'educació i de l'opinió pública poden arribar a modelar el caràcter de la persona perquè sigui capaç de trobar l'harmonia entre la felicitat pròpia i la col·lectiva.

Mill es pregunta (capítol 3) per «la sanció última del principi d'utilitat», és a dir, pels motius que impel·leixen a actuar d'acord amb aquest principi, o bé, el que és el mateix, es pregunta «per què estic obligat a promoure la felicitat general?». Hi ha evidentment motivacions externes, que poden consistir en «la força de les recompenses i els càstigs externs», físics o morals, vinguin de creences religioses o de la societat. Però la motivació principal és la interna, o convicció personal, que identifica amb la «sanció del deure», o consciència moral capaç d'acceptar l'obligació moral, i que defineix com «un sentiment subjectiu de la ment», barreja complexa de sentiment de simpatia (pròpiament, empatia), d'amor, de sentiment religiós, de records d'infància, del que s'ha viscut per experiència pròpia, d'autoestima, d'autopunició, i que en última instància es manifesta, quan fracassa, en forma de «remordiment». Aquest sentiment del deure, o consciència moral, només té una demostració empírica: és «un fet real de la naturalesa humana». Mill exclou qualsevol base transcendent d'aquest sentiment d'obligació moral o deure, i alhora fuig de la qüestió si és innat o adquirit. En tot cas, el sentiment del deure es fonamenta en «els sentiments socials de la humanitat, [en] el desig de viure en unitat amb els nostres semblants». Com que no som naturalment altruistes, podem arribar a ser-ho mitjançant l'educació.

El principi de la Utilitat o de la Felicitat, tal com l'entén l'utilitarisme, és la raó última de tota actuació humana moral; és el fi de la vida humana al qual cal ajustar els mitjans: el clàssic *summum bonum* que motiva tota la conducta ètica, perquè no és racional buscar la felicitat —el bé més elevat— fora de l'ètica. Però els fins últims, diu J. S Mill a l'inici del llibre —i també deia Aristòtil—, no es poden demostrar: no podem raonar per què busquem la felicitat, perquè la busquem per si mateixa, però sí que cal justificar —és a dir, trobar una raó que *inclini* la ment a acceptar una determinada proposició— que el *summum bonum*, la nostra felicitat, ha de ser la «felicitat general» (la felicitat del major nombre; recordem: la presència del plaer i l'absència del dolor, amb les *qualificacions* d'ordre superior que hi afegeix J. S. Mill). Aquesta tasca probatòria l'emprèn l'autor en el capítol 4 de *L'utilitarisme*: «De quina mena de prova és susceptible el principi d'utilitat». La seva resposta és: «No es pot donar cap altra prova que la felicitat general és desitjable, llevat del fet que tota persona desitja la pròpia felicitat en la mesura que creu que la pot assolir»; i com que això «és un fet», la felicitat «és el bé» que cal desitjar: el bé de cada persona, i el bé tots en conjunt. Aquí rau, per a molts intèrprets de la filosofia de J. S. Mill, l'error lògic de la prova: per una banda, la «fal·làcia naturalista» (apuntada primerament per David Hume, tractada més tard per G. E. Moore, [1873-1958]) el pas il·lícit de l'ordre dels fets a l'ordre moral; o bé el fet d'interpretar l'obligació moral (allò que cal desitjar) amb les característiques d'una qualitat natural (el desig); per l'altra banda, el problema de donar per descomptat que tothom, quan procura la seva felicitat, procura també la dels altres; l'experiència mostra que hi ha gent que prefereix la seva felicitat a la felicitat general. Però també entenen els autors que segurament J. S. Mill no busca estrictament una prova deductiva del principi de Felicitat o Utilitat, sinó que més aviat apunta una motivació pragmàtica o psicològica: si ens hem de posar d'acord sobre el que ha de ser el fi últim de les nostres accions (ètica) posem-nos primer d'acord sobre allò que de fet sempre busquem (psicologia). Henry Sidgwick (1830-1900), intèrpret d'un utilitarisme més madur, admetrà que el principi d'Utilitat o Felicitat és indemostrable: que s'ha de postular simplement per intuïció moral. I després d'analitzar que allò que cerquem per si mateix no és el diner o el poder o la fama (de nou un record per a l'Ètica a Nicòmac), perquè aquestes coses se cerquen només com un mitjà i com una part de la felicitat, i no com un fi, insisteix: «Si és així, la felicitat és l'únic fi de l'acció humana»; la felicitat tal com Mill l'entén en el seu utilitarisme: un eudemonisme construït sobre la base d'un hedonisme moral qualificat. Admetre-ho és «una qüestió d'experiència»; l'experiència (que ell concreta en «l'autoconsciència i l'autoobservació») ens fa saber que «desitjar una cosa» és «trobar-la plaent» i «avorrir una cosa» és «trobar-la dolorosa».

Dos anys abans de publicar *L'utilitarisme*, John Stuart Mill publicava *Sobre la llibertat* (1859), la seva principal obra sobre filosofia social i filosofia del dret, la més coneguda i llegida de Mill (que apareix el mateix any que *L'origen de les espècies*, de Charles Darwin), i una de les fonts en què s'inspira el pensament liberal. És una aferrissada defensa dels drets de l'individu, enfront de l'Estat i l'opinió pública, a tenir les seves pròpies conviccions i a posar-les en pràctica d'una manera absolutament lliure: una proclama de la *llibertat de la persona individual*, entesa en els termes més estrictament liberals. La introducció (cap. 1) precisa el *tema* de l'assaig, que no és «l'anomenat lliure albir», o llibertat de decisió, que —en la terminologia d'Isaiah Berlin— es podria anomenar «llibertat positiva» (concepte *intrapersonal*, la capacitat interior de decidir de fer o no fer una cosa, o de fer una cosa o bé una altra), sinó «la llibertat civil o social», entesa com a llibertat negativa, o absència de coacció, entenent que hi ha coacció quan algú es veu impedit externament per un altre de fer una cosa o es veu obligat per un altre a fer una cosa; el subjecte que coacciona pot ser l'Estat, i estem aleshores en l'àmbit de la llibertat política (negada), o bé la societat en qualsevol de les seves formes, i aleshores estem en l'àmbit de la llibertat social (negada), per exemple, per la coacció que imposa l'opinió pública (la «tirania de la majoria» a què al·ludeix Mill). La llibertat negativa implica les llibertats polítiques i socials (els denominats drets de la persona, que tenen una expressió política i/o social) de consciència, de pensament i de sentiment, d'opinió i judici, d'expressió, de gustos i aspiracions, la llibertat «de forjar el pla de la nostra vida» i la llibertat d'associació. Resumint, en paraules de J. S. Mill: «la sola llibertat que mereix tal nom és la d'anar a la percaça del nostre propi bé a la nostra manera». Però com que la vida social demana un equilibri entre els drets de l'individu i les exigències comunitàries, l'autor es planteja la possibilitat d'un principi simple «que pugui regular absolutament els tractes de l'individu amb la societat». I enuncia aleshores el que s'anomena *principi del dany*: «L'únic propòsit pel qual hom pot exercir legítimament el poder sobre qualsevol membre d'una comunitat civilitzada, contra la seva voluntat, és impedir el dany dels altres. El seu propi bé, ja sia físic o moral, no és una justificació suficient. No pot ser legítimament obligat a fer o a estar-se de fer quelcom perquè fóra millor per a ell, perquè el fes més benaurat, perquè, en les opinions dels altres, fóra més assenyat o fins i tot més encertat». L'objectiu que persegueix el llibre serà donar fonament a aquest principi; ho enuncia en la introducció i procurarà fer-ho en el capítol 4. Ara simplement estableix el principi: el límit d'aquesta llibertat personal *és el dany dels altres*; si no es lesionen els drets dels altres, llibertat absoluta de l'individu: «sobre si mateix, sobre el seu cos i sobre el seu esperit l'individu és sobirà».

La possible inconsistència entre l'afirmació categòrica de la llibertat individual —tot i que amb l'única excepció que enuncia el *principi del dany*—, i l'exigència altruista i comunitarista de cercar «la felicitat del major nombre» —«la lluita entre la llibertat i l'autoritat»—, que proclama la doctrina utilitarista, és de difícil solució: s'afirma alhora el dret autònom a la recerca del propi bé i l'imperatiu moral de la recerca del bé general. «Utilitarisme» és precisament admetre que les dues coses es poden aconseguir alhora. Els comentaristes hi veuen dificultats lògiques. En un moment determinat (en la «Introducció», poc després d'enunciar el principi del dany) diu J. S. Mill: «Considero la utilitat com la darrera instància d'apel·lació en totes les qüestions ètiques, però em refereixo a la utilitat *en el sentit més ampli*, fonamentada en els interessos permanents de l'home com a ser progressiu. La meva tesi és que aquests interessos autoritzen la subjecció de l'espontaneïtat individual al control exterior només en el cas d'aquelles accions dels homes que afecten els interessos dels altres». El criteri d'utilitat veu un bé superior en la llibertat de l'individu, amb una única excepció: sempre que no es lesionen els drets dels altres. Fonamenta la tesi en la naturalesa de «l'home com a ser progressiu». Maximitzar la llibertat individual és més útil, en un sentit més ampli d'utilitat, que maximitzar la seva coacció, perquè es fonamenta en la necessitat que té la naturalesa humana d'expandir-se, de desenvolupar-se, i per això afavoreix el conjunt de la societat. Això ho tracta J. S. Mill en el capítol 3 («De la individualitat com un dels elements del benestar») on relaciona la llibertat individual amb la «finalitat de l'home», doctrina que ell remet a Wilhem von Humboldt, però es podria remetre al mateix Aristòtil: la finalitat de l'home —la que posa en pràctica en l'ètica— «és el desenvolupament més elevat i més harmoniós dels seus poders fins a arribar a un tot complet i congruent». I «desenvolupament equival a individualitat», és a dir, a «llibertat» i a «originalitat» i «varietat de situacions» o maneres diferents de viure la vida; i com més desenvolupament individual, millor desenvolupament social: en proporció al desenvolupament de la seva individualitat, cada persona esdevé més valuosa a si mateixa i, per conseqüència, és capaç de ser més valuosa als altres. La metàfora a què recorre rebla encara més la idea: la natura humana no és una màquina que es programa amb exactitud —un record per a l'educació rigorosa que ell va rebre del seu pare?—, sinó «un arbre que ha de créixer i desenvolupar-se per tots costats». Un veritable viatge cap a la «ciutadella interior», com diu I. Berlin, i així es veu com la llibertat negativa requereix la llibertat positiva; la maduresa interna que ens permet decidir per desenvolupar la pròpia vida d'una manera autònoma i independent.

En el capítol 4 («Dels límits de l'autoritat de la societat sobre l'individu») de *Sobre la llibertat* J. S. Mill estudia la resposta detallada a la qüestió plantejada en la «Introducció», i es pregunta, per tant, quin és el límit de la sobirania de l'individu i on comença l'autoritat de la societat sobre l'individu. Aquests dos àmbits tenen una zona d'interferència: els individus no es vinculen a la societat per cap mena de contracte (sinó en una sociabilitat originària, refermada per la utilitat social: és la teoria empirista de Hume), però han de respectar la relació establerta amb la societat: han de respectar els interessos dels altres (els drets de la persona, que J. S. Mill anomena «drets subjectius»), han de suportar la distribució equitativa de les càrregues socials i admetre el rebuig de l'opinió social, si la seva actuació no mereix la deguda consideració. En aquest àmbit d'intersecció J. S. Mill distingeix tres possibles restriccions de la llibertat: la que vol limitar la llibertat d'una persona pel bé de si mateixa i sense el seu consentiment (*principi del paternalisme*); la que la vol restringir per evitar que actuï de manera immoral (*principi de moralitat*), i la que restringeix la llibertat d'un individu per evitar que es lesionin els drets d'altri (*principi del dany*). Només en aquest últim cas, «tan bon punt un aspecte del comportament d'una persona afecta d'una manera perjudicial els interessos d'altri», es pot admetre la interferència de la societat en la llibertat personal, aquell espai on rauen els anomenats drets de la persona (llibertat de pensament, d'expressió i d'associació..., als quals ha dedicat sobretot el capítol 2), que les democràcies sancionen en les seves constitucions, i només aleshores es pot parlar de si aquella interferència «és favorable o desfavorable al bé comú». En canvi, apel·lar simplement al bé de l'individu o a la moralitat privada no és una bona raó per restringir el dret a la llibertat. Això pertany al terreny dels sentiments o de les opinions, i en aquest àmbit «l'individu hauria de gaudir d'una llibertat perfecta». Els altres poden recórrer a la «força de la persuasió», al judici desfavorable, poden «cridar l'atenció a una altra», «prevenir els altres en contra seu», però és l'àmbit on «la individualitat té el seu camp d'acció propi»; i afirma explicant-ne el motiu: «No té cap mena de justificació que una persona, o una colla d'elles, diguin a una altra criatura humana dotada d'ús de raó que no pot fer amb la seva vida en benefici propi allò que li plagui de fer-ne. Ella mateixa és la persona més interessada en el seu propi benestar».

Hi ha el fet innegable que la divisòria entre el que és l'esfera privada i l'esfera pública és sovint una línia borrosa («No hi ha ningú que sigui un ésser enterament isolat») i no sempre la conducta d'un membre de la societat «pot ser indiferent als altres membres»; perquè som éssers socials, la nostra conducta interessa sempre als altres. J. S. Mill fa una crida a la prudència en l'anàlisi d'aquesta possible interferència, i hi acomoda el seu principi: «sempre que existeixi un dany o un risc de dany definits, ja sia a un individu o a la col·lectivitat, el cas ja no cau dins l'àmbit de la llibertat i entra de ple dins el de la moralitat o el dret». Però, qualsevol altre detriment que la conducta d'un individu causi a la societat «que no viola un deure específic envers la col·lectivitat ni ocasiona un dany perceptible a qualsevol individu», s'ha d'admetre «per mor del bé més gran de la llibertat humana». J. S. Mill aplica, també aquí, el principi de la Utilitat, com si digués: els avantatges de la llibertat personal superen els avantatges d'interferir en la llibertat dels altres i, en definitiva, és o paternalisme o moralisme voler protegir l'individu —sense el seu consentiment— de les conseqüències de les seves accions lliures.

Els principis i les distincions de J. S. Mill són aplicables a l'anàlisi de les lleis civils i a les relacions que s'estableixen en certes situacions ciutadanes problemàtiques: són paternalistes, moralistes o es fonamenten en el principi del dany a les altres lleis com l'obligació d'utilitzar el cinturó de seguretat en els vehicles o el casc en les motocicletes, la propaganda contra el consum del tabac, la prohibició de fumar en llocs públics, les lleis prohibicionistes contra les drogues, o potser els arguments a favor de la seva legalització? Tenen alguna aplicació aquests principis en la problemàtica de l'eutanàsia voluntària, la defensa del dret a una mort digna, o l'ingrés a l'hospital de la noia anorèctica contra la seva voluntat, etc.? (Vegeu el capítol 5: Aplicacions.)

El pensament de John Stuart Mill, tant pel que fa a la seva versió de l'utilitarisme com a la defensa de la llibertat personal, ha influït poderosament en la manera com la filosofia política i moral del pensament liberal ha entès els drets de l'individu, i la relació de llibertat i poder entre la societat o l'Estat i l'individu, «la lluita entre la llibertat i l'autoritat». Aquesta influència ha estat més reconeguda en la tradició filosòfica anglosaxona que en la que pot anomenar-se continental, més preocupada aquella que no pas aquesta en el problema dels drets de l'home i la filosofia moral i política. Malgrat això, la traça que l'utilitarisme ha deixat marcada en la història de l'ètica és profunda, i tot i que en el pla teòric no hi ha un desenvolupament posterior significatiu d'aquest sistema (John Rawls, amb *Una teoria de la justícia* [1971], que és una crítica a l'utilitarisme, sobretot el de H. Sidgwick, feta des de supòsits liberals, ara neoliberals, i idees de Kant i Rousseau, d'alguna manera en replanteja la problemàtica), la seva contribució a la defensa de les llibertats fonamentals de la persona en un sentit liberal i la seva aportació a una ètica de la responsabilitat en una perspectiva social ha quedat sòlidament recollida en el dipòsit de la cultura occidental.*

ANTONI MARTÍNEZ-RIU

* El lector, i l'alumne, llegirà amb molt de profit les òptimes introduccions a *L'utilitarisme*, editat per Miquel Costa (Edicions 62, Educació 62.7, Barcelona 2005); la de Lluís Flaquer, a *Sobre la llibertat* (Editorial Laia, Textos filosòfics, Barcelona 1983). També el «pròleg» d'Isaiah Berlin, a *Sobre la libertad* (Alianza, Madrid, 2004), així com Isaiah Berlin, *Dos conceptos de libertad y otros escritos* (Alianza, Madrid 2001).

PRIMER TEMA

SOBRE LA LLIBERTAT

DELS LÍMITS DE L'AUTORITAT DE LA SOCIETAT SOBRE L'INDIVIDU (CAPÍTOL 4)

[El problema]

Quin és doncs el límit just de la sobirania de l'individu sobre si mateix? On comença l'autoritat de la societat? Quina esfera de la vida humana pertoca a la individualitat i quina a la societat?

Cadascuna rebrà la seva justa part, si disposa de la que l'afecta més particularment. A la individualitat li hauria de pertocar aquell àmbit de la vida en el qual interessa sobretot l'individu; a la societat, aquell àmbit que interessa sobretot la societat.

[Deures amb la societat]

Per bé que la societat no es basi en un contracte i per bé que no s'hi guanyi res inventant-ne un per tal de deduir-ne obligacions socials, tots els qui reben la protecció de la societat li deuen una torna pel benefici percebut, i el fet de viure en societat fa indispensable que cadascú es vegi en l'obligació d'observar una certa línia de conducta envers la resta. Aquesta conducta consisteix, primer de tot, a estar-se de noure els interessos dels altres o, més ben dit, certs interessos que, ja sia per disposició legal o per consentiment tàcit, són considerats drets subjectius; i, segonament, en el fet que cada persona enduri la seva càrrega (fixada segons un principi equitable) dels treballs i sacrificis que suposi la defensa de la societat o dels seus membres quan siguin objecte d'ofenses i vexacions. La societat està plenament justificada a imposar aquestes condicions costi el que costi a aquells que voldrien incomplirles. Però la societat pot fer quelcom més. Els actes d'un individu poden resultar nocius als altres o fer cas omís de la deguda consideració que es mereix llur benestar, sense necessitat d'arribar a violar algun dels seus drets constituïts. En aquest cas, l'ofensor pot ser punit justament per l'opinió, però no per la llei. Tan bon punt un aspecte del comportament d'una persona afecta d'una manera perjudicial els interessos d'altri, la societat hi té jurisdicció i esdevé objecte de discussió la qüestió de si la intervenció de la societat és favorable o desfavorable al bé comú.

[Apel·lació al principi del dany i la seva interpretació]

Però no treu cap a res plantejar aquesta qüestió quan la conducta d'una persona afecta només els seus propis interessos o no té necessitat d'afectar els interessos dels altres si no ho volen (partint del supòsit que totes les persones afectades són majors d'edat i tenen un grau normal d'enteniment). En tots aquests casos, l'individu hauria de gaudir d'una llibertat perfecta, tant jurídica com social, per a acomplir l'acte que vulgui i atenir-se a les conseqüències.

Seria una interpretació totalment errònia d'aquesta doctrina suposar que predica la indiferència egoista, que pretén que els éssers humans a la vida no tenen cap mena de relació en llurs conductes respectives i que no han de preocupar-se per la prosperitat o el benestar dels altres, tret que llurs propis interessos no en siguin afectats. En lloc d'una disminució hi ha necessitat d'un increment de l'acció desinteressada per a promoure el bé dels altres. Però la benevolència desinteressada pot trobar altres instruments que fuets i flagells, tant en un sentit literal com metafòric, per a persuadir la gent del que és el seu bé. Sóc la darrera persona a menysvalorar les virtuts de la pròpia estimació. Només són segones en importància, si és que ho són, a les socials. L'objecte de l'educació és el conreu de totes dues de manera igual. Però fins i tot l'educació obra tant per convicció i persuasió com per compulsió, i les virtuts de la pròpia estimació haurien de ser inculcades precisament quan el període de l'educació és ja clos, emprant la força de la persuasió. Els éssers humans es deuen ajut els uns als altres per tal de distingir el millor del pitjor, així com estímuls per a escollir entre l'un i l'altre. S'haurien d'esperonar tothora a incrementar l'exercici de les seves facultats superiors i acréixer la direcció de llurs sentiments i fins vers objectes i contemplacions assenyats en comptes de necis, elevats en comptes de degradants. Però no té cap mena de justificació que una persona, o una colla d'elles, diguin a una altra criatura humana dotada d'ús de raó que no pot fer amb la seva vida en benefici propi allò que li plagui de fer-ne. Ella mateixa és la persona més interessada en el seu propi benestar i l'interès que qualsevol altre, llevat d'alguns casos de fort lligam personal, hi pot tenir, és fútil, comparat amb aquell que ella mateixa hi té. L'interès que la societat hi té individualment (tret de la seva conducta quan concerneix els altres) és fragmentari i totalment indirecte, mentre que, respecte als seus propis sentiments i circumstàncies, l'home o la dona més vulgars tenen mitjans de coneixement que superen incommensurablement els que pot posseir qualsevol altre. La interferència de la societat amb la intenció de prevaler sobre el judici i propòsits llurs en allò que només els concerneix, cal que es basi en presumpcions generals, que poden ser totalment falses i, encara que siguin certes, corren el risc de ser aplicades malament als casos individuals per persones no millor familiaritzades amb les seves circumstàncies que les que els examinen simplement des de fora. Així, doncs, en aquesta esfera dels afers humans, la individualitat té el seu camp d'acció propi. En el mutu capteniment dels éssers humans, cal que s'observin en la majoria dels casos regles generals per tal que la gent sàpiga a què atenir-se, però pel que fa als interessos de cadascú la seva espontaneïtat individual té dret a exercitar-se lliurement. És possible que els altres li brindin ajut al seu judici, exhortacions per a enfortir la seva voluntat, que fins i tot representin imposicions, però en tot cas ell té la darrera paraula. Tots els errors que pugui cometre contra els consells i les admonicions són contrarestats amb extrem pel mal de deixar que els altres el compel·leixin a fer el que jutgen el seu propi bé.

No vull dir amb això que els sentiments que una persona inspiri als altres no hagin d'estar afectats de cap manera per les seves qualitats o defectes personals, cosa que no és possible ni desitjable. Si és eminent en alguna de les qualitats que contribueixen al seu bé, això el fa digne d'admiració, ja que així s'acosta més a la perfecció ideal de la naturalesa humana. Si, en canvi, és summament deficient en aqueixes qualitats, se'n seguirà un sentiment contrari a l'admiració. Hi ha un grau de niciesa i un grau del que hom pot anomenar (tot i que aquesta expressió és força objectable) la baixesa o la depravació del gust, els quals, encara que no puguin justificar fer mal a la persona que els manifesten, la fan tornar necessàriament i justa un objecte d'aversió o, en casos extrems, fins i tot de menyspreu, car és difícil que una persona tingui les qualitats contràries amb forta intensitat sense nodrir aquests sentiments. Malgrat que no faci mal a ningú, una persona pot obrar talment que no tinguem altre remei que jutjar-lo i veure'l com un ruc o un ésser d'ordre inferior i, com és comprensible que s'estimi més evitar aquest judici i aquest sentiment, és prestar-li un servei prevenir-lo d'antuvi de les desagradables conseqüències a què s'exposa. De fet, convindria que aquest bon servei fos fet més lliurement del que actualment permeten les nocions corrents d'urbanitat i que una persona pogués honradament cridar l'atenció a una altra si creu que no obra bé, sense ésser considerat per això grollera o presumptuosa. Igualment tenim dret, en diversos aspectes, d'obrar segons la nostra opinió desfavorable d'algú, no pas de cara a l'opressió de la seva individualitat, ans en l'exercici de la nostra. No estem obligats, per exemple, a cercar la seva companyia; tenim el dret d'evitar-la (però no pas a fer ostentació d'aquesta evitació), car tenim el dret a escollir la companyia que ens és més grata. Tenim el dret, que en alguns casos pot esdevenir el nostre deure, de prevenir els altres en contra seu, si creiem que el seu exemple o conversa pot tenir un efecte perniciós sobre aquells amb el quals s'ajunta. No tenim l'obligació d'utilitzar a favor seu els nostres bons oficis, llevat d'aquells casos en què procurem el seu millorament. D'aquestes diverses maneres una persona pot sofrir penalitats molt greus ocasionades pels altres per faltes que només l'afecten directament a ell mateix; però pateix aquestes penalitats només en la mesura que són conseqüències naturals i, per així dir-ho, espontànies, de les faltes mateixes, no perquè li siguin infligides intencionalment per tal de punir-lo. Una persona que demostra temeritat, entestament, urc, que no pot viure amb mitjans moderats, que no pot abstenir-se de rabeigs noïbles que percaça plaers carnals a expenses dels de la sensibilitat o de l'intel·lecte, cal que esperi ser objecte d'un rebaix en l'opinió dels altres i tenir una part menor dels seus sentiments favorables, però d'això no té per què queixar-se, fora que hagi merescut llur favor per una excel·lència especial en les seves relacions socials i hagi conquerit així un títol a llurs bons oficis, que no es vegi afectat pels seus propis demèrits.

El que tracto de sostenir és que els inconvenients que són estrictament inseparables del judici desfavorable dels altres són els únics als quals una persona hauria d'estar subjecta per aquella part de la seva conducta i del seu caràcter que afecta el seu propi bé però que no concerneix els interessos dels altres en llurs relacions amb ell. Els actes lesius als nostres semblants requereixen un tractament totalment diferent. La violació de llurs drets; l'acte d'inferir-los pèrdues o danys no justificats pels nostres drets; la falsedat i la duplicitat en els nostres tractes amb ells; l'ús injust o poc generós dels nostres avantatges a costa d'ells; fins i tot la nostra inhibició egoista de defensar-los contra l'agressió, aquests són objectes dignes de reprovació moral i, en els casos greus, de retribució i puniment morals. I no sols aquests actes, sinó les disposicions que hi menen són ben bé immorals i objectes dignes de desaprovació que poden donar origen a una mena d'aversió. La tendència a la crueltat, la malícia i la malfiança; l'enveja, la passió més antisocial i odiosa de totes; la dissimulació i la manca de sinceritat; la irascibilitat per causa insuficient i el ressentiment desproporcionat a la provocació; les ànsies de domini sobre els altres; la cobejança d'acaparar una part més gran dels avantatges que pertoquen a cadascú (la Πλεονεζία [cobdícia, ambició] dels grecs); l'orgull que obté gratificació amb l'envilìment dels altres; l'egoisme que creu que el jo i els seus interessos són més importants que tota la resta i que decideix totes les qüestions dubtoses al seu favor, són tots ells vicis morals i constitueixen un caràcter moral dolent i odiós, a diferència dels defectes personals abans esmentats, que de fet no són ben bé immoralitats i que per més intensitat que ostentin no denoten malignitat. Poden ser prova d'un cert grau de niciesa o d'una manca de dignitat personal i d'amor propi, però només són dignes de reprovació moral quan suposen una infracció del deure envers els altres, per mor dels quals l'individu està obligat a tenir cura de si mateix. Els que denominem deures envers nosaltres no són socialment obligatoris, llevat que les circumstàncies els converteixin alhora en deures envers els nostres semblants. El terme deure a si mateix, quan significa quelcom més que prudència, vol dir amor propi o creixement personal, per cap de tots dos ningú no és responsable davant els seus semblants, car aquesta rendició de comptes no ocasionaria cap bé a la humanitat.

La distinció entre la pèrdua de consideració en la qual una persona pot justament incórrer per defecte de prudència o de dignitat personal i la reprovació que li és deguda per un trepig dels drets dels altres no és purament nominal. Representa una gran diferència tant en els nostres sentiments i en la nostra conducta envers ella el fet de si ens desplau en coses en les quals nosaltres creiem que tenim el dret de sotmetre-la a control o en coses en les quals sabem que no el tenim. Si algú ens desplau podem expressar-li el nostre disgust i podem mantenir-nos allunyats d'una persona o d'un objecte que ens desplagui, però no per això hem de sentir-nos cridats a fer-li la vida impossible. Hem de pensar que ja està endurant o bé que li tocarà suportar tot el pes de les conseqüències del seu error i que si ell s'entesta a malmetre la seva vida amb les seves barrabassades, per aquesta raó no hem de voler desgraciar-la-hi encara més. En comptes de desitjar punir-lo, hauríem de maldar més aviat per a alleujar les seves penalitats a base de mostrar-li com pot evitar o guarir els mals que el seu capteniment tendeix a presentar-li. Pot ser per a nosaltres un objecte digne de compassió, tal vegada d'avorriment, però no d'ira o ressentiment. No hem de tractar-lo com un enemic de la societat: el pitjor que nosaltres podem sentir-nos justificats a fer és deixar-lo tot sol, si és que no ens decidim a ingerir-nos benèvolament a la seva vida mostrant-li de tenir cura o preocupació de si mateix. Es tracta ben bé d'un altre cas si ha infringit les normes necessàries per a la protecció dels seus semblants tant individualment com col·lectiva. Les conseqüències perjudicials dels seus actes llavors no recauen sobre ell, sinó sobre els altres, i la societat, com a protectora dels seus membres, ha de prendre represàlies contra ell, ha d'infligir-li dolor amb el propòsit exprés de castigar-lo i assegurar-se que la punició sigui prou severa. En un cas, es tracta d'un delinqüent davant el nostre tribunal i ens sentim cridats no sols a enjudiciar-lo, sinó, d'una forma o d'una altra, a executar la nostra pròpia sentència; en l'altre cas, no ens incumbeix d'infligir-li cap mena de sofrença, llevat de la que pugui derivar-se incidentalment del nostre dret d'usar de la mateixa llibertat de regulació dels nostres propis afers que li reconeixem a ell.

[Argument en contra: l'home no és una illa]

Hi ha moltes persones que refusaran d'admetre la nostra distinció entre l'esfera de la vida d'una persona que solament l'afecta a ella i aquella que afecta els altres. Com és possible (poden preguntar-se) que un àmbit de la conducta d'un membre de la societat pugui ser indiferent als altres membres? No hi ha ningú que sigui un ésser enterament isolat: és impossible que una persona es nogui seriosament o permanent sense que el mal atenyi almenys els individus més propers amb qui es relaciona i sovint els situats més enllà d'ells. Si causa lesió a les seves propietats, perjudica els qui directament o indirecta en depenen i normalment fa minvar, en un grau més o menys gran, els recursos generals de la comunitat. Si deteriora les seves facultats corporals o mentals, no solament causa mal a tots aquells que en depenen, encara que sigui només en una part de la seva benaurança, ans s'inhabilita per a prestar els serveis que deu en general als seus conciutadans, tal vegada esdevé una càrrega a llur afecte o benevolència i, si tal conducta fos molt freqüent, seria difícil trobar un acte delictiu que suposés una minva major al bé comú general. Finalment, si pels seus vicis o follies una persona no fa mal als altres, tanmateix (hom pot al·legar) el seu exemple podria ésser noïble i, per tant, se li pot demanar que reguli la seva conducta, la visió o el coneixement de la qual podria corrompre o esgarriar alguns dels seus semblants.

I àdhuc (hom podria afegir-hi) si les conseqüències de la mala conducta es poden confinar a l'individu viciós o eixelebrat, és convenient que la societat abandoni a llur propi senderi aquells individus que no tenen prou preparació? Si els nens i els menors d'edat tenen un clar dret a rebre protecció contra ells mateixos, no convé també que la societat la proporcioni igualment a les persones madures que s'han mostrat incapaces d'autonomia? Si el joc, la beguda, la incontinència, la peresa, la brutícia són tan ofensives al goig i un obstacle tan gran al millorament com molts o la gran majoria dels actes interdits per la llei, per què la llei (hom pot preguntar), en la mesura que això s'adiu amb la factibilitat i les conveniències socials no s'ha d'escarrassar a reprimir també aquestes activitats? I com a complement de les imperfeccions inevitables del dret, no seria bo que l'opinió organitzés una vigilància extrema contra aquests vicis i sancionés rígidament amb punicions socials aquells coneguts per practicar-los? No es tracta (hom pot dir) de restringir la individualitat ni d'impedir la provatura d'experiències de vida noves i originals. Les úniques coses que hom cerca d'evitar són activitats que han estat provades i condemnades des dels inicis del món fins ara; coses que l'experiència ha mostrat que no són útils ni convenients per a la individualitat de ningú. Per tal que una veritat moral o prudencial pugui considerar-se establerta cal un cert període de temps i un determinat grau d'experiència, i el que simplement hom pretén és d'impedir que una generació rere l'altra caigui pel mateix precipici que ha estat fatal als seus predecessors.

Admeto plenament que el mal que una persona es causa a si mateixa, pot afectar greument, adés per les seves simpaties, adés pels seus interessos, els que s'hi relacionen i, en un grau menor, la societat en el seu conjunt. Quan per una conducta d'aquesta mena una persona es veu arrossegada a violar una obligació clara i adjudicable envers una altra persona o persones, aquest cas ja no cau dins l'àmbit de la moralitat privada, i llavors esdevé susceptible de desaprovació moral en el sentit apropiat del terme. Si, suposem, un home, per intemperància o extravagància, deixa de pagar els seus deutes o bé, havent assumit la responsabilitat moral d'una família, per la mateixa causa deixa de ser capaç d'educar o mantenir els seus fills, mereix una justa reprovació i pot ser castigat, però si ho és serà a causa de la infracció del seu deure envers la seva família o els seus creditors, no pas per la seva extravagància. Si els recursos que es devien consagrar a la família fossin destinats a la inversió més prudent de totes, la culpabilitat moral seria la mateixa. George Barnwell occí el seu oncle per aconseguir diners per a la seva amistançada, però si ho hagués fet per muntar un negoci, hauria estat condemnat igualment a la forca.* De la mateixa manera, en el sovintejat cas d'un home que causa problemes a la seva família per donar-se a mals hàbits, mereix retrets per la seva duresa i ingratitud, però també pot ésser-ne objecte per conrear hàbits que en si no són viciosos, si causen aflicció a aquells amb els quals comparteix la seva vida o que depenen d'ell per vincles personals per a llur conhort. Quisvulla que no reïx en la consideració generalment deguda als interessos i sentiments dels altres, sense que s'hi vegi empès per algun imperatiu moral o justificat per una preferència permissible, és subjecte a la desaprovació moral per aquesta incapacitat però no pas pel seu origen o pels errors, merament personals, que remotament hi poden haver menat. De manera semblant quan una persona s'incapacita per raó del seu comportament privat per a l'exercici de qualsevol deure precís envers la col·lectivitat que li ha estat encomanat, és culpable d'una infracció social. És injustificat de castigar algú perquè està ebri, però en canvi cal punir un soldat o un policia que s'embriagui estant de servei. En suma, sempre que existeix un dany o un risc de dany definits, ja sia a un individu o a la col·lectivitat, el cas ja no cau dins l'àmbit de la llibertat i entra de ple dins el de la moralitat o el dret.

Però amb referència al menyscapte merament contingent o, com podria anomenar-se, inferit, que una persona causa a la societat per una actuació que ni viola un deure específic envers la col·lectivitat ni ocasiona un dany perceptible a qualsevol individu determinable llevat d'ell mateix, aquest inconvenient és un dels que la societat pot permetre's d'endurar per mor del bé més gran de la llibertat humana. Si calgués castigar les persones adultes per no tenir cura d'elles mateixes, més valdria que fos pel seu propi bé més que no pas amb el pretext d'impedir que menysca-

* Protagonista de *The London Merchant, of the history of George Barnwell*, obra de teatre de George Lillo, posada en escena per primer cop el 1731.

bin llur capacitat de prestar beneficis a la societat, que aquesta no pretén tenir el dret d'exigir. Però no estic gens d'acord a tractar aquesta qüestió com si la societat no tingués altres mitjans per tal d'elevar els seus membres més febles al nivell ordinari de conducta racional que esperar que perpetrin alguna acció irracional i aleshores infligir-los una punició jurídica o moral per aquesta transgressió. La societat té un poder absolut sobre ells en les primeres etapes de llur existència: ha tingut a la seva disposició tot el període de la infància i de la minoritat amb l'objecte de fer les provatures necessàries perquè fossin capaços d'una conducta racional en la vida. La generació existent és responsable de la formació i de les circumstàncies que envolten la generació següent. No és possible que faci tornar els membres de la futura generació perfectament bons i assenyats, perquè lamentablement ella també és deficient en bonesa i seny. Els seus millors esforços no són sempre, en certs casos individuals, totalment reeixits. Però és capaç d'aconseguir que la generació que puja sigui, en línies generals, tan bona i un xic millor que ella mateixa. Si la societat deixa que un nombre considerable dels seus membres creixin com a infants, incapaços d'ésser influïts per la consideració racional dels motius distants, el blasme per les conseqüències és imputable a ella mateixa. Armada no sols amb els poders de l'educació, ans amb l'ascendent que l'autoritat de l'opinió admesa sempre exerceix sobre les ments d'aquells que són menys aptes per a jutjar per si sols i ajudada per les sancions *naturals* que no poden deixar d'abatre's sobre aquells que incorren en el disgust o el menyspreu dels qui els coneixen, que la societat no pretengui que necessita, a més de tot això, el poder de decretar manaments i d'imposar obediència en l'àmbit dels interessos personals dels individus, en el qual, tant per raons d'estricta justícia com de govern, la decisió hauria de recaure en aquells que han de patir-ne les conseqüències. No hi ha res que tendeixi a desacreditar i a frustrar els millors mitjans d'influir la conducta que el recurs als pitjors. Si entre aquells als quals es tracta de junyir a la prudència o a la temperància s'hi troben alguns amb caràcters vigorosos i independents, es rebel·laran indefectiblement contra el jou. Una persona d'aquesta mena no acceptarà mai que els altres tinguin dret a controlar les seves coses, de la mateixa manera que el tenen a l'hora d'impedir-li que els perjudiqui en les coses llurs. Llavors fàcilment hom considera un senyal de valor i coratge desafiar obertament aquesta autoritat usurpada i fer amb ostentació exactament el contrari del que prescriu, com en el cas de la moda grollera que succeí en el temps de Carles II a la fanàtica intolerància moral dels puritans*. Respecte al que hom addueix sobre la necessitat de protegir la societat contra el mal exemple que representen per a altri els viciosos i els llibertins, és veritat que aquest pot tenir efectes perniciosos, especialment sobre el malfactor que veu com es pot causar perjudici als altres amb impunitat. Però ara estem parlant de conducta que, sense causar mal a altri, ocasiona gran dany al mateix agent, i no acabo de veure com els qui creuen això poden deixar de pensar que l'exemple, en regla general, és més saludable que noïble, ja que, si bé posa al descobert la mala conducta, també posa en evidència les conseqüències doloroses o degradants que, si l'actuació és justament blasmada, recauen forçosament sobre tots o la majoria d'aquells que hi concorren.

[L'argument més fort]

Però el més fort de tots els arguments contra la ingerència de la col·lectivitat en la conducta purament personal és que, quan s'hi immisceix, hi ha moltes probabilitats que ho faci malament i en els punts menys adients. En qüestions de moralitat social, de deure envers els altres, l'opinió del públic, és a dir, de la majoria aclaparadora, tot i que sovint sigui incorrecta, és probable que més sovint sigui correcta, perquè en aqueixes qüestions els seus mem-

* Carles II (1630-1685) protagonitzà la restauració de la monarquia el 1660 després de la fi de la república puritana d'Oliver Cromwell.

bres no fan altra cosa que jutjar els seus propis interessos i la manera com un determinat comportament, si es permet la seva pràctica, els pot afectar. Però l'opinió d'una majoria semblant, imposada a tall de llei sobre la minoria, en qüestions de capteniment personal, és tan probable que sigui encertada com desencertada, car en aquestes ocasions l'opinió pública vol dir, en el millor dels casos, l'opinió d'algunes persones sobre allò que és bo o dolent per a altres persones i molt sovint ni tan sols significa això, car el públic, passant per alt amb la més perfecta indiferència el plaer o la conveniència d'aquells la conducta dels quals censura, només considera la seva pròpia preferència. N'hi ha molts que consideren com una ofensa contra ells qualsevol comportament que els desplau i que experimenten com un ultratge a llurs sentiments, com en el cas d'un fanàtic religiós, que quan fou acusat de menystenir els sentiments religiosos dels altres, respongué que són ells qui menystenen els sentiments d'ell tot persistint en llur culte o credo abominable. Però no hi ha paritat entre el sentiment d'una persona pel que fa a la seva pròpia opinió i el sentiment d'una altra que és ofesa pel fet que ella la mantingui com no n'hi ha entre el desig d'un lladre de robar una bossa i el desig del seu propietari legítim de quedar-se-la. I el gust d'una persona és una qüestió tan pròpia com la seva opinió o la seva bossa. És fàcil per a qualsevol d'imaginar un públic ideal, que dóna un marge de llibertat i d'elecció als individus en totes les qüestions incertes, i només els exigeix que s'abstinguin dels modes de conducta que ha condemnat l'experiència universal. Però, on s'ha vist mai un públic que marqui tals límits a la seva censura? o bé, quan és que el públic es preocupa de l'experiència universal? En les seves ingerències en la conducta personal la col·lectivitat poques vegades pensa en altra cosa que en la perversitat que suposa obrar o sentir diferent d'ella mateixa i aquest criteri, finament disfressat, és el que nou dècims dels moralistes i escriptors especulatius mantenen davant els ulls dels homes com els dictats de la religió i la filosofia. Aquests ensenyen que les coses són certes perquè ho són: perquè sentim que ho són. Ens diuen que escorcollem dins de les nostres ments i cors a la recerca de lleis de conducta que ens obliguin a nosaltres mateixos i a tots els altres. Què pot fer el pobre públic si no aplicar aquestes instruccions i fer que els seus propis sentiments personals del bé i del mal, si són tolerablement unànimes entre els seus membres, siguin obligatoris per a tothom?

[Exemples]

El mal assenyalat aquí no existeix solament en teoria, i potser caldrà esperar que especifiqui els casos en què el públic d'aquest temps i país inverteix impròpiament les seves preferències en el caràcter de les lleis morals. No estic escrivint un assaig sobre les aberracions dels sentiments morals existents. Es tracta d'un tema massa feixuc per a ésser discutit a tall de digressió i per via d'il·lustració. Nogenysmenys, calen exemples per a mostrar que el principi que mantinc és d'importància seriosa i pràctica i que no estic tractant d'erigir una barrera contra mals imaginaris. I no és difícil mostrar, amb abundants exemples, que una de les propensions humanes més universals és eixamplar els límits del que hom pot anomenar vigilància moral fins a arribar a violar la llibertat de l'individu més inqüestionablement legítima.

A tall de primer exemple, considerem les antipaties que els homes nodreixen sense cap altra justificació contra les persones amb opinions religioses diferents de les seves, car no practiquen llurs observances religioses, en especial llurs abstinències religioses. Per citar un exemple més aviat trivial, res en la creença o pràctica dels cristians fa més per a enverinar l'odi que senten els musulmans contra ells que el fet que mengin carn de porc. Hi ha pocs actes que els cristians i els europeus considerin amb un disgust menys dissimulat que el que produeix als mahometans aquesta manera de satisfer la fam. En primer lloc, es tracta d'una ofensa contra llur religió, però aquesta circumstància no explica ni el grau ni la mena de repugnància que senten, car el vi és també prohibit per llur religió i tots els musulmans consideren que prendre'n està mal fet, però no és fastigós. L'aversió que experimenten envers la carn de l'«animal impur» és, al contrari, d'un caràcter peculiar, que s'acosta a l'antipatia instintiva, que la idea de brutícia, una vegada que amara totalment els sentiments, sembla despertar sempre fins i tot en aquells que tenen uns hàbits personals escrupolosament nets i de la qual el sentiment d'impuresa religiosa, tan intens entre els hindús, en constitueix un bon exemple. Suposem ara que en un poble, format per una majoria musulmana, aquesta insistís en el fet de no permetre menjar carn de porc dins els límits del país. Aquest fet no seria gens nou en els països mahometans.* Seria un exercici legítim de l'autoritat moral de l'opinió pública? i, en cas negatiu, per què no? Aquesta pràctica inspira realment fàstic a la col·lectivitat en qüestió. Els seus membres pensen sincerament que és prohibida i avorrida per la divinitat. Però aquesta prohibició no podria ser blasmada com una persecució religiosa. És possible que el seu origen fos religiós, però no seria una persecució per raó de religió, ja que el fet de menjar carn de porc no constitueix un deure en la religió de ningú. L'únic motiu de condemna defensable d'aquesta prohibició seria que la col·lectivitat no té dret a immiscir-se en els gustos personals i en els interessos privats dels individus.

* El cas dels parsis de Bombai és un cas curiós que treu a cap. Quan aquesta tribu industriosa i emprenedora, descendent dels adoradors del foc perses, tot fugint del seu país nadiu davant l'envestida dels califes, arriba a l'Índia occidental, fou tolerada pels sobirans hindús a condició de no menjar carn de bou. Quan aquelles regions més tard caigueren sota la dominació mahometana, els parsis obtingueren d'ells la continuació de la indulgència, a condició de no menjar carn de porc. El que en principi no fou més que obediència a l'autoritat esdevingué una segona natura, i avui els parsis s'abstenen de la carn de bou i de porc. Si bé la seva religió no els ho exigeix, aquesta doble abstinència s'ha convertit enguany en un costum de la seva tribu; a l'orient el costum és una religió.

I si volem acostar-nos un xic més a casa, la majoria dels espanyols consideren una gran impietat, ofensiva en major grau a l'Ésser Suprem, retre-li culte per mitjà d'altres rituals que no siguin els prescrits per l'Església catòlica i la legislació espanyola interdiu sobre el territori sota la seva jurisdicció tota altra mena de culte públic. Els pobles de l'Europa meridional consideren els clergues casats persones no sols irreligioses, sinó impúdiques, indecents, grolleres i fastigoses. Què en pensen els protestants d'aquests sentiments perfectament sincers i dels intents d'imposar-los sobre els no catòlics? Tanmateix, si els homes estan justificats a intervenir en la llibertat d'altri en coses que no pertoquen a llurs interessos, a partir de quin principi és possible d'excloure d'una manera coherent aquests casos? o qui pot blasmar els qui cobegen reprimir el que consideren un escàndol als ulls de Déu i de l'home? No pot adduir-se argument millor per a prohibir quelcom que és considerat com una immoralitat personal que el que invoquen per a la supressió d'aquestes pràctiques els qui les tenen per impies, i, a menys que estiguem disposats a adoptar la lògica dels perseguidors i a afirmar que nosaltres podem perseguir els altres perquè tenim raó, mentre que ells no ens han de perseguir perquè estan equivocats, hem d'anar amb compte a l'hora d'admetre un principi que, si ens fos aplicat a nosaltres, reputaríem una gran injustícia.

Hi ha la possibilitat que hom objecti —sense raó— que els exemples precedents estan extrets de contingències impossibles entre nosaltres, car l'opinió, en aquest país, no és probable que imposi l'abstinència de certes carns, que s'immisceixi en matèria de cultes o en matèria de matrimoni segons les creences o la inclinació dels interessats. Així, posaré un proper exemple basat en una ingerència en la llibertat, el perill de la qual no ha passat del tot. En tot temps que els puritans disposaren de poder suficient, com ara a Nova Anglaterra o a la Gran Bretanya en el temps de la República, han maldat, amb èxit considerable, per a descoratjar tota mena d'esplais públics i gairebé privats, en especial la música, la dansa, els jocs públics o altres aplecs destinats a la diversió així com el teatre. En aquest país resten encara grups importants de persones que segons les seves nocions de la moralitat i de la religió condemnen aquests tipus d'esbarjos. Com que aquestes persones pertanyen sobretot a la burgesia, que constitueix el poder dominant en la condició social i política present del regne, no és gens impossible que aquests sectors arribin a assolir qualque dia una majoria en el Parlament. Què els semblaria als membres de la part restant de la comunitat el fet que els esplais permesos siguin regulats pels sentiments religiosos i morals dels calvinistes i metodistes més estrictes? No desitjarien sense dilació que aquests pietosos intrusos es fiquessin en llurs propis assumptes? Això és precisament el que cal contestar a tot govern i a tot públic que té la pretensió que ningú gaudeixi dels plaers que ells troben dolents. Però si el principi de la pretensió fos admès, ningú no podria raonablement objectar al fet que fos aplicat en el sentit de la majoria o algun altre poder preponderant al país i tothom hauria d'estar disposat a acceptar la idea d'una república cristiana, tal com l'entengueren els primers colonitzadors de Nova Anglaterra, si una confessió religiosa semblant a la seva arribés mai a recuperar el seu terreny perdut, com les religions presumptament decadents han fet tan sovint.

Imaginem una altra contingència, tal vegada de realització més probable que la darrera esmentada. Existeix declaradament una forta tendència al món modern vers una constitució democràtica de la societat, acompanyada o no d'institucions polítiques populars. Hom afirma que al país on aquesta tendència es materialitza més plenament —on tant la societat com el govern són més democràtics—, els Estats Units, el sentiment de la majoria, a la qual qualsevol manifestació d'un estil de vida més ostentós o costós del que llurs membres poden esperar emular és de mal gust, opera com una llei sumptuària força eficaç, i en moltes parts de la Unió tota persona que posseeix uns ingressos molt grans no sempre troba mitjans adients per a despendre'ls, sense incórrer en la desaprovació popular. Si bé aquesta mena d'afirmacions sens dubte són exagerades com a representació dels fets existents, l'estat de coses que descriuen no solament és concebible i possible, ans un resultat probable del sentiment democràtic, conjuminat amb la idea que la col·lectivitat té un dret de veto sobre la manera en què els individus despenen llurs ingressos. Només cal que suposem, a més, una difusió considerable de les opinions socialistes per tal que esdevingui infame als ulls de la majoria la possessió de més d'una petita quantitat de béns o de qualsevol renda que no sigui procedent del treball manual. Opinions semblants en principi a aquestes ja prevalen força dins la menestralia i pesen opressivament sobre aquells qui són susceptibles de ser influïts per l'opinió d'aquesta classe, o sia, els seus propis membres. És sabut que els treballadors manuals dolents que constitueixen la majoria d'operaris en moltes branques de la indústria són decididament de l'opinió que ells haurien de cobrar el mateix salari que els bons i que no hauria d'estar permès, ja sia treballant a preu fet o altrament, de guanyar més que els altres mercès a una aptitud o esforç superior. I així fan servir una vigilància moral, que ocasionalment pot esdevenir coacció física, per tal d'impedir que els treballadors qualificats rebin, i els empresaris els ofereixin, una remuneració més gran per un servei més útil. Si el públic té jurisdicció sobre qüestions privades, no entenc per què aquests treballadors obren malament ni que hom pugui blasmar un públic determinat per afirmar la mateixa autoritat sobre la conducta d'un individu, si hom accepta que el públic general té el dret a afirmar-la sobre les persones en general.

Però, sense necessitat d'ocupar-nos de casos hipotètics, en els nostres dies hom practica usurpacions importants de la llibertat de la vida privada, i encara hom commina d'efectuar-ne d'altres més grans amb una certa probabilitat d'èxit, i hom proposa opinions que declaren un dret il·limitat del públic no només a prohibir per llei tot allò que creu que és dolent, sinó a interdir una sèrie de coses que admet que són innocents a fi de barrar el pas a les que creu dolentes.

Sota el pretext d'impedir la intemperància, el poble d'una colònia anglesa i el de gairebé la meitat dels Estats Units, han hagut de sofrir la prohibició per llei de fer un ús qualsevol de les begudes fermentades, com no sia per raons mèdiques, car la interdicció de la seva venda significa, de fet, la prohibició del seu ús.* I tot i que la impossibilitat de l'execució d'aquesta llei ha provocat la seva revocació en alguns dels estats que l'adoptaren, àdhuc en aquell que li ha donat el seu nom, s'ha encetat una campanya, secundada amb un zel considerable per molts dels filantrops declarats, a fi d'iniciar una agitació a favor d'una llei semblant en aquest país. L'associació, o «Aliança» com s'autodenomina, que ha estat constituïda per a aquesta finalitat, ha adquirit una certa notorietat a través de la publicitat donada a la correspondència entre el seu secretari i un dels pocs homes públics anglesos que creu que les opinions d'un polític s'han de basar en principis.** La participació de Lord Stanley en aquesta correspondència segurament enrobustirà les esperances ja dipositades en ell per aquells qui saben que les qualitats que aquest polític ha manifestat en algunes de les seves aparicions públiques malauradament són ben rares entre tots aquells que figuren a la galeria d'homes públics. L'òrgan de l'Aliança, que «deploraria pregonament el reconeixement de qualque principi que pogués ésser emprat per tal de justificar el fanatisme i la persecució», es permet d'assenyalar l'«àmplia i insalvable barrera» que separa aquests principis dels de l'associació. «Totes les qüestions relatives al pensament, a l'opinió, a la consciència, em semblen —diu— situar-se fora de l'esfera de la legislació; totes les que es refereixen a l'acte, hàbit i relació socials, subjectes només a un poder discrecional conferit

* Al·lusió a l'anomenada Llei de Maine, estat de la Unió on fou aprovada per primer cop el 1851 una disposició que prohibia la venda de begudes alcohòliques.

** L'Aliança del Regne Unit fou fundada el 1852. Mill fa referència a una sèrie de cartes publicades a *The Times* el 1856, encreuades entre Samuel Pope, secretari de l'Aliança, i Lord Stanley, fill del que aleshores era líder del Partit Conservador.

a l'Estat i no pas a l'individu, entren en canvi de ple dins ella.» Cal remarcar que no n'esmenta una tercera classe, diferent de les dues anteriors, a saber, els actes i els hàbits que no són socials, sinó individuals, si bé és precisament a aquesta darrera classe a la qual pertany sens dubte l'acte de beure licors fermentats. La venda de les begudes alcohòliques, tanmateix, entra dins del comerç i aquest és un acte social. Però la infracció de què hom es plany no es refereix a la llibertat del venedor, sinó a la del comprador i consumidor, car l'Estat podria perfectament bé prohibir beure vi amb la intenció manifesta d'impossibilitar la seva obtenció. El secretari, tanmateix, continua dient: «Reclamo, com a ciutadà, el dret de legislar sempre que els meus drets socials són envaïts per l'acte social d'un altre». I com defineix aquests «drets socials»? «Si hi ha quelcom que envaeix els meus drets socials, certament ho fa el tràfic de begudes fortes. Anorrea el meu dret primari de seguretat creant i estimulant constantment el desordre social. Envaeix el meu dret a la igualtat extraient un benefici de la creació d'una misèria, al sosteniment de la qual haig de contribuir amb els impostos que pago. Impedeix el meu dret al lliure desenvolupament moral i intel·lectual envoltant el meu camí de perills i afeblint i desmoralitzant la societat, de la qual tinc el dret a reclamar ajuda i tracte mutus.» Una teoria dels «drets socials», sense parió amb cap altra que fins ara hagués trobat probablement mai expressió en forma escrita, que no és res més que això: que és un dret absolut de tot individu que tot altre individu obri en tots els aspectes exactament com ell faria; que qualsevol que no hi reïx en la qüestió més insignificant viola el meu dret social i em dóna dret a posar clam per tal que sigui rescabalat el greuge. Un principi tan monstruós és molt més perillós que qualsevol intromissió concreta en la llibertat. No hi ha violació de la llibertat que no pogués justificar; no reconeix en absolut cap dret a la llibertat, llevat potser del de mantenir opinions en secret, sense mai revelar-les a ningú, car des del moment que una opinió que jo considero noïble passa pels llavis d'algú, envaeix tots els «drets socials» que m'atribueix l'Aliança. Aquesta doctrina atribueix a tots els homes un interès creat mutu en llur perfecció moral, intel·lectual, i àdhuc física, definida per cada reivindicador segons el seu propi criteri.

Un altre exemple important de la ingerència il·legítima en la justa llibertat de l'individu, no solament projectada, sinó efectuada amb èxit des de fa temps, és la legislació sabàtica. Sens dubte, el fet d'abstenir-se de les ocupacions diàries normals un dia a la setmana, en la mesura que ho permeten les exigències de la vida, si bé només obliga els jueus des del punt de vista religiós, és un costum força beneficiós. I per tal com aquest costum no pot ser observat sense un consentiment general en aquest sentit entre les classes treballadores, per consegüent, en la mesura que si treballen algunes persones poden imposar la mateixa necessitat a altres, és permissible i just que la llei garanteixi a cadascú l'observança per part dels altres del costum a base de suspendre les operacions més importants de la indústria durant un dia determinat. Però aquesta justificació, fonamentada en l'interès directe que altres tenen en l'observança de la pràctica per part de cada individu, no es pot aplicar a les ocupacions voluntàriament escollides a les quals una persona li escau de dedicar les seves hores de lleure, com tampoc no és gens pertinent en el cas de les restriccions dels esplais per llei. És veritat que el divertiment d'alguns comporta la jornada laboral d'altres, però el plaer, per no dir l'esbarjo útil de molts, val ben bé el treball d'uns quants, amb què aquesta ocupació sigui lliurement escollida i hom se'n pugui acomiadar també lliurement. Els obrers tenen el perfecte dret de pensar que, si tothom treballés el diumenge, caldria trescar set dies per una paga de sis, però mentre es deturin la gran majoria de feines, el petit nombre que han de feinejar per al goig dels altres obtenen un augment proporcional dels seus guanys i, d'altra banda, no estan obligats a seguir en aquestes ocupacions, si és que prefereixen el lleure a l'emolument. Si calgués cercar un altre remei hom el podria trobar en l'establiment per costum d'un dia de festa a la setmana per a aquesta determinada classe de persones. L'únic motiu, doncs, que permet la defensa de l'establiment de restriccions als esbargiments dominicals és que són censurables des del punt de vista religiós, raó per legislar que hauria de ser impugnada amb totes les nostres forces. *Deorum injuriæ Diis curæ* [«Les injúries als déus són afer dels déus»]. Resta encara per provar que la societat o algun dels seus servents han rebut la comesa del cel de venjar una suposada ofensa a l'Omnipotent, que no és alhora un tort als nostres semblants. La idea que és deure d'un home que un altre sigui religiós fou el fonament de totes les persecucions religioses perpetrades fins ara i, si l'admetessin, les justificaria plenament. Encara que el sentiment que es manifesta en els repetits intents de tractar d'aturar el funcionament dels ferrocarrils els diumenges, en la resistència a obrir els museus, etc., no té la crueltat dels antics perseguidors, l'estat d'ànim que denota és fonamentalment el mateix. És la determinació a no tolerar que els altres facin el que llur religió els permet, car no ho permet la religió del perseguidor. És la creença que Déu no sols abomina l'acte del descregut, sinó que ens considerarà culpables si no li fem la vida impossible.

No em puc estar d'afegir a aquests exemples de la poca consideració en què normalment hom té la llibertat humana, el llenguatge de franc esperit persecutori que esclata a la premsa d'aquest país, sempre que s'ocupa de la notícia del fenomen remarcable del mormonisme. Hom podria fer molts comentaris sobre el fet inesperat i instructiu que una suposada nova revelació, i una religió, fundada sobre ella, producte d'una palpable impostura, ni tan sols abonada pel prestigi de les qualitats extraordinàries del seu fundador, és creguda per centenars de milers i ha arribat a constituir els fonaments d'una societat en l'època dels diaris, dels ferrocarrils i del telègraf. El que ací ens interessa és que aquesta religió, com les altres i millors religions, té els seus màrtirs; que el seu profeta i fundador fou linxat pels seus ensenyaments; que altres dels seus fidels perderen llurs vides a mans de la mateixa violència desfermada; que foren expulsats a la força, com a comunitat, de la terra que els veié néixer, i que, després d'haver estat encalçats vers un recés solitari al bell mig del desert, ara n'hi ha molts en aquest país que gosen declarar obertament que estaria bé (si bé no és convenient) enviar una expedició contra ells per tal d'obligar-los per la força a professar les opinions d'altres persones. L'article de la doctrina mormona que constitueix la provocació principal de l'antipatia que desborda així les contencions ordinàries de la tolerància religiosa és la seva sanció de la poligàmia, la qual, per bé que permesa als mahometans, als hindús i als xinesos, sembla despertar una animositat insadollable quan és practicada per persones que parlen anglès i que professen la doctrina de Crist. Personalment desaprovo pregonament aquesta institució mormona, alhora per altres raons i perquè, en comptes d'ésser abonada pel principi de la llibertat, en representa una infracció directa, ja que no és més que una rebladura de les cadenes de la meitat dels membres de la comunitat i l'emancipació de l'altra de la reciprocitat de l'obligació que els deuen. Amb tot, cal recordar que aquesta relació és tan voluntària per part de les dones implicades, que hom pot considerar que la pateixen, com la que es dóna en qualsevol altra forma d'institució matrimonial. I per més sorprenent que aquest fet ens sembli, té la seva explicació en les idees i costums corrents del món, que en ensenyar les dones a creure que el matrimoni és quelcom indispensable, fan comprensible que moltes d'elles prefereixin ser una d'entre diferents esposes a no ser-ne cap. Hom no demana que altres països reconeguin tals unions o deslliurin una part de llurs habitants de les lleis en vigor per mor de les opinions mormones. Però quan els dissidents han fet concessions als sentiments hostils dels altres molt més del que se'ls podia demanar; quan han abandonat els països en què llurs doctrines eren inacceptables i s'han establert en un racó remot de la terra, que han estat els primers a fer habitable per a l'espècie humana, només se'ls pot impedir que hi visquin sota les lleis que els plaguin recorrent als principis de la tirania, amb la condició que no cometin agressió contra altres nacions i permetin una perfecta llibertat de moviment als qui estiguin insatisfets amb llurs costums. Un escriptor recent, en alguns aspectes de mèrit considerable, proposa (per usar les seves pròpies paraules) no una croada, sinó una *civilitzada,* contra aquesta comunitat poligàmica, per tal de posar fi al que li sembla un pas enrere en la civilització. Jo també estic d'acord amb aquest darrer punt, però no crec que cap comunitat tingui el dret a forçar una altra a civilitzar-se. Mentre els qui pateixen la llei dolenta no demanin ajut a altres comunitats, no puc admetre que persones que no tenen res a veure amb ells hagin d'intervenir-hi i acabar amb un estat de coses amb el qual estan d'acord tots els directament interessats perquè representa un escàndol per a individus que es troben a mils de milles de distància, que no hi tenen ni art ni part. Que els enviïn missioners, si volen, a predicar contra aquesta doctrina i que s'oposin, amb mitjans justos (fer callar els seus mestres no n'és cap), a l'avenç de creences semblants entre els membres del seu poble. Si la civilització ha avantatjat la barbàrie quan aquesta dominava el món, és exagerat témer que la barbàrie, després d'haver estat sotmesa plenament, revisqui i arribi a conquerir la civilització. Una civilització que pugui sucumbir davant el seu enemic vençut ha d'haver esdevingut tan degenerada, que ni els seus propis sacerdots ni mestres ni ningú més tingui la capacitat o s'amoïni a sortir en la seva defensa. Si és així, que aquesta civilització desaparegui com més aviat millor. Només pot anar de mal en pitjor fins que sigui destruïda i regenerada per bàrbars enèrgics (com l'imperi occidental).

JOHN STUART MILL, *Sobre la llibertat,* © traducció i edició a cura de LLUÍS FLAQUER, «Textos Filosòfics», © Editorial Laia, Barcelona 1983, p. 135-159.

SEGON TEMA

L'UTILITARISME

SOBRE LA SANCIÓ ÚLTIMA DEL PRINCIPI D'UTILITAT (CAPÍTOL 3)

Sovint, i en particular amb relació a qualsevol suposat estàndard moral, es planteja la qüestió de quina és la seva sanció, de quins són els motius per obeir-lo o, més específicament, de quina és la font de la seva obligació, d'on deriva la seva força vinculant. Proporcionar una resposta a aquesta pregunta constitueix una part necessària de la filosofia moral. La pregunta realment sorgeix en tots els estàndards morals, si bé acostuma a adoptar la forma d'una objecció a la moral utilitarista, com si fos especialment aplicable a aquesta més que no a altres. De fet sorgeix tota vegada que a una persona se li planteja l'adopció d'un estàndard, o remet la moralitat a una base sobre la qual no està avesat a fonamentar-la. Perquè la moral dels costums, la que s'ha consagrat amb l'educació i l'opinió, és l'única que es presenta a la ment amb la sensació de ser obligatòria *en ella mateixa;* i quan es demana a una persona que cregui que aquesta moral *deriva* la seva obligació d'algun principi general al costat del qual el costum ja no irradia el mateix halo, una asserció així esdevé paradoxal per a ell; els presumptes corol·laris semblen tenir una força vinculant més gran que el teorema original mateix; la superestructura sembla que s'aguanta millor sense allò que representa que és el seu fonament, que no pas amb aquest. La persona es diu per a ella mateixa, jo sento que estic obligat a no robar o matar, trair o enganyar; per què estic obligat a promoure la felicitat general, però? Si la meva felicitat resideix en una cosa diferent, per què no li puc donar tota la prioritat?

Si el punt de vista adoptat per la filosofia utilitarista sobre la naturalesa del sentit moral és correcte, aquesta dificultat es presentarà sempre, mentre les influències que formen el caràcter moral no hagin rebut del principi el mateix suport que han rebut d'algunes de les seves conseqüències —fins que, gràcies al millorament de l'educació, el sentiment d'unitat amb els nostres semblants (i no es pot negar que això és el que va intentar Crist) es trobi tan profundament arrelat en el caràcter, i per a la consciència formi part de la nostra naturalesa tan íntegrament com ho fa ordinàriament l'horror al crim en joves ben criats. Mentrestant, però, la dificultat no té una aplicació especial a la doctrina de la utilitat, sinó que és inherent a tot esforç per analitzar la moralitat i reduir-la a principis, els quals, mentre no es trobin investits en l'esperit humà de la mateixa sacralitat que posseeix qualsevol de les seves aplicacions, sembla que estan mancats d'una part de la santedat que tenen aquestes.

34 El principi d'utilitat o bé té totes les sancions que pertanyen a qualsevol altre sistema moral, o bé no hi ha cap raó perquè no les pugui tenir. Aquestes sancions són bé externes, bé internes. De les sancions externes no cal parlar-ne amb gaire extensió. Són l'expectativa d'algun favor i la por d'un desdeny de part dels nostres semblants, o del Rector de l'univers, juntament amb tot allò que ens fa sentir simpatia o afecte per aquells, o amor o temor per Aquest, i que ens inclina a complir la seva voluntat independentment de tota conseqüència egoista. Evidentment no hi ha cap raó perquè tots aquests motius d'obediència no s'hagin de poder incloure en la moral utilitarista, i de forma tan completa i intensa com en qualsevol altra. Certament s'hi inclouen tots els motius que es refereixen als nostres semblants, en proporció al grau d'intel·ligència general; perquè tant si hi ha qualsevol altre fonament de l'obligació moral a part del de la felicitat general com si no n'hi ha cap més, el cert és que tots desitgem la felicitat; i per més que ho intentem de forma infructuosa, desitgem que la conducta

dels altres s'orienti vers nosaltres, i quan ho fan els lloem pensant que això afavoreix la nostra felicitat. Respecte a la motivació religiosa, si és cert que, com afirmen la majoria, els homes creuen en la bondat de Déu, els qui pensen que l'essència del bé (i fins i tot l'únic criteri del bé) és la tendència a afavorir la felicitat general, per força han de creure que justament és això el que Déu aprova. En conseqüència, resulta que la força de les recompenses i els càstigs externs, tant si són físics com morals, i tant si procedeixen de Déu com dels homes, juntament amb la devoció desinteressada que admetem que té la naturalesa humana per l'un i pels altres, resulta doncs que tot això pot servir per reforçar la moral utilitarista en proporció igual al grau de reconeixement que rep; i com més intens sigui el reconeixement, més útils són a aquest propòsit els instruments de l'educació i cultura general.

35 Això pel que fa a les sancions externes. Quant a la sanció interna del deure, independentment de l'estàndard que tinguem d'aquest, és única i idèntica en tots els casos —un sentiment en la nostra ment; un dolor més o menys intens que acompanya la violació del deure, que sorgeix en tota persona educada com cal i que, en els casos més seriosos, arriba a l'extrem de fer que s'abstingui de tota infracció, talment com si fos una impossibilitat. Quan aquest sentiment és desinteressat i es connecta amb la idea pura del deure (no pas amb cap forma particular d'aquest o amb qualsevol circumstància seva merament accessòria) constitueix l'essència mateixa de la Consciència. Tanmateix en aquest fenomen, complex com és en la realitat, s'afegeixen al fet simple general tot d'associacions col·laterals derivades de la simpatia, de l'amor (i encara més de la por), de totes les formes de sentiment religiós, dels records de la infància i de la vida passada, de l'autoestima, del desig de ser estimat pels altres, i ocasionalment fins i tot de l'autohumiliació. Aquesta extremada complexitat és al meu parer l'origen d'aquella mena de caràcter místic que, per una tendència força habitual de la ment humana, atribuïm a la idea de l'obligació moral, i que porta la gent a creure que aquesta idea només es pot vincular a

certs objectes que sabem per experiència que la susciten, per virtut d'una suposada llei del tot misteriosa. Però la seva força vinculant consisteix en aquell fet simple d'una certa quantitat de sentiment que s'ha de vèncer abans de poder violar l'estàndard del bé, i que si així i tot violem aquest estàndard, probablement ens assaltarà més endavant en forma de remordiment. Independentment de la teoria que mantinguem sobre la naturalesa o l'origen de la consciència, això és el que la constitueix essencialment.

[La sanció segons l'utilitarisme]

36 Essent doncs la sanció última de tota moral (motius externs a part) un sentiment subjectiu de la ment, la pregunta sobre quina és la sanció de l'estàndard utilitarista no representa cap dificultat als qui professen aquest estàndard en particular. Podem respondre que la mateixa que en tots els altres estàndards morals —els escrúpols de consciència dels éssers humans. Sens dubte aquesta sanció no té cap eficàcia a l'hora d'obligar a qui no posseeix els sentiments a què apel·la; però tampoc aquestes persones no seran més obedients a qualsevol altre principi moral diferent de l'utilitarista: no hi ha cap tipus de moral que tingui efecte sobre ells si no és per mitjà de sancions externes. Sigui com vulgui, l'experiència demostra que aquests sentiments existeixen, i aquest és un fet real de la naturalesa humana, i un gran poder amb el qual podem influir sobre aquells en qui han estat degudament inculcats. Mai no s'ha presentat cap prova que no es puguin cultivar associats a la regla moral utilitarista amb la mateixa intensitat que en qualsevol altra.

37 Sóc conscient de la nostra propensió a creure que si en l'obligació moral hi veiem un fet transcendental, una realitat objectiva que pertany a l'àmbit de les «coses en si», probablement l'observarem més que no si creiem que és del tot subjectiva i que resideix únicament en la consciència humana. Però sigui la que sigui l'opinió d'una persona sobre aquesta qüestió ontolò-

gica, la força que realment el commina és el seu propi sentiment subjectiu, i aquest es mesura exactament per la seva intensitat. La creença que el deure és una realitat objectiva no és més forta que la creença que Déu ho és; tanmateix, la creença en Déu, deixant de banda l'expectativa d'una recompensa i un càstig reals, només actua sobre la conducta a través de, i en proporció a, un sentiment religiós subjectiu. La sanció, en la mesura que és desinteressada, sempre es troba en la mateixa ment, i per això una moral transcendentalista ha de pensar que aquesta sanció no pot existir *en* la ment llevat que creguem que té les seves arrels fora de la ment; i que si una persona és capaç de dir-se ella mateixa que això que la restringeix i que denominem consciència «és només un sentiment en la meva ment», potser traurà la conclusió que si el sentiment cessa també cessa l'obligació, i que si troba que el sentiment és inoportú, pot ignorar-lo i mirar de desempallegar-se'n. Però, està aquest perill reservat a la moral utilitarista? La creença que l'obligació moral resideix fora de la ment, fa el sentiment d'obligació prou fort perquè no ens en puguem desempallegar? Els fets es mostren tan diferents que tots els moralistes admeten i lamenten la facilitat amb què en general la consciència es deixa silenciar o ofegar. La qüestió de si necessito obeir la meva consciència se la plantegen tan sovint persones que mai no han sentit a parlar del principi d'utilitat com els seguidors d'aquesta doctrina. Els qui tenen uns escrúpols de consciència prou febles per plantejar-se aquesta pregunta, si la contesten afirmativament no ho faran perquè creguin en la teoria transcendental, sinó a causa de les sancions externes.

[El sentiment moral intern]

38 No és necessari per al propòsit actual decidir si el sentiment del deure és innat o implantat. Suposant que sigui innat, queda oberta la qüestió relativa als objectes amb què s'associa naturalment; perquè els seguidors filosòfics d'aquesta teoria estan d'acord que la

percepció intuïtiva es refereix només als principis de la moralitat, no pas als detalls. Si hi ha d'haver res innat en aquesta matèria, no veig per què no pot ser el sentiment innat de consideració pels plaers i dolors dels altres. Si hi ha cap principi moral que sigui intuïtivament obligatori, diria que ha de ser aquest. Si fos així, l'ètica intuïcionista coincidiria amb la utilitarista, i ja no caldria que hi hagués més baralles entre elles. Sigui com vulgui, si bé els intuïcionistes creuen que hi ha altres obligacions morals intuïtives, de fet creuen que aquesta n'és una; perquè sostenen unànimement que una bona part de la moralitat versa sobre la consideració deguda als interessos dels nostres semblants. Per tant, si bé és cert que la creença en un origen transcendental de l'obligació moral aporta alguna eficàcia addicional a la sanció interna, em sembla que el principi utilitarista ja posseeix d'entrada aquest avantatge.

39 Si d'altra banda, com crec, els sentiments morals no són innats, sinó adquirits, no per aquesta raó són menys naturals. En els homes és natural parlar, raonar, construir ciutats, cultivar la terra, si bé totes aquestes facultats són adquirides. Els sentiments morals no són certament una part de la nostra naturalesa, en el sentit de ser presents en grau perceptible en tots nosaltres; però això, malauradament, és un fet admès també per tots els qui creuen de la manera més fervorosa en el seu origen transcendental. Com aquelles altres capacitats esmentades, si bé la facultat moral no forma part de la nostra naturalesa, és un brot que sorgeix naturalment d'ella; i és igualment susceptible en cert grau de brotar espontàniament i, cultivada convenientment, de ser ensenyada fins a un alt grau de desenvolupament. Malauradament també és susceptible, per un ús insuficient de les sancions externes i per la força d'unes impressions prematures, de ser cultivada en gairebé totes les direccions: de manera que potser no hi ha res, per més absurd o perniciós que sigui, que per mitjà d'aquestes influències no es pugui fer que actuï en la ment humana amb tota l'autoritat de la consciència. Posar en dubte que amb els mateixos mitjans es pot donar la mateixa potència al principi d'utilitat, en-

cara que no tingués cap fonament en la naturalesa humana, seria girar l'esquena a l'experiència més evident.

40 Però amb el progrés de la cultura intel·lectual, les associacions morals de creació completament artificial sucumbeixen gradualment a la força dissolvent de l'anàlisi: i si el sentiment del deure, quan s'associa amb el d'utilitat, es mostrés igualment arbitrari; si no hi hagués cap part rectora en la nostra naturalesa, cap mena de sentiments poderosos pels quals es pugui consolidar aquesta associació, que ens la faci sentir com a congènita i ens inclini no solament a fomentar-la en els altres (per a la qual cosa tindríem força motius d'interès), sinó també a encoratjar-la en nosaltres mateixos; en un mot, si no hi hagués la base natural d'un sentiment per la moral utilitarista, bé podria passar que aquesta associació també es dissolgués, fins i tot després d'haver estat implantada per l'educació.

[La base del sentiment moral]

41 Però la base d'aquest poderós sentiment natural *existeix;* i és aquesta la que, un cop reconeguda la felicitat general com l'estàndard ètic, constitueix la força de la moral utilitarista. Aquest sòlid fonament són els sentiments socials de la humanitat, el desig de viure en unitat amb els nostres semblants, que ja és per si un principi poderós de la naturalesa humana, i afortunadament un d'aquells que tendeixen a enfortir-se amb les influències que fan avançar la civilització, fins i tot sense inculcar-los expressament. L'estat social esdevé de cop tan natural, tan necessari i tan habitual en l'home, que si no és a causa d'unes circumstàncies inusuals o per un esforç deliberat d'abstracció, mai no ens concebríem d'altra manera que com a membres d'un cos; i aquesta associació es va consolidant a mesura que la humanitat s'allunya de l'estat d'independència salvatge. Una condició que és essencial per a l'estat social, doncs, esdevé així part inseparable de la idea que tota persona té sobre l'estat de coses en què ha nascut, i a què

està destinat tot ésser humà. Ara bé, la societat entre éssers humans, llevat de la relació entre amo i esclau, és manifestament impossible sobre qualsevol altra base que no sigui la necessitat de consultar els interessos de tots. Una societat entre iguals només pot existir si s'entén que s'han de contemplar igualment els interessos de tots. I com que en tots els estadis de la civilització, cada persona té iguals, llevat d'un monarca absolut, cada un es veu obligat a viure en aquests termes amb els altres. En cada època es fan passos endavant cap a un estat en que serà impossible viure permanentment amb algú en uns termes diferents. D'aquesta manera la gent es torna incapaç de concebre que sigui possible un estat de menyspreu total pels interessos dels altres. Almenys es veuen en la necessitat de concebre's abstenint-se de causar-los les ofenses més greus i (encara que només per la seva pròpia protecció) de viure en un estat de dissensió permanent amb ells. També estan avesats a cooperar amb altres i a proposar-se un interès col·lectiu, no pas individual, com un objectiu (almenys ocasional) de les seves accions. Quan cooperen els seus objectius s'identifiquen amb els dels altres; comparteixen el sentiment, ni que sigui temporal, que els interessos dels altres són els interessos propis. L'enfortiment dels lligams socials i un creixement saludable de la societat no solament donen a cada individu un interès personal més fort a tenir en compte en la pràctica el benestar dels altres; sinó que també el porta a identificar més i més els seus *sentiments* amb llur bé, o almenys a sentir una consideració pràctica superior per aquest. I així arriba, com instintivament, a ser conscient d'ell mateix com un ésser que contempla el bé d'altri *espontàniament.* Ara esdevé per a ell una cosa que s'ha d'atendre naturalment i necessàriament, com qualsevol altra condició física d'existència. Ara bé, deixant de banda la intensitat que assoleix aquest sentiment en un individu, els motius més poderosos de l'interès i de la simpatia l'empenyen a exhibir-lo i encoratjar-lo en els altres amb totes les seves forces; i fins i tot si no posseeix aquest sentiment, li interessa tant com a qualsevol que els altres el posseeixin. Consegüentment, els més petits gèrmens del sentiment estan posats i nodrits pel contagi de la simpatia i les influències de l'educació; finalment es teixeix al seu voltant una completa xarxa associativa de suport assistida pel poderós mitjà de les sancions externes. Aquesta manera de concebre'ns a nosaltres i la vida humana se sent de forma més i més natural a mesura que la civilització avança. Cada pas que es fa en el progrés polític la torna més natural: eliminant les fonts de tot interès que s'hi oposi, i anivellant les desigualtats de privilegi jurídic entre individus o classes a causa dels quals encara es negligeix la felicitat d'una bona part de la humanitat. En un estat de millorament de l'esperit humà, aquestes influències s'incrementen constantment, i això tendeix a generar en cada individu un sentiment d'unitat amb els altres; un sentiment que si fos perfecte faria que mai no desitgés cap benefici per a ell, o ni tan sols hi pensaria, si no s'hi incloïa també un benefici per als altres. Si ara suposem que aquest sentiment d'unitat s'ha d'ensenyar com una religió, i que en conjunt la força de l'educació, de les institucions i de l'opinió s'ha de dirigir, com abans passava amb la religió, a fer que cada persona creixi des de la infància en un entorn on de totes bandes es professa i es practica aquest sentiment, crec que ningú capaç d'imaginar una visió així, patirà per la suficiència de la sanció última en la moral de la Felicitat. A l'estudiós de l'ètica que trobi difícil d'imaginar aquesta visió, per tal de facilitar-l'hi li recomano la segona de les dues obres més importants de Comte, el *Sistema de política positiva.* Jo mantinc la més forta de les objeccions contra el sistema polític i moral que es postula en aquest tractat; però també crec que ha mostrat a bastament la possibilitat de posar al servei de la humanitat, no solament el poder psíquic d'una religió sinó també la seva eficàcia social, i sense l'ajuda de la creença en cap providència; només fent que arrelin en la vida humana i acoloreixin tot pensament, sentiment i acció, fins al punt que al seu costat ni tan sols la religió, amb tot el gran ascendent que pot arribar a exercir, no passa de ser-ne un símbol i una mostra. El seu perill no és pas que pugui ser insuficient, sinó que sigui tan excessiva que interfereixi indegudament amb la llibertat i la individualitat humana.

[La dimensió social de la moral]

42 Tampoc no és necessari que aquells que reconeixen el sentiment que constitueix la força vinculant de la moral utilitarista, hagin d'esperar fins que aquelles influències socials es facin sentir com una obligació per a la major part dels homes. En l'estadi comparativament primerenc del progrés humà en què vivim ara, una persona certament no pot sentir aquella completa simpatia pels altres que fa impossible cap discrepància real en la direcció general de la conducta; però una persona en qui ja es troba del tot desenvolupat el sentiment social no pot veure's a si mateixa pensant que tots els seus semblants són rivals en lluita pels mitjans de la felicitat, rivals a qui ha de desitjar veure derrotats en els seus objectius per tal que ella pugui reeixir en el seu. La idea profundament arrelada que cada individu té d'ell mateix, fins i tot avui, com un ésser social, té l'efecte de fer-li sentir com una necessitat natural que hi ha d'haver harmonia entre els seus sentiments i fins els dels seus semblants. Si hi ha diferències d'opinió i de cultura que li fan impossible compartir molts dels sentiments reals d'aquells —que potser l'empenyen fins i tot a denunciar-los i desafiar-los—, no per això deixa de ser conscient que el seu objectiu real i el d'ells no entren en conflicte; que ell no s'oposa a allò que els altres desitgem de debò, a saber llur propi bé, sinó que al contrari el fomenta. En la majoria d'individus aquest sentiment és molt inferior en força als sentiments egoistes, i sovint fins i tot inexistent. Però per a aquells que el posseeixen, té tots els trets d'un sentiment natural. No se'l representen com una superstició adquirida amb l'educació, o una llei despòticament imposada pel poder de la societat, sinó com un atribut que no els escauria no tenir. Aquesta convicció és la sanció última de la moral de la

major felicitat possible. És això el que fa que tot esperit amb sentiments prou desenvolupats treballi d'acord amb (i no pas en contra) els motius externs que ens fan preocupar pels altres, afavorits per allò que he denominat sancions externes; i quan aquestes sancions falten, o actuen en direcció oposada, constitueix en ell mateix una poderosa força interna vinculant proporcional a la sensibilitat i la sol·licitud del caràcter; ja que llevat d'aquells que són buits d'esperit moral, pocs tolerarien ordenar el curs de la seva vida sobre la base d'una manca total de miraments pels altres, llevat que s'hi veiessin obligats per un interès personal.

DE QUINA MENA DE PROVA ÉS SUSCEPTIBLE EL PRINCIPI D'UTILITAT (CAPÍTOL 4)

[Sobre els fins últims]

43 Ja hem fet notar que les qüestions relatives als fins últims no admetien prova en l'accepció ordinària del terme. El fet que no siguin susceptibles de prova per mitjà del raonament és un tret comú de tots els primers principis: de les premisses primeres del coneixement, i també de les de la conducta humana. Però en les primeres, com que són qüestions de fet, es pot apel·lar directament a les facultats que jutgen dels fets —a saber els sentits i la consciència interna. Ara bé, podem apel·lar a les mateixes facultats en qüestió de fins pràctics? O per quina altra facultat podem tenir-ne coneixença?

[L'últim fi segons l'utilitarisme]

44 Dit amb altres paraules, les preguntes sobre els fins demanen quines coses són desitjables. La doctrina utilitarista és que la feli-

citat és desitjable i que és l'única cosa desitjable com a fi; totes les altres coses només són desitjables com a mitjans per a aquest fi. Què s'hauria d'exigir a aquesta doctrina —quines condicions es requereix que la doctrina satisfaci— per poder fer bona la seva pretensió de ser acceptada?

[L'argument]

45 L'única prova que es pot donar que un objecte és visible és que la gent realment el vegi. L'única prova que es pot oferir que un so és audible és que la gent el senti: i així pel que fa a les altres fonts de l'experiència. De manera semblant, entenc que l'única evidència que és possible aportar que una cosa és desitjable és que la gent realment la desitgi. Si el fi que la doctrina utilitarista es proposa no és reconegut com un fi, en teoria i a la pràctica res no podrà convèncer cap persona que és un fi. No es pot donar cap altra prova que la felicitat general és desitjable, llevat del fet que tota persona desitja la pròpia felicitat en la mesura que creu que la pot assolir. Doncs bé, com que això és un fet, no solament tenim la prova que demanàvem, sinó tot allò que es pot exigir, és a dir, que la felicitat és un bé: que la felicitat de cada persona és un bé per a aquesta persona, i que la felicitat general, doncs, és un bé per a la suma de totes les persones. Amb això la Felicitat adquireix un títol legítim a ser *un* dels fins de la conducta, i consegüentment un dels criteris de la moralitat.

[La felicitat no és una idea abstracta]

46 Però això per si sol no demostra que sigui el criteri únic. Per ser-ho, semblaria necessari per la mateixa regla mostrar no solament que la gent desitja la felicitat, sinó que no desitgem mai res altre. Ara, és ben palpable que de fet desitgem coses que en llen-

guatge corrent són decididament diferents de la felicitat. Desitgem, per exemple, la virtut i l'absència de vici, realment no menys que el plaer i l'absència de dolor. El desig de virtut no és tan universal, però és un fet tan autèntic com el desig de felicitat. I d'aquí ve que els crítics de l'estàndard utilitarista considerin que tenen dret a inferir que hi ha altres fins de l'acció humana al costat de la felicitat, i que la felicitat no és l'estàndard d'aprovació i desaprovació.

47 Però al capdavall, que potser la doctrina utilitarista nega que la gent desitgi la virtut, o manté que la virtut no sigui una cosa desitjable? Ben bé al contrari. Sosté no solament que la virtut és desitjable, sinó que s'ha de desitjar desinteressadament, per ella mateixa. Independentment de l'opinió que tinguin els utilitaristes respecte a les condicions originàries per les quals la virtut esdevé virtut, i per més que pensin (com de fet fan) que les accions i disposicions són virtuoses només pel fet de promoure un fi diferent de la mateixa virtut, un cop admès tot això i decidit què *és* virtuós a partir de consideracions fetes arran d'aquesta descripció, no solament situen la virtut al capdamunt de les coses que són bones com a mitjà d'un fi últim, sinó que també reconeixen com un fet psicològic la possibilitat que per a l'individu sigui un bé en ella mateixa, un bé que no busca cap altre fi més enllà d'ella. Així mateix sosté que la ment no es troba en un estat bo, en un estat conforme a la Utilitat, ni en l'estat més favorable a la felicitat general, si no estima d'aquesta manera la virtut —com una cosa desitjable en ella mateixa, encara que en el cas individual no produeixi aquelles altres conseqüències desitjables que tendeix a produir, i per raó de les quals és considerada virtut. Aquesta opinió no és de cap manera una desviació del principi de la Felicitat. Els ingredients de la felicitat són molt variats, i cada un és desitjable en ell mateix, i no merament considerat com una part que incrementa el conjunt. El principi d'utilitat no significa que un plaer com ara la música, per exemple, o que l'absència d'un dolor com ara la salut, es redueixi a ser un mitjà d'aquesta cosa col·lectiva que en diem felicitat, i que sigui desitjable per aquesta raó. Aquestes coses es

desitgen i són desitjables en elles i per elles mateixes; a més de ser mitjans, també formen part del fi. Segons la doctrina utilitarista, la virtut no és una part natural ni originària del fi, però és susceptible de ser-ho; i en aquells que l'estimen desinteressadament ho és, i és desitjada i apreciada no pas com un mitjà de la felicitat sinó com una part de la seva felicitat.

48 Per il·lustrar això millor podem recordar que la virtut no és l'única cosa que originàriament és un mitjà, i que si no fos un mitjà d'una altra cosa, seria indiferent i no deixaria de ser-ho mai; ara bé, per associació amb allò perquè és un mitjà, es pot arribar a desitjar per ella mateixa fins i tot de la forma més intensa. Què diríem per exemple de l'amor als diners? Originàriament no hi ha res més desitjable en els diners que en un grapadet de petits còdols brillants. Tot el seu valor és únicament el de les coses que permet comprar; el dels desitjos d'altres coses que no són diners i que podem satisfer gràcies a ells. Tanmateix l'amor als diners no és únicament una de les forces motores més poderoses de la vida humana, sinó que en molts casos es desitgen en ells i per ells mateixos; el desig de posseir-ne és sovint més fort que el desig d'usar-los, i va en augment fins i tot quan s'esvaeixen els desitjos que apunten a fins més enllà dels diners i que només es poden aconseguir pel seu mitjà. Aleshores es pot dir amb tota veritat que els diners es desitgen no per raó d'un fi, sinó que formen part del fi. De ser un mitjà de la felicitat, esdevenen ells mateixos un ingredient principal de la idea de la felicitat d'un individu. Es pot dir el mateix de la majoria dels grans objectius de la vida humana —el poder, per exemple, o la fama—; sinó que cada un d'aquests va associat amb una certa quantitat de plaer que almenys sembla que els és naturalment intrínsec, cosa que no es pot dir dels diners. Tanmateix l'atractiu natural més fort, tant del poder com de la fama, és que serveixen de gran ajuda a la realització dels nostres altres desitjos; i és l'estreta associació que es genera entre ells i els objectes de desig el que dóna al desig directe d'aquests la intensitat que assoleix sovint, fins al punt que en algunes perso-

nes ultrapassa en força tots els altres desitjos. En aquests casos els mitjans han esdevingut una part del fi, i una part més important que cap de les coses de les quals són mitjans. Allò que abans es desitjava com un instrument per aconseguir la felicitat, passa a ser desitjat per si mateix. Però des del moment que és desitjat per si mateix esdevé una *part* de la felicitat. La persona és feliç, o pensa que ho seria, amb la seva mera possessió; i és infeliç si no l'arriba a aconseguir. El desig d'aquestes coses no és diferent del desig de felicitat, com tampoc no ho són l'amor a la música o el desig de salut. S'inclouen en la felicitat. Són alguns dels elements que constitueixen el desig de felicitat. La Felicitat no és una idea abstracta, sinó un tot concret; i aquestes són algunes de les seves parts. I l'estàndard utilitarista sanciona i aprova que sigui així. La vida seria una cosa ben pobra, no gaire ben proveïda de fonts de felicitat, si no comptés amb aquesta previsió de la naturalesa gràcies a la qual coses originàriament indiferents però que propicien la satisfacció dels desitjos primaris, o que hi van associades, esdevenen elles mateixes fonts de plaer més valuoses que els plaers primaris, tant en duració, per l'espai de l'existència humana que són susceptibles de cobrir, com fins i tot en intensitat.

[La virtut, els diners, el poder i la fama]

49 La virtut, segons la concepció utilitarista, és un dels béns d'aquesta descripció. No tenim cap desig originari ni cap motivació per ella, llevat del fet que propicia el plaer, i en especial que evita el dolor. Però a través d'aquestes associacions es pot sentir com un bé en ella mateixa i ser desitjada com a tal amb una intensitat tan gran com qualsevol altre bé; això sí, amb la següent diferència entre ella i l'amor als diners, al poder o a la fama: que totes aquestes coses poden fer (i sovint ho fan) que una persona es torni perjudicial als altres membres de la societat a què pertany, mentre que no hi ha res que la faci tan beneficiosa als altres com el

cultiu de l'amor desinteressat per la virtut. I conseqüentment l'estàndard utilitarista, si bé tolera i aprova aquells altres desitjos adquirits fins a un punt més enllà del qual serien més lesius que no favorables a la felicitat general, imposa i requereix que cultivem l'amor a la virtut al grau més alt possible, ja que es troba per damunt de totes les coses importants per a la felicitat general.

50 Partint de les consideracions precedents, es desprèn que l'únic que desitgem en realitat és la felicitat. Qualsevol altra cosa que desitgem no com a mitjà per a algun fi més enllà d'ella mateixa (i en últim terme per a la felicitat), la desitgem com a part de la felicitat, i no la desitjarem per ella mateixa fins que no hagi esdevingut part d'aquesta. Aquells que desitgen la virtut per raó d'ella mateixa, o bé la desitgen perquè la consciència de posseir-la és un plaer, o perquè la consciència de trobar-se'n privat és un dolor, o per les dues raons ensems; ja que veritablement el plaer i el dolor rarament existeixen per separat, sinó que gairebé sempre es troben units, i la mateixa persona sent plaer segons el grau de virtut que assoleix, i dolor per no haver-ne assolit més. Si allò no li proporcionés plaer ni això dolor, no estimaria ni desitjaria la virtut, o només la desitjaria pels beneficis que pogués produir-li a ell o a les persones per qui es preocupa.

[La felicitat és l'únic fi de l'acció humana]

51 Ara ja tenim doncs resposta a la pregunta sobre la mena de prova que es pot oferir del principi d'utilitat. Si l'opinió que acabo d'exposar és psicològicament certa —si la naturalesa humana es troba constituïda de tal manera que no desitja res que no sigui una part de la felicitat o un mitjà d'ella—, no es pot presentar cap altra prova, ni en demanarem cap altra llevat del fet que aquestes coses són les úniques coses desitjables. Si és així, la felicitat és l'únic fi de l'acció humana. I el seu foment és el criteri pel qual hem de jutjar la conducta humana; d'això se segueix necessàriament que aquest ha de ser el criteri de la moralitat, ja que la part s'inclou en el tot.

[La felicitat, és a dir: presència de plaer i absència de dolor]

52 Ara, per decidir si això és realment així, si efectivament l'home només desitja per si mateix allò que és un plaer per a ell o allò que quan és absent produeix dolor, evidentment aquí arribem a una qüestió de fet i experiència, que depèn de l'evidència com tota altra qüestió similar. Això només es pot determinar per la pràctica de l'autoconsciència i l'autoobservació, ajudades per l'observació dels altres. Crec que aquestes fonts d'evidència, si es consulten imparcialment, demostraran que desitjar una cosa i trobar-la plaent, o avorrir una cosa i trobar-la dolorosa, són fenòmens enterament inseparables, o més ben dit dues parts del mateix fenomen; estrictament parlant, dues modalitats diferents de denominar el mateix fet psicològic: que trobar una cosa desitjable (llevat que sigui per raó de les seves conseqüències) i trobar-la plaent, són una i la mateixa cosa, i que desitjar una cosa sense que el desig sigui proporcional al grau en què és plaent, és una impossibilitat física i metafísica.

[Diferència entre voluntat i desig; importància de l'hàbit]

53 Tan obvi em sembla això que amb prou feines penso que ho discutirà ningú: i en tot cas l'objecció no seria pas que en últim terme el desig possiblement s'adreça a una cosa diferent del plaer o l'evitació del dolor, sinó que la voluntat és una cosa diferent del desig; és a dir, que una persona de virtut provada, o una persona que s'ha fixat uns propòsits, els duu a terme sense tenir en compte el plaer que li reporta la seva contemplació o el que espera obtenir de la seva realització; i que persisteix a actuar en funció d'aquests propòsits, fins i tot encara que aquells plaers hagin minvat molt, bé per canvis en el seu caràcter o bé per un decandiment de la seva sensibilitat passiva, bé perquè els superen els dolors que li pot ocasionar la persecució dels seus propòsits. Tot això ho admeto completament, i ho he afirmat en altres llocs de forma tan categò-

rica i amb tant d'èmfasi com qualsevol altre. La voluntat, el fenomen actiu, és una cosa diferent del desig, l'estat de la sensibilitat passiva, i si bé inicialment brota d'aquesta, amb el temps pot arrelar i separar-se de la soca d'on prové; tant és així que, en el cas d'un propòsit habitual, en comptes de voler la cosa perquè la desitgem, sovint la desitgem només perquè la volem. Això, tanmateix, no passa de ser un exemple més d'un fet familiar, el poder de l'hàbit, que de cap manera no es limita als casos d'accions virtuoses. Moltes coses indiferents que els homes inicialment fan per un motiu qualsevol, les continuen fent després per hàbit. De vega-des les fan inconscientment, i la consciència només arriba després de l'acció: d'altres vegades les fan amb voluntat conscient, però una voluntat que ha esdevingut habitual, i que es posa en acció per la força de l'hàbit (a diferència potser d'una preferència deliberada), com passa sovint amb aquells que contreuen l'hàbit de consentir-se plaers viciosos o nocius. En tercer i últim lloc hi ha el cas en què l'acció habitual de la voluntat en un exemple singular no es troba en contradicció amb la intenció general que preval en les altres ocasions, ans la realitza, com és el cas de la persona de virtut provada, i de tots aquells que persegueixen de forma deliberada i consistent un fi determinat. La diferència entre la voluntat i el desig entès d'aquesta manera és un fet psicològic autèntic i de gran importància; però el fet consisteix només en això: que la voluntat, com les altres parts de la nostra constitució, és sensible a l'hàbit i que per hàbit podem voler allò que ja no desitgem per si mateix o ho desitgem només perquè ho volem. No és menys cert que al principi la voluntat sorgeix enterament del desig, incloent-hi en aquest terme tant l'acció que repel·leix el dolor com també la que atreu el plaer. Prenem ara en consideració, no pas la persona que té una voluntat provada d'actuar bé, sinó aquella en qui aquesta voluntat virtuosa és encara feble, subjecta a la temptació i que no és del tot fiable. Per quins mitjans es pot enfortir? Com es pot implantar o despertar la voluntat de ser virtuós quan no es posseeix la força suficient? Només fent que la persona *desitgi* la virtut

—fent que la contempli sota una llum agradosa, o que percebi la seva absència de forma dolorosa. Només és possible animar la voluntat a ser virtuosa si s'associa fer el bé amb el plaer, o fer el mal amb el dolor, o evocant i imprimint i fent sentir a la persona l'experiència del plaer i el dolor que van naturalment units a l'una i a l'altra; un cop aconseguit això la persona actuarà sense cap pensament de plaer ni dolor. La voluntat és filla del desig, i només surt de la potestat paterna per caure sota la de l'hàbit. Allò que és resultat de l'hàbit no conté una presumpció de bondat intrínseca; i no hi hauria cap raó per desitjar que el propòsit de la virtut esdevingués independent del plaer i el dolor, si no fos perquè la influència de les associacions plaents i doloroses que animen a la virtut no és prou fiable per consolidar una acció constant i infal·lible mentre no hagi adquirit el suport de l'hàbit. Tant pel que fa al sentiment com a la conducta, l'hàbit és l'única cosa que ofereix certesa; i és per la importància que té per als altres que cada un depengui exclusivament dels propis sentiments i conducta, i per a cada un no dependre més que d'ell mateix, que s'hauria de cultivar la voluntat d'actuar bé: per aconseguir aquesta independència que li dóna l'hàbit. Dit d'una altra manera, aquest estat de la voluntat és un mitjà del bé, no pas intrínsecament un bé; i això no contradiu la nostra teoria que no hi ha res que sigui un bé per als éssers humans sinó en la mesura que sigui plaent en si mateix o que sigui un mitjà per aconseguir un plaer o evitar un dolor.

54 Doncs bé, si aquesta doctrina és certa, el principi d'utilitat queda demostrat. Ara, que sigui certa o no, ho hem de deixar a la consideració del lector atent.

JOHN STUART MILL, *L'utilitarisme*, © traducció, edició i introducció i propostes de treball de MIQUEL COSTA I RIBAS, © Edicions 62, Educació 62.7, Barcelona 2005, p. 87-111.

5. Friedrich Nietzsche (1844-1900)

Friedrich Nietzsche és un dels autors més crítics del segle XIX. En les seves mans els valors de la tradició judeocristiana i els ideals racionalitzadors de la Il·lustració són sotmesos a una ferotge crítica que qüestiona la història del pensament occidental. De fet, cal dir que l'obra de Nietszsche no és en absolut aliena a la seva pròpia biografia, sinó que, ben al contrari, els seus escrits reflecteixen i donen expressió a un recorregut vital força intens.

Nietzsche va nèixer a Röcken l'any 1844 i era fill d'un pastor protestant. Va iniciar estudis de teologia i filologia clàssica a Bonn el 1864, però l'any següent decidí abandonar la teologia i dedicar-se plenament a la filologia. L'any 1869 comença a impartir classes de grec a la Universitat de Basilea. Interessat pels presocràtics i la tragèdia grega, les seves primeres obres, *El naixement de la tragèdia* (1872) i *La filosofia a l'època de la tragèdia grega* (1874), ja resultaren polèmiques perquè presentaven una visió del món antic i clàssic força oposada a la tradicional forma d'entendre-la. Per a Nietzsche, Sòcrates i Plató són els grans pares de la tradició racional occidental, però aquesta no ha acabat conduint a cap alliberament ni progrés, sinó que el seu resultat és el nihilisme, la voluntat de no-res. El 1880 abandonà la docència per motius de salut, però també pel clima hostil dels col·legues universitaris als seus plantejaments. A partir d'aquell moment viurà entre Sils Marie, al Alps, i diversos indrets d'Itàlia. Comença aleshores a escriure el que seran les obres del seu segon període: *Humà massa humà* (1878), *El viatger i la seva ombra* (1880), *Aurora* (1881), *La gaia ciència* (1882), que es caracteritzen per un marcat esperit crític envers els ideals il·lustrats. És també el moment de la seva ruptura amb Wagner després d'haver mantingut una profunda admiració per la seva música. A partir del 1885, any en què publica el seu *Així parlà Zaratustra*, s'inicia un tercer moment de la seva producció i comença la transvaloració de tots els valors, un anar més enllà dels valors de la tradició occidental amb propostes noves pel que fa al contingut i fins i tot en la forma, ja que el superhome, el que ha de venir després de l'home, és presentat com a ficció poètica. El 1886 publica *Més enllà del bé i del mal* i *La genealogia de la moral* i el 1887 escriví *El crepuscle dels ídols o com filosofar amb el martell* i *Ecce homo*, text autobiogràfic. El 1889 Nietzsche patí un col·lapse a la ciutat de Torí i fou ingressat en una clínica a Jena. A partir d'aquell moment i fins a la seva mort, el 25 d'agost de 1900 a Weimar, restà a la cura de la seva mare i la seva germana, que es feren càrrec de la seva obra. Els darrers escrits de Nietzsche, dels quals no hi ha una edició definitiva, foren recollits sota el títol de *La voluntat de poder*.

Per a Nietzsche el suposat avenç que la humanitat ha realitzat gràcies a l'aprofundiment de la raó i la seva extensió a tots els camps de la seva activitat, la tasca de la il·lustració que té les seves arrels en el pensament grec, el desenvolupament de la ciència i la crítica a totes les supersticions, són el producte de la voluntat de veritat. Aquest és un dels orgulls més pregons de l'home occidental que se sent no només superior a la tradició oriental, sinó també a tots aquells que s'han quedat ancorats en formes de pensament religiós i no n'han fet la crítica corresponent. L'esperit il·lustrat i les seves derivacions, però, són qüestionades per l'autor alemany amb metàfores ferotges que ens volen mostrar que els resultats d'aquella racionalització no només no són tan revolucionaris com es pretenia, sinó que, encara més, són la continuïtat de l'esperit teològic que volien combatre. En l'aforisme

125 de *La gaia ciència*, Nietzsche ens presenta un home, que no és altre que Zaratustra, apareixent a plena llum del migdia amb una llanterna encesa al bell mig d'una plaça on se suposa que s'apleguen aquells que ja no creuen en Déu i els demana on és Déu, on s'amaga. Aquells que l'escolten se'n riuen i pensen que és boig, però aleshores aquest home boig els contesta que Déu ha mort perquè ell i tots els qui són allà l'han mort, l'han assassinat. Certament no és el mateix parlar de la mort de Déu, de la seva desaparició del panorama de les idees d'uns il·lustrats secularitzats, que assumir un assassinat i la seva participació en l'eliminació d'aquesta figura del pensament que ha representat el paper de garantia de la veritat (Descartes) o és el pressupòsit necessari dels ideals morals (Kant). El que Nietzsche vol posar en evidència, amb la sobtada aparició del l'home boig entre aquells que es consideren ateus i la seva pregunta sobre on s'amaga Déu, és precisament la inconseqüència d'aquests esperits encara massa il·lustrats que amb el manteniment de la seva voluntat de veritat i els seus ideals de progrés segueixen ancorats en aquelles idees que pretesament han criticat.

La crítica il·lustrada als valors i conceptes metafísics de la tradició occidental, amb Déu al capdavant com a absolut que funciona com a garantia, a Nietzsche no només no li resulta suficient, sinó que fins i tot li sembla irrisòria i ingènua. Per arribar a una autèntica superació de tot pensament teològic i desfer-se de la càrrega de la tradició cal un aparell crític que vagi més enllà del que un Hume, per exemple, o un Voltaire han desenvolupat i que no caigui en la temptació de la recuperació de l'absolut a l'estil de Hegel. Per això Nietzsche es dotarà d'uns nous instrument, que la seva formació com a filòleg li proporciona i començarà a analitzar d'on prové aquesta voluntat de veritat present a la tradició occidental des de Sòcrates fins als nostres dies.

En un escrit del 1873, que no va ser publicat en vida de l'autor, *Sobre la veritat i la mentida en sentit extramoral*, Nietzsche ens proporciona la seva teoria sobre el llenguatge i la veritat que constitueix la base epistemològica de la seva posterior crítica a la concepció cristiana i moderna de la moral. Comença aquesta obra afirmant que la invenció del coneixement constitueix el moment més arrogant de la història de la humanitat. L'intel·lecte humà, al servei de la seva autoconservació, s'ha creat la il·lusió de dominar el món i ha entès el seu producte, el coneixement, com l'expressió adequada de la realitat. Però aquesta pretensió i l'orgull que se'n deriva oblida alguna cosa força fonamental que consisteix en la pròpia naturalesa del llenguatge. El coneixement, l'*episteme* en tant que conjunt d'enunciats veritables, vol derivar aquesta veritat de la seva adequació a la realitat. Perquè això fos creïble caldria que els enunciats poguessin ser el reflex en paraules de la realitat i això és el que una consideració crítica del llenguatge no permet afirmar. Una paraula no és altra cosa que la reproducció en sons articulats d'un estímul i ni tan sols podem dir que aquest estímul provingui de cap font exterior a nosaltres. El llenguatge és una estructura complexa i arbitrària que no permet en absolut entendre-la com a fotografia de la realitat. Com podríem pretendre-ho si considerem l'enorme quantitat de llengües existents i encara les grans diferències entre elles? Un llenguatge és un sistema classificatori i cada llengua ordena segons uns principis determinats i diferents. En cap cas podem pretendre que la paraula ens dóna la «cosa en si» d'un objecte, sinó que només designa una determinada relació dels humans, d'un grup d'humans, amb la realitat. Certament no és el mateix reflectir la realitat que manifestar la relació amb ella. Aquesta relació és expressada mitjançant un procés de metàfores: primer l'estimulació nerviosa és metaforitzada en imatge i després aquesta imatge esdevé so articulat per un segon moviment metafòric. Cal insistir que una metàfora és un recurs lingüístic per donar significat a un significant. El significat exacte de les paraules no existeix, sinó que és sempre depenent de l'articulació amb altres significants i gràcies a aquest procés les paraules van adquirint noves significacions i les van acumulant.

Després de l'origen metafòric de la paraula, Nietzsche passa a ocupar-se del concepte en la mesura que té pretensió d'universalitat. Cal recordar que la tasca socràtica de recerca de la veritat no era altra cosa que la investigació, a partir del diàleg, del concepte adient vàlid universalment i que constituïa la seva veritat. Quan pretenem que la paraula no sigui només l'expressió metafòrica d'una vivència, sinó que volem que serveixi també per a múltiples situacions i que n'expressi l'essència, formem els conceptes com a entitats universals Així, doncs, el concepte implica una igualació del que és desigual si considerem que tota vivència que ha donat origen a la paraula és sempre individual i particular. Com a conclusió d'aquesta explicació de l'origen del concepte, Nietzsche defineix la veritat com un exèrcit de metàfores i metonímies (l'altre gran recurs lingüístic per crear significacions) i en una suma d'antropomorfismes. Si el llenguatge no expressa la realitat sinó la nostra relació amb ella, aleshores cal dir que la veritat és un antropomorfisme, un donar forma humana a la realitat. Les metàfores del llenguatge, els conceptes establerts com a canònics amb el temps, i el seu ús perllongat i repetit, esdevenen elements fixos. Aquesta és la gran ficció en què es basa la veritat i que no és sinó una il·lusió pel que fa a l'expressió de la realitat en si mateixa. Podem dir que la veritat és ficció i, per tant, una mentida d'acord amb convencions fixes.

El tarannà crític de Nietzsche es posa de manifest fins i tot en un estil que també vol contribuir en la seva batalla contra la pretensió d'absolutesa del coneixement i la reivindicació del caràcter de ficció de tota expressió lingüística. Nietzsche escriu habitualment en aforismes, dels quals tenim un bon antecedent en els textos presocràtics i fonamentalment en Heràclit, autor per qui Nietzsche sentia una molt intensa predilecció. Un aforisme és un fragment breu, sovint no acompanyat d'argumentació, en què s'exposa una idea. Els aforismes de Nietzsche tenen molt sovint un caràcter lapidari, d'idea que es llença contra el lector amb pretensió provocadora i la intenció de qüestionar el pensament clàssic, il·lustrat i les creences cristianes. Molt freqüentment, a més, els seus aforismes se serveixen d'un efecte paradoxal per capgirar el sentit d'algunes idees religioses o morals i accentuar així el caràcter crític de la seva proposta.

Juntament amb l'aparell crític que es dedueix de la seva teoria sobre el llenguatge, trobem també, en seguir les seves passes, un Nietzsche psicòleg que no creu en la innocència ni la bondat de cap coneixement amb pretensions de veritat. Metafísica, moral i epistemologia són sotmeses a una dura anàlisi. Es denunciarà quin tarannà, quina posició davant la vida, hi ha sota tota visió del món emparada de la voluntat de veritat. Per a l'autor alemany, la metafísica d'un filòsof no és altra cosa que una confessió moral, una aposta per determinats valors. La suposada falsedat d'un judici no és, però, una objecció i la qüestió que importa és saber fins a quin punt afavoreix la vida o hi està en contra. Nietzsche es confessa seguidor de les idees d'Heràclit i per a ell la realitat no té cap identitat, sinó que la vida és un permanent flux. El que hi ha és un seguit de vivències i intuïcions. Si tota veritat és una ficció, es tracta de saber des de quina perspectiva s'ha elaborat. La perspectiva no la dóna cap fidelitat impossible a la realitat, sinó la posició davant la vida, la fortalesa o feblesa a l'hora d'afrontar allò advers, la força, la voluntat d'afirmació o de negació, la voluntat de poder afirmativa o negativa, de dominar o deixar-se dominar.

Des del punt de vista de Nietzsche, els valors de l'home occidental són el fruit d'una perspectiva socraticocristiana que pretén afirmar-se amb valor d'universalitat. Sòcrates, la raó que ell inaugura i Plató consagra, la dominància de les idees i els conceptes, no són altra cosa que l'odi manifest a la manca d'identitat de la realitat i el propi ésser humà. Representen la degeneració del gust grec antic i la tirania dels conceptes mòmia contra el continu canvi i la lluita entre contraris que Heràclit havia proclamat i que trobem en la tragèdia grega sota la forma de l'element dionisíac. Dionís, el déu del canvi, és la força vital davant d'Apol·lo, déu de la forma i l'harmonia.

Si en tota la metafísica occidental el que hi ha és un tarannà moral basat en la negació de la força creadora de la vida, el millor que es podia fer per mostrar-ho era reconstruir la seva genealogia i aquest fou un dels propòsits de Nietzsche. La tasca genealogista aplega la crítica al llenguatge, a la metafísica, i a la moral. Fer una genealogia és anar als orígens, però de forma diferent de com s'entén la tasca històrica. La recerca històrica dels orígens per tal d'explicar l'actualitat pren un caràcter idealista de la mà de Hegel. Es tracta de la recerca d'uns conceptes fonamentals per tal de veure com el decurs del temps ha permès el seu ple desenvolupament, com arriben a la plena realització que com a essència no desplegada ja hi era des de l'origen i que finalment assoleix la seva veritat completa. Així aquesta concepció de la història participa d'idees socraticocristianes, car pressuposa l'existència d'essències i identitats intemporals. Per a Nietzsche, ben al contrari, el que hi ha són instints o forces anàrquiques en lluita, esdeveniments particulars i les seves vivències corresponents que s'expressen per les intuïcions, no pels conceptes. Mentre la història el que vol mostrar és una evolució, un progrés cap a alguna finalitat prefixada en l'essència a desenvolupar, la genealogia el que vol narrar és quins trencaments, quins punts de ruptura i canvi, de reemplaçament d'una dominància per una altra, s'han produït en el pas del temps en un determinat camp. No es tracta de cap evolució, sinó de discontinuïtat. Els fets no són conduïts en el temps per cap sentit preestablert, sinó que són únics i mostren relacions de forces amb voluntat d'imposar-se.

La genealogia que Nietzsche presenta en *La genealogia de la moral* és la de la moral platonicocristiana i posteriorment moderna de la mà de Kant, car, al cap i a la fi, el cristianisme no és altra cosa que platonisme per al poble i tota moral racionalista és platònica en la mesura que es basa en valors absoluts garantits per la divinitat o la raó universal.

En la primera dissertació de *La genealogia de la moral*, recollida en aquesta antologia, Nietzsche comença acusant aquests psicòlegs anglesos, que han volgut explicar l'origen de les nostres idees morals, de no tenir esperit històric (no fer-nc la genealogia) i de sacrificar qualsevol desig humà a la veritat. Aquests psicòlegs posen a l'origen de la moralitat les accions no egoistes dels homes que són anomenades bones per part d'aquells que se'n beneficien. És a dir que la denominació moral de «bo» no provindria originàriament d'aquells que han decidit les seves accions, sinó dels qui en reben algun profit. Posteriorment s'oblidaria aquest origen i aquelles accions foren tractades com si fossin bones en si mateixes. D'aquesta manera s'intentaria no conèixer la part més vergonyosa de l'ésser humà, aquella unida al propi profit i al simple costum sense una major transcendència. Però per a Nietzsche, disposat a desvetllar les arrels menys innocents, aquest no és l'origen. Per tal de provar-ho recorre a l'etimologia, a la crítica lingüística. «Bo», així ho veiem en els primitius textos grecs, per exemple, era el nom que els nobles i els poderosos, els qui tenien una posició superior, es donaven a si mateixos i a les seves accions. Per contra, «dolent», és allò plebeu, baix i propi dels dominats. La primitiva creació de valors morals, doncs, parteix d'una posició d'autoafirmació dels homes superiors i no de cap acció desinteressada. Fins i tot, es pot dir que es tracta de l'atorgament del dret a crear valors i no de res que tingui a veure amb el profit. Per a Nietzsche, aquí trobem el fet de donar noms com una manifestació del poder dels qui dominen, com a imposició de les seves metàfores.

La teoria exposada pels psicòlegs anglesos no té gaire sentit, car, per què s'hauria d'oblidar que a l'origen dels valors hi hagués hagut la primacia de la utilitat? La utilitat és de l'ordre d'allò quotidià i està present constantment en les nostres vides. El camí que marca l'estudi etimològic és que «bo» prové de «noble» i «distingit» com a allò que es considera «psíquicament noble». Per a Nietzsche, aquesta teoria moral que vol privilegiar el que és útil forma part del prejudici democràtic i el plebeisme anglès. I el que realment s'oblida és que el noble es considera a si mateix com algú de categoria superior políticament i psíquica.

Trobem, però, en la història dels pobles, que la casta sacerdotal acaba ocupant un lloc preeminent i així apareix una nova contraposició interessant entre «pur i impur», d'una banda i «bo i dolent» de l'altra. Si bé inicialment «pur» és aquell que es renta i s'absté de certs menjars, sense que el terme tingui una major connotació simbòlica, aquest nou parell «pur i impur» s'anà contraposant al primer parell de contraris. Els sacerdots començaren a oposar un nou valor de puresa en les dietes i de continència sexual que s'empara de les seves formulacions metafísiques enemigues de l'espontaneïtat dels sentits del primitius nobles. Amb l'aparició d'aquest nova forma de valorar tenim l'origen del nihilisme o de la voluntat de sadollar-se de no-res. Davant d'aquell vigor vital de l'aristocràcia, els sacerdots estenen el seu poder basat en l'odi i el ressentiment nascuts de la pròpia impotència. En aquest punt, Nietzsche fa notar que els jueus són el poble sacerdotal per excel·lència i aquell, per tant, en què aquests nous valors fruit de la impotència s'imposen. Es tracta d'un acte de venjança d'allò més espiritual consistent a capgirar, a invertir, els valors primitius de la noblesa de forma que ara qui és bo no és el noble feliç i despreocupat, sinó el desgraciat, el pobre, el feble, l'humil... Com a conseqüència d'aquesta inversió el noble, abans bo, ara esdevé pervers. Els jueus, poble sacerdotal, iniciaren la revolta dels esclaus que conduí a la moral de valors cristians.

La nova moral sorgida de l'odi, la venjança i la impotència, és la creadora d'un nou amor. Aquest és encarnat per Jesús de Natzaret, el Salvador, que si bé és cert que fou mort pels jueus, no es tractà de res més que d'un acte de creació d'un ideal seductor. Així la revolta dels esclaus dóna els seus fruits a partir del moment que el *ressentiment* esdevé creador i genera nous valors. Els nous valors cristians consisteixen en una negació de tot allò que els és estrany i exterior. El seu principi no és l'acció, sinó la reacció. Si bé el nou ideal de felicitat és la narcosi, cal reconèixer que aquesta moral reactiva, que titlla de pervers tot allò que no pot ser o posseir, desenvolupa una notable intel·ligència i sap esperar, tal com correspon a l'esperit de la venjança. Aquell que fou humil té raons per sentir temor, per això intenta amb el seu enginy alliberar-se de la seva condició de descastat. La força de la feblesa actua reactivament i crea tot l'univers fantasmagòric en què consisteixen els seus ideals i esperances.

La capacitat creadora del llenguatge també es manifesta aquí tot construint noves veritats i ideals. La primera d'aquestes veritats és la que correspon a la fe en un subjecte que és consciència, que és lliure i tria els seus valors, quan de fet és el subjecte qui resulta ser un afegitó de l'acció. La misèria que està en la base de la creació dels nous valors esdevé ideal i acaba essent distinció divina. La demanda de justícia oblida que ha tingut el seu origen en el ressentiment i ja no pretén venjança, sinó la victòria de Déu.

L'aparició de la moral fou un camí iniciat per l'ésser humà per tal de guanyar en llibertat, però amb els nous ideals apareixerà la mala consciència, la culpabilitat, afirma Nietzsche en la Segona dissertació de *La genealogia de la moral*, també recollida en aquest antologia. Contra la capacitat d'oblit d'allò immediat existeix la memòria per seguir volent allò que volguérem abans. Per ella l'home esdevé capaç de fer promeses, es fa responsable, la llibertat es projecta cap al futur, adquireix el que anomena consciència. En un cert moment, però, la camisa de força social de la moralitat igualitària converteix tot intent d'afirmació i puixança en *culpa* i així trobem una inversió d'aquella primitiva moral afirmativa.

Com va transformar-se la nova força adquirida com a consciència en culpa, en «mala consciència»? Nietzsche troba la genealogia, l'origen de la culpa moral en una de les relacions més antigues de la humanitat, en la relació comercial entre creditor i deutor. Si hom compra alguna cosa i no la pot pagar, immediatament esdevé deutor davant d'aquell que li ha proporcionat el bé adquirit, el creditor. El creditor intentarà de totes les maneres possibles que el deutor pagui el seu deute, però si això no fos possible se sentirà pagat i compensat per la via d'infligir algun mal, de provocar un patiment en el deutor. Nietzsche es pregunta quina mena d'ésser és aquest que pot sentir satisfacció amb el dolor d'un altre i conclou que la crueltat constitueix una de les grans festes de la humanitat, que «el fet de veure patir satisfà i que el fet de fer patir encara satisfà més».* A partir d'aquesta constatació, Nietzsche continua la seva genalogia de la mala consciència o culpa lligada al desenvolupament de la civilització. Si cada creditor intentés obtenir compensació pels deutes impagats pel seu compte, la convivència esdevindria un estat de lluita permanent. L'home viu en societat i aquesta es dota de les seves institucions per tal de garantir la convivència. Una de les institucions fonamentals és la de la justícia, que és l'encarregada d'intervenir en els casos de conflictes entre els ciutadans. Si la civilització estableix el marc en què resoldre els conflictes, ja no serà el creditor per si mateix qui exigirà el cobrament dels deutes, sinó que la societat, mitjançant la justícia, serà l'encarregada de reclamar el pagament al deutor. En un estadi desenvolupat de civilització, doncs, tot intent de crueltat amb el deutor es converteix en un atemptat contra la pròpia societat i en un delicte a perseguir. Desapareix, però, aquell antic «instint» de crueltat? Nietzsche respon que no i que aquesta és la raó, precisament, per la qual tots esdevenim culpables. Totes aquelles forces que no poden ser descarregades cap enfora acaben girant-se cap endins. Tot home, pel fet de viure en societat i beneficiar-se de la convivència garantida per les institucions socials, com la justícia, se sent i está en deute amb la societat. L'instint de crueltat, que ara ja no pot ser exercit amb els altres, troba en aquest deute el lloc on descarregar-se i així l'home civilitzat és un ésser permanentment culpable. «Sostinc que la mala consciència és la greu malaltia en la qual l'home havia de caure sota la pressió d'aquell canvi que és el més radical de tots els que ha experimentat, d'aquell

* F. Nietzsche, *La genealogia de la moral*, Segona dissertació, núm. 6.

canvi que s'esdevingué quan ell es trobà definitivament tancat en la proscripció de la societat i la pau.»*

D'aquesta manera tots som deutors de la societat i tot el que és egoista pren el seu sentit de l'autocàstig. Calen espectadors per a aquest càstig, que és dedicat com a pagament pel deute als avantpassats primer i a la divinitat després. La culpa esdevé impagable i arriba a ser part inseparable de la humanitat. El primer home i la naturalesa humana per si mateixa esdevenen culpables, l'existència humana és ella mateixa culpable. A la fi, cal que el mateix Déu pagui la nostra culpa amb el sacrifici del seu fill. El cristianisme, l'anomenada religió de l'amor, és titllada com la més cruel de les religions. Culpa i expiació es converteixen en inextingibles per a l'home, la culpabilitat es constitueix en una malaltia per a l'home.

Quina filosofia pot ser la pròpia d'un home reduït a culpa i pecat? Quins són els seus filòsofs? La resposta nietzscheana és clara: un pensament d'ideals ascètics i el sacerdot asceta. Aquest és el tema de la Tercera dissertació de *La genealogia de la moral*. L'ascetisme, malaltia de la cultura europea, és l'encarnació de la voluntat de no-res, del nihilisme. L'home no pot deixar de voler i abans de no voler res, vol el no-res. L'ascetisme com a pensament, és la negació de la vida, la negació de la terra, de l'aparença. La seva essència és la negació, ja que de fet, com que la voluntat no desapareix, és un intent de protecció i conservació d'una vida que degenera, de lluita amb la mort i contra la mort. Voler combatre tot instint és el recurs del malalt davant qualsevulla demostració de salut. Allò que pretén l'asceta és protegir-se de la vida. Per això el seu regne no és d'aquest món, sinó d'un món intel·ligible, ideal. No n'hi ha prou amb el món de les idees contraposat al canvi i a la vitalitat del món sensible, cal arribar a anorrear tot el que pugui produir un afecte, arribar al no-res. A les religions, aquest no-res s'anomena Déu.

* F. Nietzsche, *La genealogia de la moral*, Segona dissertació, núm. 16.

Per a Nietzsche, però, l'ascetisme pot ser un recurs per al filòsof. Quan cal, la llibertat, la pobresa, la humilitat i la castedat poden ser bones condicions per a la fecunditat, si s'ha de lluitar contra una sensualitat agosarada. És una forma de domini i no una virtut. El filòsof sent atracció per allò més prohibit i l'ascetisme pot servir per a l'esperit de dubte, investigació, comparació, gosadia... Aquest cas és ben diferent del de qui ha caigut realment sota el poder negador. La ciència, malgrat proclamar el seu ateisme, és presonera de l'esperit d'objectivitat i la voluntat de veritat: no interpreta, s'atura davant els fets i és només espectadora, és la nova forma de l'essencialisme i l'idealisme: del nihilisme.

Com es pot combatre el nihilisme? Apropiant-se'l, convertint-lo en un moment de la transvaloració i de l'afirmació de la voluntat de poder. Perquè l'home arribi a ser un nou ésser més enllà del nihilisme cal que primer prengui la forma de camell, aquell les gepes del qual suporten tota la càrrega dels valors antinaturals i que representa l'obediència. Després es convertirà en lleó, animal ferotge i destructor, gran negador. Així podrà finalment esdevenir un nen, innocent, havent oblidat tot l'anterior i capaç de dir sí a la vida i de manifestar la seva voluntat afirmativa. El coratge que l'afirmació de la voluntat de poder implica i la nova innocència, més enllà de la voluntat de veritat, del bé i el mal, suposen la desaparició de tot absolut, de tota forma d'absolut, l'acarament humà davant el buit quan tota fonamentació s'esvaeix, davant el no-res infinit i la manca de certesa; finalment, adonar-se que cal una nova forma de pensar, una nova perspectiva. És per això que Zaratustra, el nou profeta, baixa de les muntanyes i es dirigeix a la plaça pública a ple dia amb un llum encès. Vol anunciar una bona nova, la mort de Déu, a aquells que ja no creien en Ell. Són els il·lustrats que es proclamen ateus, però que han restaurat noves formes d'absolut, de divinitat, de veritat.

Per a Nietzsche, la nova perspectiva significa la invenció de ficcions. La primera d'elles és el «Superhome», el més enllà de l'home. El Superhome és un ésser lliure i legislador, productor de sentit; intèrpret des de la voluntat de poder, capaç de creativitat i de l'acceptació de l'aparença, té voluntat de simulacre i màscara, viu en el perpetu moviment heraclitià. Sap, encara, mantenir-se en la mentida com la més sublim de les veritats lúcides. El Superhome és l'aristòcrata que no reconeix res més que la seva voluntat sense llei, o la llei de la seva voluntat sense norma. No és cap home ni cap raça, és un estadi per a l'ésser humà, una jerarquia que diu sí a la inalienable diferència, a la pluralitat dels sentits de l'ésser.

La segona ficció de l'afirmació de la voluntat de poder és l'«etern retorn». L'etern retorn és l'expressió alhora de la finitud còsmica, del seu devenir imparable, i de la seva voluntat de trascendir-se. La repetició és l'afirmació d'aquesta finitud a partir de fer immortal allò que és temporal. Per l'etern retorn el temps subverteix l'eternitat. Per al Superhome la ficció de l'etern retorn és una prova: l'acceptació de la repetició de la vida tal com l'ha viscuda, amb totes les sofrences i plaers. Desitjar l'eterna confirmació de la vida mostra que hom se sent bé amb un mateix i la vida. L'afirmació d'allò que és finit és el desig de la repetició.

EDUARD GADEA

LA GENEALOGIA DE LA MORAL

PRIMERA DISSERTACIÓ

«BO I PERVERS», «BO I DOLENT»

1

Aquests psicòlegs anglesos, als quals cal agrair els únics intents que han existit fins ara de fer una història del naixement de la moral, ens plantegen en ells mateixos un enigma que no és gens insignificant. Per això, com que es tracta d'un enigma de caràcter personal, he de confessar que tenen un avantatge fonamental en relació amb els seus llibres: ells mateixos són interessants. Què pretenen pròpiament aquests psicòlegs anglesos? Tant si es vol com si no es vol, hom els troba sempre dedicats a la mateixa obra, és a dir, a la tasca de fer surar la *partie honteuse* del nostre món interior i de cercar allò que és pròpiament eficaç, fonamental i decisiu pel que fa al desenvolupament precisament allí on l'urc intel·lectual de l'home *voldria* trobar-ho en darrer lloc (com, per exemple, en la *vis inertiae* del costum, en la manca de memòria, en un mecanisme cec i fortuït d'unió de les idees o bé en quelcom de purament passiu, automàtic, produït d'una manera reflexa, molecular i fonamentalment estúpid). Què impulsa pròpiament aquests psicòlegs a seguir sempre *aquesta* direcció? És un instint secret, maliciós, vulgar, tal vegada irresponsable, de voler empetitir l'home? Es tracta potser d'un recel pessimista, de la malfiança d'uns idealistes desil·lusionats, ofuscats, que s'han tornat verinosos i mals sorges? És una enemistat i una rancúnia baixes i subterrànies envers el cristianisme (i envers Plató), que tal vegada mai no han arribat a passar el llindar de la consciència? Es tracta potser d'un gust rampellut per les coses estranyes, per les paradoxes doloroses, pel caire qüestionable i absurd de l'existència? O és finalment una mica de tot: una mica de vulgaritat, una mica d'ofuscament, una mica d'anticristianisme, una mica de pruïja i de necessitat de coses fortes com el pebre...? Em diuen, tanmateix, que només són granotes velles, fredes i ensopides que s'arrosseguen i saltironen entorn de l'home, a l'interior de l'home, com si aquí es trobessin en el seu element natural, és a dir, en *aigües pantanoses*. Sento això i em resisteixo a creure-ho, més encara, no ho crec. I si hom pot desitjar quan no pot saber, jo desitjo de tot cor que la veritat sigui la contrària: que aquests investigadors que analitzen l'ànima per mitjà del microscopi siguin fonamentalment animals valents, generosos i orgullosos, que saben refrenar tant el seu cor com les seves sofrences i que han estat educats per a sacrificar qualsevol desig a la veritat, a *totes* les veritats, fins i tot quan es tracta d'una veritat senzilla, acerba, lletja, adversa, contrària al cristianisme, immoral..., ja que aquestes veritats existeixen.

2

Hem d'apreciar, doncs, els bons esperits que puguin actuar en aquests historiadors de la moral. Dissortadament, tanmateix, és cert que fins i tot els manca l'*esperit històric*. És cert que fins i tot han estat abandonats concretament per tots els bons esperits de la història. Com ja és un costum inveterat dels filòsofs, tots ells pensen d'una forma *essencialment* anhistòrica. D'això, no n'hi ha cap dubte. La matusseria de la seva genealogia de la moral es manifesta ja de bon començament, quan es tracta d'indagar l'origen del concepte i del judici d'allò que és «bo». «Originàriament —així ho decreten— certes accions que no eren egoistes foren lloades i anomenades bones per part d'aquells qui eren afavorits per aquestes accions, és a dir, per part d'aquells qui se n'*aprofitaven*. Més tard hom *oblidà* aquest origen de la lloança i aquelles accions que no eren egoistes, pel simple fet que sempre havien estat lloades com a bones *per costum*, foren estimades també com a bones, com si fossin alguna cosa bona en elles mateixes.» Es percep tot seguit que aquesta primera deducció conté ja tots els tirats típics de la idiosincràsia pròpia dels psicòlegs anglesos: tenim «el profit», «l'oblit», «el costum» i a l'últim «l'error» tot això com a base d'una valoració de la qual fins ara l'home superior havia estat orgullós com una mena de privilegi de l'home en general. Aquest orgull ha de ser humiliat. Aquesta valoració ha de ser desvalorada. S'ha aconseguit tot això...? En primer lloc, crec que és evident que aquesta teoria cerca i estableix a un lloc fals el veritable focus originari del concepte «bo». El judici d'allò que és «bo» *no* ve pas d'aquells qui foren afavorits per la «bondat». Més aviat foren «els bons», és a dir, els nobles, els poderosos, els qui gaudien d'una posició i d'uns sentiments superiors, aquells qui s'estimaren i s'establiren ells mateixos amb les seves obres com a bons, és a dir, de primer rang, en contraposició a tot allò que era baix, de sentiments baixos, vulgar i plebeu. En virtut d'aquest *pathos de la distància* s'empararen del dret de crear valors, d'encunyar els noms dels valors. Què els importava el profit? El punt de vista del profit és precisament el més estrany i inadequat pel que fa a aquest brollador calent de judicis de valor que determinen i destaquen des de dalt un rang. En aquest punt, el sentiment ha arribat precisament a un extrem oposat a aquell grau ínfim de calentor que pressuposa una intel·ligència interessada, un càlcul del profit, i no pas per una vegada ni per una hora d'excepció, sinó d'una forma contínua. Com hem dit, el *pathos* de la noblesa i de la distància, el sentiment fonamental i global que dura i domina per part d'una espècie que s'imposa des de dalt en relació amb una espècie més baixa, amb una cosa que és «al dessota», és allò que constitueix l'origen de la contraposició entre allò que és «bo» i allò que és «dolent». (El dret senyorívol de posar noms arriba tan lluny, que hom es pot permetre de concebre l'origen del llenguatge com una manifestació del poder d'aquells qui dominen. Diuen que «això *és* això i allò», segellen amb un so una cosa i un esdeveniment determinats i alhora s'emparen d'ells.) En aquest origen es basa el fet que de bon començament el mot «bo» no va pas unit necessàriament a les accions que «no són egoistes», com creuen d'una forma supersticiosa aquells genealogistes de la moral. Més aviat s'esdevé que, només en el cas d'una decadència dels judicis de valor aristocràtics, tota aquesta contraposició entre les accions «egoistes» i les accions que «no es consideren egoistes» s'imposa com més va més a la consciència humana. Emprant la meva terminologia, es tracta de l'*instint de ramat* allò que s'expressa al capdavall amb un mot (fins i tot amb *mots*) en aquesta contraposició. Àdhuc aleshores, tanmateix, ha de passar molt temps fins que aquest instint senyoregi en tal mesura, que la valoració moral resti veritablement presa i fixada en aquella contraposició (com s'escau, per exemple, actualment a Europa: avui dia el prejudici que pren per sinònims els termes «moral», «generós», «*desintéressé*» senyoreja ja amb la força d'una «idea fixa» i d'una dèria).

3

En segon lloc, nogensmenys, prescindint completament de la impossibilitat de sostenir històricament aquella hipòtesi referent a l'origen del judici de valor que s'expressa en el mot «bo», la hipòtesi en ella mateixa pateix d'un absurd psicològic. Segons ella, la utilitat de l'acció que no és egoista ha de ser l'origen de la seva lloança i aquest origen ha d'haver-se *oblidat*. Com és *possible* que s'hagi produït aquest oblit? És que tal vegada la utilitat d'aquestes accions ha cessat en cert moment? Allò que s'ha esdevingut és el cas contrari: aquesta utilitat ha estat més aviat l'experiència diària en totes les èpoques, una cosa per tant que constantment ha estat recalcada d'una manera contínua, una cosa que consegüentment, en lloc de desaparèixer de la consciència, en lloc d'oblidar-se, ha hagut de gravar-se en la consciència amb una claredat cada cop més diàfana. Molt més raonable és aquella teoria contrària (que no per això és més veritable) defensada, per exemple, per Herbert Spencer. Spencer considera que el concepte «bo» és essencialment igual al concepte «útil», «convenient», de manera que en els judicis referents a allò que és «bo» i a allò que és «dolent» la humanitat hauria assumit i sancionat veritablement les seves experiències *inoblidades* i *inoblidables* pel que fa a allò que és útil i convenient, pel que fa a allò que és noble i inconvenient. Segons aquesta teoria, és bo allò que des de sempre s'ha palesat com a útil. Per això pot acreditar-se com una cosa «valuosa en grau suprem», com una cosa «valuosa en ella mateixa». Com hem dit, també aquest procés explicatiu és fals. Però, si més no, l'explicació en ella mateixa és raonable i sostenible des del punt de vista psicològic.

4

[Genealogia de bo i dolent]

La indicació de quin era el *bon* camí me la dóna la pregunta sobre quin significat tenien pròpiament des del punt de vista etimològic els termes referents a allò que és «bo», encunyats per les diverses llengües. En aquest punt vaig descobrir que tots ells es referien a la *mateixa transformació del concepte*, que a tot arreu «noble», «distingit» en el sentit corporatiu era el concepte fonamental a partir del qual s'havia desenvolupat el terme «bo» en el sentit de «psíquicament noble», de «generós», de «psíquicament distingit», de «psíquicament privilegiat». Aquesta transformació, duta a terme d'una forma inevitable, va sempre acompanyada d'una forma paral·lela d'aquella altra transformació que obliga els mots «vulgar», «plebeu», «baix» a convertir-se al cap i a la fi en el concepte «dolent». L'exemple més eloqüent pel que fa a aquest darrer punt és el mateix mot alemany *«schlecht»*, que significa «dolent». En essència, és igual al mot *«schlicht»*, que significa «simple», «senzill» —compareu-lo amb els mots *«schlechtweg»* i *«schlechterdings»*, que signifiquen «senzillament» i «simplement»—, i que originàriament qualificava l'home senzill, vulgar, sense que encara impliqués una sospitosa mirada de reüll, sinó la simple intenció de contraposar-lo al noble. A l'època de la guerra dels trenta anys si fa no fa, és a dir, bastant tard, aquest sentit es canvia en el que s'empra actualment. Pel que fa a la genealogia de la moral, em sembla que això constitueix un coneixement *essencial.* El fet que s'hagi descobert tan tard es deu a la influència repressiva que dins del món modern exerceix el prejudici democràtic sobre totes les qüestions que es refereixen a l'origen de les coses. Es tracta d'un prejudici que s'immisceix fins i tot en l'àmbit tan objectiu en aparença com el de les ciències naturals i de la fisiologia, que basta aquí com a exemple. Tanmateix, l'abús que pot causar aquest prejudici, un cop s'ha convertit d'una manera desbridada en odi, principalment tocant a la moral i a la història, es manifesta en el cas tristament famós de Buckle.* El *plebeisme* de l'esperit modern, que té un origen anglès, esclatà de bell nou en aquest cas a la seva terra pàtria amb la mateixa força d'un volcà enllacat i amb aquella eloqüència turbulenta, estentòria i vulgar amb què fins ara han parlat tots els volcans.

5

Tocant al *nostre* problema, que per bons motius pot anomenar-se un problema *íntim* i que s'adreça de forma delicada només a unes quantes oïdes, és ben interessant de constatar el fet que en aquells mots i en aquelles arrels que serveixen per a indicar allò que és «bo» encara es trasllueix de moltes maneres la relació cabdal per la qual els nobles es consideraven precisament com a persones de rang superior. Sens dubte, en els casos més corrents potser es posen un nom que es refereix simplement a la seva superioritat

* Henry Th. Buckle (1821-1862), historiador anglès autor de la *Història de la civilització a Anglaterra*. Nega que els grans homes influeixin en els canvis històrics, i considera el medi natural com a determinant de les activitats humanes.

pel que fa al poder (es qualifiquen de «poderosos», «senyors», «dominadors») o bé al distintiu més patent d'aquesta superioritat, com és ara «els rics», «els propietaris» (aquest és el sentit d'*àrya*, com s'esdevé igualment a l'irànic i a l'eslau). Però també es posen un nom que es refereix a un *tirat típic del caràcter,* i aquest és el cas que aquí ens interessa. S'anomenen, per exemple, «els veraços», com ho féu primerament l'aristocràcia grega el portaveu de la qual fou Teognis, el poeta de Mègara. El mot encunyat en aquest sentit, ἐσθλός [noble, valent, aristocràtic], significa d'arrel un que *existeix*, que té realitat, que és real, que és veritable. Més tard, per un canvi subjectiu, l'ésser real es considera com a ésser veraç. En aquesta fase de la transformació del concepte, el mot es converteix en tòpic i nom distintiu de l'aristocràcia i passa a tenir per complet el sentit d'«aristocràtic», a fi d'assenyalar el límit respecte a la persona vulgar i mentidera, tal com la pren i la descriu Teognis. Finalment, després de la decadència de l'aristocràcia, el mot acaba essent un qualificatiu de la noblesa psíquica, fent-se alhora madur i dolç. En el mot κακός [dolent, ordinari, vulgar], com també en δειλός [vergonyós dolent, covard] (el plebeu en contraposició a ἀγαθός [bo, valent, noble]), es remarca la covardia. Això pot indicar tal vegada en quina direcció cal cercar l'origen etimològic del terme ἀγαθός, interpretable de diverses formes. En llatí el mot *malus* (al costat del qual poso el terme μέλας [negre]) pogué qualificar l'home vulgar com a persona de color fosc, sobretot com a persona de cabells negres *(«hic niger est»),* com a ocupant preari de la terra italiana que es distingia pel color, com a signe més palès, de la raça conqueridora de color ros, d'aquella que s'havia convertit en dominadora, és a dir, la raça ària. Si més no, el gaèlic m'ha proporcionat el cas que correspon exactament a aquesta idea. *Finn* (com, per exemple, en el nom *Finn-Gal*) és el terme distintiu de l'aristocràcia, que al cap i a la fi significa el bo, el noble, el pur. Al principi, tanmateix, significava el cap ros, en contraposició als habitants primitius que eren de pell fosca i tenien els cabells negres. Els celtes, diguem-ho de passada, eren una raça perfectament rossa. Hom comet una injustícia quan aquelles faixes de població que tenia els cabells essencialment foscos, tal com pot constatar-se en certs mapes etnogràfics d'Alemanya acuradament traçats, es relacionen amb cert origen cèltic i amb una barreja sanguínia, com encara ho fa Wirchow.* Més aviat, en aquests llocs apareix la població *preària*. (El mateix fenomen pot constatar-se a gairebé tot Europa. En essència, la raça sotmesa s'ha imposat finalment altra vegada, amb el seu color, amb la curtària del seu crani, fins i tot probablement amb els seus instints socials i intel·lectuals. Qui ens assegura que la democràcia moderna, l'anarquisme encara més modern i particularment aquella inclinació per la «*commune*», que és la forma de societat més primitiva i amb la qual estan d'acord actualment tots els socialistes, no representen fonamentalment una r*eacció* d'immenses proporcions? Qui ens assegura que la *raça dominadora* i conqueridora, la dels aris, no és sotmesa i abatuda fins i tot des del punt de vista psicològic...?) Crec que puc interpretar el mot llatí *bonus* com «aquell qui fa la guerra», en el pressupòsit que atribueixo amb raó el terme *bonus* a un de més antic que era *duonus* (compareu *bellum* [guerra] amb *duellum* i *duen-lum*, on em sembla que es conté aquell *duonus*). *Bonus*, per tant, seria l'home del desacord, de la desunió (*duo*), l'home de la guerra. Hom veu allò que a la Roma antiga feia en un home la seva «bondat». Considerem el mateix mot alemany «*gut*»: No podria significar l'home «diví» («*göttlich*»), l'home «de raça divina»? No podria ser el mateix mot que el nom popular (originàriament aristocràtic) dels gots? Exposar els motius d'aquest pressupòsit no pertany a la finalitat d'aquesta exposició...

* Rudolf Wirchow (1821-1902), metge i biòleg alemany. Creador de la patologia cel·lular.

6

[Genealogia de bo i pervers]

Pel que fa a aquesta norma, referent al fet que el concepte de primacia política sempre es converteix en un concepte de primacia psíquica, no és pas de bell antuvi una excepció (per bé que dóna peu a les excepcions) que la casta suprema fos ensems la casta sacerdotal i que, conseqüentment, preferís com a qualificació general de la seva casta un predicat que recordés la seva funció sacerdotal. Aquí s'enfronten per primera vegada, per exemple, els mots «pur» i «impur» com a signes distintius de l'estat o de la condició socials. Igualment, es desenvolupen aquí més tard un «bo» i un «dolent» en un sentit que ja no es refereix a l'estat o a la condició. A més a més, hom ha de prevenir-se contra el fet de prendre per endavant aquests conceptes de «pur» i «impur» d'una manera massa generosa, massa àmplia i completament simbòlica. Més aviat, tots els conceptes de la humanitat més antiga foren concebuts de bon començament, en una mesura que gairebé no podem imaginar-nos, d'una forma tosca, barroera, superficial, esquifida, concretament i especialment *contrària a qualsevol simbolisme*. El «pur» és de bell principi simplement un home que es renta, que s'absté de certs menjars que comporten algunes malalties de la pell, que no dorm amb les dones brutes del poble baix, que avorreix la sang. És això i res més, no gaire més. D'altra banda, per tota la mena d'una aristocràcia essencialment sacerdotal s'aclareix sens dubte perquè precisament en aquest punt pogueren aguditzar-se i fer-se íntimes d'una forma perillosa les contraposicions dels valors. De fet, a causa d'aquestes contraposicions s'obriren a l'últim avenc entre home i home que ni tan sols un Aquil·les del lliure pensament aconseguiria de superar sense esgarrifar-se. De bon començament hi hagué quelcom que *no era sa* en aquelles aristocràcies sacerdotals i en els costums que imperaven en el seu interior, costums apartats de l'acció, en part tramadors i en part explosius pel que fa al sentiment, la conseqüència dels quals és aquella neurastènia i aquella afecció intestinal que afecten gairebé d'una forma inevitable els sacerdots de totes les èpoques. Nogensmenys, pel que fa a allò que ells mateixos van descobrir com a remei contra aquesta afecció llur, no cal dir que en els seus efectes s'ha manifestat al capdavall cent vegades més perillós que la malaltia que havia de guarir? La mateixa humanitat encara pateix els efectes d'aquest tractament eixalavat dels sacerdots. Pensem, per exemple, en certes formes de dieta (prohibició de menjar carn), en el dejuni, en la continència sexual, en la fugida «al desert» (isolament practicat per Weir Mitchell,* per bé que certament sense la cura posterior d'engreixament i sobrealimentació en què es basa l'antídot més eficaç contra qualsevol histèria de l'ideal ascètic). A això s'afegeix tota la metafísica dels sacerdots, enemiga dels sentits, capaç de crear éssers refinats i corromputs, el seu poder d'hipnotitzar-se a l'estil del faquir i del braman —Brahma emprat com a botó de vidre i idea fixa— i el sadollament darrer que només es pot comprendre en conjunt en relació amb la seva cura radical, amb el *no-res* (o bé Déu, ja que el desig d'una *unio mystica* amb Déu és el mateix que el desig que tenen els budistes del no-res, del nirvana). Entre els sacerdots *tot* esdevé concretament més perillós, no solament la medicina i els remeis, sinó també l'orgull, la venjança, la sagacitat, el llibertinatge, l'amor, l'afany de poder, la virtut, la malaltia. Tanmateix, amb cert esperit de justícia podria afegir-se també que només en el camp d'aquesta forma existencial de l'home *essencialment perillosa*, la sacerdotal, l'home ha esdevingut en general *una bèstia interessant* i que només aquí l'ànima humana ha aconseguit una fondària en un sentit superior, fent-se *perversa*. Heus ací les dues formes fonamentals de la superioritat que ha tingut fins ara l'home sobre qualsevol altra bèstia...!

* Silas Weir Mitchell (1829-1914). Neuròleg i escriptor nord-americà que aplicava un tractament per a les malalties nervioses a base de massatge, aïllament i repòs.

7

[La revolta dels esclaus]

Hom ja haurà endevinat amb quina facilitat la forma de valoració sacerdotal pot separar-se de la forma de valoració cavallerosa i aristocràtica, i convertir-se més tard en la seva contraposició. Això es fomenta especialment cada vegada que s'enfronten per gelosia la casta dels sacerdots i la casta dels guerrers, i no es volen posar d'acord pel que fa a l'honor i la glòria. Els judicis de valor dels cavallers i dels aristòcrates tenen com a pressupòsit una corporalitat plena de vigor, una salut florent, rica, fins i tot sobreïxent, juntament amb allò que requereix la seva conservació: la guerra, l'aventura, la caça, la dansa, els torneigs i, en general, tot allò que implica en ell mateix una acció vigorosa, lliure, vivaç i alegre. La forma de valoració de la noblesa sacerdotal té, com ja hem vist, uns pressupòsits diferents: quan es tracta de guerra, tot li va malament! Com ja se sap, els sacerdots són els enemics més perversos. Per quina raó? Perquè són els més impotents. A partir d'aquesta impotència, l'odi esdevé en ells una cosa monstruosa i inquietant, es converteix en la cosa més espectral i verinosa. Els personatges de la història universal que han odiat més han estat sempre sacerdots, incloent-hi aquells qui han odiat amb més enginy: al costat de l'esperit de venjança sacerdotal qualsevol altre esperit no té cap importància. La història de la humanitat seria una cosa completament estúpida sense l'esperit que li ha pervingut de part dels impotents. Considerem tot seguit l'exemple més rellevant. Tot el que s'ha fet a la terra contra «els nobles» «els poderosos», «els senyors», «els potentats» no val la pena de tractar en comparació amb allò que han fet contra ells els *jueus*: els jueus, aquell poble sacerdotal que en relació amb els seus enemics i subjugadors només sabé donar-se per ben satisfet al capdavall amb un capgirament radical de llurs valors, és a dir, amb un acte de *venjança del tipus més espiritual.* Això és l'única cosa que esqueia precisament a un poble sacerdotal, al poble que tenia la dèria més reaccionària de venjar-se sacerdotalment. Han estat els jueus aquells qui amb una conseqüència aterridora i amb els ullals de l'odi més abismal (l'odi de la impotència) han gosat d'establir i de mantenir la inversió de l'equivalència aristocràtica dels valors (bo = noble = poderós = bell = feliç = estimat per Déu), és a saber: «Els bons només són els desgraciats. Els bons només són els pobres, els febles, els humils. Els pietosos i els beneïts per Déu també són només els qui pateixen, els desposseïts, els malalts, els lletjos. Només ells obtindran la felicitat eterna. Al contrari, vosaltres que sou nobles i poderosos sereu per sempre els perversos, els cruels, els cobejosos, els insaciables, els ateus. Vosaltres sereu també eternament els dissortats, els maleïts i els condemnats...». Ja se sap qui ha heretat aquest sistema de capgirament jueu... Tocant a la iniciativa monstruosa i funesta fora de mida que prengueren els jueus amb aquesta declaració de guerra, que és la més fonamental de totes, recordo una frase a la qual vaig arribar en una altra avinentesa (a *Més enllà del bé i del mal*), referent al fet que amb els jueus comença *la revolta dels esclaus pel que fa a la moral,* aquella revolta que té al darrere una història de dos mil anys i que actualment hem perdut de vista per la simple raó que triomfà...

8

[El cristianisme]

Però és que no ho enteneu? És que sou cecs i incapaços de veure una cosa que ha necessitat dos mil anys per a triomfar...? No hi ha cap motiu per a meravellar-se'n: totes les coses que *duren molt temps* són difícils de veure, són difícils d'albirar. Tanmateix, això és el que s'esdevingué: del tronc de l'arbre de la venjança i de l'odi, de l'odi jueu, de l'odi més pregon i sublim, és a dir, de l'odi que produeix ideals i destrueix valors, de l'odi que mai no ha tingut parió a la terra, brostà una cosa igualment incomparable, *un nou amor*, l'amor més pregon i més sublim de totes les menes d'amor. I de quin altre tronc podia haver brostat...? Que ningú no pensi, tanmateix, que brostà per exemple com la negació pròpia d'aquella set de venjança, com la contraposició de l'odi jueu! No. La veritat és la contrària! Aquest amor brostà d'ell com la seva corona, com la corona triomfant que s'eixamplava com més va més en la claredat més diàfana i a ple sol, un amor que en el reialme de la llum i de l'altura tendia amb el mateix deler als mateixos objectius d'aquell odi: a la victòria, a la depredació, a la seducció, amb el mateix afany amb què les arrels d'aquell odi s'endinsaven cada cop amb més penetració i cobejança en tot allò que tenia una fondària i era pervers. Aquell Jesús de Natzaret, com a evangeli vivent de l'amor, aquell «salvador» que portava la felicitat i la victòria als pobres, als malalts, als pecadors, no fou precisament la seducció en la seva forma més inquietant i irresistible, la seducció i la marrada devers aquells mateixos valors *jueus* i aquelles mateixes innovacions de l'ideal? No aconseguí Israel, precisament amb la marrada d'aquell «salvador», d'aquell qui aparentment contradigué i dissolgué Israel, el darrer objectiu del seu desig sublim de venjança? No pertany a la màgia negra i oculta d'una política veritablement *elevada* de la venjança, d'una venjança prèsbita, subterrània, que ho arrabassa tot lentament i que ho calcula tot per endavant, el fet que el mateix poble d'Israel hagués de negar i de clavar en creu davant de tothom, com si fos el seu enemic mortal, el mateix instrument de la seva venjança, per tal que «tothom», és a dir, tots els adversaris d'Israel, pogués picar a la insabuda aquest ham concret? D'altra banda, és possible d'imaginar-se en general, a partir de qualsevol refinament de l'esperit, un ham *més perillós*? És possible d'imaginar-se quelcom que sigui igual en força seductora, embriagadora, narcotitzadora, depravadora, a aquell símbol de la «creu sagrada», a aquella paradoxa escruixidora d'un «Déu clavat en creu», a aquell misteri d'una crueltat inimaginable en darrer terme, tan manifesta, i d'una autocrucifixió de Déu *destinada a la salvació de l'home*...? Si més no, és veritat que *sub hoc signo* Israel ha anat triomfant sempre fins ara, amb la seva venjança i amb la seva inversió de tots els valors, sobre tots els altres ideals, sobre tots els ideals *més nobles*...

9

[L'Església]

«—Però, per què parleu vós encara d'ideals *més nobles*? Acceptem els fets: ha vençut el poble —o "els esclaus", o "la plebs", o "el ramat", o com vulgueu anomenar-ho— i, si això s'ha esdevingut mitjançant els jueus, oidà!, aleshores és que dins la història universal cap poble mai no havia tingut una missió com aquesta. "Els senyors" han perdut. Ha guanyat la moral de l'home vulgar. Hom pot prendre alhora aquesta victòria com un enverinament de la sang (ja que ha barrejat i confós les races). No ho nego. Però, sens dubte, aquesta intoxicació *ha reeixit*. L'"alliberament" del gènere humà (és a dir, el seu alliberament pel que fa als "senyors") va per bon camí. Palesament tot esdevé jueu, o cristià, o plebeu (tant se val quin mot s'empri!). L'anadura d'aquest enverinament a través de tot el cos de la humanitat sembla impossible d'aturar. Des d'ara el seu ritme i la seva marxa poden ser fins i tot cada cop més lents, més subtils, més inoïbles, més prudents. Tenen molt de temps per endavant... En aquest sentit, correspon encara actualment a l'Església una tasca *necessària*? Té encara en general un dret a l'existència o bé hom en podria prescindir? *Quaeritur* [es pregunta]. Sembla que més aviat frena i impedeix aquella anadura, en lloc d'activar-la? Això, tanmateix, podria constituir precisament la seva utilitat... Sens dubte, a poc a poc es va tornant una cosa matussera i basta que repugna a una intel·ligència delicada, a un gust pròpiament modern. No hauria de refinar-se una mica, si més no...? Actualment, en lloc de seduir, aliena... Si l'Església no existís, qui de nosaltres seria de fet un lliure pensador? Allò que ens repugna és l'Església, *no pas* el seu verí... Deixant de banda l'Església, també nosaltres apreciem aquest verí...» Aquesta és la cloenda a les meves paraules per part d'un «lliure pensador», d'una bèstia honrada, tal com ho ha provat prou, d'un demòcrata a més a més. M'havia escoltat fins ara i no suportava sentir el meu silenci, ja que en aquest punt he de callar moltes coses.

10

[El ressentiment creador]

La revolta dels esclaus en la moral comença quan el mateix ressentiment esdevé creador i genera valors, el *ressentiment* d'aquells éssers privats de la veritable reacció, la de l'activitat, que només es consideren indemnitzats mitjançant una venjança imaginària. Mentre que qualsevol moral noble sorgeix d'una afirmació triomfant de la seva pròpia essència, la moral dels esclaus nega de bon començament qualsevol «exterioritat», qualsevol «alteritat», qualsevol «negació de la pròpia essència», i *aquest* fet de negar és el seu acte creador. Aquest capgirament de la visió que estableix valors —aquesta direcció *necessària* devers l'exterior, en lloc de dirigir-se devers la pròpia essència— pertany d'una manera concreta al ressentiment. Per tal de néixer la moral dels esclaus requereix sempre en primer lloc un món contrari i extern. Psicològicament parlant, requereix estímuls externs per tal d'actuar en general. Radicalment, la seva acció és una reacció. El cas contrari s'esdevé en la forma noble de valoració: actua i creix espontàniament, cerca la seva contraposició únicament per afirmar-se ella mateixa d'una manera encara més agraïda, encara més joiosa. La seva concepció negativa referent a allò que és «baix», «vulgar», «dolent», constitueix només una pàl·lida i tardana imatge de contrast en relació amb la seva positiva concepció fonamental, amarada per complet de vida i de passió: «Nosaltres, els nobles, els bons, els bells, els feliços!». Quan la forma noble de valoració atempta i peca contra la realitat, això s'esdevé en relació amb l'esfera que *no* coneix prou, que rebutja certament de conèixer veritablement: en certes circumstàncies no comprèn l'esfera que menysprea, la de l'home vulgar, del poble baix. D'altra banda, cal considerar que en tot cas el sentiment de menyspreu, de la mirada desdenyosa, de la mirada de superioritat, fins i tot suposant que *falsegi* la imatge d'allò que menysprea, restarà molt lluny d'aquella falsificació amb la qual l'odi reprimit, la venjança de l'impotent, maltracta el ser adversari *in effigie*, naturalment. De fet, en el menyspreu es barreja massa negligència, massa despreocupació, massa desatenció i impaciència, àdhuc massa autosatisfacció, perquè sigui capaç de transformar el seu objecte en una veritable caricatura i en un monstre. No poden vorejar-se, certament les *nuances* gairebé benvolents que l'aristocràcia grega, per exemple, posa en tots aquells mots amb els quals es distingeix ella mateixa del poble baix. És curiós de veure com s'endolceixen constantment els termes i com s'hi barreja una mena de compassió, de consideració, de tolerància, fins a l'extrem que quasi tots els mots que es refereixen a l'home vulgar han esdevingut a l'últim expressions equivalents d'«infeliç», «digne de compassió» (vegeu δειλός, δείλαιος, πονηρός, μοχθηρός);* d'aquests mots, els dos darrers qualifiquen pròpiament l'home vulgar com a esclau que treballa i animal de càrrega). És curiós d'observar, d'altra banda, com els termes «dolent», «baix», «infeliç» mai no deixaren de sonar a l'oïda grega amb *un* to, amb una tonalitat, en què prepondera el sentit d'«infeliç». Això és una peça heretada de l'antiga forma de valoració aristocràtica més noble, que no tan sols en el menyspreu no es nega ella mateixa (els filòlegs han de recordar en quin sentit s'empren, ὀϊζυρός, ἄνολβος, τλήμων, δυστυχεῖν, ξυμφορά)** Els «ben nascuts» es *consideraven* precisament com els «feliços». No

* Els dos primers: vergonyós, dolent, covard; els dos últims: infeliç, dissortat, dolent.

** Els tres primers: infeliç. desgraciat; el penúltim: ser infeliç, tenir mala sort; l'últim: dissort, misèria.

havien de construir artificiosament la seva felicitat tot mirant els seus enemics, no s'havien de creure de tant en tant que eren feliços, no havien de *dir-se una mentida* (com ho acostumen de fer totes les persones que tenen ressentiment). De la mateixa manera, com a homes opulents, carregats de força i, per tant, *necessàriament* actius, no sabien destriar l'acció de la felicitat —segons ells, el fet de ser actiu anava inclòs necessàriament en la felicitat (d'aquí ve l'expressió εὖ πράττειν [actuar bé, trobar-se bé de salut]). Tot això es contraposa en gran mesura a la «felicitat» concebuda en el grau dels impotents, dels oprimits, dels qui pateixen les úlceres produïdes per sentiments plens de verí i d'enemistat, segons els quals la felicitat es produeix essencialment com una narcosi, una anestèsia, una tranquil·litat, una pau, un «descans sabàtic», una distensió de les facultats anímiques i un estirament de tots els membres, en un mot, com una cosa *passiva*. Mentre que l'home noble viu davant seu amb una confiança i una sinceritat (el terme γενναῖος «aristòcrata de naixement», remarca la *nuance* «sincer» i fins i tot «ingenu»), l'home del ressentiment no és sincer, ni ingenu, ni honrat ni directe amb ell mateix. La seva ànima *mira amb cobejança*, el seu esperit estima els amagatalls, els camins secrets i les portes del darrere, és atret per tot allò que és ocult com si fos el seu món, la *seva* seguretat, el *seu* alleujament. Sap de callar, de no oblidar, d'esperar, d'empetitir-se de tant en tant, d'humiliar-se. Una raça com aquesta, la dels homes del ressentiment, ha d'esdevenir necessàriament al capdavall *més intel·ligent* que qualsevol raça noble. Honora també la intel·ligència en una mesura completament diferent, és a dir, com una condició existencial de primera categoria. En canvi, en els homes nobles la intel·ligència té un lleu regust de luxe i de refinament en ella mateixa —aquí precisament no és pas ni de lluny tan fonamental com la perfecta seguretat pel que fa a la funció dels instints *inconscients* que ho regulen tot o bé fins i tot certa negació de la intel·ligència, com és ara el fet d'acarar valerosament i directa el perill, l'enemic, o aquella rauxa exaltada pel que fa a la còlera, a l'amor, a la veneració, a l'agraïment i a la venjança, per la qual han estat reconegudes les ànimes nobles en totes les èpoques. El mateix ressentiment de l'home noble, quan s'hi presenta, es duu a terme i s'exhaureix mitjançant una reacció immediata que, per tant, no *enverina*. D'altra banda, ni tan sols no es presenta en innombrables casos en què esdevé inevitable tocant a tots els febles i impotents. El fet de no poder prendre seriosament durant gaire temps els propis enemics, els propis tràngols, àdhuc els propis *crims*, constitueix el signe de naturaleses fortes i plenes en les quals hi ha un escreix d'energia plàstica que refà, que regenera, que fins i tot oblida (un bon exemple del món modern és Mirabeau, el qual no recordava els insults ni les infàmies que hom cometia amb la seva persona i que, per tant, no podia perdonar únicament perquè... ho oblidava tot). Un home d'aquesta mena es desempallega d'un sol cop de moltes bestioles que en altres individus s'amaguen dissimuladament. Només aquí és possible també, tot suposant que sigui possible en general a la terra, el veritable «amor als propis enemics». Que en té, de respecte, pels seus enemics un home noble! I aquest respecte constitueix ja un pont que emmena devers l'amor... L'home noble exigeix que l'enemic sigui una mena de distinció de la seva pròpia persona, no suporta cap altre enemic que aquell en el qual no hi ha res de menyspreable, sinó *moltes coses* respectables. Imaginem-nos, al contrari, «l'enemic» tal com el concep l'home del ressentiment. En això consisteix precisament el seu acte, la seva creació. Ell ha concebut «l'enemic pervers», «*el pervers*» per antonomàsia, i concretament com a concepte fonamental a partir del qual s'imagina fins i tot com a imatge invertida i contraposada un «home bo»... que és ell mateix!

11

[L'home mediocre / l'home superior]

En l'home noble s'esdevé exactament el contrari: concep la idea fonamental de «bo» d'una forma prèvia i espontània, és a dir, a partir de la seva pròpia persona i només a partir d'això es fa una idea d'allò que és «dolent». Aquest concepte de «dolent» d'origen noble i aquella idea de «pervers» sorgida de la perola de cervesa que és l'odi insaciable —el primer concepte és una creació posterior, una cosa secundària, un color complementari, mentre que el segon concepte és quelcom d'original, el començament, l'*acte* veritable dins la concepció d'una moral dels esclaus— són molt diferents, per bé que ambdós termes, «dolent» i «pervers» es contraposen en aparença a la mateixa idea de «bo». Tanmateix la idea de «bo» *no* és la mateixa. Basta que hom es pregunti qui és pròpiament «pervers» en el sentit de la moral del ressentiment. La resposta estricta és aquesta: precisament l'«home bo» de l'altra moral, precisament el noble, el poderós, el dominador, simplement acolorat, interpretat i vist de reüll per la mirada plena de verí del ressentiment. En aquest punt, no volem negar una cosa: aquell qui ha conegut els «homes bons» només com a enemics, no ha conegut res més que enemics *perversos*, i els mateixos homes que foren reprimits d'una forma tan dura, per la moralitat, per la veneració, pels costums, per l'agraïment i sobretot per la vigilància mútua, per la rivalitat *inter pares*, aquells homes que d'altra banda es manifestaren en llur capteniment mutu amb una tendència tan creadora pel que fa a la consideració envers els altres, a l'autodomini, a la delicadesa, a la fidelitat, a l'urc i a l'amistat, no són gaire millors cap enfora, allí on hi ha l'element alliè, allí on comença *la* naturalesa aliena, que bèsties de rapinya deixades en llibertat. Allí gaudeixen de la llibertat tocant a qualsevol obligació social, a la selva s'alliberen de la tensió que produeixen una reclusió i un tancament excessius en la pau de la comunitat, *tornen* a la innocència pròpia de la consciència de les bèsties de rapinya, com a monstres alegres i contents que retornen tal vegada d'un seguit horrible d'assassinats, d'incendis, de violacions, de tortures, amb una insolència i una serenitat anímica similars a les dels estudiants que només han fet una entremaliadura, convençuts que els poetes tindran altra vegada quelcom per a cantar i per a lloar durant molt temps. A la base de totes aquestes races nobles no es pot deixar de reconèixer la bèstia de rapinya, l'esplèndida bèstia rossa que vagareja cobejant despulles i victòries. De tant en tant cal que aquesta base oculta es descarregui. La bèstia ha de sortir fora altra vegada, ha de tornar de bell nou a la selva. En aquesta necessitat tots són iguals: l'aristocràcia romana, l'àrab, la germànica, la japonesa, els herois homèrics, els víkings escandinaus. Pertot arreu a on han anat, les races nobles han deixat el concepte «bàrbar» en tots els seus vestigis. Fins i tot en la seva cultura més enlairada es descobreix una consciència d'aquest fet i una autosatisfacció (per exemple, quan Pèricles diu als seus atenesos en aquella cèlebre oració fúnebre: «La nostra gosadia ha penetrat en totes les terres i en tots els mars, deixant pertot monuments perdurables tant pel que fa al bé *com pel que fa al mal*»). Aquesta «gosadia» de les races nobles, que es manifesta d'una forma esbojarrada, absurda, sobtada, el caràcter imprevisible i inversemblant de llurs empreses —Pèricles remarca amb orgull la ῥᾳθυμία [despreocupació] dels atenesos—, llur indiferència i llur menyspreu pel que fa a la seguretat, al cos, a la vida, a la comoditat, la seva joia espantosa i la profunditat del plaer que senten en totes les seves destruccions, en totes les voluptuositats que experimenten en la Victòria i en la crueltat: tot això es resumí per part d'aquells qui ho patiren en la imatge del «bàrbar», de l'«enemic pervers», com és ara el «got», el «vàndal». La profunda i gèlida desconfiança que suscita l'alemany així que arriba al poder, com torna a passar ara, continua essent un residu d'aquell terror inextingible amb què Europa ha contemplat durant segles la fúria de la bèstia rossa germànica (per bé que entre els antics germànics i nosaltres, els alemanys, gairebé no hi ha cap parentesc ideològic, com tampoc cap parentesc sanguini). Una vegada vaig posar en relleu la perplexitat d'Hesíode quan reflexionava sobre el discurs de les èpoques culturals i intentava d'expressar-les a base de l'or, de l'argent i del bronze. No sabé desfer la contradicció que li oferia el món d'Homer, tan magnífic, però també alhora tan horrorós i violent, sinó fent d'una sola època dues èpoques diferents que aleshores situa en relació correlativa: en primer lloc l'època dels herois i dels semidéus de Troia i de Tebes, tal com aquell món havia restat en la memòria de les generacions nobles que tenien en ell llurs avantpassats, i en segon lloc l'època de bronze, tal com aquell mateix món apareixia als ulls dels qui descendien dels humiliats, dels depredats, dels maltractats, dels exiliats, dels venuts com a esclaus, com una època de bronze, tal com hem dit, dura, freda, cruel, sense sentiment i sense consciència, que tot ho xemica i amara de sang. Encara que fos veritat allò que avui dia es considera en tot cas com una «veritat», és a saber, que el *sentit de qualsevol cultura* sigui precisament el d'extreure de l'animal de rapinya anomenat «home» un animal mansuet i civilitzat, un *animal domèstic*, indubtablement caldria considerar tots aquells instints de reacció i de ressentiment amb l'ajut dels quals foren humiliades i dominades al capdavall les generacions nobles, conjuntament amb els seus ideals, com els autèntics instruments de la cultura. Amb això, tanmateix, no s'hauria dit pas encara que els *portadors* d'aquells instints representin alhora personalment la cultura. El contrari no seria solament probable. No. Actualment és quelcom de *palès*! Aquests portadors dels instints que humilien i que cobegen un rescabalament, els descendents de tot esclavatge, europeu i no europeu, i especialment de qualsevol població preària, representen l'*endarreriment* de la humanitat! Aquests «instruments de la cultura» són un fet vergonyós de l'home i, en general, són més aviat una sospita, un argument contrari a la «cultura»! Hom pot sentir-se amb tot el dret de témer encara i capguardar-se de la bèstia rossa que es troba al fons de totes les races nobles. Això no obstant, qui no preferiria cent vegades més témer, si alhora pot meravellar-se, que no pas *deixar de* tenir por, però no poder alliberar-se mai més de la visió fastigosa dels descastats, dels éssers empetitits, atrofiats, enverinats? I no constitueix això *la nostra* fatalitat? Què produeix actualment la repugnància que nosaltres sentim envers «l'home»?

Perquè no hi ha cap dubte que nosaltres *patim* per l'home. *No* es tracta de por. Es tracta més aviat que ja no tenim res a témer en l'home, que el verm de l'«home» es troba i formigueja en primer terme, que l'«home mansuet», l'home irremissiblement mediocre i ensopit, hagi après a sentir-se com a objectiu i cimall, com a sentit de la història, com a «home superior», que tingui certament un dret de considerar-se d'aquesta manera, per tal com se sent lluny de la multitud de descastats, malalts, cansats, desgastats, a què actualment comença a pudir Europa, i per tant com una cosa si més no relativament encertada, si més no capaç encara de viure, si més no capaç de dir sí a la vida...

12

[Nihilisme]

No puc reprimir en aquest punt un sanglot ni malmetre una darrera esperança. Què és concretament allò que em resulta totalment insuportable? Què és allò que únicament no puc destruir, que m'ofega i em fa sedejar mortalment? Es tracta d'una atmosfera dolenta, d'una atmosfera dolenta! Es tracta del fet que una cosa descastada es trobi al meu costat, que hagi d'olorar les vísceres d'una ànima descastada...! D'altra banda, què no suporta hom pel que fa a necessitats, privacions, mal temps, malalties, cansaments, isolaments? Al capdavall hom s'acostuma a tot, des del moment que ha nascut per a una existència subterrània i combativa. Hom es revela cada cop de bell nou, experimentant contínuament la seva hora daurada de la Victòria. I aleshores hom es troba allí tal com ha nascut: irrompible, amb tibantor, disposat a assolir quelcom de nou, quelcom de més difícil encara, quelcom de més llunyà, igual com un arc que no fa res més que tibar-se amb més força quan experimenta qualsevol necessitat. De tant en tant, nogensmenys, concediu-me —suposant que hi hagi deesses celestials que concedeixin coses més enllà del bé i del mal— una sola visió. Concediu-me *una sola* visió tocant a quelcom perfecte, a quelcom definitivament acabat, feliç, poderós, victoriós, a quelcom que encara es pugui témer! Concediu-me la visió d'un home que justifiqui l'home, d'un home que circumstancialment i sortosa sigui un ésser complementari i salvífic a causa del qual hom pugui conservar *la fe en l'home*...! La situació, doncs, és aquesta: el fet d'empetitir i d'igualar l'home europeu oculta el perill més gran que *tenim,* ja que aquesta visió cansa... Actualment no albirem res que desitgi ser més gran. Sospitem que tot s'ensorra, que tot s'ensorra com més va més, fent-se més subtil, més bondadós, més intel·ligent, més agradable, més mediocre, més indiferent, més xinès, més cristià. No hi ha cap dubte que l'home cada cop és «millor»... Aquí rau precisament la fatalitat d'Europa. Juntament amb el temor envers l'home, hem perdut també l'amor envers ell, el respecte, l'esperança, el desig. Des d'ara la visió de l'home cansa. En què consisteix actualment el nihilisme, si no és concretament *això*...? Ens hem cansat *de l'home*...

13

[El feble que es disfressa de fort]

Però tornem al punt que havíem deixat. El problema de l'*altre* origen d'allò que és «bo», d'allò que és bo tal com s'ho imagina l'home del ressentiment, exigeix una conclusió final. No pot sorprendre el fet que els anyells siguin rancorosos envers les gran aus de rapinya. L'única cosa que no es pot fer raonablement és retreure a les grans aus de rapinya el fet que s'emportin uns quants anyells petits. I quan els anyells es diuen entre ells: «Aquestes aus de rapinya són perverses. Per tant, ¿no ha de ser bo un anyell, l'ésser que es diferencia més d'una au de rapinya i que és gairebé la seva antítesi?», no és possible d'objectar res a l'establiment d'aquest ideal, llevat que les aus de rapinya els esguardaran d'una forma sorneguera i tal vegada es diran entre elles: «*Nosaltres* no sentim cap rancor envers aquests anyells bons, sinó que fins i tot els estimem, car no hi ha res que sigui tan saborós com un anyell tendre». El fet d'exigir de la força que *no* es manifesti com a força, que no vulgui dominar, que no vulgui humiliar, que no vulgui manar, que no sedegi enemics, ni resistències, ni triomfs, és tan absurd com el fet d'exigir de la feblesa que es manifesti com a força. Una quantitat determinada de força és igual a una quantitat determinada de tendència, de voluntat i d'acció. De fet, no és res més que aquesta mateixa tendència, aquesta mateixa voluntat, aquesta mateixa acció, i només pot semblar una altra cosa a causa de la seducció exercida pel llenguatge (i pels errors fonamentals de la raó que s'hi petrifiquen), el qual entén i malentén que qualsevol acció es troba condicionada per un agent, per un «subjecte». És un fenomen semblant a com la gent separa el llamp de la seva llampada i considera la darrera com un acte, com l'acció d'un subjecte que s'anomena llamp. De la mateixa manera, la moral del poble separa també la força de les manifestacions de la força, com si darrere d'allò que és fort hi hagués un substrat indiferent, *capaç de decidir lliurement* si manifesta la seva força o si no la manifesta. Aquest substrat, tanmateix, no existeix. No hi ha cap «ésser» darrere del fet, de l'acció, de l'esdeveniment. «L'agent» ha estat afegit simplement a l'acció. L'acció ho és tot. La gent duplica en el fons l'acció: quan el llamp resplendeix, creu que es tracta de dos actes. El mateix esdeveniment l'estableix de primer com a causa i després també com el seu efecte. Els físics no procedeixen millor quan afirmen que «la força mou, la força causa» i frases similars. La nostra ciència en conjunt, malgrat tota la seva fredor, malgrat la seva llibertat pel que fa al sentiment, es troba encara sota l'influx de la seducció del llenguatge i no s'ha alliberat de les criatures falses que s'hi han ficat, no s'ha alliberat dels «subjectes» (l'àtom, per exemple, és una d'aquestes criatures falses, com també ho és «la cosa en si» de Kant). No ha d'estranyar-nos, doncs, el fet que els sentiments reprimits i abrivats ocultament de la venjança i de l'odi emprin aquesta fe en benefici propi ni que, al capdavall, no en mantinguin cap altra amb tanta fervor com la que sosté que *el fort és lliure* de ser feble i l'au de rapinya, lliure de ser anyell. D'aquesta manera, aconsegueixen el dret d'*allevar* a l'au de rapinya el fet de ser au de rapinya... Quan els oprimits, els humiliats, els violats parlen entre ells, moguts per l'astúcia venjativa de la impotència, i diuen: «Siguem diferents dels perversos, és a dir, bons! I bo és aquell qui no viola, qui no fa mal a ningú, qui no ataca, qui no es rescabala, qui atorga la venjança a Déu, qui s'amaga com nosaltres, qui s'aparta de qualsevol cosa perversa i no exigeix gaire a la vida, igual com nosaltres, els pacients, els humils, els justos», si s'escolten aquestes paraules d'una manera freda i sense cap animadversió, pròpiament no signifiquen res més que això: «Nosaltres, els febles, som veritablement febles. És bo, doncs, que no fem res *que sigui inadequat a les nostres forces*». Però aquesta acerba constatació de la realitat, aquesta intel·ligència de mínima categoria que fins i tot la tenen els insectes (els quals en un perill molt gran fan el mort, per tal de no fer «massa»), s'ha revestit gràcies al poder que té la impotència de falsificar-ho tot i de mentir-se amb el faust de la virtut que renuncia, que calla i que espera, com si la mateixa feblesa del feble —és a dir, la seva *essència*, la seva actuació, la seva única realitat sencera, inevitable, inextingible fos un mèrit voluntari, quelcom pretès, elegit, un *acte*, un *guany*. Aquesta mena d'home *necessita* la fe en el «subjecte» indiferent, capaç d'elegir lliurement, en virtut d'un instint d'autoconservació, d'autoafirmació, en el qual qualsevol mentida intenta santificar-se. El subjecte (o bé, per tal de parlar d'una forma més popular, l'ànima) ha estat potser per això el dogma millor que ha existit a la terra, ja que a la quantitat enorme dels mortals, als febles i als oprimits de tota mena, feia possible aquell sublim autoengany que consisteix a interpretar la mateixa feblesa com a llibertat i llur manera de ser concreta i determinada com un *mèrit* i un *guany*.

14

[Fàbrica d'ideals]

Vol algú mirar cap avall i contemplar el misteri de com es *fabriquen els ideals* a la terra? Qui té valor per a fer-ho...? Esplèndid! Aquí la mirada s'obre vers aquest obrador fosc. Espereu una mica, senyor Indiscret i Temerari. Els vostres ulls han d'acostumar-se primerament a aquesta llum falsa que s'irisa... Així! Prou! Ara parleu! Què s'esdevé allí al dessota? Expliqueu allò que veieu, vós que sou l'home de la curiositat més perillosa. Ara sóc jo el qui escolta.

—No veig res, però sento molt millor. Es tracta d'un murmuri i d'un xiuxiueig cauts, malignes, suaus, que provenen de tots els angles i de tots els racons. Em sembla que hom diu mentides. Una suavitat dolça s'enganxa a cada so. No hi ha dubte que la feblesa ha de convertir-se fal·laçment en *mèrit* i *guany*. És exactament tal com vós heu dit.

—Endavant!

—I la impotència que no es rescabala es converteix en «bondat», la baixesa plena de temença es converteix en «humilitat», la submissió a aquells qui s'odia es converteix en «obediència» (és a dir, obediència a un del qual diuen que mana i determina aquesta submissió, a un que anomenen Déu). Allò que és inofensiu en el feble, la mateixa covardia, que en té molta, la seva actitud d'esperar a la porta, la seva actitud d'haver d'esperar necessàriament, rep aquí un bon nom: el de «paciència», i s'anomena també *la* virtut. El fet de no poder venjar-se s'anomena no voler venjar-se i fins i tot potser perdó («com que *ells* no saben pas el que fan, només nosaltres sabem el que *ells* fan!»). Hom parla també de l'«amor als seus enemics» i, a més a més, sua.

—Endavant!

—No hi ha cap dubte que tota aquesta gent que murmura i ho falsifica tot és miserable, per bé que s'apleguen i s'escalfen mútuament. Em diuen, tanmateix, que la seva misèria és una elecció i una distinció de Déu, que hom pega als gossos que més estima. Diuen també que tal vegada aquesta misèria és una preparació, una prova, un ensenyament. Potser és més que tot això. Potser és quelcom que un dia serà compensat i pagat amb interessos enormes, no en or, sinó en felicitat. Això ho anomenen «la benaurança».

—Endavant!

—Ara em volen fer creure que ells no solament són millors que els poderosos, que els senyors de la terra, els gargalls dels quals han de llepar (*no* per por, certament, no per por, sinó perquè Déu ordena de respectar qualsevol superioritat), em volen fer creure que no solament són millors, sinó que també són més «feliços» o, si més no, que un dia seran més feliços. Prou, tanmateix, prou! No puc suportar-ho més. És una atmosfera dolenta. Una atmosfera dolenta! Em fa l'efecte que aquest obrador on es *fabriquen ideals* put a mentides manifestes.

—No! Espereu una mica! Encara no heu dit res de l'obra mestra d'aquests nigromàntics que produeixen blancor, llet i innocència a base de tot allò que és negre. No heu notat quina és la seva plenitud pel que fa al refinament? No heu notat quin és el seu tripijoc propi d'artistes, tan agosarat, tan fi, tan enginyós, tan mentider? Pareu esment! Aquestes bèsties de celler, plenes de venjança i d'odi, què en fan concretament, de la venjança i de l'odi? Heu sentit alguna vegada aquests mots? Si haguéssiu de refiar-vos únicament de les seves paraules, sospitaríeu que us trobeu manifestament enmig dels homes del ressentiment?

—Ja ho entenc. He d'obrir de bell nou les meves oïdes (ai!, ai!, ai! i *tancar* el nas). Ara sento per primera vegada allò que ja deien tan sovint: «Nosaltres, els bons, *nosaltres som els justos*». Allò que exigeixen no ho anomenen rescabalament, sinó «el triomf de la *justícia*». Allò que odien no és el seu enemic, no. Ells odien la «injustícia», l'«ateisme». Allò que creuen i esperen no és l'esperança de la venjança, l'embriaguesa de la venjança dolça (Homer ja l'anomenava «més dolça que la mel»), sinó la victòria de Déu, la victòria del Déu *just* sobre els ateus. Allò que només poden estimar a la terra no són pas els seus germans en l'odi, sinó els seus «germans en l'amor», tal com ells diuen, tots els bons i justos que hi ha a la terra.

—I com anomenen allò que els serveix de consol enfront de tots els patiments de la vida, llur fantasmagoria tocant a la felicitat futura viscuda per endavant?

—Com l'anomenen? Ho he sentit bé? L'anomenen «el judici final», la vinguda del seu reialme, del «reialme de Déu». *Mentrestant*, tanmateix, viuen «en la fe», «en l'amor», «en l'esperança».

—Prou! Prou! Ja n'hi ha prou!

15

[Esperança d'un més enllà?]

En la fe en què? En l'amor envers què? En l'esperança de què? De tant en tant aquests febles volen ser també els forts i no hi ha dubte que algun dia ha d'arribar també el *seu* «reialme», anomenat entre ells simplement «el reialme de Déu», tal com hem dit. En tot són molt humils! Per tal d'experimentar això, cal viure molt temps, dellà la mort. Cal la vida eterna per tal de poder recompensar també eternament en el «reialme de Déu» aquella vida a la terra «en la fe», «en l'amor», «en l'esperança». Però, què ha de recompensar-se? Amb què ha de recompensar-se...? Em fa l'efecte que el Dant s'erra grollerament quan, amb una ingenuïtat que inspira horror, posa damunt la porta del seu infern aquella inscripció: «A mi també em creà l'amor etern». En tot cas, damunt la porta del paradís cristià i de la seva «benaurança eterna» hi escauria millor i amb més dret aquesta altra inscripció: «A mi també em creà l'*odi* etern». I això tot suposant que una veritat pugui col·locar-se damunt la porta que mena a una mentida! Perquè, en *què* consisteix la benaurança d'aquell paradís...? Potser nosaltres mateixos ja ho endevinaríem. Tanmateix, és millor que ens ho testimoniï expressament una autoritat que no pot menysprear-se pel que fa a aquestes qüestions: Tomàs d'Aquino, el gran mestre i sant. «*Beati in regno coelesti*», diu amb una dolcesa similar a la d'un anyell, «*videbunt poenas damnatorum, ut beatitudo illis magis complaceat*».* O voleu sentir-ho en un to més enèrgic, de llavis per exemple d'un victoriós pare de l'Església que dissuadia els seus cristians de participar en les voluptuositats cruels dels espectacles públics? Per què, concretament? «La fe ens ofereix, certament, molt més —diu a *De spectac. c. 29ss.*—, *quelcom molt més fort.* Gràcies a la redempció tenim, certament, al nostre abast uns gaudis totalment diferents. En lloc d'atletes, tenim els nostres màrtirs. Si volem sang, tenim de fet la sang de Crist... Però, quines coses úniques ens esperen el dia del seu retorn, el dia del seu triomf!» I continua dient aquell visionari enartat: «Però encara hi ha d'altres espectacles, aquell darrer i perpetu dia del judici, aquell dia inesperat per part de les nacions, aquell dia del qual es mofen, quan aquesta vetustat tan gran del món i tantes generacions seves es consumiran en un foc comú. Quin espectacle tan grandiós es veurà aleshores! Quantes coses admiraré! De quantes coses em burlaré! Allí gaudiré! Allí exultaré, tot contemplant com tants reis i tan grans, dels quals es deia que havien estat rebuts al cel gemeguen en pregones tenebres amb el mateix Júpiter i amb els seus mateixos testimonis! Tot contemplant com els governadors de les províncies que perseguiren el nom del Senyor es fonen en flames més cruels que aquelles flames insultants amb les quals ells mateixos s'encrueliren contra els cristians! Tot contemplant a més a més com aquells savis filòsofs s'enrojolen davant dels seus deixebles que es cremen alhora, aquells filòsofs que els persuadien que res no pertany a Déu, que els asseguraven que les ànimes no existeixen o bé que no torna-

* Els benaventurats veuran al reialme celestial les penes dels condemnats, per tal que els satisfaci més llur benaventurança.

ran a llurs cossos primitius! Tot contemplant també com tremolen els poetes, no davant del tribunal de Radamant ni de Minos, sinó davant del tribunal de Crist que no esperaven! Aleshores escoltaré més els actors tràgics, és a dir, seran més eloqüents (com millor sigui la veu, més forts seran els crits) en llur pròpia dissort. Aleshores coneixeré els histrions, molt més àgils a causa del foc. Aleshores contemplaré l'auriga, completament vermell en el seu carro ple de flames. Aleshores contemplaré els atletes llançant la javelina, no pas al gimnàs, sinó enmig del foc, si és que llavors vulgui veure'ls vius i no prefereixi de dirigir una mirada insaciable vers aquells que s'encrueliren amb el Senyor. «Heus aquí aquell», diré, «qui era el fill del fuster o de la prostituta (a partir d'aquí Tertul·lià es dirigeix als jueus, com ho palesa tot el que ve a continuació de la mare de Jesús, coneguda pel Talmud), el destructor del dissabte, el samarità i el qui tenia un dimoni. Heus aquí aquell qui aconseguíreu de Judes. Heus aquí aquell qui fou colpejat amb una canya i amb bufetades, humiliat amb escopinades, sadollat amb fel i vinagre. Heus aquí aquell qui fou robat d'amagat pels seus deixebles per tal que es digués que havia ressuscitat o que el jardiner tragué a fi que la multitud de visitants no malmetés els seus enciams.» Quin pretor, quin cònsol, quin qüestor, quin sacerdot podrà concedir-te amb tota la seva llarguesa que contemplis unes coses com aquestes, que exultis amb unes coses com aquestes?, i, tanmateix, en certa manera per la fe ja les tenim representades en l'esperit que les imagina. A més a més, quines són aquelles coses que ni l'ull ha vist, ni l'oïda ha sentit, ni han entrat en el cor de l'home? (1 Cor 2, 9). Crec que són més agradables que el circ (llotges i galliner, o bé, segons altres, representació còmica i representació tràgica), que les dues formes de teatre i que tots els estadis. Per *fidem*: així està escrit.

16

[Conclusió: bo i dolent / bo i pervers]

Arribem a la conclusió. «Bo i dolent», «bo i pervers»: ambdós valors contraposats han lliurat una batalla terrible a la terra que ha durat mil·lennis i, per bé que el segon valor ja s'ha imposat des de fa molt temps, encara hi ha llocs actualment on la batalla continua sense decidir-se. Hom podria dir fins i tot que la batalla s'ha dut més amunt encara en aquest temps intermedi i que, precisament per això, s'ha fet encara més pregona, més espiritual, de manera que avui dia potser no hi ha cap signe més decisiu de la «*naturalesa superior*» de la naturalesa espiritual, que el fet de trobar-se dividit en aquell sentit concret i de ser encara veritablement un lloc de combat per a aquells elements contraposats. El símbol d'aquest combat, escrit en un llibre que encara avui pot llegir-se malgrat que ha romàs durant tota la història de la humanitat, fa d'aquesta manera: «Roma contra Judea i Judea contra Roma». Fins ara no hi ha hagut un esdeveniment tan gran com *aquesta* batalla, com *aquest* plantejament, com *aquesta* oposició d'enemistat mortal. Roma trobava en el jueu una cosa semblant a la mateixa antinaturalesa, quelcom d'idèntic al seu monstre antipòdic. A Roma el jueu es considerava «convicte d'odi contra tot el gènere humà». I tenien raó, mentre hom té dret a unir intrínsecament la salvació i el futur del gènere humà amb el domini incondicional dels valors aristocràtics, dels valors romans. En canvi, què sentiren els romans contra Roma? S'endevina per innombrables indicis. N'hi ha prou, tanmateix, de recordar altra vegada l'Apocalipsi de Joan, el més irat de tots els rampells que s'han escrit i que té la venjança a la consciència. (No ha de menysprear-se, a més a més, la pregona conseqüència de l'instint cristià en el fet de posar a la capçalera d'aquest llibre de l'odi precisament el nom del deixeble de l'amor, d'aquell al qual atribuí igualment l'autoritat d'aquell evangeli ple d'enamorament i d'exaltació. En això hi ha una part de veritat, per bé que fos necessària una gran falsificació literària per a arribar a aquest objectiu.) Els romans foren certament els forts i els nobles, de manera que mai no han existit a la terra de tan forts i de tan nobles, ni tan sols en somnis. Qualsevol residu llur, qualsevol inscripció entusiasma, en el supòsit que s'endevini *què* hi ha escrit. Els jueus, al contrari, foren aquell poble sacerdotal del ressentiment *par excellence* que posseïa una genialitat única pel que fa a la moral popular. N'hi ha prou de comparar amb els jueus els pobles dotats de característiques similars, com per exemple els xinesos o els alemanys, per comprendre què és de primera categoria i què n'és de cinquena. Mentrestant, quin d'ells ha vençut: Roma o Judea? Sobre això, no hi ha cap dubte, no cal dir-ho. Pensem, en efecte, davant qui s'inclina actualment la gent a la mateixa Roma, com si fos la quinta essència de tots els valors suprems, i no solament a Roma, sinó gairebé a mig món, a tot arreu on l'home s'ha tornat mansuet o vol tornar-se mansuet. La gent s'inclina davant tres jueus, com sabem, i una jueva (Jesús de Natzaret, el pescador Pere, el fabricant de catifes Pau i la mare de Jesús, citat en primer lloc, anomenada Maria). Això cal remarcar-ho amb molta claredat: no hi ha cap dubte que Roma fou vençuda. Nogensmenys, es produí en el renaixement una resurrecció magnífica i misteriosa de l'ideal clàssic, de la forma de valoració noble de totes les coses. Fins i tot Roma es mogué com un mort aparent que es deixondeix sota la pressió de la nova Roma, construïda sobre la Roma judaïtzada que oferia l'aspecte d'una sinagoga ecumènica i que s'anomenava «Església». Tot seguit, tanmateix, triomfa altra vegada Judea gràcies a aquell moviment fonamentalment plebeu (alemany i anglès) del ressentiment, que s'anomena la Reforma, afegint-hi allò que havia de sortir-ne necessàriament: la restauració de l'Església i també la restauració de l'antiga tranquil·litat sepulcral de la Roma clàssica. En un sentit fins i tot més pregon i més decisiu que el d'aleshores, Judea aconseguí altra vegada la victòria sobre l'ideal clàssic amb la Revolució francesa. La darrera noblesa política que existia a Europa, la dels segles disset i divuit *francesos*, caigué sota els instints populars del ressentiment. Mai no se sentí a la terra una gaubança tan gran, un entusiasme tan sorollós! Certament, enmig de tot això s'esdevingué el fenomen més enorme, el fenomen més inesperat: el mateix ideal antic aparegué als ulls i a la consciència de la humanitat altra vegada en vida i amb un faust extraordinari. Altra vegada, enfront de l'antic i mentider sant i senya del ressentiment tocant al *privilegi dels qui són majoria*, enfront de la voluntat d'humiliació, d'envilliment, d'equilibri, de davallada i crepuscle de l'home, ressona amb més força, amb més nitidesa, amb més penetració que mai, el sant i senya contrari, temible i encisador, tocant al *privilegi dels qui són minoria*! Com una darrera indicació de quin era l'*altre* camí, aparegué Napoleó, aquell home de singularitat extrema, l'home nascut més tardívolament de tots els que han existit mai, i en ell es féu carn el problema de l'*ideal noble en ell mateix*. Pensem bé de *quin* problema es tracta: Napoleó, aquella síntesi d'*ésser inhumà* i de *superhome*...

17

[Més enllà d'allò que és bo i d'allò que és dolent]

S'acaba tot amb això? Es lliurà *ad acta* per sempre aquella contraposició d'ideals, que fou la més gran de totes les contraposicions? O bé només s'ajornà, s'ajornà durant molt temps...? No hauria d'haver de produir-se alguna vegada una gran flamarada d'aquell antic incendi, encara més temible i preparada durant molt més temps? Més encara: no hauria de desitjar-se concretament això amb totes les forces? No hauria de voler-se fins i tot? No hauria àdhuc d'exigir-se...? Aquell qui, igual que els meus lectors, comenci a reflexionar, a continuar pensant, difícilment podrà amb això arribar aviat a la fi. Almenys per mi, tanmateix, hi ha un motiu suficient per a arribar a la fi, en el supòsit que des de fa temps ja ha quedat prou clar allò que vull, allò que vull concretament amb aquell sant i senya perillós que vaig escriure a la capçalera del meu darrer llibre: «*Més enllà del bé i del mal...*», la qual cosa *no* significa, si més no, «Més enllà d'allò que és bo i d'allò que és dolent».

[La tasca del filòsof]

Remarca: Aprofito l'avinentesa que em proporciona aquesta dissertació per a expressar públicament i formal un desig que fins ara només he manifestat en converses circumstancials amb alguns doctes i lletrats. Aquest desig és que alguna facultat de filologia volgués fer-se meritòria del foment d'estudis historicomorals mitjançant la convocatòria d'un seguit de premis acadèmics. Tal vegada aquest llibre servirà per a donar un fort impuls precisament en aquesta direcció. Pel que fa a una possibilitat d'aquesta mena, proposem aquí la qüestió següent que mereix tant l'atenció de filòlegs i historiadors com la dels qui són veritables doctes i lletrats professionals en filosofia. «*Quins indicis proporciona la ciència del llenguatge, especialment la investigació etimològica, tocant a la història del desenvolupament dels conceptes morals?*»

D'altra banda, també és necessari certament d'aconseguir la participació dels fisiòlegs i dels metges pel que fa a aquests problemes (referents als *valors* que tenen les valoracions fetes fins ara). En aquest punt, pot concedir-se també als filòsofs professionals la tasca de fer d'advocats i de mitjancers en aquests casos concrets, després d'haver aconseguit en conjunt que la relació originàriament tan trencadissa i tan desconfiada entre filosofia, fisiologia i medicina, es converteixi en un intercanvi molt amistós i molt fructífer. De fet, totes les taules que estableixen allò que és bo, tots els imperatius expressats en la frase «has de» que coneix la història o bé la investigació etnològica, requereixen primer de tot una explicació i una interpretació de caràcter *fisiològic,* no pas psicològic. Tots ells esperen en la mateixa mesura una crítica per part de la ciència mèdica. La pregunta: «Quin *valor* té aquesta o aquella taula que estableix allò que és bo, aquesta o aquella “moral”?», ha de ser plantejada des de les perspectives més diverses. Concretament, la pregunta: «*Per a què* serveix aquest valor?», mai no serà esbrinada d'una forma prou acurada. Per exemple, una cosa que tingués un valor palès pel que fa a la duració extrema d'una raça (o bé a l'augment de les seves forces d'adaptació a un clima determinat, o bé al manteniment del nombre més gran d'individus) no tindria pas el mateix valor si es tractés, per exemple, de constituir un tipus més fort. El benefici de la majoria i el benefici de la minoria corresponen a punts de vista diferents i contraposats tocant als valors. El fet de sostenir ja *per ell mateix* que el primer benefici té un valor més enlairat, el deixarem a la ingenuïtat dels biòlegs anglesos... Des d'ara, *totes* les ciències han de preparar la tasca futura del filòsof, una tasca que cal concebre específicament en el sentit que el filòsof ha de solucionar el *problema dels valors*, en el sentit que ha de determinar la *jerarquia dels valors.*

Segona dissertació
«CULPA», «MALA CONSCIÈNCIA» I ASPECTES SIMILARS

1
[De la «bèstia que pot prometre» a «la mala consciència»]

Criar una bèstia que *pugui prometre*: ¿no és aquesta concretament la tasca paradoxal que s'ha plantejat la natura pel que fa a l'home? No és pròpiament aquest el problema *de l'*home...? El fet que aquest problema s'hagi resolt en gran mesura ha de semblar més sorprenent a aquell qui sàpiga apreciar perfectament la força de reacció contrària, la força de la *capacitat d'oblit.* La capacitat d'oblit no és cap pura *vis inertiae*,* com creu la gent superficial. Més aviat és un poder actiu i positiu en el sentit més estricte de contenció i refrenament, al qual ha d'atribuir-se el fet que només allò que hem viscut i hem experimentat, allò que ha penetrat en nosaltres, es fica en la consciència quan es troba en estat de digestió (hom podria anomenar aquest fenomen «incorporació anímica»), igual com no s'hi fica gairebé gens tot el procés mil vegades repetit amb què es duu a terme la nostra nutrició corporal, l'anomenada «incorporació» dels aliments. El fet de tancar de tant en tant les portes i les finestres de la consciència, el fet de no ser amoïnats per la fressa i el combat amb què el nostre baix món d'òrgans servicials treballa a favor i en contra seu, el fet de crear

* Força de la inèrcia.

una mica de tranquil·litat, una mica de *tabula rasa* a la consciència a fi que hi hagi altra vegada lloc per a les coses noves, sobretot per a les funcions i per als funcionaris més nobles, com és ara la facultat de governar, de preveure, de predeterminar (ja que el nostre organisme té una estructura oligàrquica): heus aquí la utilitat de la capacitat, com hem dit, activa de l'oblit, que és alhora una portera, una mantenidora de l'ordre psíquic, de la pau, de l'etiqueta. Amb això es veu de seguida fins a quin punt no hi pot haver cap felicitat, cap alegria, cap esperança, cap urc, cap *present*, si manca la capacitat d'oblit. L'home en el qual aquest aparell de contenció està espatllat i no funciona cal comparar-lo amb un dispèptic (i no solament comparar-lo). Amb no res «s'atipa»... Precisament aquest animal que oblida necessàriament, en el qual l'oblit significa una força, una forma de salut *forta*, s'ha procurat una facultat contrària, una memòria, amb ajut de la qual la capacitat d'oblit no funciona en certs casos, és a dir, en aquells casos en què cal prometre. No es tracta pas, per tant, d'un simple fet passiu de no poder alliberar-se de la impressió enregistrada qualque vegada. No és la simple indigestió pel que fa a un mot hipotecat en certa ocasió i del qual hom no pot desempallegar-se de bell nou, sinó un fet actiu de no voler tornar-se a alliberar, de continuar sempre volent allò que es volgué alguna vegada, una veritable *memòria de la voluntat*, de manera que entre les afirmacions originàries: «jo vull», «jo faré», i l'autèntica descàrrega de la voluntat, el seu *acte*, pot interposar-s'hi resoludament un món de coses noves i estranyes, de circumstàncies, fins i tot d'accions voluntàries, sense que es trenqui aquesta cadena extensa de la voluntat. Tanmateix, quin munt de coses pressuposa tot això! Per tal de poder així disposar del futur per endavant, l'home ha d'haver après primerament a separar l'esdeveniment necessari de l'esdeveniment fortuït, a pensar causalment, a veure i a avençar allò que és llunyà com quelcom de present, a establir amb certesa allò que és un objectiu, allò que és un mitjà per a assolir-lo, a calcular en general, a poder fer un còmput. Per tal de poder aconseguir tot això, l'home ha d'haver-se tornat ell mateix de bell antuvi *computable, regulat, necessari*, com també ha de poder respondre personalment de la seva pròpia concepció, a fi de poder respondre finalment d'ell mateix *com a futur*, igual com ho fa un que promet.

2

Precisament aquesta és la llarga història de l'origen de la *responsabilitat*. Aquella tasca de criar una bèstia que pugui prometre implica en ella mateixa com a condició i preparació, tal com ja ho hem comprès, la tasca més directa de *fer* primerament que l'home sigui fins a cert grau necessari, uniforme, igual entre iguals, regulat i conseqüentment computable. La feina immensa d'allò que a una altra banda he anomenat «moralitat dels costums» (vegeu «Aurora»), la veritable feina de l'home pel que fa a ell mateix en el període més llarg del gènere humà, tota la seva feina *prehistòrica*, té en aquest punt el seu sentit, la seva gran justificació, malgrat que en aquesta feina s'impliqui també una gran duresa, una gran tirania, una gran estupidesa i una gran imbecil·litat: l'home fou *fet* veritablement computable amb l'ajut de la moralitat dels costums i la camisa de força social. Col·loquem-nos, tanmateix, a l'acabament d'aquest procés immens, allí on l'arbre fa madurar finalment els seus fruits, allí on la societat amb la seva moralitat dels costums manifesta a l'últim la cosa per a la qual ella només era el mitjà. Fent això, trobem com el fruit més madur del seu arbre l'*individu sobirà*, que només és igual a ell mateix, que s'allibera altra vegada de la moralitat dels costums, l'individu autònom que supera la moral (car «autònom» i «moral» s'exclouen), en un mot: l'home de la constant voluntat pròpia i independent que *pot prometre*. I en ell trobem una consciència orgullosa, que batega en tots els seus músculs, pel que fa a *allò* que s'ha aconseguit finalment en aquest punt i que s'ha incorporat en ell, una veritable consciència de poder i llibertat, un sentiment de plenitud tocant a l'home en general. Aquest ésser alliberat que *pot* prometre realment, aquest senyor de la voluntat lliure, aquest sobirà, ¿com no havia de saber que amb això posseeix a la bestreta una superioritat sobre tot allò que no pot prometre ni respondre d'ell mateix? Com no havia de saber que suscita una gran confiança, una gran temença i un gran respecte —tres coses que ell «*me-reix*»? Com no havia de saber que amb aquest domini sobre ell mateix se li ha atorgat també necessàriament el domini sobre les circumstàncies, sobre la natura i sobre totes les criatures més in-segures i de voluntat més escarida? L'home «lliure», el que pos-seeix una voluntat constant i increbantable, té també amb aquesta possessió la *mesura pel que fa als valors*. Tot esguardant els altres des d'ell mateix, honora o menysprea. I així com honora necessà-riament aquells qui són igual que ell, els forts i els segurs (aquells qui *poden* prometre) —per tant, honora qualsevol home que pro-met com un sobirà, amb dificultat, poc sovint, lentament, qual-sevol home que és avariciós pel que fa a la seva confiança, que *distingeix* els altres quan confia, que dóna la seva paraula com una cosa de la qual hom pot refiar-se, ja que sap que és prou fort per a mantenir-la fins i tot contra les circumstàncies adverses, fins i tot «contra el destí»—, de la mateixa manera està disposat necessàriament a donar una puntada de peu als llebrers escanyo-lits que prometen sense poder fer-ho i a estomacar el mentider que no compleix la seva paraula ja en el mateix instant que la té a la boca. El fet de conèixer amb orgull el privilegi extraordinari de la *responsabilitat*, la consciència d'aquesta llibertat rara, d'aquest poder que té sobre ell mateix i sobre el destí, ha penetrat en ell de la forma més pregona i s'ha convertit en instint. Com anome-narà aquest instint dominador, en el supòsit que necessiti un mot per a anomenar-lo? No hi ha cap dubte, tanmateix: aquest home sobirà diu que és la seva *consciència*...

3

La seva consciència...? És possible d'endevinar a la bestreta que el concepte de «consciència», que trobem aquí en la seva forma més enlairada i gairebé estranya, té ja al seu darrere una història i una transformació de gran durada. El fet de poder respondre d'ell mateix i de poder fer-ho amb orgull, és a dir, de *poder afirmar* també la seva pròpia personalitat, constitueix, com hem dit, un fruit madur, per bé que també és un fruit *tardà*. Quant de temps ha hagut d'estar aquest fruit penjat de l'arbre, amb la seva aspresa i la seva amargor! I durant un temps encara molt més llarg no es podia veure absolutament res d'aquest fruit. Ningú no hauria pogut prometre'l, malgrat que era cert que tot era parat a l'arbre i que el creixement tendia concretament vers ell. «Com és possible de fabricar una memòria per a aquest animal que és l'home? Com és possible d'inculcar res en aquesta intel·ligència de l'instant, en part apàtica i en part atabalada, en aquesta capacitat viva de l'oblit, de manera que sempre sigui quelcom d'actual...?» Aquest problema antic i primitiu, tal com és possible de pensar, no fou resolt precisament amb respostes i mitjans delicats. Probablement, no hi ha res de tan terrible i misteriós a tota la prehistòria de l'home com la seva *mnemotècnia*. «Hom grava una cosa amb foc, a fi que resti en la memòria. Només allò que no cessa *de fer mal* roman en la memòria»: heus aquí un principi cabdal de la psicologia més antiga (i també, dissortadament, la que ha durat més) que hi ha hagut a la terra. Es podria dir fins i tot que a tot arreu on encara hi ha actualment a la terra solemnitat, serietat, misteri, colors foscos a la vida de l'home i de la gent, *actua* qualque cosa de l'horror amb què temps ençà es prometia a tot arreu de la terra, s'empenyorava la paraula, es jurava solemnement. El passat, el passat més llarg, més pregon, més dur, alena i brolla en nosaltres quan la «serietat» ens domina. El fenomen pel qual l'home considerà que calia fabricar-se una memòria mai no s'esdevingué sense sang, sense martiris, sense sacrificis. Els sacrificis i els empenyoraments més horrorosos (als quals pertanyen els sacrificis dels primogènits), les mutilacions més repugnants (com, per exemple, les castracions), les formes rituals més cruels de tots els cultes religiosos (i totes les religions són, en llur pregonesa més radical, sistemes de crueltat): tot això té el seu origen en aquell instint que endevinà que el dolor era el mitjà més poderós per a fomentar la mnemotècnia. En cert sentit, tota l'ascètica pertany a aquest punt. Unes quantes idees han de fer-se indelebles, omnipresents, inoblidables, «fixes», per tal d'aconseguir la hipnotització de tot el sistema nerviós i intel·lectual mitjançant aquestes «idees fixes». I les formes de vida i els procediments ascètics són mitjans que serveixen per a alliberar aquelles idees de la competència de totes les altres idees, a fi que es facin «inoblidables». Com més dolenta ha estat la *memòria* de la humanitat, més terrible ha estat sempre l'aspecte dels seus costums. La duresa de les lleis penals aporta especialment una mesura concreta de quin esforç havia de fer per aconseguir la victòria sobre la capacitat d'oblit i fer que aquests esclaus de l'instant, dels sentiments i de l'avidesa, tinguessin *presents* constantment unes quantes exigències primitives de la convivència social. Nosaltres, els alemanys, no ens considerem pas certament com un poble especialment cruel i de cor endurit. Encara menys ens considerem com una gent especialment frívola i que viu al dia. N'hi ha prou, tanmateix, d'observar els nostres vells ordenaments penals per a descobrir l'esforç que s'ha fet a la terra per criar un «poble de pensadors» (em refereixo al poble d'Europa entre el qual fins i tot actualment pot trobar-se encara el grau màxim de confiança, de serietat, de cursileria i objectivitat, i que en virtut d'aquestes qualitats té un dret a criar tota mena de mandarina a Europa). Aquests alemanys es fabricaren una memòria amb mitjans terribles, per tal de senyorejar sobre els seus instints fonamentals de caràcter plebeu i llur barroeria brutal. Pensem en les antigues penes alemanyes, com per exemple en la lapidació (la llegenda ja fa caure la pedra de molí sobre el cap del culpable), en la roda (l'invent i l'especialitat més típics del geni alemany pel que fa al reialme de la pena!), en l'empalament, en l'acció de deixar que hom sigui esquinçat o bé trepitjat per cavalls (l'«esquarterament»), en l'acte de fer bullir l'assassí en oli o en vi bullents (que encara es practicava durant els segles catorze i quinze), en el sistema tan apreciat d'escorxar («tallar algú a llenques»), en l'acció d'arrabassar la carn del pit, com també el fet d'untar amb mel el malfactor i abandonar-lo a les mosques sota un sol ardent. Amb l'ajut d'aquestes imatges i d'aquests esdeveniments, s'aconsegueix finalment de fixar en les memòries cinc o sis «no vull», tocant als quals hom ha fet la seva *promesa* a fi de viure sota els avantatges de la societat. I així s'esdevingué en realitat! Amb l'ajut d'aquesta mena de memòria s'arribà finalment «a la raó»! Ai, la raó, la serietat, el domini dels sentiments, tot aquest afer obscur que s'anomena reflexió! A quin preu tan alt han hagut de pagar-se! Quanta sang i quanta crueltat hi ha al fons de totes les «coses bones»...!

4

[Culpa i deute. Creditots i deutors]

Tanmateix, ¿com vingué al món aquella altra «cosa obscura», la consciència de la culpa, la «mala consciència» en conjunt? I amb això tornem als nostres genealogistes de la moral. Diguem-ho altra vegada —o és que no ho havia dit encara?—: no serveix per a res. Es tracta d'una experiència pròpia, de cinc pams de llargada, d'una experiència simplement «moderna». No consisteix en cap coneixement, no consisteix en cap voluntat de conèixer el passat. No es tracta ni tan sols d'un instint històric, d'una «segona visió» que precisament es necessita en aquest punt. I, nogensmenys, fan una història de la moral. És palès que això ha d'acabar amb resultats que es relacionen amb la veritat d'una manera que no és solament trencadissa. ¿Han somniat si més no vagament aquests genealogistes de la moral existents fins ara que, per exemple, aquell concepte moral precipu de «culpa» ha tingut el seu origen en el concepte molt material de «tenir un deute»? Han somniat tal vegada que la pena com un *rescabalament* s'ha desenvolupat completament per separat de qualsevol pressupòsit tocant a la llibertat o a la manca de llibertat de l'albir? I això fins al grau que més aviat sempre cal primerament un nivell *enlairat* d'humanització a fi que l'animal anomenat «home» comenci a fer aquelles distincions molt més primitives d'intencionat», «negligent», «fortuït», «allevadís», i a avaluar-les quan es tracta de mesurar la pena. Aquella idea ara tan evident i en aparença tan natural, tan inevitable, que hagué de patir molt per a explicar concretament com sorgí en general a la terra el sentiment de justícia: «El reu mereix la pena, *ja que* hauria pogut procedir d'una altra manera», és de fet una forma assolida molt tardanament, una forma certament refinada de la conclusió i del judici humans. Qui l'estableix als inicis, s'erra matusserament pel que fa a la psicologia de la humanitat més antiga. Durant l'època més llarga de la història humana *no* es castigà pas *perquè* hom fes responsable el malfactor del seu acte, *no* es castigà pas per tant en el pressupòsit que només ha de castigar-se el culpable. Més aviat es castigà com encara actualment els pares castiguen els seus fills: per ira d'un mal sofert que es desfoga sobre aquell que l'ha fet. Aquesta ira, tanmateix, es manté dins d'uns límits i es modifica amb la idea que qualsevol mal té el seu *equivalent* a qualque banda i que pot ser veritablement rescabalat, encara que sigui mitjançant un *dolor* per part d'aquell que ha fet el mal. D'on ha tret la seva força aquesta idea antiga i primitiva, d'arrels pregones, que tal vegada ja no podrà extirpar-se, la idea d'una equivalència entre mal i dolor? Jo ho he endevinat ja: de la relació de contracta entre *creditor* i *deutor*, que és tan antiga com el fet d'existir en general «subjectes de dret» i que, de la seva banda, es remet altra vegada a les formes fonamentals de compra, venda, bescanvi, negoci i intercanvi.

5

La representació mental d'aquestes relacions de contracta suscita certament, com pot esperar-se per endavant després d'allò que hem observat abans, un munt de sospites i de reaccions contràries envers la humanitat més antiga que les creà o les permeté. Aquí és precisament on es *promet.* Aquí es tracta precisament de *fabricar* una memòria per a aquell qui promet. Aquí és precisament on hi haurà, com pot suposar-se, un mener de duresa, de crueltat, de penalitats. El deutor, per tal de conferir confiança a la seva promesa de restitució, per tal de garantir la serietat i el caràcter sagrat de la seva promesa, per tal d'imposar a la seva pròpia consciència la restitució com un deure, com una obligació, empenyora en virtut d'una contracta amb el creditor, en el cas que no pagui, una cosa que ell encara «posseeix», sobre la qual encara té poder, com és ara el seu cos, la seva dona, la seva llibertat o fins i tot la seva vida (o bé, sota pressupòsits religiosos concrets, àdhuc la seva benaurança, la salvació de la seva ànima i finalment fins i tot la pau a la tomba, com s'esdevenia a Egipte, on el cadàver del deutor ni tan sols a la tomba no trobava tranquil·litat enfront del creditor, tot i que entre els egipcis aquesta tranquil·litat tenia precisament molta importància). En concret, tanmateix, el creditor podia perpetrar en el cos del deutor tota mena d'oprobis i de tortures, com per exemple tallar-ne tant de tros com semblés proporcionat a la grandària de la culpa. I a partir d'aquest punt de vista aviat i a tot arreu es produïren avaluacions precises que arribaven en part a determinar horriblement els punts més petits i insignificants, avaluacions basades *en un dret* que es referien a cada un dels membres i dels llocs del cos. Considero ja com un progrés, com una prova de concepció del dret més lliure, més ampla pel que fa als càlculs, *més romana*, el fet que la legislació de les dotze taules de Roma decretés que era indiferent la quantitat més gran o més petita de carn que tallessin els creditors en un cas com aquest: «*si plus minusve secuerunt, ne fraude esto*».* Fem-nos una idea clara pel que fa a la lògica de tota aquesta forma de compensació: és prou estranya. L'equivalència és donada amb el fet que, en lloc d'un avantatge que refà directament el mal (és a dir, en lloc d'una compensació en cèntims, en terres, en

* Si tallen més o menys no ha de ser pas un frau.

possessions de la mena que sigui), al creditor se li concedeix una mena de *sentiment de benestar* com a restitució i compensació. Es tracta del sentiment de benestar que consisteix a poder descarregar sense cap inconvenient el propi poder sobre un que no té cap poder, de la voluptuositat «de faire le mal pour le plaisir de le faire», del plaer que se sent en la violació, un plaer que s'aprecia en un grau més enlairat com més baix i profund és el grau en què està el creditor dins l'ordre de la societat, en poder semblar-li fàcilment un mos exquisit, una degustació a la bestreta d'una categoria superior. Mitjançant el «càstig» imposat al deutor, el creditor participa en un *dret propi dels senyors*: finalment també ell arriba a sentir el gaudi sublim de poder menysprear i maltractar un ésser com un «sotmès a la seva persona» o, si més no, en el cas que la veritable força punitiva, l'acompliment del càstig, hagi passat ja a la «superioritat», de *veure*'l menyspreat i maltractat. La compensació consisteix, per tant, en una assignació i en un dret de crueltat.

6

[La gran festa de la humanitat]

En *aquesta* esfera, és a dir, en el dret de les obligacions, té el seu lloc de naixement el món moral de les idees com «culpa», «consciència», «deure», «santedat del deure». El seu inici, com l'inici de totes les coses grans a la terra, ha estat amarat de sang des de les seves arrels i durant molt temps. I no podria hom afegir-hi que, al capdavall, aquell món no ha tornat a perdre mai del tot certa ferum de sang i de tortura? (Això s'esdevé fins i tot en el vell Kant: l'imperatiu categòric put a crueltat...) Aquí es dugué a terme igualment aquella connexió d'idees, tan inquietant i potser ja indissoluble, entre «culpa i sofrença». Plantegem altra vegada la pregunta: ¿fins a quin punt una sofrença pot ser una compensació de «culpes»? Fins al punt que *fer* patir satisfeia en gran mesura, fins al punt que el perjudicat canviava el mal, incloent-hi el disgust pel mal sofert, per un gaudi fora de mida en sentit contrari: *fer* patir. Es tractava d'una autèntica *festa*, d'una cosa que, com hem dit, es valorava en un grau més enlairat com més contradeia la categoria i la posició social del creditor. D'això, se n'ha parlat en un nivell de conjectura, car és difícil de veure fins al fons aquestes coses subterrànies, prescindint del fet que és una tasca enutjosa. D'altra banda, qui introdueixi matusserament en aquest punt la idea de «venjança», en lloc d'aclarir la seva visió, no farà res més que colgar-la i obscurir-la més encara (la venjança en ella mateixa remet precisament al mateix problema: «Com pot constituir una satisfacció el fet de fer patir?»). Em sembla que repugna a la delicadesa i fins i tot a l'esperit de Tartuf dels mansuets animals domèstics (em refereixo als homes moderns, em refereixo a nosaltres mateixos) el fet d'imaginar fins a quin grau la *crueltat* constitueix la gran joia de festa de la humanitat més antiga, fins a quin grau es troba barrejada com a ingredient en gairebé totes les seves joies. D'altra banda, repugna també d'imaginar com la seva necessitat de crueltat es presenta d'una forma ingènua i innocent, com aquella humanitat estableix precisament d'una manera fonamental la «perversitat desinteressada» (o bé, parlant amb Spinoza, la *sympathia malevolens*) com una qualitat *normal* de l'home i, per tant, com una cosa que la consciència *afirma* de tot cor. Fins i tot actualment, una mirada més penetrant seria capaç de percebre tal vegada més coses d'aquesta joia de festa de l'home, tan antiga i tan fonamental. A «Més enllà del bé i del mal» (i ja anteriorment a «Aurora»), vaig indicar en senyal de precaució l'espiritualització i la «divinització» de la crueltat que augmenten cada cop més i que travessen tota la història de la cultura superior (i que, en un sentit rellevant, fins i tot la constitueixen). En tot cas, no fa encara tant de temps que hom no podia imaginar-se unes noces principesques ni festes populars de gran volada sense execucions, sense tortures o bé, per exemple, sense un acte de fe. De la mateixa manera, no fa gaire hom no podia imaginar-se una casa noble sense éssers sobre els quals hom pogués descarregar sense cap inconvenient la pròpia perversitat i la burla cruel. (Recordem, per exemple, el Quixot a la cort de la duquessa. Actualment llegim tot el Quixot amb un gust amarg a la boca, gairebé amb tortura. Tanmateix, en fer això, semblaríem al seu autor i als seus contemporanis gent molt estranya, gent molt ombrívola, ja que ells el llegien amb la millor de les consciències com el llibre més divertit i gairebé es petaven de riure amb ell.) El fet de veure patir satisfà i el fet de fer patir encara satisfà més. Aquest és un principi dur, però també un axioma antic, poderós, humà, massa humà que, a més a més, tal vegada signarien també ja les mones, car hom explica que pel que fa a la imaginació de crueltats estrafolàries anuncien ja a bastament l'home i ensems el «preludien». Sense crueltat, no hi ha cap festa. Així ho ensenya la més antiga i la més llarga história de l'home. D'altra banda, també en el càstig hi ha molt de *festiu!*

7

[El procés evolutiu que mena a l'«àngel»...]

Amb aquestes idees, diguem-ho de passada, no vull pas contribuir a moure amb aigua nova els molins malsonants i garranyigants del fàstic de la vida que professen els nostres pessimistes. Al contrari, cal testimoniar expressament que aleshores, quan la humanitat encara no s'avergonyia de la seva crueltat, la vida era més joiosa a la terra que ara que existeixen pessimistes. L'enfosquiment del cel que hi ha sobre l'home ha augmentat moltíssim sempre en relació amb el fet d'augmentar la vergonya de l'home *enfront de l'home*. La fatigada visió pessimista, la malfiança pel que fa a l'enigma de la vida, la negació glacial per part del fàstic que se sent de la vida, no són pas els distintius de les èpoques *més perverses* del gènere humà. Més aviat, essent com són plantes llacoses, es manifesten únicament quan existeix la llacuna a la qual pertanyen. Em refereixo a l'assuaujament i a la moralització de caràcter malaltís en virtut dels quals la bèstia anomenada «home» aprèn darrerament a avergonyir-se de tots els seus instints. En el procés evolutiu que mena a l'«àngel» (per tal de no emprar aquí un mot més dur), l'home s'ha fet aquell estómac que no digereix i aquella llengua bruta mitjançant els quals no solament se li han tornat repugnants la joia i la innocència de l'animal, sinó que fins i tot la vida se li ha tornat insípida, de manera que de tant en tant l'home es col·loca davant d'ell mateix amb el nas tapat i, juntament amb el papa Innocenci III, estableix desaprovant el catàleg de les seves repugnàncies («una procreació impura, un nodriment fastigós dins el cos de la mare, una pèssima qualitat de la matèria gràcies a la qual l'home es desenvolupa, fetor horrible, secreció de gargalls, d'orina i d'excrements»).* Actualment, quan la sofrença ha d'encapçalar sempre el seguit d'arguments *contraris* a l'existència com el seu interrogant més greu, és bo de recordar les èpoques quan hom judicava les coses a l'inrevés, ja que ningú no es podia sostreure de *fer* patir i en això es veia un encís de primera categoria, un esquer de seducció *tocant* a la vida. Tal vegada aleshores —diguem-ho com a conhort per als qui són gent delicada— la sofrença no feia tant de mal com avui dia. Si més no, podrà concloure això un metge que hagi tractat els negres (considerats com a representants de l'home prehistòric) en casos greus d'inflamació interna que menen gairebé a la desesperació fins i tot l'europeu d'organisme més perfecte. Als negres *no* els causa aquest efecte. (La corba de la capacitat humana pel que fa la sofrença sembla ensorrar-se de fet d'una manera extraordinària i gairebé de sobte, així que es deixen endarrere els primers deu mil o deu milions d'éssers humans que pertanyen a la cultura superior. Personalment no dubto pas que, en contraposició a *una sola* nit de patiment per part d'una sola dona educada que pateixi histerisme, els sofriments de totes les bèsties en conjunt que fins ara han estat examinades amb el bisturí,

* Es refereix a *De contemptu mundi* d'Innocenci III, papa des del 1198 fins al 1216.

a fi d'obtenir respostes científiques, no tenen cap mena d'importància.) Potser és permès fins i tot d'admetre la possibilitat que ni tan sols aquell plaer experimentat en la crueltat no hagi hagut de morir pròpiament: tocant al fet que actualment la sofrença fa més mal, necessitaria únicament certa sublimació i certa subtilització, hauria de presentar-se sobretot traduït a les facultats imaginatives i psíquiques, com també ornat amb termes de tonalitat tan innòcua, que ni tan sols no fessin sospitar la consciència hipòcrita més delicada (la «compassió tràgica» és un d'aquests termes, «*les nostalgies de la croix*» n'és un altre). Allò que ens rebel·la pròpiament contra la sofrença no és pas la sofrença en ella mateixa, sinó el caràcter absurd del sofriment. Tanmateix, ni per al cristià que interpretà la sofrença ficant-hi tota una maquinària oculta de salvació, ni per a l'home ingenu d'èpoques més antigues que sabia interpretar el sofriment de cara als espectadors o als qui feien patir, no existia pas aquesta sofrença *de caràcter absurd.* Per tal que fos possible llevar del món i negar honradament la sofrença oculta, colgada, exempta de testimonis, gairebé era necessari aleshores el fet d'inventar déus i éssers intermedis a totes les altures i a totes les fondàries, una cosa, en un mot, que vagaregés també d'amagat, que esguardés també en la foscor i que no deixés desaprofitar fàcilment un espectacle dolorós interessant. Amb l'ajut d'aquestes invencions, en efecte, la vida aconseguí aleshores l'obra d'art que sempre ha sabut dur a terme: justificar-se ella mateixa, justificar el seu «mal». A fi d'aconseguir això, actualment caldrien potser d'altres invencions destinades a acomplir aquell ajut (per exemple, la vida com a enigma, la vida com a problema gnoseològic). «Es justifica qualsevol mal, la visió del qual sigui edificant per a un déu»: així sonava la lògica antiga del sentiment. Tanmateix, ¿fou veritablement només la lògica antiga? Els déus concebuts com a amics d'espectacles *cruels*: oh, fins a quin punt tan pregon es fica encara aquesta idea antiga i primitiva àdhuc en la nostra humanització europea! Sobre això hom pot aconsellar-se, per exemple, amb Calví i Luter. En tot cas, és cert que encara els *grecs* no saberen oferir als seus déus un complement més agradable per a llur felicitat que les joies de la crueltat. Amb quins ulls creieu, doncs, que Homer feia que els seus déus esguardessin els destins dels homes? Quin sentit darrer tenien, al capdavall, les guerres troianes i d'altres horrors tràgiques similars? Hom no pot tenir cap dubte en aquest punt: foren concebudes com a *festivals* per als déus i, en la mesura que el poeta té en això una constitució més «divina» que la resta dels homes, foren concebudes també certament com a festivals per als poetes... Més tard, els filòsofs moralistes de Grècia s'imaginaren igualment que els ulls de Déu observaven encara des de les altures la lluita moral, l'heroisme i la tortura que es causa ell mateix l'home virtuós: l'«Hèrcules del deure» es trobava a un escenari i, a més, n'era conscient. La virtut sense testimonis era una cosa completament inconcebible per part d'aquell poble d'actors. No hagué de ser feta aquella invenció dels filòsofs tan agosarada, tan fatal, que aleshores fou duta a terme per primera vegada per a Europa: la invenció del «lliure albir», de l'espontaneïtat absoluta de l'home tocant al bé i al mal, ¿no hagué de ser feta sobretot per tal d'aconseguir un dret a establir la idea que l'interès dels déus per l'home, per la virtut humana, *no podia exhaurir-se mai*? En aquest escenari de la terra mai no havia de mancar quelcom de veritablement nou, tensions veritablement inoïdes, embulls, catàstrofes. Un món concebut d'una forma completament determinista hauria estat endevinable per part dels déus i, conseqüentment, a curt termini hauria esdevingut també enutjós. Només per aquest motiu aquells *amics dels déus*, els filòsofs, cregueren que no havia d'imposar-se a llurs déus un món determinista d'aquesta mena! Tota la humanitat antiga és plena de consideracions delicades pel que fa a l'«espectador», en la mesura que és un món essencialment públic, essencialment manifest, incapaç de concebre la felicitat sense espectacles i sense festes. D'altra banda, com ja ho hem dit, també en el *càstig* de grans proporcions hi ha molt de festiu...!

8

Tornant a prendre el fil de la nostra investigació, el sentiment de culpa, d'obligació personal, ha tingut el seu origen, tal com hem vist, en la relació entre persones més antiga i més originària que ha existit, en la relació entre comprador i venedor, entre creditor i deutor: en aquest punt s'enfrontà per primera vegada una persona amb una altra persona, en aquest punt *es mesurà* per primera vegada una persona amb una altra persona. Encara no s'ha trobat un grau tan ínfim de civilització en el qual no s'hagi observat ja qualque cosa referent a aquesta relació. El fet d'establir preus, de mesurar valors, d'imaginar equivalents, de bescanviar, preocupà en tal mesura el pensament més primitiu de l'home, que en cert sentit constitueix el pensament: en aquest punt es conreà la mena més antiga de sagacitat, en aquest punt podria suposar-se igualment que existí el primer origen de l'urc humà, del seu sentiment de preeminència pel que fa a les altres bèsties. Tal vegada el nostre mot alemany «home» (*Mensch, manas*) expressa encara concretament qualque cosa d'aquest sentiment personal: l'home es qualificava com l'ésser que mesura valors, que valora i mesura com l'«animal avaluador per excel·lència». La compra i la venda, amb tots els seus complements psicològics, són més antigues fins i tot que els inicis de qualsevol forma d'associació i d'organització socials: el sentiment germinador del bescanvi, de la contracta, del deute, del dret, de l'obligació, de la compensació, *passà* més aviat de la forma més rudimentària del dret personal als complexos més matussers i més primaris de societat (en llur relació amb complexos semblants), juntament amb el costum de comparar un poder amb un altre poder, de mesurar, de calcular. L'ull s'havia enfocat ja de cara a aquesta perspectiva. I amb aquella conseqüència maldestra, que és pròpia del pensament de la humanitat més antiga que es mou amb dificultat, per bé que després avança inexorablement en la mateixa direcció, hom es fincà de seguida en la gran generalització: «Cada cosa té el seu preu; tot pot pagar-se», el cànon moral més antic i més ingenu de la *justí-*

cia, l'inici de qualsevol «bondat», de qualsevol «equitat», de qualsevol «bona voluntat», de qualsevol «objectivitat» a la terra. En aquest primer nivell, la justícia és la bona voluntat entre aquells qui són si fa no fa igualment poderosos, el fet de compensar-se mútuament, de «posar-se d'acord» altra vegada mitjançant una compensació i, pel que fa a aquells qui no són tan poderosos, d'*obligar*-los a sotmetre's a ells amb una compensació.

9

[L'arribada de la societat]

Si continuem mesurant-ho tot amb la mesura del temps més primitiu (un temps que, d'altra banda, es troba en totes les èpoques o que és possible que es repeteixi), veurem que també la comunitat manté amb els seus membres aquella relació important i fonamental, la relació del creditor amb el seu deutor. Hom viu en una comunitat, hom gaudeix dels avantatges d'una comunitat (i quina mena d'avantatges, que actualment nosaltres menyspreem de tant en tant!), hom viu protegit, respectat, en pau i confiança, despreocupat pel que fa a certs perjudicis i a certes hostilitats a què es troba exposat l'home que viu *fora*, l'home que «no té pau» —un alemany comprèn què vol dir originàriament el mot *Elend* (*êlend*, misèria)—,* com també hom s'ha obligat i s'ha compromès concretament pel que fa a aquests perjudicis i a aquestes hostilitats de la comunitat. Què s'esdevindrà *en un cas diferent*? Podem comptar que la comunitat, el creditor entabanat, s'ho farà pagar tan bé com pugui. No es tracta tant en aquest punt del perjudici immediat que hagi causat el malfactor: fins i tot prescindint-ne, el delinqüent és sobretot un «infractor», un que no ha acomplert una contracta i un compromís verbal *enfront del conjunt*, tocant a tots els béns i avantatges de la vida comunitària en els quals fins ara ha participat. El delinqüent és un deutor que no solament no

* *Elend*, relaciona etimològicament amb *Ausland*, estranger.

retorna els avantatges i els acomptes que hom li ha atorgat, sinó que també atempta contra el seu creditor: per això a partir d'aquest moment, com és just, no solament perd tots aquests béns i avantatges, sinó que també se li recorda *el valor que tenien aquests béns en ells mateixos.* La ira del creditor perjudicat, de la comunitat social, el lliura altra vegada a la condició salvatge i fora de la llei enfront de la qual es trobava protegit fins ara: l'expulsa del seu si i des d'aquest moment li és permès de descarregar damunt d'ell tota mena d'hostilitats. En aquest nivell dels costums, el «càstig» és simplement la imatge, el *mimus* de la conducta normal enfront de l'enemic odiat, indefens, humilitat, que no solament ha perdut qualsevol dret i qualsevol protecció, sinó que ha arribat a perdre també qualsevol gràcia. Ha perdut, per tant, el dret de la guerra i la joia festiva de la victòria que s'expressa en el crit: «*Vae victis*!», amb tot el seu caràcter de despietat i de crueltat. Amb això s'explica el fet que la guerra en ella mateixa (incloent-hi el culte dels sacrificis bèl·lics) hagi produït totes les *formes* en què s'ha manifestat el càstig a la història.

10

En augmentar el seu poder, una comunitat social ja no considera tan importants els delictes de l'individu, per tal com ja no els pot judicar en la mateixa mesura que abans com a perillosos i subversius pel que fa a la subsistència del conjunt: el malfactor ja no és expulsat i «col·locat fora de la pau», la ira general ja no pot descarregar-se damunt d'ell com abans d'una manera tan desenfrenada, sinó que des d'ara el malfactor és més aviat protegit i defensat curosament per part del conjunt enfront d'aquesta ira i, especialment, enfront d'aquells qui han estat immediatament perjudicats. El compromís amb la ira d'aquells qui han estat afectats en primer lloc per la malifeta, un esforç dirigit a localitzar el cas concret i a prevenir una participació i una distorsió més àmplies o fins i tot generals, uns intents de trobar equivalents i d'arranjar completament el tràngol (la *compositio*), sobretot la voluntat que es presenta com més va més concreta de considerar qualsevol delicte com a *pagable* en cert sentit, és a dir, d'*isolar* l'un de l'altre, si més no en certa mesura, el delinqüent i el seu acte: heus aquí els tirats que s'han encunyat cada cop més clarament en el desenvolupament ulterior del dret penal. Quan el poder i l'autoconsciència d'una comunitat social augmenten, sempre s'assuauja també el dret penal. Qualsevol afebliment i qualsevol perill una mica més profund de la primera menen altra vegada a manifestacions de formes més dures del darrer. El «creditor» ha esdevingut sempre més humà en el grau que ha esdevingut més ric. En darrer terme, fins i tot la *mesura* de la seva riquesa consisteix en quants de perjudicis pot suportar sense patir a causa d'ells. No seria impensable una *consciència del poder* de la societat en la qual es pogués permetre el luxe més noble que hi ha per a la societat en general: *deixar impunes* els seus propis malfactors. «Què m'importen al capdavall els meus paràsits?», podria dir aleshores, «Que visquin i que prosperin, ja que pel que fa a això encara sóc prou forta...!» La justícia que començà amb la frase: «Tot és pagable, tot ha de pagar-se», acaba descurant la vigilància estricta i deixant anar l'insolvent, acaba com totes les coses bones que hi ha a la terra: *suprimint-se ella mateixa.* Sabem amb quin nom bell s'anomena aquesta autosupressió de la justícia: *gràcia.* La gràcia continua essent, com és palès per ella mateixa, el privilegi del més poderós, millor dit encara, la seva superació del dret.

11

Un mot de rebuig en aquest punt pel que fa a uns intents manifestats no fa gaire de cercar l'origen de la justícia en un terreny completament diferent: en el del ressentiment. Però diguem-ho abans a l'oïda dels psicòlegs, tot suposant que haurien de tenir el gust d'estudiar alguna vegada de prop el ressentiment: aquesta planta floreix actualment amb tota la seva esplendor entre anarquistes i antisemites, com sempre ha florit a més a més, d'amagat, igual que la violeta, per bé que amb una flaire diferent. I igual com d'allò que és idèntic sempre ha de sorgir necessàriament una cosa idèntica, de la mateixa manera no ha d'estranyar el fet de veure que precisament d'aquests cercles sorgeixen altra vegada uns intents que ja havien existit molt sovint —vegeu el número 14 de la dissertació anterior—, els intents de santificar la venjança amb el nom de la *justícia* —com si la justícia només fos al capdavall un desenvolupament ulterior del sentiment d'ofendre's— i de rehabilitar posteriorment amb la venjança els afectes *reactius* en general i en conjunt. Pel que fa a aquest darrer punt, jo no m'escandalitzaria gens: fins i tot em semblaria un *guany* tocant a tot el problema biològic (en relació amb el qual s'ha menyspreat fins ara el valor d'aquells afectes). L'única cosa que remarco és la circumstància que l'esperit del ressentiment en ell mateix sorgeix d'aquesta nova relació d'equitat científica (a favor de l'odi, de l'enveja, de la cobejança, del recel, de la rancúnia, de la venjança). Aquesta «equitat científica» s'atura certament tot seguit i dóna lloc a accents d'enemistat i d'animadversió mortals, així que es tracta d'un altre grup d'afectes que, segons que em sembla, són d'un valor biològic molt més gran que el d'aquells afectes reactius i que, per tant, mereixerien de ser apreciats i enormement valorats *des del punt de vista científic*: els afectes pròpiament actius, tals com la dèria de dominar, la dèria de posseir i d'altres afectes similars (E. Dühring, «Valor de la vida»; «Curs de filosofia»; a tot arreu, al capdavall).* Tot el que hem dit va contra aquesta tendència en general. Tanmateix, pel que fa al principi concret de Dühring, referent a la idea que el lloc originari de la justícia cal cercar-lo en el terreny del sentiment reactiu, hom ha de contraposar-hi per mor de la veritat i mitjançant una inversió sobtada aquest altre principi: el *darrer* camp que ha estat conquerit per l'esperit de justícia és el camp del sentiment reactiu! Quan s'esde-

* Eugen Dühring (1833-1921), professor a la Universitat de Berlín. Li fou retirat el dret a ensenyar a conseqüència de denúncies procedents de grups conservadors. Fou objecte de forts atacs per part d'Engels en el seu *Anti-Dühring*.

vé veritablement que l'home honrat continua essent honrat fins i tot amb aquell qui l'ha perjudicat (i no solament fred, mesurat, alià, indiferent: el fet de ser honrat i just constitueix sempre una conducta *positiva*), quan fins i tot sota l'allau d'ofenses, d'escarnis, de sospites, l'objectivitat superior, clara, tan profunda com suau, de la visió justa, de la visió que judica, no s'enterboleix, això constitueix una peça de perfecció i una mestria suprema a la terra, fins i tot una cosa que en aquest punt no pot esperar-se raonablement, una cosa que en tot cas no s'ha de *creure* fàcilment. Allò que és cert com a norma general és que, àdhuc pel que fa a les persones més honrades, n'hi ha prou amb una petita dosi d'atac, de maldat, d'insinuació, per a fer que la sang amari els ulls d'aquestes persones i desaparegui l'equitat *de* llur visió. L'home actiu, l'home que ataca, que comet abusos, sempre es troba cent vegades més a la vora de la justícia que l'home reactiu. Precisament no li cal en cap sentit, tal com ho fa i ho ha de fer l'home reactiu, avaluar el seu objecte d'una forma falsa i parcial. Per això en totes les èpoques l'home agressiu, en tant que més fort, més valent, més noble, ha tingut també de fet la visió *més lliure*, la consciència *millor* de la seva banda. Al contrari, ja s'endevina qui és en general aquell qui ha descobert la «mala consciència» en la seva consciència: l'home del ressentiment! Observem finalment la història que ens envolta: ¿a quina esfera s'ha arrelat fins ara a la terra tot el tractament del dret en general, com també la veritable necessitat del dret? S'ha arrelat tal vegada a l'esfera de l'home reactiu? De cap de les maneres: més aviat a la dels actius, dels forts, dels espontanis, dels agressius. Considerant-ho des del punt de vista històric, el dret representa precisament a la terra —diguem-ho a desgrat de l'esmentat agitador (que una vegada fa aquesta confessió referent a la seva pròpia persona: «La doctrina de la venjança ha travessat tots els meus treballs i totes les meves fatigues com el fil roig de la justícia»)— la lluita *contra* els sentiments reactius, la guerra contra aquests sentiments duta a terme per unes forces actives i agressives que empraven en part llur energia per a aturar i mesurar el llibertinatge del *pathos* reactiu, així com per a forçar un acord. A tot arreu on s'ha practicat la justícia, on s'ha mantingut la justícia, hom percep que un poder més fort pel que fa a gent més feble sotmesa a ell (siguin grups, siguin individus) cerca mitjans capaços de liquidar entre aquesta gent la fúria absurda del ressentiment, en part llevant l'objecte del ressentiment de les mans de la venjança, en part col·locant de la seva banda en el lloc de la venjança la lluita contra els enemics de la pau i de l'ordre, en part inventant acords, proposant-los i en certes circumstàncies obligant a acceptar-los, en part convertint en norma certs equivalents dels perjudicis als quals es refereix des d'ara i per sempre el ressentiment. Allò que és decisiu, tanmateix, allò que el poder més superior fa i estableix contra la prepotència dels sentiments contraris i secundaris —la qual cosa sempre la fa així que és prou fort en aquest sentit—, és la implantació de la *llei*, l'explicació imperativa tocant a allò que en general ha d'aparèixer als seus ulls com a permès, com a just, a allò que ha d'aparèixer com a prohibit, com a injust. En tant que aquest poder, després de la implantació de la llei, tracta els abusos i els actes arbitraris d'uns individus o bé d'uns grups sencers com un atemptat a la llei, com una revolta contra aquest mateix poder més superior, aparta el sentiment dels seus súbdits del perjudici immediat causat per aquest atemptat i amb això aconsegueix a llarg termini el contrari d'allò que pretén qualsevol venjança, la qual només té en compte i només valora el punt de vista del perjudicat. Des d'aquest moment, la visió s'exercita a fer una avaluació com més va més *impersonal* de l'acte, incloent-hi la visió del mateix perjudicat (malgrat que és la darrera a exercitar-s'hi, tal com ho hem observat abans). D'acord amb això, només a partir de la implantació de la llei hi ha «justícia» i «injustícia» (i *no pas*, com ho pretén Dühring, a partir de l'acte de l'ofensa). El fet de parlar *en si* de la justícia i la injustícia no té cap sentit. Com és natural, una ofensa, una violació, una depredació, un anorreament no pot ser una «cosa injusta» *en si*, per tal com la vida funciona *essencialment*, és a dir, pel que fa a les seves funcions fonamentals, ofenent, violant, depredant, anorreant, i no es pot concebre pas sense aquest caràcter. Fins i tot cal confessar una cosa encara més greu: des del punt de vista biològic més enlairat, els estats de justícia només poden ser *estats d'excepció*, com a restriccions parcials de l'autèntica voluntat de vida que tendeix al poder i subordinades als seus objectius globals com a mitjans concrets, és a saber, com a mitjans per a crear unitats *més grans* de poder. Un ordre de justícia concebut de forma sobirana i general, no pas com un mitjà en la lluita de complexos de poder, sinó com un mitjà *contra* qualsevol lluita en general, d'acord per exemple amb el model comunista de Dühring que defensa que qualsevol voluntat ha d'acceptar com a igual qualsevol voluntat, seria un principi *hostil a la vida*, una força destructora i liquidadora de l'home, un atemptat al futur de l'home, un senyal de cansament, un camí dolent vers el no-res.

12

Diguem aquí un mot encara sobre l'origen i l'objectiu del càstig, dos problemes que es distingeixen l'un de l'altre o que haurien de distingir-se, per bé que dissortadament s'acostuma de tractar-los com un de sol. De quina manera procedeixen en aquest cas, tanmateix, els genealogistes de la moral que han existit fins ara? D'una manera ingènua, com sempre han procedit. De primer descobreixen en el càstig un «objectiu» qualsevol, com és ara una venjança o un escarment, després estableixen descuradament aquest objectiu a l'inici, com a *causa fiendi* del càstig, i ja han acabat. L'«objectiu en el dret», nogensmenys, és la darrera cosa que ha d'emprar-se pel que fa a la història del naixement del dret. Més aviat, tocant a qualsevol mena d'història, no hi ha cap principi més important que aquell que s'ha aconseguit amb tant d'esforç, malgrat que també *hauria d'haver-se* aconseguit veritablement, és a dir, el principi que la causa del naixement d'una cosa i la seva utilitat final, el seu ús pràctic i la seva classificació dins un sistema d'objectius, es troben separats *toto coelo*,* el principi que una cosa que existeix, que ha arribat a acomplir-se en certa manera, és interpretada constantment per part d'un poder superior a ella de cara a nous propòsits, és novament embargada, és endegada i transformada en una nova utilitat, el principi que qualsevol fenomen esdevingut en el món orgànic és una *dominació*, un *ensenyoriment*, i que a llur torn qualsevol dominació i qualsevol ensenyoriment és una reinterpretació, un arranjament, on el «sentit» i l'«objectiu» que tenien fins ara han d'enfosquir-se necessàriament o bé extingir-se completament. Per bé que hom hagi comprès perfectament la *utilitat* d'un òrgan fisiològic qualsevol (o també d'una institució jurídica, d'un costum social, d'un procediment polític, d'una forma referent a les arts o al culte religiós), amb això encara no ha comprès res pel que fa al seu naixement, malgrat que això pot sonar d'una manera desagradable i amoïnosa a les oïdes més velles, ja que des de l'antigor hom havia cregut que en l'objectiu demostrable, en la utilitat d'una cosa, d'una forma, d'una institució, es comprenia també la causa del seu naixement, que l'ull era fet per a veure i la mà per a agafar. De la mateixa manera, hom s'imaginà també que la pena s'havia inventat per a castigar. Tots els objectius, tanmateix, totes les utilitats només són *indicis* del fet que una voluntat de poder s'ha imposat senyorívolament sobre una cosa menys poderosa i li ha inculcat a partir d'ella mateixa el sentit d'una funció. I tota la història d'una «cosa», d'un òrgan, d'un costum pot ser d'aquesta forma una cadena contínua de signes d'interpretacions i d'arranjaments sempre nous, les causes dels quals ni tan sols no necessiten relacionar-se entre elles, sinó que més aviat en certes circumstàncies se segueixen i es relleven mútuament d'una forma purament casual. El «desenvolupament» d'una cosa, d'un costum, d'un òrgan no és pas segons això el seu *progressus* vers un objectiu, com tampoc no és un *progressus* lògic i molt breu aconseguit amb

* Absolutament, totalment.

les mínimes despeses de força i de costos, sinó la successió de processos de subjugació més o menys pregons, més o menys independents entre ells, que es duu a terme en cada cas concret, incloent-hi les oposicions emprades cada vegada en sentit contrari, les transformacions de la forma intentades amb un propòsit de defensa i de reacció, com també els resultats d'accions contràries reeixides. La forma pot escolar-se, però encara pot escolar-se més el «sentit»... Fins i tot a l'interior de cada organisme concret s'esdevé el mateix: amb cada creixement essencial del conjunt es desplaça també el «sentit» dels òrgans individuals i, en certes circumstàncies, llur destrucció parcial, llur disminució en nombre (com, per exemple, mitjançant l'anihilació dels membres intermedis), pot ser un senyal de força creixent i de perfecció. Volia dir: fins i tot la *inutilització* parcial, l'atròfia i la degeneració, la pèrdua del sentit i la utilitat, en un mot, la mort, pertanyen a les condicions del *progressus* veritable, el qual apareix sempre en la forma d'una voluntat i d'un camí vers un *poder més gran* i s'estableix sempre a costa de nombrosos poders més minsos. La grandària d'un «progrés» àdhuc es mesura per la massa de tot allò que ha calgut sacrificar-li. La humanitat com a massa sacrificada a la prosperitat d'una sola espècie *més forta* d'home: heus aquí allò que seria un progrés... Remarco aquest punt de vista cabdal de la metodologia històrica, per tal com en el fons s'oposa precisament a l'instint i al gust contemporani dominants, els qual preferirien fins i tot d'aliar-se amb l'atzar absolut, amb l'absurd mecanicista de qualsevol esdeveniment, abans que aliar-se amb la teoria referent a la *voluntat de poder* que es duu a terme en qualsevol esdeveniment. La idiosincràsia democràtica que s'oposa a tot allò que domina i que vol dominar, el *misarquisme* modern (creant un mot dolent per a un afer dolent), han anat transformant-se a poc a poc i encobrint-se en tal mesura en una cosa espiritual, en la cosa més espiritual, que actualment penetren lentament i *poden* penetrar ja en les ciències més rigoroses i aparentment més objectives. A mi em sembla que ja s'han imposat senyorívolament sobre tota la fisiologia i sobre la doctrina de la vida, fent-les malbé, com és palès, ja que els han escamotejat un concepte bàsic, el concepte de la veritable *activitat.* Al contrari, sota la pressió d'aquella idiosincràsia, es col·loca en primer terme l'«adaptació», és a dir, una activitat de segona categoria, una pura reactivitat. Fins i tot s'ha definit la vida com una adaptació interior com més va més útil a circumstàncies externes (Herbert Spencer). D'aquesta manera, tanmateix, es malentén l'essència de la vida, la seva *voluntat de poder.* D'aquesta manera es deixa de banda la primacia cabdal que tenen les forces espontànies, agressives, abusives, les forces que fan noves interpretacions, que prenen noves direccions i que creen noves formes, gràcies a l'efecte de les quals es deriva només l'«adaptació». D'aquesta manera es nega fins i tot en l'organisme la funció senyorívola dels funcionaris suprems, en els quals apareix d'una forma activa i configuradora la voluntat de vida. Recordem el retret que Huxley* féu a Spencer: el seu «nihilisme administratiu». Amb tot, es tracta encara *més* que d'«administrar»...

13

Per tant, tornant a l'objecte de la nostra investigació, és a dir, al *càstig*, cal distingir-hi dues coses: d'una banda, allò que és relativament *durador*, el costum, l'acte, el «drama», certa prossecució rigorosa de procediments, i d'altra banda l'*element que s'escola*, el sentit, l'objectiu, l'espera que es relaciona amb l'acompliment pràctic d'aquests procediments. En aquest punt se suposa simplement, *per analogiam*, segons el punt de vista cabdal de la metodologia històrica suara manifestat, que el procediment en ell mateix serà una cosa més antiga, una cosa més primitiva que el seu ús tocant al càstig, que aquest darrer només ha estat introduït i interpretat a l'interior del procediment (el qual existia des de fa temps, per bé que en un sentit pràctic diferent), en un mot, que no

* Thomas H. Huxley (1825-1895), fisiòleg britànic defensor de la teoria darwiniana de l'evolució.

es tracta pas d'allò que han admès fins ara els nostres genealogistes ingenus de la moral i del dret, tots els quals pensaven que el procediment s'havia inventat amb el propòsit final del càstig, igual com anteriorment es pensava que la mà havia estat inventada amb el propòsit final d'agafar. Pel que fa, tanmateix, al segon element que hi ha en el càstig, l'element que s'escola, el seu «sentit», s'esdevé que en un estat molt tardà de la cultura (com, per exemple, a l'Europa actual) el concepte de «càstig» ja no presenta a la pràctica *un sol* sentit, sinó una síntesi completa de «sentits»: la història succeïda fins ara del càstig en general, la història de la seva utilització tocant als objectius més diversos, cristal·litza finalment en una mena d'unitat que difícilment es desfà, que difícilment s'analitza i que, cal remarcar-ho ben bé, és perfectament *indefinible*. (Actualment és impossible de dir amb exactitud *per quina raó* es castiga pròpiament: tots els conceptes en els quals es resumeix semiòticament tot un procés se sostrauen a la definició. Només és definible allò que no té història.) A un nivell anterior, en canvi, aquella síntesi de «sentits» apareix encara amb una possibilitat més gran de desfer-se, amb una possiblitat més gran de remoure's. Hom pot percebre encara com per a cada cas concret els elements de la síntesi canvien llur valor i conseqüentment es reorganitzen, de manera que adés es destaca i domina un element i adés es destaca i domina un altre a costa dels altres, com fins i tot en certes circumstàncies un element (com és ara l'objectiu d'intimidar o d'escarmentar) sembla que elimini tota la resta d'elements. Per tal de fer comprendre una mica, si més no, que n'és, d'incert, de secundari, d'accidental, «el sentit» del càstig i de quina manera pot emprar-se, interpretar-se i endegar-se un mateix procediment amb propòsits fonamentalment diferents, aporto aquí l'esquema que he obtingut basant-me en un material relativament minso i accidental. Càstig com a neutralització, com a impediment d'un perjudici ulterior. Càstig com a pagament del mal comès a la pesona perjudicada, dut a terme d'una forma qualsevol (incloent-hi la forma d'una compensació afectiva). Càstig com a isolament d'un trastorn de l'equilibri, per tal d'evitar una propagació del trastorn. Càstig com a mitjà d'infondre temor envers aquells qui determinen i executen el càstig. Càstig com una mena de compensació pels avantatges que fins ara ha assaborit i dels quals ha gaudit el delinqüent (com és ara emprant-lo com a esclau en una obra minera). Càstig com a eliminació d'un element atrofiat (o en certes circumstàncies de tota una branca, com s'esdevé en el dret xinès: per tant, com a mitjà de mantenir pura una raça o bé de consolidar un tipus social). Càstig com a festa, és a dir, com a violació i escarni d'un enemic que finalment s'ha aconseguit de sotmetre. Càstig com a mitjà de recordar les conseqüències tant a aquell qui pateix el càstig —allò que s'anomena «correcció»— com als testimonis de l'execució. Càstig com a pagament d'uns honoraris estipulats pel poder, a fi de protegir el delinqüent enfront del llibertinatge de la venjança. Càstig com a compromís amb la condició natural de la venjança, quan encara és sostinguda per part de castes poderoses i és exigida com un privilegi. Càstig com a declaració de guerra i mesura bèl·lica contra un enemic de la pau, de la llei, de l'ordre, de l'autoritat, que hom combat amb els mitjans que proporciona precisament la guerra per tal com es considera que és perillós per a la comunitat social, en crebantar la contracta relacionada amb els seus pressupòsits, en ésser un rebel, un traïdor i un individu que malmet la pau.

14

Certament, aquesta llista no és completa: com és palès, el càstig porta el llast de tota mena d'usos. Amb més raó, doncs, hom pot llevar-li un ús *presumpte* que, tanmateix, és considerat com el seu ús més essencial per part de la consciència popular: la fe en el càstig, que actualment vacil·la per diversos motius, continua trobant el seu suport més ferm en aquest ús. El càstig ha de tenir el valor de deixondir en el culpable el *sentiment de culpa*. Hom hi cerca l'*instrumentum* adequat d'aquella reacció psíquica que s'anomena «mala consciència», «remordiment de consciència».

D'aquesta manera, nogensmenys, hom atempta encara actualment contra la realitat i contra la psicologia, hom atempta sobretot contra la història més llarga de l'home, que és la seva prehistòria! El veritable remordiment de consciència és precisament entre els delinqüents i els condemnats una cosa summament rara. Les presons, les penitenciaries, *no* són pas els planters on floreix preferentment aquesta espècie de cuc rosegador: en aquest punt estan d'acord tots els observadors que tenen consciència, els quals en molts casos emeten un judici d'aquesta mena prou de mal grat i en contra de llurs desigs més personals. Fent un càlcul a l'engròs, el càstig endureix i produeix fredor, concentra, referma el sentiment d'alienació, envigoreix la força de resistència. Quan s'esdevé que destrueix l'energia i provoca una prostració i un autoenviliment deplorables, aquest resultat esdevé probablement menys reconfortant encara que l'efecte normal del càstig, el qual es caracteritza per una serietat eixuta i ombrívola. Tanmateix, si pensem en aquells mil·lenaris *anteriors* a la història de l'home, hom pot dictaminar sense cap vacil·lació que precisament mitjançant el càstig fou *aturat* amb la força més gran el desenvolupament del sentiment de culpa, si més no pel que fa a les víctimes sobre les quals es descarregava la violència punitiva. No hem de menysprear, en efecte, fins a quin punt el delinqüent, precisament pel fet de veure els procediments judicials i executius, és impedit fins i tot de considerar el seu acte, la seva mena d'actuació, com una cosa reprovable *en ella mateixa*, car veu que exactament la mateixa mena d'accions es perpetren al servei de la justícia, aprovant-se després i perpetrant-se amb bona consciència: així s'esdevé amb l'espionatge, amb el parany, la corrupció, les insídies, tot el sistema enrevessat i murri dels procediments policials i fiscals, com també amb el robatori, la subjugació, la injúria, l'empresonament, la tortura, l'assassinat, que no tenen la disculpa de la passió, sinó que es duen a terme per principi, tal com es manifesta en els diversos tipus de càstig. Tot això, per tant, no són accions reprovades i condemnades *en elles mateixes* pels seus jutges, sinó únicament pel que fa a cert aspecte i a certa aplicació pràctica. La «mala consciència», aquesta planta que és la més lúgubre i interessant de la nostra vegetació terrenal, *no* ha crescut pas en aquest terreny. De fet, durant molt de temps *no* s'expressà res a la consciència dels jutges, d'aquells qui castigaven, que tingués res a veure amb un «culpable», sinó amb l'autor d'un perjudici, amb un element irresponsable de caràcter fatal. I fins i tot aquell sobre el qual requeia després el càstig, també com un element de caràcter fatal, no tenia cap altra «pena interior» que no fos la pena que se sent quan s'esdevé de sobte una cosa que no s'havia calculat, un fenomen espantós de la natura, un bloc de pedra que s'estimba, que esclafa, contra el qual ja no és possible de dur a terme cap combat.

15

Això mateix arribà una vegada d'una forma capciosa a la consciència de Spinoza (a desgrat dels seus intèrprets que *malden* sistemàticament per malentendre'l en aquest punt, com és ara Kuno Fischer),* quan una tarda, tot recordant, qui sap què, una cosa que el coïa, es dedicà a la qüestió referent a què li havia romàs pròpiament del famós *morsus conscientiae*,** ell que havia desterrat el bé i el mal al camp de les figuraciocions humanes i havia defensat amb ràbia l'honor del seu Déu «lliure» contra aquells blasfems que sostenien que Déu ho fa tot *sub ratione boni* («això significaria sotmetre Déu al destí i seria veritablement el més gran de tots els disbarats»). Segons Spinoza, el món havia retornat a aquella innocència en la qual es trobava abans d'inventar-se la mala consciència: ¿en què s'havia convertit el *morsus conscientiae*? «En la contraposició del *gaudium*», es digué finalment, «en una tristesa acompanyada de la idea d'una cosa passada que

* K. Fischer (1824-1907), historiador de la filosofia, de l'escola hegeliana. Nietzsche va conèixer Spinoza no per la lectura directa, sinó per la història de la filosofia moderna de K. Fischer.

** Remordiment de consciència.

s'esdevingué contra tota expectativa»: *Eth. III propos. XVIII schol. I. II.* Els malfactors assolits pel càstig no tingueren durant mil·lenaris un sentiment tocant a llur «delicte» *diferent* de sentiment de Spinoza: «Alguna cosa ha anat malament aquí, que no ens ho esperàvem», i *no*: «Això no ho hauríem d'haver fet». Se sotmetien al càstig igual com hom se sotmet a una malaltia, a una desgràcia o a la mort, amb aquell fatalisme coratjós exempt de revolta mitjançant el qual els russos, per exemple, encara ens avantatgen actualment pel que fa al tractament de la vida, a nosaltres que vivim als països de la zona occidental. Quan aleshores es produïa una crítica de l'acte, era la intel·ligència que duia a terme aquesta crítica: sens dubte hem de cercar el veritable *efecte* del càstig sobretot en una intensificació de la intel·ligència, en una prolongació de la memòria, en una voluntat de fer les accions d'ara endavant d'una manera més cauta, més desconfiada, més amagada, tot sabent que per a moltes coses hom és massa feble, en una mena de correcció de l'autojudici. Allò que pot aconseguir-se en general mitjançant el càstig, tant en l'home com en l'animal, és l'augment de la por, la intensificació de la intel·ligència, el domini de les apetències: d'aquesta manera el càstig *amanseix* l'home, però no el «millora» —fins i tot amb més raó podria afirmar-se el contrari. («El mal produeix intel·ligència», se sol dir popularment: en la mesura que produeix intel·ligència, produeix també dolenteria. Sortosament, produeix prou sovint estupidesa.)

16

[L'origen de la «mala consciència»]

En aquest punt ja no pot vorejar-se el fet d'intentar expressar per primera vegada i d'una forma provisional la meva hipòtesi particular sobre l'origen de la «mala consciència»: no és fàcil fer-la sentir i exigeix de ser meditada, observada i profundament considerada. Sostinc que la mala consciència és la greu malaltia en la qual l'home havia de caure sota la pressió d'aquell canvi que és el més radical de tots els que ha experimentat, d'aquell canvi que s'esdevingué quan ell es trobà definitivament tancat en la proscripció de la societat i de la pau. Així com s'esdevingué als animals marins, quan es veieren obligats a convertir-se en animals de terra o bé a desaparèixer, de la mateixa manera s'esdevingué a aquests semianimals sortosament adaptats a la selva, a la guerra, al vagareig, a l'aventura: de cop sobte tots els seus instints foren desvalorats i «desballestats». Des d'ara havien de caminar amb els peus i «portar-se ells mateixos» allí on fins aleshores havien estat arrossegats per l'aigua: una pesantor terrible gravitava damunt seu. Se sentien matussers pel que fa a les funcions més senzilles. En aquest nou món desconegut ja no tenien llurs antics guies, les tendències reguladores que inconscientment els menaven amb tanta seguretat. Aquests dissortats foren reduïts al pensament, a la deducció, al càlcul, a la combinació de causes i efectes, a llur «consciència», a llur òrgan més pobre i més susceptible d'equivocacions! Crec que mai no ha existit a la terra un sentiment de misèria com aquest, un neguit tan plumbi com aquest! A més a més, aquells antics instints no havien deixat de cop sobte de plantejar les seves exigències! Tanmateix, era difícil i només possible de tant en tant el fet d'acomplir llur voluntat: tocant als afers cabdals, hagueren de cercar-se ells mateixos apaivagaments nous i ensems subterranis. Tots els instints que no descarreguen llur excitació cap enfora *es giren cap endins.* Això és el que jo anomeno la *interiorització* de l'home: mitjançant aquest fenomen comença a desenvolupar-se en l'home allò que més tard s'anomena la seva «ànima». Tot el món interior, primitivament subtil, com barrat entre dues pells, anà separant-se i eixamplant-se, aconseguí pregonesa, amplària, alçada, a mesura que era *aturat* el descarregament de l'home cap enfora. Aquells terribles baluards, mitjançant els quals l'organització estatal es protegia enfront dels antics instints de la llibertat —els càstigs pertanyen sobretot a aquests baluards—, aconseguiren que tots aquells instints de l'home salvatge, lliure, vagarívol, es tornessin enrere, es giressin *contra el ma-*

teix home. L'enemistat, la crueltat, el desig de perseguir, d'agredir, de bescanviar, de destruir: tot això es gira contra aquell qui posseeix aquests instints. En *això* consisteix l'origen de la «mala consciència». L'home, ficat per força en una estretor opressora i en una regularitat dels costums per manca de resistències i d'enemics externs, l'home que s'esbellegava d'impaciència, es perseguia, es rosegava, s'esglaiava, es maltractava, aquest animal que hom vol «domesticar» i que xoca de ràbia contra les reixes de la seva gàbia, aquest ésser desposseït i consumit per l'enyorança del desert, que hagué de crear-se ell mateix una aventura, un lloc de suplicis, una selva incerta i perillosa, aquest foll, aquest presoner enyorós i desesperat fou l'inventor de la «mala consciència». Amb ella, nogensmenys, s'introduí la malaltia més gran i més sinistra de la qual la humanitat no s'ha guarit fins avui dia, la sofrença que pateix l'home *per l'home, per ell mateix*, com a conseqüència d'una separació violenta pel que fa al seu passat animal, com a conseqüència d'un salt i d'una caiguda alhora en noves situacions i en noves condicions existencials, com a conseqüència d'una declaració de guerra contra els antics instints sobre els quals es basaven fins aleshores la seva força, el seu desig i la seva fecunditat. Afegim-hi de seguida que, d'altra banda, amb l'existència fàctica d'una ànima animal que es girava contra ella mateixa, que lluitava contra ella mateixa, es produïa a la terra quelcom de tan nou, de tan pregon, de tan inoït, de tan enigmàtic, de tan contradictori i *ple de futur*, que ensems l'aspecte de la terra canvià essencialment. De fet calgueren espectadors divins per a apreciar l'espectacle que amb això començà i l'acabament del qual encara no es pot preveure pas, un espectacle massa fi, massa esbalaïdor, massa paradoxal com per a poder representar-se absurdament sense cap espectador en qualsevol astre ridícul! Des d'aleshores l'home té *importància* també en aquelles jugades més inesperades i emocionants que duu a terme el «gran infant» d'Heràclit,* tant se val que s'anomeni

* Referència a la figura del nen jugant al tauler del fragment 52 d'Heràclit.

Zeus o atzar: l'home suscita un interès, una tensió, una esperança, gairebé una certesa, com si amb ell s'anunciés qualque cosa, es preparés alguna cosa, com si l'home no fos un objectiu, sinó únicament un camí, un incident, un pont, una gran promesa...

17

Al capítol de pressupòsits d'aquesta hipòtesi sobre l'origen de la mala consciència pertany en primer lloc el fet que aquell canvi no fou gradual ni voluntari. No es presentà com un desenvolupament orgànic dins de noves condicions, sinó com una ruptura, un salt, una exigència imperiosa, una fatalitat ineludible, enfront de la qual no es produí cap lluita ni cap ressentiment. En segon lloc, tanmateix, hi pertany també el fet que l'adaptació d'una població fins aleshores exempta d'inhibicions i sense formes a una forma fixa i determinada, que començà amb un acte de violència, només es dugué a terme amb simples actes de violència, que consegüentment l'«estat» més antic aparegué i continuà treballant com una tirania terrible i com una maquinària brutal i esclafadora, fins que aquella matèria primera feta de poble i de semianimal no solament esdevingué a l'últim dúctil i ben maurada, sinó també *emmotllurada*. He emprat el mot «estat». És palès a qui es refereix el mot: a qualsevol ramat de bèsties rosses de rapinya, a una raça de senyors i de conqueridors que, bèl·licament organitzada i amb la força d'organitzar, posa resoludament les seves urpes terribles sobre una població tal vegada enormement superior pel que fa al nombre, però encara sense forma, encara vagarívola. D'aquesta manera comença sens dubte a la terra l'«estat». Així crec que s'aboleix aquella concepció fanàtica segons la qual l'estat començà amb una «contracta». Què té a veure amb contractes aquell qui pot manar, aquell qui és «senyor» per naturalesa, aquell qui és brutal tant pel que fa a les obres com pel que fa als gestos? Hom no té en compte aquesta mena d'éssers. Apareixen com el destí, sense cap motiu, sense cap raó, sense cap consideració, sense cap excusa. Existeixen com el llamp, massa terribles, massa sobtats, massa convincents, massa «diferents» per a ser ni tan sols odiats. Llur obra consisteix en una creació instintiva de formes, en una impressió de formes. Són els artistes més involuntaris i més inconscients que existeixen. Al cap de poc temps hi ha quelcom de nou allí on apareixen, un producte de domini que *viu* en el qual parts i funcions han estat atermenades i relacionades entre elles, en el qual no hi ha absolutament cap lloc per a allò que no hagi rebut primerament un «sentit» tocant al conjunt. Aquests éssers organitzadors de naixement no saben què és la culpa, la responsabilitat, la consideració. En ells domina aquell egoisme espantós de l'artista que esguarda com el bronze i que es considera justificat per endavant i per sempre en l'«obra», igual com la mare es considera justificada en el seu fill. És palès de bell antuvi que no ha sorgit en *ells* la «mala consciència». Però aquesta lletja excrescència no hauria sorgit *sense ells*. Mancaria si, sota la pressió de llurs cops de martell, de llur violència d'artista, un enorme quàntum de llibertat no s'hagués apartat del món o, si més no, de la percepció visual i alhora no s'hagués tornat *latent*. Aquest *instint de llibertat* que s'ha tornat latent per força —ara ja entenem què vol dir això—, aquest instint de llibertat reprimit, retingut, empresonat a l'interior i que al capdavall només es descarrega i es desfoga en ell mateix, constitueix únicament en el seu origen la *mala consciència*.

18

Hom ha de capguardar-se de menystenir tot aquest fenomen simplement perquè és lleig i dolorós de bon començament. En essència, aquesta força activa que basteix estats i crea obres d'una forma grandiosa en aquells organitzadors i artistes de la violència és la mateixa que aquí, a l'interior, a un lloc més estret, més esquifit, dirigit cap enrere, al «laberint del pit», tot parlant com Goethe, basteix ideals negatius i es crea la mala consciència, és concretament aquell *instint de llibertat* (expressat en la meva terminologia: la voluntat de poder), per bé que la matèria en la qual es descarrega la natura configuradora i violadora d'aquesta força és aquí concretament el mateix home, tot el seu antic jo bestial, i *no pas* l'*altre* home, els *altres* homes, com s'esdevé en aquell fenomen més gran i més palès. Aquesta secreta autoviolació, aquesta crueltat d'artista, aquest desig de donar-se forma com si hom fos una matèria dura, resistent, patidora, de marcar-hi amb foc una voluntat, una crítica, una contradicció, un menyspreu, una negativa, aquesta tasca sinistra i espantosament voluptuosa d'una ànima voluntàriament dividida en ella mateixa que es fa patir pel gust de fer patir, tota aquesta «mala consciència» *activa* ha generat darrerament també —hom pot ja endevinar-ho—, com el veritable si matern d'esdeveniments ideals i imaginaris, una abundor de bellesa i d'afirmació noves i estranyes, així com tal vegada *la mateixa* bellesa en general... Car ¿què seria «bell», si no s'hagués conscienciat primerament la contradicció, si allò que és lleig no s'hagués dit abans: «Sóc lleig»...? Si més no, després d'aquesta advertència serà menys enigmàtic l'enigma de fins a quin punt pot indicar-se un ideal, una bellesa, en conceptes tan contradictoris com *desinterès personal, autonegació, autosacrifici.* D'altra banda, hom sabrà d'ara endavant —d'això, no en dubto— de quina mena és de bon començament el *plaer* que sent aquell qui es desinteressa personalment, que s'autonega, que s'autosacrifica: aquest plaer pertany a la crueltat. De moment, amb això n'hi ha prou pel que fa a l'origen d'allò que «no és egoista» com un valor *moral* i pel que fa a la fitació del terreny del qual ha sorgit aquest valor: només la mala consciència, només la voluntat d'automaltractar-se atorga el pressupòsit del *valor* d'allò que no és egoista.

19

[El deute amb els avantpassats]

No hi ha cap dubte que la mala consciència és una malaltia. Però es tracta d'una malaltia igual com l'embaràs n'és una. Si cerquem les condicions sota les quals aquesta malaltia ha arribat al seu cimall més sublim i més terrible, veurem allò que pròpiament ha fet la seva entrada al món amb aquesta xacra. Per tal de fer això, tanmateix, cal respirar profundament i, en primer lloc, hem de tornar a un punt de vista anterior. La relació privada del deutor amb el seu creditor, de la qual ja hem parlat llargament, ha estat novament interpretada, i d'una forma que des del punt de vista històric és sens dubte totalment rara i dubtosa, al si d'una relació que tal vegada a nosaltres, els homes moderns, ens resulta la més incomprensible: en la relació de les *persones actuals* amb llurs *avantpassats*. Dins la comunitat de la raça originària —parlem dels temps primitius—, la generació viva reconeix sempre pel que fa a la generació anterior i especialment pel que fa a la més antiga, aquella que ha fundat la raça, una obligació jurídica (i de cap manera una simple obligació sentimental: fins i tot hom podria deixar de parlar amb raó d'aquesta darrera obligació en general en el període més llarg de l'espècie humana). Impera aquí la convicció que la raça *subsisteix* únicament gràcies als sacrificis i als esforços dels avantpassats i que hom els ho ha de *retornar* mitjançant sacrificis i esforços: d'aquesta manera es reconeix un *deute*, el qual va augmentant constantment pel fet que aquests avantpassats no cessen en llur existència ulterior com a esperits poderosos d'atorgar a la raça nous avantatges i nous acomptes en virtut de llur força. Ho haurien fet de franc tal vegada? En aquelles èpoques matusseres i «pobres d'esperit», tanmateix, no hi ha res que sigui «de franc». Què es pot retornar als avantpassats? Sacrificis (de bon començament pel que fa a l'alimentació, en la seva concepció més barroera), festes, temples, homenatges, sobretot obediència —car tots els costums, com a obres dels avantpassats, són també llurs principis i llurs manaments—: ¿hom els dóna prou? Aquesta sospita roman i augmenta a poc a poc: de tant en tant exigeix un gran deseiximent global, com és ara una indemnització monstruosa al «creditor» (com, per exemple, el tristament famós sacrifici del primogènit, és a dir, sang, sang humana en tot cas). La *temença* envers l'avantpassat i el seu poder, la consciència de tenir deutes amb ell, augmenta necessàriament segons aquesta mena de lògica exactament en la mesura que augmenta el poder de la mateixa raça, exactament en la mesura que la mateixa raça esdevé com més va més victoriosa, més independent, més honrada, més temuda. No s'esdevé pas a l'inrevés! Qualsevol pas devers el panșiment de la raça, tots els incidents lamentables, tots els indicis de degeneració, de dissolució imminent, *minven* més aviat sempre també la temença envers l'esperit del seu fundador i atorguen una concepció cada cop més minsa de la seva intel·ligència, de la seva previsió i de l'actualitat del seu poder. Imaginem que aquesta mena barroera de lògica ha arribat al seu terme: els avantpassats de les races *més poderoses*, mitjançant la fantasia de la temença que augmenta, han de créixer a l'últim enormement i retirar-se a la foscor d'un misteri diví i d'una impossibilitat de representació. A les acaballes, l'avantpassat es transfigura necessàriament en un *déu*. Potser aquí es troba l'origen dels déus, un origen que per tant neix de la *temença*...! I si a algú li semblés necessari d'afegir: «Però també neix de la pietat!», difícilment podria sostenir-ho amb raó pel que fa al període més llarg de la raça humana, pel que fa a la seva època primitiva. I més encara pel que fa a l'època *mitjana*, en la qual es formen les races nobles: de fet, com a tals, han retornat a llurs autors, als avantpassats (herois, déus), totes les qualitats, amb el rèdit corresponent, que s'han manifestat mentrestant en elles mateixes, les qualitats *nobles*. Més endavant llambregarem encara l'aristocratització i l'ennobliment dels déus (que no és pas, certament, llur «santificació»). Ara hem de dedicar-nos únicament a dur a terme d'una forma provisional el procés de tot aquest desenvolupament de la consciència de culpa.

20

[El *maximum* del sentiment de culpa]

La consciència de tenir deutes amb la divinitat, tal com ens ho ensenya la història, no arribà de cap manera a la fi ni tan sols després de la decadència de la forma d'organització de la «comunitat» segons el parentiu sanguini. La humanitat, de la mateixa manera que ha heretat els conceptes de «bo i dolent» de la raça aristocràtica (juntament amb la seva inclinació psicològica fonamental d'establir jerarquies), amb l'herència de les divinitats de la raça i del llinatge ha rebut també l'herència de la pressió dels deutes que encara no foren pagats i del desig de pagar-los. (La transició la fan aquelles poblacions immenses d'esclaus i de serfs que s'adaptaren al culte dels déus de llurs senyors per coacció o bé per submissió i *mimicry*. Després, a partir d'elles aquesta herència s'escampa pertot arreu.) El sentiment de culpa envers la divinitat no ha cessat d'augmentar durant diversos mil·lenaris i, certament, ho ha fet sempre en la mateixa mesura que augmentaven a la terra i eren enlairats el concepte de Déu i el sentiment de Déu. (Tota la història de les lluites, de les victòries, de les reconciliacions, de les amalgamacions que tenen un caràcter ètnic, tot allò que precedeix la jerarquia definitiva de tots els elements populars en cada gran síntesi de races, es reflecteix en l'embull de genealogies dels seus déus, en les llegendes de llurs combats, de llurs victòries i de llurs reconciliacions. El progrés devers uns reialmes universals és sempre també el progrés devers unes divinitats universals. El despotisme, amb la seva dominació de l'aristocràcia independent, sempre obre call també a qualsevol monoteisme). Per això la vinguda del Déu cristià, que és el déu més gran que s'ha aconseguit fins ara, ha posat també en relleu el sentiment de culpa més gran que ha existit a la terra. En el pressupòsit que hàgim començat a poc a poc el moviment *invers*, amb una probabilitat que no és pas minsa hom podria deduir de la decadència imparable de la fe en el Déu cristià que ja ara es produeix també una decadència considerable de la consciència humana de culpa. Certament, no ha de rebutjar-se la perspectiva que la victòria perfecta i definitiva de l'ateisme pugui alliberar la humanitat de tot aquest sentiment de tenir deutes amb el seu començament, amb la seva *causa prima*. Ateisme i una mena de *segona innocència* es relacionen mútuament.

21

Això és el que cal dir de passada, breument i d'una forma matussera, sobre la relació que tenen els conceptes de «culpa», «deure», amb els pressupòsits religiosos: fins ara he deixat de banda a posta la veritable moralització d'aquests conceptes (llur retirament a la consciència o, amb més exactitud encara, la relació íntima de la *mala* consciència amb el concepte de Déu) i al final de l'apartat anterior àdhuc he parlat com si no existís pas aquesta moralització i, consegüentment, com si des d'ara aquells conceptes haguessin arribat necessàriament a la fi, després d'haver caigut llur pressupòsit, la fe en el nostre «creditor», en Déu. Els fets s'aparten d'això d'una forma terrible. Amb la moralització dels conceptes de culpa i de deure, amb llur retirament a la *mala* consciència, s'ha produït pròpiament l'intent d'*invertir* la direcció del procés evolutiu que suara hem descrit o, si més no, d'aturar el seu moviment: ara *ha* de tancar-se per sempre i d'una manera pessimista la perspectiva concreta d'un deseiximent definitiu, ara la visió *ha* de rebotre i de retopar d'una manera desesperada contra una impossibilitat ferrenya, ara aquells conceptes de «culpa» i «deure» *han* de recular. Però, contra *qui* han de dirigir-se? No hi ha cap dubte en aquest punt: en primer lloc, contra el «deutor» en el qual des d'ara la mala consciència s'estableix en tal mesura, arrosegalla, s'escampa i creix com un pòlip tant en amplària com en profunditat, que finalment amb la indissolubilitat de la culpa es concep també la indissolubilitat de l'expiació, la idea de la seva impagabilitat (del «càstig *etern*»). En darrer lloc, tanmateix, es dirigeixen fins i tot contra el «creditor», concebut com la *causa prima* de l'home, com el començament de la raça humana, com el seu avantpassat que des d'ara és maleït («Adam», «pecat original», «voluntat que no és lliure»), com la naturalesa del si de la qual sorgeix l'home i en la qual s'estableix des d'ara el principi dolent («dimonització de la natura») o bé com l'existència en general que resta com una cosa que *no té valor en ella mateixa* (renúncia nihilista de l'existència, desig de no-res o desig de la «contraposició» de l'existència, de la seva alteritat, budisme i similars), fins que de sobte ens trobem enfront d'aquell recurs espantós i paradoxal que significà un alleujament transitori per a la humanitat martiritzada, enfront d'aquell cop genial del *cristianisme*: Déu mateix se sacrificà per la culpa de l'home, Déu mateix es pagà el deute, Déu com l'únic ésser que pot eximir de l'home allò que per a l'home ha esdevingut ineximible, el creditor que se sacrifica pel seu deutor per *amor* (¿qui ho anava a pensar?), per amor envers el seu deutor...!

22

[Un deute amb Déu]

Hom haurà endevinat ja *què* s'esdevingué amb tot això i *al dessota* de tot això: aquella voluntat d'autotortura, aquella crueltat reprimida de l'home animal que s'ha fet interior, que s'ha reclòs en ell mateix, que s'ha empresonat en l'«estat» a fi de ser domesticat, que ha inventat la mala consciència per tal de fer-se mal, després d'haver-se obturat el camí *natural* d'aquesta voluntat de fer mal, aquest home de la mala consciència s'ha emparat del pressupòsit religiós a fi de menar el seu automartiri fins a la seva duresa i fins a la seva agudesa més esgarrifoses. Un deute amb *Déu*: aquesta idea li esdevé un instrument de tortura. Percep en «Déu» les darreres contraposicions que pot trobar pel que fa als seus autèntics i inextingibles instints d'animal, interpreta aquests mateixos instints d'animal com un deute amb Déu (com enemistat, revolta, insurrecció contra el «senyor», el «pare», l'avantpassat i el començament del món), es crea una tensió en la contradicció entre «Déu» i «diable», projecta cap enfora des del seu interior qualsevol negativa que es refereix a ell mateix, a la natura, a la naturalitat, a la realitat de la seva essència, com si fos una afirmació, com si fos una cosa existent, corpòria, real, com si fos Déu, com si fos santedat de Déu, qualitat de jutge de Déu, qualitat de botxí de Déu, com si fos un més enllà, una eternitat, un martiri sense acabament, un infern, com si fos una immesurabilitat de pena i de culpa. Això és una mena de dèria de la voluntat pel que fa a la crueltat anímica que és única i incomparable per antonomàsia: la *voluntat* de l'home que consisteix a considerar-se culpable i reprovable fins a l'extrem de la irreparabilitat, la seva *voluntat* de creure's castigat sense que el càstig pugui ser mai equivalent a la culpa, la seva *voluntat* d'infeccionar i d'enverinar el fonament més pregon de les coses amb el problema de la pena i de la culpa, a fi d'obturar-se per sempre la sortida d'aquest laberint d'«idees fixes», la seva *voluntat* d'establir un ideal —el del «Déu sant»—, per tal de restar palpablement convençut a la seva presència de la seva indignitat absoluta. Oh, que n'és, de boja i de trista, la bèstia humana! Quins acudits que té, quina antinatura, quins paroxismes de l'absurd, quina *bestialitat de la idea* es manifesten així que és impedit l'home només una mica de ser una *bèstia de l'acció*...! Tot això és summament interessant, però també és tan trist, tan fosc, tan tenebrós, tan enervant, que hem de prohibir-nos violentament d'esguardar aquests abismes durant massa temps. No hi ha cap dubte que aquí rau una *malaltia*, la malaltia més terrible que fins ara ha fet estralls en l'home. I qui pugui sentir encara (actualment, tanmateix, hom ja no para oïdes a aquestes coses!) com en aquesta nit de martiri i d'absurd ha sonat el crit *amor*, el crit de l'encís més impacient, de la redempció en l'*amor*, s'apartarà dominat per una terror invencible... Hi ha tantes coses espantoses en l'home...! Ja fa massa temps que la terra ha estat un manicomi...!

23

Amb això n'hi ha ben bé prou sobre l'origen del «Déu sant». Que la concepció dels déus *en ella mateixa* no ha de menar necessàriament a aquest empitjorament de la fantasia, de la representació de la qual no hem pogut alliberar-nos ni un sol moment, que hi ha maneres *més nobles* de fer servir la ficció dels déus que per a aquesta autocrucifixió i autodeshonra de l'home en què han assolit llur mestria els darrers mil·lenaris d'Europa, tot això pot deduirse encara sortosament de qualsevol llambregada que hom doni als *déus grecs*, aquells reflexos d'homes més nobles i més autòcrates en els quals la *bèstia* se sentia divinitzada en l'home i *no* es devorava ella mateixa, *no* s'enfurismava contra ella mateixa! Aquests grecs feren servir llurs déus durant molt temps precisament per a allunyar del cos la «mala consciència», per a poder continuar gaudint de llur llibertat d'esperit: es tracta, per tant, d'una concepció inversa a l'ús que el cristianisme ha fet del seu Déu. Pel que fa a aquest punt, aquells esplèndids caps semblants als dels infants i tan estrenus com els dels lleons arribaren *molt lluny*, de manera que fins i tot una autoritat no gens ínfima com la del Zeus homèric els dóna entenent de tant en tant que s'ho arrangen tot massa fàcilment. «És sorprenent», diu una vegada —es tracta del cas d'Egist, d'un cas *molt* greu—:

> És sorprenent com els mortals acusen tant els déus!
> Creuen que *el mal només ve de nosaltres*.
> Però són ells mateixos qui es creen la desgràcia,
> procedint sense seny i fins i tot contra el destí.*

Tanmateix, hom sent i veu aquí alhora que àdhuc aquest jutge i espectador olímpic no sent pas rancúnia per això envers els mortals ni pensa malament d'ells. «Que en són, d'*insensats*!», pensa en veure les malifetes dels mortals. Però fins i tot «insensatesa», «irreflexió», una mica de «trastorn mental», ho *admeteren* d'ells mateixos els grecs de l'època més poderosa, més estrènua, com a motiu d'accions molt dolentes i fatals. Es tractava d'insensatesa, *no pas* de pecat! Ho enteneu...? Amb tot, àdhuc aquest trastorn mental constituïa un problema. «Com és possible, en efecte, aquest trastorn? Com pot haver-se produït pròpiament en unes ments com les que tenim *nosaltres*, homes d'ascendència aristocràtica, de felicitat, de bona educació, d'organització social ex-

* *Odissea*, I, l'assemblea dels déus, 32-34.

cel·lent, de noblesa, de virtut?», es preguntà durant segles el grec noble enfront de tot allò abominable i forassenyat que no podia comprendre i amb què s'havia sollat un dels seus consemblants. «Sens dubte, un *déu* ha d'haver-lo trastornat», es digué finalment, tot sacsejant el cap... Aquesta sortida és *típica* dels grecs... D'aquesta manera, els déus servien aleshores per a justificar l'home fins a cert grau àdhuc pel que fa al mal, servien com a causa del mal. Aleshores no s'encarregaven pas del càstig, sinó que s'allevaven, com és *més noble*, la culpa...

24

[El retorn a la natura]

Com es veu, acabo aquesta dissertació amb tres interrogants. «S'estableix pròpiament en aquest punt un ideal o més aviat se suprimeix?», hom em preguntarà tal vegada... Us heu preguntat prou, tanmateix, a vosaltres mateixos que car s'ha fet pagar a la terra l'establiment de *qualsevol* ideal? Quanta realitat ha hagut de ser sempre calumniada i malentesa per aquesta finalitat, quanta consciència ha hagut de ser torbada, quants «déus» han hagut de ser sacrificats cada cop? Per tal de poder bastir un santuari, *cal que sigui destruït un santuari*: aquesta és la llei. Que hom m'indiqui un sol cas en què això no s'hagi acomplert...! Nosaltres, els homes moderns, som els hereus de la vivisecció de la consciència i de l'autotortura de la bèstia dutes a terme durant mil·lenaris: en això tenim el nostre exercici més prolongat, tal vegada la nostra capacitat artística i, en tot cas, el nostre refinament, el nostre amanyagament del gust. L'home ha esguardat amb «mals ulls» durant massa temps les seves inclinacions naturals, de manera que a l'últim s'han agermanat en ell amb la «mala consciència». Un intent invers seria possible *en ell mateix*. Però, ¿qui té prou força per a un intent com aquest? Es a dir, ¿qui té prou força per a agermanar amb la mala consciència les inclinacions *innaturals*, totes aquelles aspiracions que es refereixen al més enllà, a la contradicció dels sentits, a la contradicció dels instints, a la contradicció de la natura, a la contradicció de la bèstia, en un mot: a tots els ideals que han existit fins ara, als ideals contraris a la vida, als ideals que calumnien el món? A qui cal dirigir-se actualment amb *aquestes* esperances i amb *aquestes* pretensions...? Hom tindria en contra seu precisament els homes *bons* i, com és natural, els mandrosos, els satisfets, els fatus, els il·lusos, els cansats... Què ofèn més profundament, què separa més radicalment que el fet de fer notar alguna cosa de la rigor i de l'enlairament amb què hom es tracta ell mateix? D'altra banda, com tothom ens demostra la seva complaença i el seu afecte, així que procedim igual que tothom i ens «deixem dur» igual que tothom...! Per tal d'aconseguir aquell objectiu, caldria una mena d'esperits *diferents* dels que són possibles concretament en aquesta època: esperits enfortits per guerres i victòries, per als quals la conquesta, l'aventura, el perill i fins i tot el dolor hagin esdevingut una necessitat. Per tal d'aconseguir aquell objectiu, caldria haver-se acostumat a l'aire fred de les altures, a les excursions hivernals, al gel i a les muntanyes de tota mena. Caldria, a més a més, una espècie de perversitat sublim, una darrera temeritat del coneixement, molt autoconvençuda, que pertany a la gran salut. Caldria precisament, dit en un mot i prou malament, aquesta *gran salut*...! Tanmateix, és possible això actualment...? Qualque vegada, nogensmenys, en una època més forta que l'actual, trenquívola i vacil·lant, ha de venir sens dubte a nosaltres l'home *redemptor* del gran amor i del gran menyspreu, l'esperit creador que la seva força impulsiva allunya com més va més de qualsevol recés i de qualsevol més enllà, la solitud del qual és malentesa pel poble com si es tractés d'una fugida *enfront* de la realitat, mentre que és únicament el seu enfonsament, el seu ensorrament, el seu apregonament *en* la realitat, per tal de treure'n alguna vegada, quan torni a la llum, la *redempció* d'aquesta realitat: la seva redempció tocant a la maledicció que ha llançat damunt seu l'ideal que ha existit fins ara. Aquest home del futur, que ens alliberarà tant de l'ideal que ha existit fins ara com d'allò *que n'ha hagut de néixer i de sorgir*, de la gran repugnància, de la voluntat del no-res, del nihilisme, aquest toc de campana del migdia i de la gran decisió que allibera altra vegada la voluntat, que retorna a la terra el seu objectiu i a l'home la seva esperança, aquest anticrist i aquest antinihilista, aquest que venç Déu i també el no-res, *aquest home ha de venir qualque vegada*...

25

[La mala consciència i el ressentiment]

Però, per què parlo? Prou! Ja n'hi ha prou! En aquest punt només em convé una cosa: callar. Al contrari, atemptaria contra allò que únicament és permès a un de més jove que jo, a un de «més futur» que jo, a un de més fort que jo. Atemptaria contra allò que únicament és permès a *Zarathustra*, a *l'ateu Zarathustra*...

FRIEDRICH NIETZSCHE, *La genealogia de la moral,* © traducció de JOAN LEITA, edició a cura de JOSEP M. CALSAMIGLIA, © Editorial Laia, Textos Filosòfics, Barcelona 1981, p. 43-84.

ANNEX I

PAU: ESTRUCTURA DE L'EXAMEN I CRITERIS GENERALS D'AVALUACIÓ, FILOSOFIA CURS 2008-2009

Estructura de l'examen

La prova parteix d'un text d'un filòsof i proposa que l'estudiant faci una redacció guiada per una sèrie de preguntes relacionades amb el text. Pretén avaluar, primer de tot, la maduresa de l'alumne i, en segon lloc, els coneixements més bàsics adquirits en l'assignatura cursada durant el batxillerat.

La prova inclou dues opcions, cadascuna amb un text i cinc preguntes associades. L'alumne haurà de triar una opció i respondre a les preguntes corresponents. Poden aparèixer referències a activitats pròpies de tots els dominis procedimentals de l'assignatura (definició de conceptes i caracterització històrica de teories; anàlisi de termes, enunciats i argumentacions; identificació de la tesi i de les idees centrals d'un text; redacció de comentaris; expressió i argumentació d'idees i opinions pròpies o alienes).

Cadascun dels textos serà d'un dels cinc autors seleccionats, i cada opció serà d'una època diferent (Filosofia Antiga: Plató; Filosofia Moderna: Descartes, Hume; Segle XIX: Mill, Nietzsche).

Els temes dels textos de la prova i de les preguntes corresponents seran d'algun o d'alguns dels tres blocs temàtics seleccionats:

a. Coneixement-ciència: Plató, Descartes, Hume, Nietzsche
b. L'ésser humà: natura i cultura: Plató, Descartes, Hume, Mill, Nietzsche
c. Ètica-política: Plató, Descartes, Hume, Mill, Nietzsche

Les preguntes de la prova tindran les característiques següents:

1. **Explicar breument les idees principals del text, i com hi estan relacionades. (2 punts)**
2. **Explicar breument el significat d'algunes expressions del text. (1 punt)**
3. **Explicar les raons de l'autor a favor d'una tesi bàsica del text: per explicar aquestes raons, s'haurà de fer referència als aspectes pertinents de pensament de l'autor, encara que no siguin explícitament expressats en el text. (3 punts)**
4. **Comparar un concepte important en el pensament de l'autor (vinculat amb les idees del text) amb un altre, que pot ser d'un autor diferent. (2 punts)**
5. **Fer una avaluació raonada i personal sobre alguna de les tesis defensades en el text. (2 punts)**

Autors seleccionats a partir del currículum per a les PAU de 2008.

- De l'època antiga i medieval: Plató
- De l'època moderna: Descartes i Hume.
- De l'època contemporània: Mill i Nietzsche.

Materials dels quals se seleccionaran els textos de les PAU de 2008.

Òbviament, la selecció només implica que els textos que sortiran a la prova de les PAU de 2008 seran dels capítols que es mencionen. Per tant, no implica que els alumnes hagin d'estudiar només aquests textos. Com mostra l'estructura de la prova, es manté el supòsit que l'alumne haurà de demostrar el coneixement general del pensament dels autors seleccionats. Així mateix, la prova exigeix demostrar una certa maduresa en la comprensió de conceptes filosòfics que requereix que l'alumne hagi estat exposat als aspectes més bàsics, si més no, d'una part important dels autors principals de la tradició filosòfica occidental.

Grup A
El diàleg del *Fedó* de Plató.

Grup B
B1 *Meditacions metafísiques,* I-IV de Descartes.
B2 *Resum* (*Abstract*) del *Tractat de la natura humana* i l'Apèndix 1 («Sobre el sentiment moral» de la *Investigació sobre els Principis de la moral* de Hume.

Grup C
C1 Secció IV de *Sobre la llibertat*, i seccions III i IV d'*Utilitarisme* de Mill.
C2 *Genealogia de la moral,* Primera i Segona dissertació, de Nietzsche.

ANNEX II

EXEMPLES D'EXERCICIS

1

—Considera si, pel que fa a les conseqüències del que dèiem, opines igual que jo. Perquè a mi em sembla que, si existeix alguna cosa bella fora del bell en si, no podrà ser bella per cap altra causa si no és pel fet de participar en aquell bell en si. I el mateix dic sobre tots els altres casos. Estàs d'acord sobre aquesta mena de causa?

—Hi estic d'acord.

—Si és així —féu ell—, no entenc ni puc comprendre aquelles altres causes dels savis, sinó que, si algú em diu que qualsevol cosa és bella perquè té un color ufanós, o per la seva figura, o per qualsevulla raó d'aquestes, les deixo córrer totes, ja que tot plegat només em causa confusió, i em quedo amb la convicció simple, elemental i potser ingènua, que una cosa és bella només per la presència o la comunicació d'aquell bell en si, sigui quina sigui la circumstància i la manera com això es produeixi. Perquè sobre aquest últim particular no estic en disposició de fer-m'hi fort; en canvi, sí en el fet que és per la bellesa que totes les coses són belles.

PLATÓ, *Fedó,* 100d

1. Expliqueu breument les idees principals del text i com hi apareixen relacionades (entre 40 i 80 paraules).

2. Expliqueu breument el significat, en el text, de les expressions següents (entre 5 i 15 paraules en cada cas):

a) «bell en si»

b) «causa»

3. Quines raons té Plató per dir —per boca de Sòcrates— que «és per la bellesa que totes les coses són belles»? Feu referència als aspectes del pensament de Plató que siguin pertinents, encara que no apareguin explícitament en el text.

4. Compareu la idea de «causa» en Plató amb la de qualsevol altre autor, antic o modern.

5. Esteu d'acord amb la doctrina de Plató sobre la «bellesa»? Raoneu la resposta.

2

Ara consideraré més exactament si no hi ha en mi altres coneixements que encara no he percebut. Sé certament que sóc una cosa que pensa. No sabré també, per aquest fet, el que es requereix per estar segur d'alguna cosa? En aquest primer coneixement meu, només hi trobo una percepció clara i distinta d'allò que conec, cosa que veritablement no basta per assegurar-me que és vertadera si pot passar que una cosa que concebo amb tanta claredat i distinció sigui falsa. I, per tant, em sembla que ja puc establir, com a regla general, que totes les coses que concebem molt clarament i molt distintament són totes vertaderes.

René Descartes, *Meditació tercera,* 27

1. Expliqueu breument les idees principals del text i com hi apareixen relacionades (entre 40 i 80 paraules).

2. Expliqueu breument el significat, en el text, de les expressions següents (entre 5 i 15 paraules en cada cas):

a) «primer coneixement»

b) «percepció clara i distinta»

3. Quin mètode ha seguit Descartes fins a poder creure amb certesa que és «una cosa que pensa»? Feu referència als aspectes del pensament de Descartes que siguin pertinents, encara que no apareguin explícitament en el text.

4. Compareu la concepció cartesiana del jo —com a subjecte del coneixement— amb una altra concepció del jo o de l'ànima en la història del pensament.

5. Creieu que té raó Descartes en construir tot l'edifici del coneixement humà en el propi pensament? Raoneu la resposta.

3

La ment no és una substància a la qual s'afegeixen les percepcions. Aquesta noció és tan inintel·ligible com la noció cartesiana que el pensament, o la percepció en general, és l'essència de la ment. No tenim idea de cap tipus de substància, perquè només tenim idees d'allò que prové d'alguna impressió, i no tenim cap impressió de cap substància, sigui material o espiritual. No coneixem més que qualitats i percepcions particulars. Quant a la idea de cos, un préssec per exemple, és tan sols la idea d'un gust, d'un color, d'una figura, d'unes dimensions, d'una consistència, etc. De la mateixa manera, la nostra idea de ment és només la idea d'unes percepcions particulars, sense noció de res que pugui anomenar-se substància, simple o composta.

D. HUME, *Extracte d'un tractat de la naturalesa humana.*

1. Expliqueu breument (entre 40-80 paraules) les idees principals del text i com hi apareixen relacionades.

2. Expliqueu el significat, en el text, de les paraules o expressions següents (entre 5-15 paraules en cada cas):

a) «essència de la ment»

b) «percepcions particulars»

3. Quines raons té Hume per afirmar que la «idea de ment» és la «idea de percepcions particulars»?

4. Compareu la tesi de Hume sobre la «substància» amb la de qualsevol altre autor.

5. Opineu sobre la crítica de Hume a determinats conceptes metafísics.

4

La nostra hipòtesi és planera. Manté que el sentiment determina la moralitat. Defineix la virtut com a *tota acció o qualitat mental que ens produeix un sentiment plaent d'aprovació;* i el vici, com el contrari d'això. Després, procedim a examinar una senzilla qüestió de fet; a saber, quines accions produeixen aquest efecte. Llavors considerem en quins aspectes aquestes accions concorden, i d'aquí, mirem d'obtenir alguna observació general relativa a aquests sentiments. Si anomeneu tot això metafísica, i hi trobeu res d'abstrús, ja no us resta sinó concloure que el vostre estil de pensar no està fet per a les ciències morals.

D. HUME, *Investigació sobre els principis de la moral* - Apèndix I.

1. Expliqueu breument (entre 40-80 paraules) les idees principals del text i com hi apareixen relacionades.

2. Expliqueu breument el significat, en el text, de les paraules o expressions següents (entre 5-15 paraules en cada cas):

a) «qüestió de fet»

b) «metafísica»

3. Quines raons té Hume per afirmar que el sentiment determina la moralitat?

4. Compareu el que diu Hume sobre la «virtut» amb el que diu qualsevol altre autor sobre el mateix.

5. Creieu que té raó Hume en la seva tesi sobre l'origen de les valoracions morals?

5

Però l'opinió d'una majoria semblant, imposada a tall de llei sobre la minoria, en qüestions de capteniment personal, és tan probable que sigui encertada com desencertada, car en aquestes ocasions l'opinió pública vol dir, en el millor dels casos, l'opinió d'algunes persones sobre allò que és bo o dolent per a altres persones i molt sovint ni tan sols significa això, car el públic, passant per alt amb la més perfecta indiferència el plaer o la conveniència d'aquells la conducta dels quals censura, només considera la seva pròpia preferència.

J. S. MILL, *Sobre la llibertat*, IV

1. Expliqueu breument (entre 40-80 paraules) les idees principals del text i com hi apareixen relacionades.

2. Expliqueu breument el significat, en el text, de les paraules o expressions següents (entre 5-15 paraules en cada cas):

a) «el plaer o la conveniència»

b) «qüestions de capteniment personal»

3. Quines raons té Mill per dir que l'opinió d'una majoria pot ser encertada o desencertada?

4. Compareu el valor que dóna Mill, en política, a la majoria, amb el que li dóna qualsevol altre pensador.

5. Creieu que Mill te raó en la seva defensa de la llibertat (bé sigui d'un individu o d'un grup minoritari)?

6

Partint de les consideracions precedents, es desprèn que l'únic que desitgem en realitat és la felicitat. Qualsevol altra cosa que desitgem no com a mitjà per a algun fi més enllà d'ella mateixa (i en últim terme per a la felicitat), la desitgem com a part de la felicitat, i no la desitjarem per ella mateixa fins que no hagi esdevingut part d'aquesta. Aquells que desitgen la virtut per raó d'ella mateixa, o bé la desitgen perquè la consciència de posseir-la és un plaer, o perquè la consciència de trobar-se'n privat és un dolor, o per les dues raons ensems; ja que veritablement el plaer i el dolor rarament existeixen per separat, sinó que gairebé sempre es troben units, i la mateixa persona sent plaer segons el grau de virtut que assoleix, i dolor per no haver-ne assolit més. Si allò no li proporcionés plaer ni això dolor, no estimaria ni desitjaria la virtut, o només la desitjaria pels beneficis que pogués produir-li a ell o a les persones per qui es preocupa

J. S. MILL, *Utilitarisme*, IV

1. Expliqueu breument (entre 40-80 paraules) les idees principals del text i com hi apareixen relacionades.

2. Expliqueu breument el significat, en el text, de les paraules següents (entre 5-15 paraules en cada cas):

a) «plaer», «dolor»

b) «felicitat»

3. Quines raons té J. S. Mill per dir que el que es desitja en últim terme sempre és la felicitat?

4. Compareu la relació que estableix Mill entre virtut i felicitat amb la que estableix qualsevol altre autor entre aquests dos termes.

5. Hi ha raons per pensar, com fa J. S. Mill, que la consecució de la felicitat és el criteri ètic al qual sotmetem les nostres accions?

7

Més aviat s'esdevé que, només en el cas d'una decadència dels judicis de valor aristocràtics, tota aquesta contraposició entre les accions «egoistes» i les accions que «no es consideren egoistes» s'imposa com més va més a la consciència humana. Emprant la meva terminologia, es tracta de l'*instint de ramat* allò que s'expressa al capdavall amb un mot (fins i tot amb *mots*) en aquesta contraposició. Àdhuc aleshores, tanmateix, ha de passar molt temps fins que aquest instint senyoregi en tal mesura, que la valoració moral resti veritablement presa i fixada en aquella contraposició (com s'escau, per exemple, actualment a Europa: avui dia el prejudici que pren per sinònims els termes «moral», «generós», «*desintéressé*» senyoreja ja amb la força d'una «idea fixa» i d'una dèria).

F. NIETZSCHE, *La genealogia de la moral,* I

1. Expliqueu breument (entre 40-80 paraules) les idees principals del text i com hi apareixen relacionades.

2. Expliqueu breument el significat, en el text, de les paraules o expressions següents (entre 5-15 paraules en cada cas):

a) «accions egoistes»

b) «instint de ramat»

3. Quines raons té Nietzsche per dir que la contraposició entre el que es considera «egoista» i el que no es considera així s'ha imposat a la consciència humana?

4. Compareu el que pensa Nietzsche sobre el fonament de la moral amb el que pensa qualsevol altre autor sobre la mateixa qüestió.

5. Creieu que té raó Nietzsche quan parla dels «judicis de valor aristrocràtics»?

8

Hom haurà endevinat ja *què* s'esdevingué amb tot això i al *dessota* de tot això: aquella voluntat d'autotortura, aquella crueltat reprimida de l'home animal que s'ha fet interior, que s'ha reclòs en ell mateix, que s'ha empresonat en l'«Estat» a fi de ser domesticat, que ha inventat la mala consciència per tal de fer-se mal, desprès d'haver-se obturat el camí *natural* d'aquesta voluntat de fer mal, aquest home de la mala consciència s'ha emparat del pressupòsit religiós a fi de menar el seu automartiri a la seva duresa i fins a la seva agudesa més esgarrifoses. Un deute amb *Déu*: aquesta idea li esdevé un instrument de tortura.

F. NIETZSCHE, *La genealogia de la moral*, II

1. Expliqueu breument les idees principals del text i com hi apareixen relacionades (entre 40 i 80 paraules).

2. Expliqueu breument el significat, en el text, de les expressions següents (entre 5 i 15 paraules en cada cas):

a) «mala consciència»

b) «deute amb Déu»

3. Quines raons té Nietzsche per dir que l'home «s'ha empresonat en l'"Estat" a fi de ser domesticat»? Feu referència als aspectes del pensament de Nietzsche que siguin pertinents, encara que no apareguin explícitament en el text.

4. Compareu la concepció de la «consciència» en Nietzsche amb una altra concepció de la consciència o del jo en la història del pensament.

5. Esteu d'acord amb les idees que planteja Nietzche en aquest text? Raoneu la resposta.

MIGUEL MARTÍNEZ LLANAS

PAU. CURS 2007-2008 JUNY-SETEMBRE

Escolliu una de les dues opcions (A o B).

Opció A

Ja que, segons els raonaments que acabo de fer, per conèixer la naturalesa de Déu —fins on la meva n'era capaç— no em calia sinó considerar, a propòsit de totes les coses de què trobava en mi idees, si posseir-les era una perfecció o no; i estava segur que no hi havia en ell cap de les que significaven alguna imperfecció, però que sí que hi eren totes les altres. Així, veia que en ell no hi podia haver el dubte, la inconstància, la tristesa i altres coses semblants, atès que jo mateix hauria estat ben content d'estar-ne exempt. A més d'això, tenia idees de diverses coses sensibles i corporals; ja que, encara que suposés que somniava i que tot el que veia o imaginava era fals, tanmateix no podia pas negar que unes tals idees es trobessin en el meu pensament. Però, com que ja havia conegut molt clarament en mi que la naturalesa intel·ligent és distinta de la corporal, considerant que tota composició revela dependència i que la dependència és manifestament un defecte, vaig pensar que en Déu no podia ser una perfecció ser compost d'aquestes dues naturaleses, i que, per consegüent, ell no ho era; però que, si hi havia en el món cossos o bé intel·ligències o altres naturaleses que no fossin totalment perfectes, el seu ésser havia de dependre del poder de Déu de tal manera que no poguessin subsistir sense ell ni un sol moment.

RENÉ DESCARTES, *El discurs del mètode,* IV

1. Expliqueu breument les idees principals del text i com hi apareixen relacionades (entre 40 i 80 paraules). [2 punts]

2. Expliqueu breument el significat, en el text, dels mots o les expressions següents (entre 5 i 15 paraules en cada cas): [1 punt]

a) «idees de diverses coses sensibles»

b) «subsistir»

3. Per què diu Descartes que «ja havia conegut molt clarament en mi que la naturalesa intel·ligent és distinta de la corporal»? Feu referència als aspectes del pensament de Descartes que siguin pertinents, encara que no apareguin explícitament en el text. [3 punts]

4. Compareu la concepció de Descartes de l'ànima («la naturalesa intel·ligent») amb una altra concepció de l'ànima que es pugui trobar en la història del pensament. [2 punts]

5. Creieu que Descartes té raó quan defensa que podem demostrar racionalment l'existència de Déu? Raoneu la resposta. [2 punts]

Opció B

—Com a fundadors de la ciutat —vaig dir jo—, hem d'obligar els homes de naturalesa privilegiada a dedicar-se al coneixement que hem definit com el més sublim, contemplant el bé en si mateix i elevant-se fins a ell per aquest camí aspre de què hem parlat; però després que hagin arribat a aquest punt i hagin contemplat el bé durant cert temps, guardem-nos de permetre'ls el que avui se'ls permet.

—Què?

—No consentirem que es quedin en aquesta regió superior —vaig dir—, negant-se a baixar de nou a la vora dels desgraciats captius, per prendre part en els seus treballs i en les seves cerimònies, tant si són de poca vàlua com de molta.

—Però haurem de ser tan durs amb ells? —va preguntar—. Per què hem de condemnar-los a una vida miserable quan poden gaudir d'una vida més agradable?

—Tornes, benvolgut amic —vaig dir—, a oblidar que la llei no ha de proposar-se per objecte la felicitat d'una determinada classe de ciutadans amb exclusió de les altres, sinó la felicitat de tot l'Estat; que, amb aquesta finalitat, unint en harmonia els interessos de tots els ciutadans, s'ha de procurar, per mitjà de la persuasió o de l'autoritat, que es donin els uns als altres tot el suport amb què poden servir la comunitat; i que, en formar amb cura ciutadans com aquests, no es pretén deixar-los lliures perquè facin de les seves facultats l'ús que els vingui de gust, sinó servir-se d'ells amb la finalitat de fortificar els llaços de l'Estat.

PLATÓ, *República*, 519

1. Expliqueu breument les idees principals del text i com hi apareixen relacionades (entre 40 i 80 paraules). [2 punts]

2. Expliqueu breument el significat, en el text, de les expressions següents (entre 5 i 15 paraules en cada cas): [1 punt]

a) «bé en si mateix»

b) «desgraciats captius»

3. Per què diu Plató que el coneixement més sublim és la contemplació del bé en si mateix? Feu referència als aspectes del pensament de Plató que siguin pertinents, encara que no apareguin explícitament en el text. [3 punts]

4. Compareu la concepció de Plató del govern just amb una altra concepció del govern just que es pugui trobar en la història del pensament. [2 punts]

5. Creieu que Plató té raó quan defensa que l'Estat ha d'obligar a governar aquells que estiguin millor preparats? Raoneu la resposta. [2 punts]

Opció A

És injustificat castigar algú simplement perquè estigui ebri; però, en canvi, cal castigar el soldat o el policia que s'embriagui estant de servei. En suma, sempre que existeix un dany o un risc de danys definits, ja sigui a un individu o a la col·lectivitat, el cas ja no cau dins l'àmbit de la llibertat i entra de ple dins l'àmbit de la moralitat o del dret. Però, en relació amb el dany merament contingent o, com podria anomenar-se, derivat que una persona causa a la societat per una actuació que no viola un deure específic envers la col·lectivitat ni ocasiona un dany perceptible a cap individu determinable, llevat d'ell mateix, aquest inconvenient és un dels que la societat pot permetre's de patir per preservar el bé superior de la llibertat humana.

J. S. MILL, *Sobre la llibertat,* IV

1. Expliqueu breument les idees principals del text i com hi apareixen relacionades (entre 40 i 80 paraules). [2 punts]

2. Expliqueu breument el significat, en el text, de les expressions següents (entre 5 i 15 paraules en cada cas): [1 punt]

a) «àmbit de la llibertat»

b) «àmbit de la moralitat»

3. Per què diu Mill que, en certs casos en què algú tria fer-se mal a si mateix, «aquest inconvenient és un dels que la societat pot permetre's de patir per preservar el bé superior de la llibertat humana»? Feu referència als aspectes del pensament de Mill que siguin pertinents, encara que no apareguin explícitament en el text. [3 punts]

4. Compareu la concepció que té Mill de la funció de l'Estat amb una altra concepció d'aquesta funció que es pugui trobar en la història del pensament. [2 punts]

5. Suposem que algú decideix no cordar-se el cinturó de seguretat quan ha de conduir. Creieu que és correcta la doctrina de Mill, segons la qual, si ningú més no pot ser afectat per la decisió, la societat no hi ha d'intervenir? Raoneu la resposta. [2 punts]

Opció B

Imagina't algú que, en mirar alçant el cap, observa en el sostre una varietat de colors. Segons el que defenses, hauríem de dir que hi veu amb la intel·ligència i no amb els ulls. Potser tu tens raó i sóc jo qui pensa d'una manera massa simple. Però no puc deixar de creure que l'única ciència que obliga l'ànima a mirar enlaire és la que té per objecte l'ésser i el que és invisible. [...] Ens hem de servir de la imatge policromada del cel com a exemple per comprendre millor totes aquestes coses. Imaginem, per exemple, que ens trobéssim per atzar uns dibuixos extraordinaris meravellosament traçats per Dèdal o per qualsevol altre artista o pintor. És cert que qualsevol expert en geometria, en veure'ls, pensaria que eren una obra mestra ben difícil d'imitar, però trobaria ridícula la idea d'examinar-los acuradament per poder copsar en ells la veritable igualtat, o l'essència del que sigui ser doble, o de qualsevol altra proporció.

PLATÓ, *República,* 529-530

1. Expliqueu breument les idees principals del text i com hi apareixen relacionades (entre 40 i 80 paraules). [2 punts]

2. Expliqueu breument el significat, en el text, de les expressions següents (entre 5 i 15 paraules en cada cas): [1 punt]

a) «el que és invisible»

b) «veritable igualtat»

3. Per què diu Plató que «l'única ciència que obliga l'ànima a mirar enlaire és la que té per objecte l'ésser i el que és invisible»? Feu referència als aspectes del pensament de Plató que siguin pertinents, encara que no apareguin explícitament en el text. [3 punts]

4. Compareu la concepció platònica del coneixement amb una altra concepció del coneixement que es pugui trobar en la història del pensament. [2 punts]

5. Creieu que Plató té raó quan defensa que els cossos visibles no poden ser la veritable realitat? Raoneu la resposta. [2 punts]